Serhii Plokhy

Der Mann mit der Giftpistole
Eine Spionageschichte aus dem Kalten Krieg

UKRAINIAN VOICES

Collected by Andreas Umland

46 *Kyrylo Tkachenko*
    Rechte Tür Links
    Radikale Linke in Deutschland, die Revolution und der Krieg in der Ukraine, 2013-2018
    ISBN 978-3-8382-1711-6

47 *Alexander Strashny*
    The Ukrainian Mentality
    An Ethno-Psychological, Historical and Comparative Exploration
    With a foreword by Antonina Lovochkina
    Translated from the Ukrainian by Michael M. Naydan and Olha Tytarenko
    ISBN 978-3-8382-1886-1

48 *Alona Shestopalova*
    From Screens to Battlefields
    Tracing the Construction of Enemies on Russian Television
    ISBN 978-3-8382-1884-7

49 *Iaroslav Petik*
    Politics and Society in the Ukrainian People's Republic (1917–1921) and Contemporary Ukraine (2013–2022)
    A Comparative Analysis
    With a foreword by Mykola Doroshko
    ISBN 978-3-8382-1817-5

The book series "Ukrainian Voices" publishes English- and German-language monographs, edited volumes, document collections, and anthologies of articles authored and composed by Ukrainian politicians, intellectuals, activists, officials, researchers, and diplomats. The series' aim is to introduce Western and other audiences to Ukrainian explorations, deliberations and interpretations of historic and current, domestic, and international affairs. The purpose of these books is to make non-Ukrainian readers familiar with how some prominent Ukrainians approach, view and assess their country's development and position in the world. The series was founded, and the volumes are collected by Andreas Umland, Dr. phil. (FU Berlin), Ph. D. (Cambridge), Associate Professor of Politics at the Kyiv-Mohyla Academy and an Analyst in the Stockholm Centre for Eastern European Studies at the Swedish Institute of International Affairs.

Serhii Plokhy

DER MANN MIT DER GIFTPISTOLE

Eine Spionageschichte aus dem Kalten Krieg

Bibliografische Information der Deutschen Nationalbibliothek

Die Deutsche Nationalbibliothek verzeichnet diese Publikation in der Deutschen Nationalbibliografie; detaillierte bibliografische Daten sind im Internet über http://dnb.d-nb.de abrufbar.

Bibliographic information published by the Deutsche Nationalbibliothek

Die Deutsche Nationalbibliothek lists this publication in the Deutsche Nationalbibliografie; detailed bibliographic data are available in the Internet at http://dnb.d-nb.de.

Amerikanische Originalausgabe:
The Man with the Poison Gun: A Cold War Story

Copyright © 2016 by Serhii Plokhy

This edition published by arrangement with Basic Books, an imprint of Perseus Books LLC, a subsidiary of Hachette Book Group, Inc., New York, New York, USA. All rights reserved.

Aus dem Englischen übersetzt von Lily Sophie.
Lektorat: Karen Moser

Die Namen im Buch wurden in der in der deutschen Presse üblichen Schreibweise transkribiert, um den höchsten Wiedererkennungswert zu erreichen. So wird statt „Bohdan Stashinskyi" Bogdan Staschinski verwendet, da die Berichterstattung über den Fall in dieser Schreibweise Eingang in die Rechtsgeschichte der Bundesrepublik fand.

Coverdesign: Luca-Yannik Gierth

Bilder auf Seite 182:
https://huri.harvard.edu/news/man-poison-gun-qa-serhii-plokhii und
https://de.wikibrief.org/wiki/Bohdan_Stashynsky (CC BY-SA 3.0)

ISBN-13: 978-3-8382-1789-5
© *ibidem*-Verlag, Hannover • Stuttgart 2024
Alle Rechte vorbehalten

Das Werk einschließlich aller seiner Teile ist urheberrechtlich geschützt. Jede Verwertung außerhalb der engen Grenzen des Urheberrechtsgesetzes ist ohne Zustimmung des Verlages unzulässig und strafbar. Dies gilt insbesondere für Vervielfältigungen, Übersetzungen, Mikroverfilmungen und elektronische Speicherformen sowie die Einspeicherung und Verarbeitung in elektronischen Systemen.

All rights reserved. No part of this publication may be reproduced, stored in or introduced into a retrieval system, or transmitted, in any form, or by any means (electronic, mechanical, photocopying, recording or otherwise) without the prior written permission of the publisher. Any person who commits any unauthorized act in relation to this publication may be liable to criminal prosecution and civil claims for damages.

Printed in the EU

Inhalt

Vorwort 11
Prolog 15

Teil I
KGB-Mann

1   Stalins Ruf 20
2   Meisterkiller 27
3   Geheimagent 34
4   Fallschirmspringer 43
5   Auf den Straßen von München 51
6   Wunderwaffe 61
7   Grüße aus Moskau 67

Teil II
Ein perfekter Mord

8   Roter Platz 76
9   Herr Popel 82
10   Tot bei Ankunft 87
11   Beerdigung 97
12   CIA-Telegramm 103
13   Upswing 110
14   Hauptverdächtige 117
15   Aktive Maßnahmen 124

Teil III
Nächte in Moskau

16 Große Hoffnungen 132

17 Mann an der Spitze 137

18 Privatangelegenheit 143

19 Auszeichnung 150

20 Vorschlag 156

21 Vorstellung der Braut 163

22 Monat des Spions 169

23 Sich im Kreis drehen 175

Teil IV
Flucht aus dem Paradies

24 Moskauer Wanzen 184

25 Familie 190

26 Planänderungen 196

27 Neues Jahr 200

28 Zurück zur Schule 206

29 Telefonanruf 211

30 Berlin 216

31 Bis zur letzten Minute 221

Teil V
Publicity-Bombe

32 Schockwelle 230

33 Überläufer 236

34	Untersuchung	241
35	Pressekonferenz	247
36	Hohe Politik	253
37	Abgeordneter	259

Teil VI
Prozess

38	Karlsruhe	266
39	Loyalität und Verrat	272
40	Erster Mord	280
41	Großer Tag	286
42	Zweifel	292
43	Verfolgung	300
44	Des Teufels Advokaten	306
45	Urteil	313

Teil VII
Abgeschlossen

46	Unbeantworteter Brief	322
47	Gast aus Washington	327
48	Judex	332
49	Verschwunden	336
50	Kreml-Geist	340
51	Auf der Flucht	345
52	Heimkehr	352

Epilog: Der Kalte Krieg in neuem Gewand 359

Danksagungen	369
Anmerkungen	373
Index	407

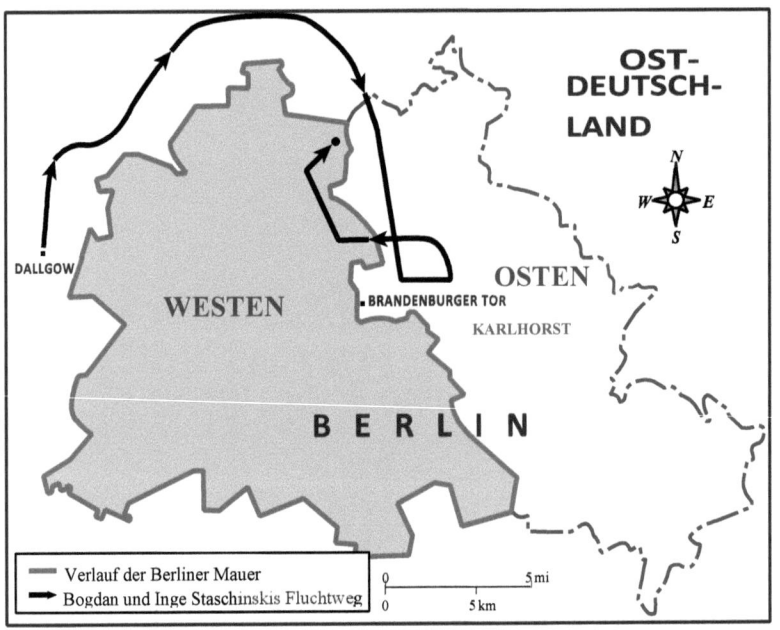

Vorwort

Es war im Herbst 1961, als sich amerikanische und sowjetische Panzer am Checkpoint Charlie im frisch geteilten Berlin gegenüberstanden und David Cornwell, ein britischer Spion, besser bekannt unter dem Namen John le Carré, gerade überlegte, wie er seinen ersten Bestseller, *Der Spion, der aus der Kälte kam*, schreiben sollte, als die westdeutsche Polizei einen sowjetischen Spion verhörte.

Der schlanke Dreißigjährige hatte Papiere, die auf den Namen eines Ostdeutschen, Josef Lehmann, ausgestellt waren, behauptete aber, sein richtiger Name sei Bogdan Staschinski und er sei Bürger der Sowjetunion. Staschinski gab bei seiner Vernehmung zu, dass er im Alleingang zwei ukrainische Emigranten aufgespürt und getötet hatte, die sich in München versteckt gehalten hatten, wo sie eine Verschwörung zur Befreiung ihres Landes und zur Zerstörung der Sowjetunion geplant hatten. Er hatte eine neue, speziell entwickelte Geheimwaffe benutzt – eine Sprühpistole, die flüssiges Gift abgibt, das spurlos tötet, wenn es in das Gesicht des Opfers gefeuert wird. Der sowjetische Anführer Nikita Chruschtschow, der einen Großteil seiner Karriere in der Ukraine verbracht hatte, betrachtete die Emigrantenführer als persönliche Feinde. Sie waren das Hauptziel mehrerer KGB-Attentatsversuche und wurden schließlich Opfer von Staschinskis Giftpistole.

Staschinskis Aussage, die die Kreml-Machthaber in politische Attentate im Ausland verwickelte, schlug ein wie eine Bombe und erschütterte die Welt der Spionage und der internationalen Politik. Der Fall Staschinski änderte die Art und Weise, wie die Sowjets den Kalten Krieg führten, und zwang den KGB, seine Praxis der Auslandsmorde aufzugeben. Er beendete auch die Karriere des KGB-Chefs Alexander Schelepin, der Nikita Chruschtschow und später Leonid Breschnew an der Spitze der sowjetischen Machtpyramide ablösen wollte. In Westdeutschland änderte der Staschinski-

Prozess auch die Art und Weise, wie Nazi-Verbrecher strafrechtlich verfolgt wurden. Unter Berufung auf den Staschinski-Fall als Präzedenzfall behaupteten viele Angeklagte in solchen Fällen, dass sie wie der sowjetische Spion lediglich Beihilfe zum Mord geleistet hätten, während ihre Vorgesetzten, die die Morde angeordnet hatten, die Haupttäter waren. Der westdeutsche Gesetzgeber änderte schließlich das Gesetz, um es den NS-Tätern unmöglich zu machen, sich auf die »Staschinski-Verteidigung« zu berufen.

In den Vereinigten Staaten wurde Staschinskis Fall von einem Unterausschuss des US-Senats untersucht, und die von ihm vorgelegten Beweise flossen in die Schlussfolgerungen der Warren-Kommission zur Ermordung von John F. Kennedy ein. Viele Verschwörungstheoretiker glauben immer noch, dass Lee Harvey Oswald vom KGB in derselben Einrichtung wie Bogdan Staschinski ausgebildet wurde.

Staschinskis Geschichte beflügelte die Fantasie der westlichen Welt. Sie wurde in einem langen Artikel in der Zeitschrift *Life* vorgestellt und fand Eingang in mehrere Ausgaben der *Great True Spy Stories*, die vom ehemaligen CIA-Chef Allen Dulles zusammengestellt wurden. In Ian Flemings letztem James-Bond-Roman, *Der Mann mit dem goldenen Colt*, versucht Bond, der von den Sowjets einer Gehirnwäsche unterzogen wurde, seinen Chef zu ermorden, indem er ihn mit einer mit Zyanid geladenen Giftpistole erschießt. Die Geschichte von Staschinski diente als Grundlage für eine Reihe von Radio- und Fernsehsendungen in aller Welt. Sie inspirierte zahlreiche Bücher und Dokumentarfilme, mindestens zwei Romane, zwei Theaterstücke und einen Film.

Jahrzehntelang leugnete der KGB jede Beteiligung an den Staschinski-Attentaten und jahrzehntelang konnten sich die CIA-Offiziere nie ganz sicher sein, ob Staschinskis Geschichte wahr oder falsch war. Selbst heute noch behaupten einige Autoren, dass Staschinski in Wirklichkeit ein loyaler KGB-Agent war, der in den Westen geschickt worden war, um falsches Zeugnis abzulegen und so den wertvollen KGB-Agenten zu schützen, der den Auftrag tatsächlich ausgeführt hatte. Durch die Erschließung neuer, bisher nicht verfügbarer Quellen macht dieses Buch endlich Schluss mit vielen früheren Theorien und Spekulationen über Staschinskis

Attentate. Es stellt die Staschinski-Geschichte auch in den breiten Kontext des Kalten Krieges – des unerbittlichen Kampfes der Ideologien und Kulturen zwischen Ost und West – und zeigt die erdrückenden Auswirkungen, die der sowjetische Polizeistaat auf die östlich des Eisernen Vorhangs lebende Bevölkerung hatte.

Das meiste, was wir heute über Bogdan Staschinski, sein Verbrechen und seine Bestrafung wissen, stammt aus den Aussagen, die er bei seinem Prozess in Karlsruhe, Deutschland, im Oktober 1962 machte. Wir können diese Daten nun durch Informationen aus kürzlich freigegebenen Akten der Central Intelligence Agency, aus KGB- und polnischen Sicherheitsarchiven sowie aus Memoiren und Interviews ehemaliger KGB-Offiziere ergänzen. Das Studium von Friedhofsunterlagen in einem Berliner Vorort ermöglichte es, Teile der ursprünglich von Staschinski erzählten Geschichte zu bestätigen, und mein Interview mit einem ehemaligen Leiter der südafrikanischen Polizei gestattete es mir, den Spuren des ehemaligen sowjetischen Attentäters in dieses Land zu folgen. Wahrscheinlich lebt er noch dort, immer auf der Hut, weil er weiß, dass die alten Gewohnheiten des KGB, wenn überhaupt, nur sehr schwer aussterben.

Prolog

Am sonnigen Morgen des 15. Oktober 1959 hielt eine Straßenbahn aus der Münchner Innenstadt kommend wie immer an der Ludwigsbrücke über die Isar. »Deutsches Museum«, sagte der Fahrer an.

Das Deutsche Museum für Meisterwerke der Naturwissenschaft und Technik, das vor dem Krieg die weltweit größte Sammlung wissenschaftlicher Exponate beherbergt hatte, war nur wenige hundert Meter entfernt, sein Hauptgebäude lag auf einer Insel in der Mitte des Flusses. Das Museum wies zwar immer noch Schäden auf, die es während der Bombardierung der Stadt durch die Alliierten erlitten hatte, doch die Reisenden konnten auch Anzeichen für ein Wiederaufleben nach dem Krieg erkennen. Das Museumsgebäude war restauriert und auf der zerbombten Zeppelinstraße am rechten Flussufer waren neue Häuser gebaut worden. Die Türen der Straßenbahn öffneten sich, so dass die Fahrgäste ein- und aussteigen konnten.

Ein schlanker, flachbrüstiger Mann Ende zwanzig mit hängenden Schultern wartete auf der Ludwigsbrücke, zeigte aber kein Interesse, in die Straßenbahn einzusteigen. Er verpasste auch eine Straßenbahn, die in die entgegengesetzte Richtung fuhr: zum Karlsplatz und zum Hauptbahnhof, der Haupthaltestelle der Straßenbahn. Er war auch nicht auf dem Weg zum Museum. Er stand auf der Brücke und blickte auf den Fluss und die Zeppelinstraße. Augenblicke später verließ er die Brücke und ging die Zeppelinstraße entlang in Richtung des Gebäudes Nr. 67, neben dem ein dunkelblauer Opel Kapitän geparkt war. Der Mann ging nahe genug heran, um das Nummernschild der Limousine lesen zu können. Dann kehrte er zu seinem Posten auf der Brücke zurück, wo er das Auto und das Gebäude in der Nähe im Auge behielt. Schließlich, gegen Mittag, wurde er auf etwas aufmerksam: Ein Mann Anfang fünfzig verließ mit einer jüngeren Frau das Gebäude und stieg in das Auto ein. Der Opel Kapitän verließ seinen Platz an der Bordsteinkante und fuhr entlang der Zeppelinstraße von der Ludwigsbrücke weg. Der junge Mann beobachtete das Auto, bis es aus seinem Blickfeld verschwand. Dann stieg er in die S-Bahn Richtung Innenstadt.

Um Viertel nach zwölf war der junge Mann von der Ludwigsbrücke auf der anderen Seite der Stadt und stieg am Massmannplatz aus der Straßenbahn. Von dort ging er in Richtung Kreittmayrstraße und dann in Richtung der katholischen Kirche St. Benno am Ende der Straße. Vor dem neu errichteten Wohnhaus Nr. 7 hielt er inne und schaute durch den Torbogen, der zum Hof und zu den Garagen führte, aber der dunkelblaue Opel Kapitän war nirgends zu sehen. Er ging noch einmal die Straße entlang und schaute dabei immer wieder auf seine Uhr. Schließlich entdeckte er den Opel Kapitän, der sich in seine Richtung bewegte. Er konnte das Nummernschild lesen. Es war derselbe Wagen, aber der Fahrer war allein.

Als der Opel Kapitän in den Torbogen bei Nr. 7 einbog, ging der junge Mann zum Haupteingang und öffnete die Tür mit einem Schlüssel. Er schloss die Tür von innen ab und nahm die Treppe ins Erdgeschoss, um dort zu warten, bis der Besitzer des Opel Kapitän den Flur betrat. Plötzlich hörte er Stimmen im Obergeschoss. »*Auf Wiedersehen*«, sagte eine weibliche Stimme, und jemand begann, die Treppe hinunterzusteigen. Der junge Mann geriet in Panik; er war auf der Treppe gefangen zwischen diesem unbekannten Bewohner und dem Besitzer des Opel Kapitän, der jeden Moment auftauchen konnte. Schließlich beschloss er, ins Erdgeschoss zurückzukehren, wandte sein Gesicht der Aufzugstür zu und drückte den Aufzugsknopf. Wenige Sekunden später hörte er Schritte hinter sich: Es war eine Frau, wie er am Klicken ihrer hohen Absätze erkannte. Sie öffnete die Tür und verließ das Gebäude.

Erleichtert kehrte der junge Mann an seinen früheren Platz hinter der ersten Biegung der Treppe zurück, außer Sichtweite der eintretenden Personen. Wenige Augenblicke später schaute er hinaus und sah den Mann, auf den er gewartet hatte: den Besitzer des Opel Kapitän aus der Zeppelinstraße. Der Mann war klein, stämmig und hatte eine Glatze. Er hatte Mühe, seinen Schlüssel aus der Eingangstür zu ziehen, da er einige Tüten unter dem Arm trug.

Eine davon war offen und der junge Mann sah, dass sie Tomaten enthielt. Der junge Mann bückte sich und band sich pantomimisch die Schnürsenkel zu. Er wusste, dass diese Geste unnatürlich aussah, aber er wollte vermeiden, sich dem Mann mit den Tomaten zu nähern, solange die Eingangstür noch offen stand. Der junge Mann richtete sich auf und bewegte sich wieder auf die Tür zu. »*Klappt es nicht?*«, hörte er sich sagen. »*Doch, es klappt*«, antwortete der Besitzer des Opel Kapitän.

Der junge Mann griff mit der linken Hand nach dem äußeren Türknauf. Seine rechte Hand, in der er eine zusammengerollte Zeitung hielt, hob sich und zeigte mit einem Ende auf das Gesicht des Mannes. Es gab einen leisen Knall. Er sah, wie sich der Körper des älteren Mannes nach hinten und zur Seite bewegte. Er sah ihn nicht fallen. Er trat ins Freie und schloss die Eingangstür hinter sich. Auf der Straße rollte er die Zeitung aus und nahm den Acht-Zoll-Zylinder heraus, der darin verborgen gewesen war. Die Waffe steckte er in seine Tasche. Der Auftrag war beendet.

Staschinski hatte es endlich geschafft.[1]

Teil I

KGB-Mann

1
Stalins Ruf

Nikita Chruschtschow, der kahlköpfige, übergewichtige, aber überraschend energische künftige Anführer der Sowjetunion, war gerade dabei, eine Rede zu halten, als ein Zettel am Podium abgegeben wurde, in dem er dazu aufgefordert wurde, sobald wie möglich in Moskau anzurufen.

Es war der 1. Dezember 1949 und Chruschtschow, damals Parteichef der Ukraine, hielt eine Rede vor Professoren und Studenten in der westukrainischen Stadt Lwiw (Lemberg). Die Stadt und ihr Umland hatten vor dem Zweiten Weltkrieg zu Polen gehört, waren aber 1939 im Zuge des Molotow-Ribbentrop-Pakts von der Sowjetunion annektiert worden. Nach der Auflösung des kurzlebigen sowjetisch-deutschen Bündnisses verloren die Sowjets die Region im Juni 1941 an die einmarschierenden Deutschen, eroberten sie aber im Juli 1944 zurück. Seitdem hatten sie erfolglos versucht, die örtliche ukrainische Bevölkerung davon zu überzeugen, das Leben unter sowjetischer Herrschaft zu akzeptieren. Das war ein schwieriges Unterfangen: Die Ukrainer wollten ihren eigenen Staat. Einige Wochen vor Chruschtschows Rede hatten ukrainisch-nationalistische Partisanen einen wichtigen Sieg errungen, indem sie Jaroslaw Halan, einen kommunistischen Schriftsteller und einen der wichtigsten Propagandisten des neuen Regimes, ermordet hatten. Chruschtschow kam nach Lwiw, um persönlich die Ermittlungen zu überwachen und die Jagd auf die Mörder Halans zu leiten. Einer von ihnen hatte sich als Student erwiesen und Chruschtschow wandte sich nun an die örtliche Hochschulverwaltung und an Parteiaktivisten unter den Studenten, um sie vor den Gefahren des Nationalismus zu warnen.

Die Aufforderung, Moskau anzurufen, überraschte Chruschtschow. Er beendete seine Rede, in der er die Studenten aufforderte, den Nationalismus in ihren Reihen zu bekämpfen und sich gegen die Partisanen zu wehren, verließ die Sitzung und rief im Kreml an. Am anderen Ende der Leitung war Stalins rechte Hand, Georgi Malenkow, der Parteichef, der für die Ernennung und Entlassung sowjetischer Beamter zuständig war. Chruschtschow war in den Kreml zurückgerufen worden. »Wie dringend ist es?«, fragte Chruschtschow. »Sehr dringend. Nehmen Sie gleich morgen früh ein Flugzeug«, kam die Antwort. »Ich war auf alles vorbereitet und versuchte, alle möglichen unangenehmen Überraschungen vorauszusehen«, erinnerte sich Chruschtschow später.[1]

Drei Jahre zuvor, 1946, hatte Stalin Chruschtschow als Ersten Sekretär der Kommunistischen Partei der Ukraine abgesetzt und ihn mit dem weniger wichtigen Amt des ukrainischen Kabinettschefs betraut. Diese Ernennung war eine Strafe für Chruschtschows Forderungen, Moskau solle bei der Linderung der ukrainischen Hungersnot von 1946/47 helfen. Stalin, dessen Beharren auf hohen Quoten bei der Getreidebeschaffung die Hungersnot verursacht hatte, weigerte sich, zuzuhören oder zu helfen. Verärgert über Chruschtschows Forderungen ersetzte er ihn durch Lasar Kaganowitsch, einen der Organisatoren der großen Hungersnot von 1932/33, der bis zu 4 Millionen Ukrainer zum Opfer gefallen waren. Zurechtgewiesen, fügte sich Chruschtschow und zeigte keine Gnade, als er der erschöpften ukrainischen Bauernschaft das Getreide entriss. Nahezu 1 Million Menschen starben infolgedessen. Im Herbst 1947 setzte Stalin Chruschtschow wieder in sein früheres Amt als Parteichef der Ukraine ein.[2]

Aber was wollte Stalin jetzt? Hatte die Vorladung nach Moskau mit der Ermordung von Jaroslaw Halan und Chruschtschows vermeintlicher Unfähigkeit, den ukrainischen Widerstand zu beenden, zu tun? Die Partisanenkämpfer waren allgemein als Banderiten bekannt – ein Name, der sich von Stepan Bandera ableitet, dem Führer des »revolutionären« (militantesten) Zweigs der Organisation Ukrainischer Nationalisten (OUN). Nach Chruschtschows Memoiren zu urteilen, hatte er 1939 erstmals von Bandera gehört. In jenem Jahr beaufsichtigte Chruschtschow als Chef der Kommunistischen Partei der Ukraine die Eingliederung der Westukraine in die Ukrainische Sozialistische Sowjetrepublik. Bandera, der wegen seiner Beteiligung an der Ermordung des polnischen Innenministers im Jahr 1934 eine lebenslange Haftstrafe verbüßte, war 1939 infolge des deutschen Überfalls auf Polen aus dem Gefängnis spaziert und den Händen der Sowjets entkommen. »Wir waren beeindruckt von Banderas Werdegang als Gegner der polnischen Regierung, aber wir hätten berücksichtigen müssen, dass Männer wie er auch Feinde der Sowjetunion waren«, erinnerte sich Chruschtschow später.

Als Stalin die Beute des Molotow-Ribbentrop-Pakts mit Hitler teilte und zunächst die Westukraine und Weißrussland, dann die baltischen Staaten und die rumänischen Provinzen Moldawien und Bukowina unter seine Kontrolle brachte, führte Bandera einen Aufstand gegen die alte Führung der Organisation Ukrainischer Nationalisten an und bot Deutschland die Dienste seiner Fraktion, der OUN, an. Das deutsch-sowjetische Bündnis erwies sich als kurzlebig. Am 22. Juni 1941 überquerten die deutschen Armeen die sowjetische Grenze und setzten sich nach Osten in Bewegung, um die sich zurückziehende Rote Armee aus der Westukraine zu verdrängen. Am 30. Juni 1941, eine Woche nach dem Angriff Deutschlands auf seinen ehemaligen Verbündeten, riefen Bandera und sein Volk die Gründung eines unabhängigen ukrainischen Staates aus.

Doch eine unabhängige Ukraine kam in den deutschen Plänen nicht vor: Sie wollten *Lebensraum* – ein von der einheimischen Bevölkerung gesäubertes und für die deutsche Besiedlung vorbereitetes Gebiet. Die Gestapo verhaftete Bandera und seine Mitstreiter und forderte sie auf, ihre Erklärung zu widerrufen. Bandera weigerte sich und verbrachte den Großteil des Krieges im deutschen Konzentrationslager Sachsenhausen. Zwei seiner Brüder starben in Auschwitz. »Es stimmt, dass Bandera, als er erkannte, dass die Hitler-Anhänger ihr Versprechen, eine unabhängige Ukraine zu unterstützen, nicht einhalten wollten, seine Einheiten gegen sie wandte«, erinnerte sich Chruschtschow. »Aber selbst dann hörte er nicht auf, die Sowjetunion zu hassen. In der zweiten Hälfte des Krieges kämpfte er sowohl gegen uns als auch gegen die Deutschen.«[3]

Bis 1944 hatten die ukrainischen Nationalisten eine Guerillatruppe organisiert, die bis zu hunderttausend Mann umfasste. Offiziell bildeten sie die Ukrainische Aufständische Armee, inoffiziell waren sie als Banderiten bekannt. »Als wir die Deutschen nach Westen drängten, trafen wir auf einen alten Feind – die ukrainischen Nationalisten«, erinnerte sich Chruschtschow. »Die Banderiten stellten ihre eigenen Partisaneneinheiten auf.« Nach seiner Entlassung aus Sachsenhausen floh Bandera nach Österreich. Die Aufstandsbewegung wurde von anderen geleitet, die, wenn überhaupt, nur wenig Kontakt zu ihrem weit entfernten Anführer hatten, aber Banderas Name blieb eng mit dem Untergrund verbunden. Alle Aspekte des Partisanenkrieges, die guten wie die schlechten, wurden mit Bandera in Verbindung gebracht – die Selbstaufopferung junger Männer und Frauen, die ihr Leben für die ukrainische Unabhängigkeit gaben, ebenso wie die ethnische Säuberung von Polen in der Westukraine, die Beteiligung einzelner Mitglieder des nationalistischen Untergrunds am Holocaust und die grausamen Morde an sowjetischen »Kollaborateuren« wie Jaroslaw Halan.[4]

Die Sowjets setzten Zehntausende von regulären Truppen, Tausende von Mitgliedern von Sonderkommandos und lokal gebildete Milizen ein, um den nationalistischen Untergrund zu bekämpfen. Berichten zufolge wurden in den Jahren 1944–1946 mehr als hunderttausend »Banditen« getötet und eine weitere Viertelmillion verhaftet. Hunderttausende von Zivilisten wurden aus der Westukraine nach Sibirien und Kasachstan deportiert. Die Kommandeure der ukrainischen Aufstandsarmee, die nun weniger als fünftausend Soldaten zählte, gingen zu kleineren Angriffen auf sowjetische Regierungseinrichtungen und militärische Anlagen über. Individueller Terror gegen Vertreter der Sowjetherrschaft und lokale »Kollaborateure« wurde zum neuen Modus Operandi. Die Aufständischen erkannten, dass sie in einer offenen Feldschlacht nicht gewinnen konnten. Ihre einzige verbleibende Hoffnung für das persönliche Überleben und die Schaffung eines unabhängigen ukrainischen Staates war ein neuer globaler Krieg, diesmal zwischen den Vereinigten Staaten und der Sowjetunion.

Langsam, aber unerbittlich zeigten die sowjetischen Aufstandsbekämpfungsmaßnahmen und der Terror gegen die lokale Bevölkerung Wirkung. Bis 1948 war der ukrainische nationalistische Widerstand soweit geschwächt, dass die Sowjets mit der Massenkollektivierung der Landwirtschaft beginnen konnten – dem Kernstück ihres sozialistischen Transformationsprogramms. Sowjetische Agenten drangen in viele der verbliebenen aufständischen Einheiten ein und versuchten, die Kontrolle über die Kommunikation zwischen den örtlichen Aufständischen und Banderas emigrierten Anhängern zu erlangen, die ihr Hauptquartier in München hatten, dem Zentrum der amerikanischen Besatzungszone in Deutschland. Dennoch gelang es der sowjetischen Geheimpolizei nicht, die Führung der Aufständischen Armee zu erreichen oder die Ermordung von Regimeanhängern wie Jaroslaw Halan zu verhindern.[5]

Nikita Chruschtschow hatte Halan persönlich gekannt. Halan hatte 1946 die sowjetisch-ukrainischen Medien bei den Nürnberger Prozessen gegen die Hauptkriegsverbrecher vertreten und dort die Auslieferung von Stepan Bandera aus der amerikanischen Besatzungszone Deutschlands gefordert. Zurück in seiner Heimat, griff er die ukrainischen Nationalisten mit seinen feurigen Pamphleten an. Halan nahm auch die Ukrainische katholische Kirche ins Visier. Im Rahmen des sowjetischen Kampfes gegen den Vatikan und seinen politischen, religiösen und kulturellen Einfluss im von der Sowjetunion kontrollierten Teil Europas wurden ihre Hierarchen verhaftet und ihre Priester gezwungen, die Rechtsprechung der Russisch-Orthodoxen Kirche anzuerkennen. Die Gläubigen der Kirche wurden in den Untergrund getrieben. Halans wütende Angriffe auf die Kirche blieben in Rom nicht unbemerkt, und im Juli 1949 wurde er von Papst Pius XII. exkommuniziert. Halan reagierte mit einem neuen Pamphlet, in dem er schrieb: »Ich spucke auf den Papst«. Viele glaubten, dass dieser Satz Halans Schicksal in den Augen der Aufständischen besiegelte, die sich mit der verfolgten Ukrainischen katholischen Kirche verbündeten.[6]

Chruschtschow wurde sofort über Halans Tod informiert und rief in Moskau an, um Stalin über die Geschehnisse in Lwiw zu informieren. Der alternde und immer paranoider werdende sowjetische Diktator war nicht erfreut. Das Attentat ließ keinen Zweifel daran, dass mehr als fünf Jahre, nachdem die Rote Armee die Westukraine von den sich zurückziehenden Deutschen zurückerobert hatte, und mehr als vier Jahre, nachdem die rote Fahne auf dem Reichstagsgebäude in Berlin-Mitte gehisst worden war, der ukrainische Untergrund immer noch gegen die siegreiche sowjetische Supermacht kämpfte. Und zwar nicht irgendwo an der Peripherie der kommunistischen Welt, sondern in ihrem Herzen, innerhalb der Grenzen der UdSSR. Stalin schickte seine besten Geheimpolizisten in die Ukraine. Ihnen wurde mitgeteilt, dass »Genosse Stalin die Arbeit der Sicherheitsorgane bei der Bekämpfung des Banditentums in der Westukraine als höchst unbefriedigend bewertet hat.« Sie erhielten den Befehl, die Attentäter zu finden und den verbliebenen ukrainischen Widerstand zu zerschlagen.[7]

Chruschtschow wusste, dass sein Job auf dem Spiel stand. Deshalb kam er nicht nur persönlich nach Lwiw, um die Ermittlungen zu leiten, sondern brachte auch ein ganzes Team mit, um die Kontrolle der Polizei und der Partei über die Bevölkerung zu stärken: den Innenminister, die Sekretäre des Zentralkomitees der Kommunistischen Partei der Ukraine und sogar den ersten Sekretär des ukrainischen Zweigs des Komsomol, des Bundes der jungen Kommunisten. Chruschtschow wollte, dass seine Untergebenen Lwiw und die Westukraine in eine Festung verwandelten. Einem Bericht zufolge war er bereit, drastische Maßnahmen zu ergreifen, um dem Untergrund die Rekrutierungsbasis zu entziehen: Er wollte junge Männer zusammentreiben und sie in die Minen des Donbas oder in Berufsschulen in der Ostukraine schicken oder vielleicht sogar die Bevölkerung durch ein System interner Pässe unter strenge Kontrolle stellen. Dieser Schritt hätte die gesamte Region in ein riesiges Gefangenenlager außerhalb der sowjetischen Gesetze verwandelt. Chruschtschow ließ diese Idee erst fallen, nachdem Stalins Sicherheitsexperten gegen seine Pläne protestiert hatten. Einer von ihnen war der Meinung, dass die von Chruschtschow vorgeschlagenen Maßnahmen die ukrainische Jugend in die Wälder und damit direkt in die Hände der Aufständischen treiben würden.⁸

Als Chruschtschow einen Anruf aus dem Kreml erhielt, legte er seine Pläne auf Eis und flog wie befohlen nach Moskau. »Ich wusste nicht, welchen Status ich haben würde, wenn ich in die Ukraine zurückkehre – oder ob ich überhaupt zurückkehren würde«, erinnerte er sich später. Die Reise erwies sich als die schicksalhafteste seiner Laufbahn. Anstatt gemaßregelt oder verhaftet zu werden, wurde Chruschtschow befördert. Der alternde Diktator wollte Chruschtschow in Moskau an seiner Seite haben und übertrug ihm die Kontrolle über die Parteiorganisation der Stadt, um interne Feinde zu bekämpfen. Stalin säuberte die Parteikader von tatsächlichen und vermeintlichen Anhängern der »Leningrader Gruppe«, sowjetische Funktionäre, die beschuldigt wurden, eine eigene russische kommunistische Partei gründen zu wollen – eine potenzielle Bedrohung für die Einheit der von Stalin geführten Kommunistischen Partei der Union. Chruschtschow, der langjährige Anführer der Ukraine, schien ein natürlicher Verbündeter im Kampf gegen den russischen Partikularismus zu sein, der das Imperium zu stürzen drohte.

Chruschtschow war mehr als erleichtert. Er bedankte sich bei Stalin für das ihm entgegengebrachte Vertrauen. »Ich bin gut behandelt worden, und ich bin allen dankbar, die bei der Überwachung der Ukraine geholfen haben«, sagte er zum Diktator. »Aber ich werde trotzdem froh sein, nach Moskau zurückzukehren.« Stalin wollte, dass er in die Ukraine zurückkehrte, dort unerledigte Geschäfte abschloss und rechtzeitig zur großen Feier seines siebzigsten Geburtstags, die für den 21. Dezember 1949 geplant war, in die sowjetische Hauptstadt zurückkehrte. An diesem Tag ließ Stalin Chruschtschow neben sich sitzen. Auf Stalins anderer Seite saß der Anführer des kommunistischen China, Mao Zedong.

Chruschtschow begann so seinen Aufstieg an die Spitze der Sowjetmacht. Aber er würde nie den Schrecken vergessen, den die unerwartete Vorladung Stalins und die Person, die er für den ukrainischen Widerstand gegen die Sowjets verantwortlich machte, Stepan Bandera, ausgelöst hatten.⁹

2

Meisterkiller

Während Chruschtschow an den Feierlichkeiten zu Stalins Geburtstag in Moskau teilnahm, setzten seine ehemaligen Untergebenen in der Ukraine ihre Jagd auf die Anführer des ukrainischen Untergrunds fort. Viele von ihnen feierten den Neujahrstag 1950 in Lwiw, anstatt nach Kyjiw oder Moskau zurückzukehren, und verbrachten danach Monate in der Westukraine. Unter ihnen befand sich auch General Pawel Sudoplatow, der ranghöchste Sicherheitsbeamte, der von Moskau nach Lwiw geschickt worden war, um die Führung des bewaffneten Widerstands zu vernichten. Sudoplatow befolgte die Befehle. Die Tötung von Anführern der ukrainischen Bewegung war in der Tat seine Spezialität.

Sudoplatow hatte seinen ersten Auftrag in diesem Bereich im November 1937 erhalten, als er dreißig Jahre alt war und dem Auslandsgeheimdienst angehörte. Er wurde zunächst in das Büro von Stalins Volkskommissar (Innenminister) Nikolai Jeschow gerufen und dann zu einem Treffen mit Stalin selbst gebracht. Sudoplatow, ein gebürtiger Ukrainer, der fließend Ukrainisch sprach, hatte damals ukrainische Emigrantenkreise in Europa infiltriert und sich als Vertreter des ukrainischen Untergrunds in der Sowjetunion ausgegeben. Stalin, der einen Bericht über den Stand der Beziehungen zwischen den Führern der verschiedenen ukrainischen Organisationen haben wollte, hatte Sudoplatow in sein Büro gerufen. Sudoplatow enthüllte, dass sie alle miteinander um Posten in der künftigen Regierung der unabhängigen Ukraine konkurrierten, aber die größte Gefahr ging von Jewhen Konowalez aus, dem Leiter der Organisation Ukrainischer Nationalisten. Konowalez war damals der Vorgesetzte von Stepan Bandera, und die OUN hatte die Unterstützung des deutschen militärischen Geheimdienstes, der Abwehr.

»Wie lauten Ihre Vorschläge?«, fragte Stalin. Sudoplatow hatte keine. Stalin gab ihm eine Woche Zeit, um einen Plan zur Bekämpfung von Konowalez und seiner Organisation auszuarbeiten. Eine Woche später kam Sudoplatow mit einem Plan in Stalins Büro zurück, wie er die Abwehr mithilfe sowjetischer Agenten in Konowalez' Organisation durchdringen wollte.

Dieser Plan war eindeutig nicht das, was Stalin im Sinn hatte. Stalin übergab das Wort an Grigori Petrowski, einen alten Bolschewiken und einen der Anführer der Sowjetukraine, der eingeladen worden war, an der Sitzung teilzunehmen. Wie sich Sudoplatow später erinnerte, verkündete Petrowski »feierlich, dass der ukrainische sozialistische Staat Konowalez in Abwesenheit wegen schwerer Verbrechen gegen das ukrainische Proletariat zum Tode verurteilt hat«, d. h. wegen Mordes, wenn auch mit politischer Rechtfertigung. Er bezog sich dabei insbesondere auf Konowalez' Rolle bei der Niederschlagung des bolschewistischen Aufstands in Kyjiw im Jahr 1918, bei dem Konowalez als militärischer Befehlshaber für die kurzzeitige Regierung der unabhängigen Ukraine gedient hatte. Stalin sprach sich für Petrowskis Vorschlag aus: »Dies ist nicht nur ein Racheakt, obwohl Konowalez ein Agent des deutschen Faschismus ist. Unser Ziel ist es, die Bewegung des ukrainischen Faschismus am Vorabend des Krieges zu enthaupten und diese Gangster zu zwingen, sich im Kampf um die Macht gegenseitig zu vernichten.«

Stalin hatte offensichtlich ein Attentat im Sinn, als er Sudoplatow zum ersten Mal vorlud: Er wollte einfach nicht der Erste sein, der es dem potenziellen Attentäter vorschlug. Als Sudoplatow den Wunsch des Führers nicht erriet, beauftragte Stalin Petrowski, ein Attentat vorzuschlagen und die Tötung rechtlich zu rechtfertigen. Die Idee stammte ausschließlich von Stalin, nicht von Petrowski – nur wenige Tage vor ihrem Treffen hatte Sudoplatow Petrowski persönlich getroffen, und dieser hatte nichts dergleichen vorgeschlagen. Nun, da die Idee eines Attentats auf dem Tisch lag, drängte Stalin seinen Geheimagenten. »Was sind die persönlichen Vorlieben von Konowalez? Versuchen Sie, sie auszunutzen«, sagte Stalin. Sudoplatow, der Konowalez im Rahmen seiner Arbeit im

Ausland mehr als einmal getroffen hatte, erzählte Stalin, dass der ukrainische Anführer, wohin sie auch gingen, immer eine Schachtel Pralinen kaufte. »Konowalez hat eine übermäßige Vorliebe für Pralinen«, sagte er seinem Gastgeber im Kreml. Stalin schlug Sudoplatow vor, darüber nachzudenken.

Bevor sich ihre Wege trennten, fragte Stalin den künftigen Attentäter, ob er die politische Bedeutung des ihm anvertrauten Auftrags verstünde. Sudoplatow versicherte Stalin, dass dies der Fall und er bereit sei, sein Leben zu opfern, um die Aufgabe zu erfüllen. Stalin wünschte ihm Erfolg und schüttelte ihm die Hand. Konowalez' Aktivitäten während der Revolution lieferten die rechtliche Rechtfertigung für den geplanten individuellen Terrorakt, seine Verbindungen zur Abwehr die politische Begründung und die Charakterisierung seiner nationalistischen Bewegung als faschistisch den ideologischen Vorwand. Letzteres sollte zu einer wichtigen Waffe in den sowjetischen Bemühungen werden, die ukrainische nationalistische Bewegung zu diskreditieren, die in ihrer ideologischen Ausrichtung radikal und rechts war, aber nur von ihren sowjetischen Gegnern als faschistisch bezeichnet wurde. Stalin bereitete sich auf den bevorstehenden Krieg mit Deutschland vor und wollte Verwirrung in den Reihen seiner Feinde stiften. Konowalez musste sterben.

Die sowjetische Geheimpolizei folgte Stalins Vorschlag, die Schwäche von Konowalez auszunutzen. Technische Experten konstruierten eine als Pralinenschachtel getarnte Bombe. Durch Drehen der Schachtel von einer senkrechten in eine waagerechte Position würde der Uhrmechanismus in Gang gesetzt, der einen dreißigminütigen Countdown bis zur Detonation anzeigt. Am 23. Mai 1938 traf sich Sudoplatow mit Konowalez in der Rotterdamer Innenstadt im Restaurant des Hotels Atlanta und übergab ihm die Schachtel. Der Attentäter verließ daraufhin das Restaurant und ging in ein Geschäft in einer nahe gelegenen Straße, wo er einen Hut und einen Regenmantel kaufte, um sein Aussehen zu verschleiern. Kurz nach Mittag hörte er die Explosion und sah Menschen in die Richtung rennen, aus der er gerade gekommen war. Sudoplatow ging zum Bahnhof und bestieg einen Zug nach Paris.

»Das Geschenk wurde überreicht. Das Paket ist jetzt in Paris, und der Reifen des Wagens, mit dem ich gereist bin, ist beim Einkaufen geplatzt«, heißt es in dem verschlüsselten Telegramm, das an diesem Tag von Paris nach Moskau verschickt wurde.[1]

Konowalez war auf der Stelle tot, wie Sudoplatow aus einer Zeitung erfuhr. Unmittelbar nach dem Attentat bekam Sudoplatow unerträgliche Kopfschmerzen, aber er bereute seine Tat nie. »Im Frühjahr 1938 wurde der Krieg als unvermeidlich angesehen, und wir wussten, dass er für die Deutschen kämpfen würde«, schrieb Sudoplatow später über sein Opfer. Das von ihm ausgeführte Attentat galt als Klassiker unter all den Generationen von KGB-Offizieren: elegant, effizient und politisch zweckmäßig. Wie von Stalin geplant, führte der Tod von Konowalez zu einem Machtkampf im nationalistischen Untergrund. Zwei Jahre nach der Ermordung führte der junge und ehrgeizige Stepan Bandera seine radikalen Verbündeten zum Aufstand gegen Konowalez' langjährigen Helfer und Nachfolger, Oberst Andrij Melnyk. Bandera gelang es, Melnyk die Kontrolle über den Großteil der Organisation zu entreißen, doch die Spaltung zwischen den beiden Fraktionen, die zu einem offenen Konflikt zwischen ihnen führte, sollte noch Jahrzehnte andauern und das nationalistische Lager schwächen.[2]

Das Attentat machte Pawel Sudoplatow zu einer Berühmtheit in den Reihen der sowjetischen Geheimpolizei und verlieh seiner Karriere einen bedeutenden Schub. Sein Status wurde während des Krieges weiter gestärkt, als er mit allen Ablenkungs- und Attentatsaktivitäten hinter den deutschen Linien betraut wurde. Seine Fähigkeiten waren auch nach dem Krieg sehr gefragt. Im September 1946 betrat er das Abteil eines Zuges, der von Saratow nach Moskau fuhr. Sein Opfer war Alexander Schumski, der Volkskommissar für Bildung der Ukraine in den 1920er-Jahren, der des ukrainischen Nationalismus beschuldigt worden war und nach Jahren der Inhaftierung und des inneren Exils auf seinem Recht auf Rückkehr in die Ukraine bestanden hatte. Zu Sudoplatow gehörte auch einer seiner Untergebenen, Oberst Grigori Mairanowski, der Leiter des speziellen geheimpolizeilichen Giftlabors. »Nachts betraten die Mitglieder der von Sudoplatow angeführten Gruppe das Abteil und hielten

Schumski den Mund zu, woraufhin Mairanowski das Gift injizierte«, heißt es in einem späteren Bericht über das Attentat. Bei der anschließenden Autopsie wurden keine Spuren des von Mairanowski verwendeten Giftes gefunden – von Curare, einem Pflanzenextrakt. Als Todesursache wurde ein Schlaganfall angegeben.

Das nächste Opfer von Sudoplatow und Mairanowski war ein Erzbischof der Ukrainischen katholischen Kirche, Theodor Romscha. Er war das Oberhaupt der Kirche in Transkarpatien, das vor dem Zweiten Weltkrieg zur Tschechoslowakei gehört hatte. Sudoplatow zufolge erhielt der sowjetische Geheimdienst 1947 Berichte, wonach der Vatikan bei den Vereinigten Staaten und Großbritannien darauf hinwirkte, die ukrainischen Katholiken und ihre Verbündeten im nationalistischen Untergrund zu unterstützen. Romscha war der letzte nicht inhaftierte ukrainische katholische Bischof und damit äußerst gefährlich. Im Februar 1947 unterbreitete der ukrainische Sicherheitsminister Moskau einen Plan zur Ermordung Romschas. Der erste Versuch fand Ende Oktober 1947 statt, als die Kutsche, in der der Erzbischof saß, von einem Lastwagen erfasst wurde. Romscha überlebte den Anschlag und wurde in ein örtliches Krankenhaus gebracht. Sudoplatow und Mairanowski beendeten den Auftrag, als eine von der Geheimpolizei angeworbene Krankenschwester dem Bischof ein von Mairanowski bereitgestelltes Gift injizierte.

Aus Sudoplatows Memoiren und den Archiven der sowjetischen Geheimpolizei geht hervor, dass alle von Sudoplatow und Mairanowski, seinem »Dr. Tod«, begangenen Morde mit Stalins persönlicher Zustimmung durchgeführt wurden. Niemand sonst hatte die Befugnis, über das Schicksal der heimlichen Opfer von Sudoplatows Todesschwadron zu entscheiden. Aber die Initiative, Menschen auf die Liste zu setzen, konnte auch von anderen Mitgliedern der sowjetischen Führung ausgehen. Sudoplatow behauptete, die Ermordung von Schumski und Romscha sei auf Drängen von Nikita Chruschtschow erfolgt, der sich auf dem Weg nach Uschhorod mit Mairanowski getroffen haben soll. Sudoplatow behauptet, bei einem Telefongespräch zwischen General Sergej

Sawtschenko, dem ukrainischen Sicherheitsminister, und Chruschtschow zugegen gewesen zu sein, in dem letzterer die Operation zur Ermordung von Romscha endgültig absegnete. Unabhängig davon, ob dies stimmt oder nicht, besteht kein Zweifel daran, dass der ursprüngliche Plan zur Ermordung von Romscha in Kyjiw und nicht in Moskau ausgearbeitet wurde und ohne Chruschtschows persönliche Zustimmung nicht dorthin hätte übermittelt werden können.[3]

Im Dezember 1949 erhielt Sudoplatow seinen bisher wichtigsten Auftrag: Er sollte den Oberbefehlshaber der Ukrainischen Aufständischen Armee, Roman Schuchewytsch, ausfindig machen und eliminieren. Der erfahrene, zweiundvierzigjährige Nationalistenführer hatte seine militärischen Fähigkeiten 1941 als Kommandeur des Abwehr-Sonderbataillons Nachtigall erlernt und hatte die Kontrolle über die Bandera-Fraktion der Organisation Ukrainischer Nationalisten übernommen, während Bandera in Sachsenhausen inhaftiert war. Sudoplatow und der stellvertretende Sicherheitsminister der Ukraine, General Viktor Drosdow, mobilisierten ein ganzes Heer von Geheimpolizisten und Agenten, um Schuchewytsch zur Strecke zu bringen. Der Durchbruch gelang Anfang März 1950, als ein ehemaliges Mitglied des Untergrunds Schuchewytschs Kurierin, die fünfundzwanzigjährige Daria Husiak, verriet. Nach ihrer Verhaftung verhörte Sudoplatow Husiak persönlich, aber sie verriet ihren Vorgesetzten nicht. Die Geheimpolizei steckte sie daraufhin mit einer weiblichen Informantin in eine Zelle. Husiak übergab ihr eine Nachricht, die in einem Dorf in der Nähe von Lwiw an Schuchewytsch übergeben werden sollte. Mehr als sechshundert Beamte stürmten daraufhin das Dorf Bilohorshcha, um den Widerstandsführer zu finden.

Als sowjetische Truppen in das Haus eindrangen, das Schuchewytsch bewohnte, versuchte er, sich den Weg freizukämpfen und wurde dabei getötet. »Unsere Gruppe, die in das Haus eindrang, begann die Operation, in deren Verlauf Schuchewytsch aufgefordert wurde, sich zu ergeben«, heißt es in Sudoplatows Bericht. »Daraufhin leistete Schuchewytsch bewaffneten Widerstand und begann, ein Maschinengewehr abzufeuern, mit dem er Major

Rewenko, einen Abteilungsleiter des Ministeriums für Staatssicherheit der Ukrainischen SSR, tötete. Trotz der Maßnahmen, die ergriffen wurden, um ihn lebendig zu fassen, wurde er im Verlauf des Schusswechsels von einem Unteroffizier des MDB getötet.« Eine der Wunden von Schuchewytsch deutete darauf hin, dass er sich irgendwann während der Schießerei das Leben nahm, um nicht in die Hände der Geheimpolizei zu fallen. Sudoplatow konnte jedoch nach Moskau melden, dass sein Auftrag erfüllt worden war. Ein weiterer Anführer der ukrainischen Bewegung war gefallen.[4]

Nach dem Tod von Schuchewytsch wuchs Stepan Banderas symbolische Bedeutung als Anführer des Untergrunds und als Wahrzeichen seines anhaltenden Widerstands überproportional zu seiner tatsächlichen Beteiligung an den ukrainischen Entwicklungen. Die Ermordung des sowjetischen Propagandisten Jaroslaw Halan durch die Mitglieder des nationalistischen Untergrunds hatte Banderas Position an der Spitze der Feinde des Sowjetregimes nur noch mehr gefestigt. Nikita Chruschtschow forderte seinen Kopf. Einigen Berichten zufolge verhängte der Oberste Gerichtshof der Sowjetunion im Herbst 1949 das Todesurteil gegen Stepan Bandera. Sudoplatow erinnerte sich später daran, dass Chruschtschow, als er in Moskau war, ihn bat, einen Plan auszuarbeiten, »um die Bandera-Führung der ukrainischen faschistischen Bewegung in Westeuropa zu liquidieren, die in arroganter Weise die Führung der Sowjetunion beleidigt.«[5]

3
Geheimagent

An einem Sommerabend des Jahres 1950 stand ein Polizist in Zivil vor der Tür eines bescheidenen Bauernhauses im Dorf Borschtschowytschi bei Lwiw. Das Haus gehörte der angesehenen Familie Staschinski. Der Vater arbeitete als Tischler und war für seine Liebe zu Büchern bekannt, die Mutter führte den Haushalt. Sie hatten drei Kinder – zwei Töchter und einen Sohn – alle im späten Teenageralter oder Anfang zwanzig.[1]

Die Familie besaß knapp zwei Hektar Land, aber sie hatte das kommunistische Regime nie begrüßt. Sie waren überzeugte ukrainische Patrioten, und in ihrem Haus hatten viele ihrer Nachbarn zum ersten Mal die ukrainische Nationalhymne gehört oder einen Dreizack gesehen – das Wappen des kurzlebigen ukrainischen Staates, der 1920 durch eine bolschewistische Invasion zerschlagen worden war. Die Region stand bis 1939 unter polnischer Herrschaft, so dass das Singen der ukrainischen Hymne und das Zeigen des ukrainischen Wappens keineswegs unschuldige Manifestationen des Lokalpatriotismus waren. Nach der Übernahme der Region durch die Sowjets wurden die Staschinskis Opfer des bolschewistischen Terrors. Im Oktober 1940 verhafteten die sowjetischen Agenten einen nahen Verwandten, den sechsunddreißigjährigen Petro Staschinski, einen Aktivisten der ukrainischen Kulturbewegung und Mitglied der Organisation der ukrainischen Nationalisten. Im Juni 1941 wurde Petro Staschinski in einem Lwiwer Gefängnis erschossen, nur wenige Tage, wenn nicht gar Stunden, bevor sich die Sowjets aus der Stadt zurückzogen.

Er teilte das Schicksal von Tausenden von ukrainischen Patrioten. Die Familie traf Petros Verhaftung und Ermordung sehr schwer.

Als die Sowjets 1944 zurückkehrten, waren die Mitglieder der Familie Staschinski starke Unterstützer der OUN. Sie halfen den Männern aus dem Wald auf jede erdenkliche Weise, und ihr Haus wurde zu einem sicheren Zufluchtsort. Manchmal kamen zwanzig bis dreißig Männer an, und Frau Staschinski ging in der Nachbarschaft herum und sammelte Lebensmittel für sie. Die beiden Töchter, Iryna und Maria, wurden Kuriere für den Untergrund. Beide Schwestern wurden verhaftet und eine Zeitlang von der Geheimpolizei festgehalten. »Als sie angezeigt wurden, brachte man sie in das Gefängnis in Jarytschiw«, erinnerte sich ein Nachbar der Familie Jahre später und bezog sich dabei auf ein Gefängnis in einer benachbarten Stadt. »Und sie schlugen und misshandelten sie so sehr, dass ... Maria jede Hoffnung aufgegeben hatte, jemals zu heiraten. Sie sagte immer: ›Was nütze ich jemandem, wenn ich derart zerstört bin?‹« Iryna wurde von ihrer Stelle als Lehrerin an der örtlichen Schule entlassen. Die Staschinskis wurden von der Geheimpolizei auf die Liste der Verdächtigen gesetzt, und der Vater der Mädchen hielt einen Vorrat an trockenem Brot bereit, für den Fall, dass er verhaftet und gezwungen würde, die lange Reise nach Sibirien anzutreten.[2]

Jetzt wollte der Polizist mit dem neunzehnjährigen Bogdan Staschinski sprechen. Bogdan war der Stolz der Familie – der erste, der eine Hochschule besuchte. Er war auch bei den Mädchen der Gegend beliebt. Der schlanke Junge mit dem offenen, eher langen Gesicht, der ausgeprägten Nase und der auffälligen Spalte in der Mitte seines Kinns trug sein Haar hochgekämmt und wuschelig, hielt seinen schlaksigen Körper aufrecht und hatte ein sorgfältig gepflegtes Erscheinungsbild. Der am 4. November 1931 geborene Staschinski war unter den Polen, den Sowjets, den Deutschen und dann wieder den Sowjets zur Schule gegangen. Unter den Polen war die Hauptunterrichtssprache Polnisch gewesen, unter den Deutschen und den Sowjets Ukrainisch. Je nach Besatzungsmacht wurde entweder Deutsch oder Russisch als Fremdsprache in den Lehrplan aufgenommen. Nach Kriegsende 1945 zog er nach Lwiw, siebzehn Kilometer von seinem Heimatdorf entfernt, um seine Ausbildung fortzusetzen. Er träumte davon, Arzt zu werden, wurde aber nicht zum Medizinstudium zugelassen. Stattdessen studierte er Mathematik an der örtlichen Lehrerbildungsanstalt. Alle paar Tage fuhr er mit dem Zug, den er sich nicht leisten konnte, nach Hause, um sich mit Lebensmitteln zu versorgen. Meist schlich er sich ein, ohne das Fahrgeld zu bezahlen.

Der Polizist in Zivil teilte Bogdan mit, dass er sofort auf die Bahnpolizeiwache kommen müsse, um über einen Vorfall zu sprechen, der sich einige Tage zuvor ereignet hatte. Bogdan war erwischt worden, als er ohne zu bezahlen mit dem Zug fuhr, und die Beamten hatten bereits seinen Namen und seine Adresse aufgenommen und ihn dann gehen lassen. Jetzt wollten sie Bogdan zurück. Angesichts des Hintergrunds der Familie und ihrer Verbindungen zum Untergrund schien dies ein kleines Problem zu sein. Er hätte wegen eines schweren Verbrechens angeklagt werden können; vielleicht würde er es jetzt. Bogdan folgte dem Polizisten auf die Wache. Zu seiner Überraschung erwartete ihn dort ein hoher Beamter. »Hauptmann Konstantin Sitnikowski«, stellte sich der Beamte vor. Er verhielt sich einladend und schien sich mehr für das Leben und die Einstellung des jungen Studenten zu interessieren als für den Vorfall im Zug. Er stellte Fragen über Bogdans Studium, seine Familie und seine Eltern. Das war's. Nach dem freundlichen Gespräch durfte er nach Hause gehen. Er wusste nicht, ob es eine erneute Einladung zu einem weiteren Gespräch geben würde. Im Moment ließ ihn die Polizei in Ruhe. Das war eine gute Nachricht, denn als eine Kollegin von Maria Staschinski aus dem Untergrund wegen ihrer Rolle im Widerstand verhaftet worden war, hatte Hauptmann Sitnikowski sie verprügelt und ihr eine Pistole an den Kopf gehalten, um eine Hinrichtung zu simulieren.[3]

Von seinen Freunden in Lwiw wusste Bogdan, dass die Geheimpolizei seit der Ermordung von Jaroslaw Halan ein besonderes Augenmerk auf die Studenten gerichtet hatte. Einer der ermittelten Mörder, der achtzehnjährige Ilarii Lukaschewitsch, war Student an der örtlichen landwirtschaftlichen Hochschule. Fast sofort verhafteten die Behörden alle Studenten, die Lukaschewitsch nahestanden, oder verwiesen sie von der Schule. Sie verschärften auch die ideologischen Schikanen gegen Studenten aus der Region. Die

Kampagne wurde vom ersten Sekretär des ukrainischen Komsomol (Kommunistischer Jugendverband) und späteren Chef des sowjetischen KGB, Wladimir Semitschastny, persönlich geleitet. Im Oktober und November 1949 verhaftete die Geheimpolizei mehr als einhundert Studenten und Angestellte der Universität. Kurz nachdem Chruschtschow seine Rede gehalten hatte, die durch die Aufforderung, den Kreml anzurufen, unterbrochen wurde, wurden fünfzig Studenten von den Lwiwer Hochschulen verwiesen. Im Laufe des Jahres verlor das Lwiwer Polytechnikum 344 Studenten, was acht Prozent seiner Studentenschaft entsprach. Insgesamt waren bis zu zwei Prozent der Lwiwer Studenten, fast alle aus der kürzlich annektierten Westukraine, von der Säuberung betroffen.[4]

Gleichzeitig verstärkte die Geheimpolizei ihre Bemühungen, Informanten unter den Lwiwer Studenten zu rekrutieren, deren Familien auf dem Land lebten – einem Gebiet, das von der Guerilla heimgesucht wurde. Einige wechselten an andere Hochschulen, um der Aufmerksamkeit der Geheimpolizei zu entgehen; andere wechselten zu Fernstudiengängen und verließen Lwiw, um zu ihren Familien zurückzukehren. Einer derjenigen, die Lwiw im Sommer 1950 verlassen mussten, war der spätere führende ukrainische Historiker Mykola Kowalski. Im Herbst 1949 wurde er als Leiter einer studentischen Gewerkschaftszelle abgesetzt, im März 1950 wurde er gezwungen, dem Komsomol beizutreten, und im Sommer, am Ende des akademischen Jahres, packte er seine Sachen zusammen und unterschrieb einen Antrag auf Wechsel zu einem Fernstudium. Er führte seinen Entschluss, die Stadt zu verlassen, auf die Atmosphäre des »ideologischen und politischen Terrors zurück, der der westukrainischen Jugend in den höheren Bildungseinrichtungen von Lwiw während der Ära des grassierenden Stalinismus auferlegt wurde: In der Spitzel [der Geheimpolizei] zu sein, Denunziationen bei der Polizei und Verrat von oben auferlegt wurden.« Kowalskis engster Freund, ebenfalls ein zukünftiger Historiker, Zenon Matjakewitsch, hatte nicht so viel Glück. Er wurde ganz von der Universität verwiesen. Weder Kowalski noch Matjakewitsch gehörten dem Untergrund an.[5]

Bogdan Staschinski hatte ebenfalls Pech. Ein paar Tage später stand derselbe Polizist erneut vor seiner Tür und lud ihn zu einem weiteren Treffen mit Hauptmann Sitnikowski ein. Diesmal wollte der Hauptmann über den Untergrund und die Beteiligung von Mitgliedern seiner Familie an dessen Aktivitäten sprechen. Es hörte sich so an, als ob er schon fast alles wüsste.»Sitnikowski wusste von der Zusammenarbeit meiner Schwester mit dem Untergrund und war mit der Situation in unserem Dorf vertraut«, erinnerte sich Staschinski später. Es bestand kein Zweifel daran, dass Sitnikowski versuchte, Staschinski als Informanten anzuwerben.»Er stellte mich vor die Wahl: Entweder ich könnte mich aus dieser Situation befreien und meinen Eltern helfen, oder ich würde verhaftet und zu fünfundzwanzig Jahren Gefängnis verurteilt, und meine Eltern würden nach Sibirien geschickt«, erinnerte er sich und beschrieb sein zweites Treffen mit Sitnikowski. Er wusste, dass die Worte des Offiziers keine leere Drohung waren. Die Geheimpolizei verhaftete regelmäßig Menschen wegen »Verbrechen«, die weit weniger schwerwiegend waren als die, die seine Familie begangen hatte.[6]

Bogdan Staschinskis Dorf Borschtschowytschi war von Wäldern umgeben, in denen eine Abteilung der Ukrainischen Aufständischen Armee aktiv war. Angeführt wurde sie von Iwan Laba aus einem Nachbardorf, der sich nach einem berühmten ukrainischen Bauernrebellen des neunzehnten Jahrhunderts den Namen »Karmeliuk« nannte. Laba hatte sich 1941 der nationalistischen Bewegung angeschlossen, kurz nachdem die Deutschen die Anhänger von Bandera in den Untergrund getrieben hatten. Wie viele andere ukrainische Nationalisten wurde auch Laba von der Gestapo gefangen genommen und nach Auschwitz gebracht, wo er den Krieg überlebte. Nach Kriegsende schloss er sich wieder der Partisanenbewegung an und wurde einer ihrer örtlichen Anführer. Laba war mit der jüngeren Schwester von Bogdan Staschinski, Maria, zusammen und kannte Bogdan persönlich. Bogdan kannte auch viele andere Mitglieder des Untergrunds – sie kamen ziemlich regelmäßig zu ihm nach Hause.[7]

Hauptmann Sitnikowski erklärte, dass Widerstand zwecklos sei. Staschinski widersprach dem Offizier nicht. Er wusste, dass es einem Todesurteil gleichkam, in den Wald zu gehen: Die Chancen standen neun zu zehn, dass jeder, der dies tat, von der Polizei gefasst oder getötet wurde. Sollte er sich und seine Familie retten, indem er kooperierte? Wenn er sich weigerte, würde er seinen Traum von einer Ausbildung verlieren. Außerdem käme er ins Gefängnis und die Mitglieder seiner Familie auch. Sitnikowski beantragte nicht sofort eine formelle Vereinbarung. »Obwohl er mich rekrutierte, hat er mich nicht direkt gefragt«, erinnerte sich Staschinski später, »und er ging vorsichtig vor, damit ich mich nicht als Verräter sah.« Um seine Familienmitglieder zu retten, musste er sie nun ausspionieren. »Ich wusste, dass ich mich mit meinen Eltern streiten würde, wenn ich den Vorschlag annehme, aber ich befand mich in einer derart angespannten Situation, dass mir klar war, dass es besser war, seinen Vorschlag anzunehmen«, erinnerte sich Staschinski. »Ich war der Überzeugung, dass es mir auf diese Weise gelingen würde, meine Eltern vor Sibirien und meine Schwestern vor dem Gefängnis zu bewahren.«

Staschinski verließ die Sitzung, ohne Ja oder Nein zu sagen. Aber sein Ja war implizit in seinem Schweigen enthalten. Er vertraute sich nicht seiner Familie an und versuchte auch nicht, mit ihrer Hilfe eine Lösung zu finden. Er war davon überzeugt, dass er so seine Familie rettete, auch wenn es gegen ihren Willen war. Staschinski rettete auch sich selbst. Er war neunzehn Jahre alt, nicht in der Politik aktiv und träumte von einer glänzenden Zukunft, die vor ihm lag. Da diese Zukunft nun bedroht war, beschloss er zu kooperieren. Einige seiner Bekannten im Dorf glaubten, dass er einfach nur Angst bekommen hatte. Sein nächstes Treffen mit Sitnikowski fand in der Privatwohnung des Hauptmanns statt, und der neue Geheimagent erhielt den ukrainischen Decknamen »Oleg«, der auf einen der ersten Fürsten des mittelalterlichen Kyjiw zurückging.

Von nun an unterzeichnete Staschinski alle seine Berichte mit diesem Namen. In den meisten Berichten ging es zunächst um Informationen über den Untergrund, die er von seiner Schwester Iryna erhalten hatte. Doch damit nicht genug. Um sich in den Augen der Behörden vollständig zu rehabilitieren und seine Familie zu schützen, so Sitnikowski, müsse der junge Mann noch eine weitere Mission erfüllen, nämlich in die von Iwan Laba geleitete Widerstandsgruppe eindringen. Seine Aufgabe war von enormer politischer Bedeutung. Hauptmann Sitnikowski hatte erfahren, dass einer von Halans Attentäter sich kürzlich der Gruppe angeschlossen hatte. Staschinski sollte ihn im Wald aufspüren, sein Vertrauen gewinnen und herausfinden, wer den Mord angeordnet hatte. Staschinski wurde versprochen, dass dies sein letzter Auftrag sein würde. Danach würde er sein Studium fortsetzen dürfen. Wieder einmal hatte er das Gefühl, keine andere Wahl zu haben, als zuzustimmen. Wieder einmal beschloss er, sich nicht seiner Familie anzuvertrauen. Staschinski wusste aus den Zeitungen von dem Attentat auf Halan. Er wusste auch, dass einer der Attentäter, der Forstwirtschaftsstudent Ilarii Lukaschewitsch, festgenommen und zum Tode verurteilt worden war. Was er nicht wusste, war, dass er den zweiten Mörder, Mychailo Stachur, den er nur unter seinem nom de guerre »Stefan« kannte, bereits getroffen hatte.

Stachur befand sich als Teil von Labas Gruppe in der Nähe seines Dorfes. Im März und April 1951 verbreitete die Geheimpolizei das Gerücht, sie wolle Staschinski wegen seiner Verbindungen zum Untergrund verhaften. Sie gaben vor, nach ihm zu suchen. Staschinski kehrte aus Lwiw in sein Heimatdorf zurück und erzählte seinen Verwandten, dass die Geheimpolizei ihm auf den Fersen war. Alle waren sich einig, dass er unter diesen Umständen keine andere Wahl hatte, als in den Wald zu fliehen und sich der Partisanenbewegung anzuschließen.

Bogdans Schwester Iryna schickte eine Nachricht an ihre Freunde im Wald, und Iwan Laba kam persönlich, um ihn abzuholen. Einige Mitglieder des Untergrunds misstrauten Bogdans Absichten, aber Iryna bestand darauf, und Laba nahm ihn auf. Laba gab gegenüber Bogdan zu, dass er tatsächlich einen Aufständischen unter seinem Kommando hatte, der Halan ermordet hatte. Im Mai 1951 traf sich Staschinski mit Mychailo Stachur, der bestätigte, dass er bei dem Mord mit Lukaschewitsch zusammengearbeitet hatte. Die beiden waren in Halans Wohnung gegangen und hatten den Schriftsteller mitten im Gespräch gebeten, das Fenster zu schließen.

Als er seinen Besuchern den Rücken zukehrte, tötete Stachur ihn mit einer kleinen Axt, die er mitgebracht und unter seinem Mantel versteckt hatte. Mit dieser Information hatte Staschinski alles, was er brauchte, um seinen Auftrag zu erfüllen. Er hatte den Mörder gefunden, die Einzelheiten des Attentats erfahren und konnte nun Hauptmann Sitnikowski mitteilen, wo sich der Täter versteckt hielt. Mitte Juni 1951 verließ Staschinski unerwartet die Untergrundgruppe. Er ging, um Sitnikowski von den Ergebnissen seiner Mission zu berichten.

Weniger als einen Monat später, am 8. Juli, verhaftete eine Sondereinheit der Geheimpolizei Stachur. Die Geheimpolizei zwang eine ältere einheimische Familie, die die Aufständischen mit Lebensmitteln versorgt hatte, Schlafpulver in ein den Aufständischen angebotenes Obstkompott zu geben. Als das Pulver wirkte, verhafteten die Beamten Stachur zusammen mit drei seiner Kameraden. Einer von ihnen war Jaroslaw Kachor, der Laba einige Monate zuvor von der Aufnahme Staschinskis abgeraten hatte. Stachur wurde vor Gericht gestellt und im Oktober 1951 gehängt.[8]

Staschinskis Verschwinden und Stachurs anschließende Verhaftung hatten seine Tarnung auffliegen lassen und keinen Zweifel daran gelassen, dass er im Auftrag der Geheimpolizei handelte. Die Nachricht war ein Schock für die anderen Familienmitglieder der Staschinskis, die nun von ihren Dorfbewohnern, von denen viele Anhänger des Untergrunds waren, gemieden wurden. Genau die Menschen, die Bogdan zu retten versucht hatte, wandten sich nun gegen ihn und weigerten sich, ihn als ihren Sohn und Bruder anzuerkennen. Staschinskis Welt war um ihn herum zusammengebrochen. Er hatte sich das Recht verdient, seine Ausbildung fortzusetzen, aber ohne die Unterstützung seiner Familie konnte er das nicht. Bildungsdarlehen gab es nicht, und die Stipendien waren gering. Studenten, die wenig oder gar keine Unterstützung von zu Hause hatten, lebten oft zu sechst in einem Schlafsaal, ernährten sich von billigem Fisch und betrachteten Kartoffeln als großes Festmahl.[9]

Die Geheimpolizei hielt jedoch ihr Wort. Während sie andere verhafteten, wurde die Familie Staschinski in Ruhe gelassen. Auch Bogdan Staschinski wurde vor die Wahl gestellt: Er konnte seine

Ausbildung fortsetzen oder einer Geheimpolizeieinheit beitreten, die ihm ein monatliches Gehalt von acht- bis neunhundert Rubel zahlte – das Dreifache des Lohns eines Dorfbibliothekars und ein Vermögen für Studentenverhältnisse. »Es war [nur] ein Vorschlag«, erinnerte sich Staschinski später, »aber ich hatte keine andere Wahl, als ihn anzunehmen und weiter für den NKWD zu arbeiten. Jetzt gab es für mich keinen Weg mehr zurück.« In der Tat konnte Staschinski nirgendwo hingehen. Er hatte seine Familie gerettet, indem er sie verraten hatte. Sie wollten ihn nicht mehr in ihrer Nähe haben. So wurde die Geheimpolizei zu seiner neuen Heimat und Familie.[10]

4
Fallschirmspringer

Bogdan Staschinski wurde einer Sondereinheit des MGB – dem Ministerium für Staatssicherheit, einem Vorläufer des KGB – zugeteilt, die aus ehemaligen Aufständischen bestand, die sich entweder freiwillig oder unter Zwang bereit erklärt hatten, für die andere Seite zu arbeiten.

Solche Einheiten entstanden erstmals 1944, als die Rote Armee begann, die ehemals unter deutscher Kontrolle stehenden westukrainischen Gebiete zu erobern. Getarnt als Einheiten der ukrainischen Aufstandsarmee verübten sie Terror, Täuschung und Sabotage, einschließlich grausamer Verbrechen gegen die Zivilbevölkerung, um die öffentliche Stimmung gegen die Aufständischen zu wenden. Insgesamt tötete die verdeckte Geheimpolizei mehr als tausend Menschen und verhaftete doppelt so viele. Einige Mitglieder der Undercover-Einheiten bekamen Skrupel und kehrten in den Wald zurück, wo sie die Methoden der MGB-Spionageabwehr den echten Aufständischen verrieten. Doch die meisten fühlten sich gefangen und blieben, wo sie waren: Mit dem Blut ihrer eigenen Leute an den Händen konnten sie, wie Staschinski, nirgendwo anders hin.

Als Staschinski dem MGB beitrat, gab es fast 150 Spezialagenten, die in kleine Einheiten von bis zu zehn Mann aufgeteilt waren. Die Abteilung für Staatssicherheit in Lwiw verfügte über drei solcher Gruppen mit den Namen »Thunderstorm«, »Typhoon« und »Meteor«. Die Agenten griffen auf die Produkte der Speziallabore der Geheimpolizei zurück: versteckte Bomben, die bei der Auslieferung explodierten, und Zahnpasta-Behälter, die mit Giftgas und einem speziellen Schlafpulver namens Neptun 47 gefüllt waren, das jeden, der Wasser mit dieser Substanz trank, innerhalb von Minuten außer Gefecht setzte.[1] Staschinskis Gruppe zeichnete sich durch die Durchführung einer Operation aus, die zum Standard für alle vergleichbaren Einheiten wurde. Ein Aufständischer in Polizeigewahrsam, der sich als folterresistent erwiesen hatte, wurde den Mitgliedern einer Gruppe in sowjetischen Uniformen übergeben, die ihn angeblich an einen anderen Ort bringen sollten. Der Lastwagen, der die Gruppe transportierte, blieb unerwartet in der Nähe eines Bauernhofs liegen, auf dem sich der Rest der als Widerstandskämpfer verkleideten MGB-Gruppe befand. Die zweite Gruppe griff die erste Gruppe an, tötete offenbar deren Mitglieder und »befreite« den Gefangenen. Der Kampf war gut inszeniert: Beide Seiten feuerten mit Platzpatronen aufeinander, und die Mitglieder der Geheimpolizei lagen scheinbar tot in Blutlachen – es wurden zuvor Pakete mit Hühnerblut vorbereitet.

Dann nahm die Täuschung eine noch unerwartetere Wendung. Diejenigen, die sich als Aufständische ausgaben, behaupteten, sie hätten die Vernehmungsprotokolle des gerade befreiten Gefangenen gefunden, aus denen hervorginge, dass er die Geheimnisse des Untergrunds verraten habe. Sie drohten dem verwirrten Opfer, ihn wegen Hochverrats hinzurichten, wenn er nicht seine Glaubwürdigkeit beweise, indem er ihnen alles sage, was er über den Widerstand wisse. Wenn der verängstigte Gefangene nicht von sympathisierenden »Schauspielern« – die selbst einmal Mitglieder des Untergrunds waren – auf den Betrug aufmerksam gemacht wurde, gab er fast immer alle Informationen preis. Kaum war das Verhör beendet, erschien eine neue Gruppe von Geheimpolizisten in sowjetischen Uniformen, griff die »Aufständischen« an und nahm den nun völlig verwirrten Gefangenen wieder gefangen. Er war wieder in Gewahrsam, sein echtes Geständnis wurde von der Geheimpolizei protokolliert, und Staschinski und seine Gruppe konnten nach Lwiw fahren, um sich auszuruhen und zu unterhalten.[2]

Einer der Kommandeure, der die Aktivitäten der MGB-Sondergruppen überwachte, Igor Kuprijenko, schrieb später, dass seine Agenten »ganze Theaterstücke vorbereiteten, inszenierten und aufführten. Das war die Arbeit von echten Schauspielern«. Kuprijenko selbst spielte eine wichtige Rolle in einer Episode des

MGB, die Staschinskis Leben verändern sollte. Sie begann im Juni 1951, im selben Monat, in dem Staschinski die aufständische Gruppe im Wald verließ und der Geheimpolizei beitrat. In diesem Monat nahm eine Sondereinheit des MGB, die sich aus ehemaligen Mitgliedern des Untergrunds zusammensetzte, Kontakt zu einem Mann auf, der von der Geheimpolizei als »Maisky« oder »der, der im Mai kam« bezeichnet wurde. Sein richtiger Name war Myron Matwijeko, er war der Chef des Sicherheitsdienstes von Stepan Bandera und ein britischer Agent.

Die Briten setzten große Hoffnungen in Myron Matwijeko und seine Gruppe. Da die Sowjets im Sommer 1949 eine eigene Atombombe herstellten und China einige Monate später kommunistisch wurde, bereiteten sich sowohl die Briten als auch die Amerikaner auf eine mögliche militärische Konfrontation in Europa vor. Man glaubte, dass nur das amerikanische Atommonopol die UdSSR daran hinderte, ihre zahlenmäßig überlegenen Streitkräfte in Europa einzusetzen. Wenn ein Krieg bevorstand, brauchte der Westen so viele Informationen über die Sowjetunion, wie er bekommen konnte. Der britische Militärgeheimdienst MI6 wollte Informationen über die sowjetische Armee, ihre technischen Fähigkeiten und ihre Infrastruktur. Als Gegenleistung für technische Unterstützung und Nachschub sollte ihnen das gesamte Guerillanetz in der Ukraine zur Verfügung gestellt werden. Zu diesem Zweck setzten die Briten Matwijeko am 15. Mai 1951 mit dem Fallschirm in der Ukraine ab – die erste von vielen geplanten Missionen dieser Art.[3]

Matwijeko war siebenunddreißig Jahre alt und ein erfahrener Sicherheitsbeamter, als er mit den Vorbereitungen für den Absprung begann. In der Bandera-Organisation war er unter dem Decknamen »Smiley« (Usmikh) bekannt, doch nun erhielt er von seinen britischen Ausbildern einen neuen Decknamen: »Moody«. Ursprünglich war geplant, dass Matwijeko zusammen mit Bandera, der die Gruppe anführen sollte, mit dem Fallschirm in die Ukraine absprang, aber der Plan änderte sich einige Wochen vor Beginn der Operation. Die Briten weigerten sich, Bandera einzubeziehen, da sie im Falle eines Scheiterns der Operation nicht nur der Spionage gegen die UdSSR, sondern auch der Verschwörung zum

Sturz der bestehenden Regierung beschuldigt würden, indem sie dabei halfen, den Anführer der größten antisowjetischen Organisation im Westen einzuschleusen. Sie wollten auch nicht die Verantwortung für die Sicherheit von Bandera übernehmen: Das Risiko war zu groß. Matwijeko würde ohne seinen Chef in die Ukraine reisen müssen.

Im Mai 1951 reiste Stepan Bandera nach London, um sich von Matwijeko zu verabschieden und ihm seine Abschiedsinstruktionen zu geben. Für Bandera hatte es oberste Priorität, dass Matwijeko das Vertrauen der Widerstandsführer gewann. Er wollte, dass Matwijeko Wasyl Kuk, den neuen Oberbefehlshaber der Ukrainischen Aufständischen Armee und Chef der Organisation Ukrainischer Nationalisten, davon überzeugte, Bandera in seinem Kampf um die Kontrolle der ukrainischen Emigration zu unterstützen. Matwijeko sollte auch eine Untersuchung zu den Todesumständen des früheren Kommandeurs der Aufständischen, Roman Schuchewytsch, durch die Sowjets einleiten. Es gab Gerüchte, dass Kuk für eine Verletzung der Sicherheit von Schuchewytsch verantwortlich gewesen sei. Sollte sich Kuk weigern, sich auf die Seite von Bandera zu stellen, hatte Matwijeko den Befehl, selbst die Führung der Aufständischen zu übernehmen und den »Verräter« gegebenenfalls zu liquidieren.[4]

Am 7. Mai 1951 wurden Matwijeko und fünf Mitglieder seines Teams mit britischen Militäruniformen ausgestattet, erhielten auf den Namen polnischer Staatsangehöriger ausgestellte Dokumente und wurden mit einem britischen Militärflugzeug nach Malta geflogen. Ihr anschließender Flug in die Ukraine verzögerte sich wegen schlechten Wetters und sie verbrachten eine lange, bange Woche auf Malta, wo sie auf die Freigabe für die Absetzung warteten. Am Abend des 14. Mai starteten Matwijeko und seine Leute schließlich von einem britischen Luftwaffenstützpunkt zu einem etwa sechsstündigen Flug, der sie über Griechenland, Bulgarien und Rumänien führte. Am 15. Mai, eine Viertelstunde nach Mitternacht, flog das Flugzeug tief über das Dnister-Tal, dessen hohe bewaldete Ufer es vor dem sowjetischen Radar verbargen, und setzte die Fallschirmspringer auf westukrainischem Boden ab.

Anschließend drehte das Flugzeug nach Westen und warf eine weitere Gruppe ukrainischer Fallschirmspringer über Polen ab.

Die Sowjets wussten von Matwijekos Gruppe, lange bevor sie Malta verließ. Eine ihrer Quellen war Kim Philby, der Verbindungsoffizier des MI6 zur CIA und Doppelagent, der in den 1930er-Jahren vom sowjetischen Militärgeheimdienst rekrutiert worden war. Matwijekos Gruppe war eine von vielen Gruppen, die von Philby verraten wurden, für den dies ein Routinevorgang war. »Ich weiß nicht, was mit den Betroffenen geschah«, schrieb Philby in seinen Memoiren, »aber ich kann eine fundierte Vermutung anstellen.« Die meisten der von ihm verratenen Personen wurden gefangen genommen, verhört und erschossen. Diejenigen, die Glück hatten, erhielten lange Haftstrafen im Gulag.

Das sowjetische Radar entdeckte das britische Flugzeug, das den sowjetischen Luftraum verletzte, unternahm aber nichts, um es aufzuhalten. Die MGB-Befehlshaber lagen mit vierzehn Flugzeugen und fast 1.100 Offizieren und Soldaten auf der Lauer, um den Landeplatz zu lokalisieren und die Fallschirmspringer festzunehmen. Doch Myron Matwijeko schien in dieser Hinsicht großes Glück zu haben. Nicht nur, dass das Flugzeug nicht von den Sowjets abgefangen wurde, der Absprung verlief auch genau wie geplant, und die Gruppe verlor keines ihrer Mitglieder. Es gelang ihnen allen, einander zu finden und der Gefangennahme durch die sowjetischen Suchmannschaften zu entgehen. Neben spanischen Llama-Pistolen, britischen Sten-Maschinenpistolen und großen Mengen an sowjetischem und ausländischem Bargeld verfügten die Fallschirmspringer über beträchtliche Vorräte an Konserven und konnten lange Zeit in den Wäldern überleben, ohne mit den Einheimischen in Kontakt zu kommen. In der letzten Maiwoche gelang es ihnen, Kontakt mit der einzigen Person aufzunehmen, die ihnen wirklich wichtig war, dem Anführer des ukrainischen Widerstands: Wasyl Kuk.

Der Oberbefehlshaber der ukrainischen Aufstandsarmee schickte seine Leute, um Matwijeko in das Hauptquartier eines seiner örtlichen Befehlshaber zu bringen. Matwijeko wollte auch unbedingt kommen. Nach Jahren im Exil wollte er diejenigen kennenlernen, die hinter den feindlichen Linien Krieg führten. Diese wiederum waren froh, einen Abgesandten aus dem Westen zu sehen. Sie teilten Essen und Trinken und wollten gerade eine oder zwei Zigaretten rauchen, als die angeblichen Kuk-Leute Matwijeko bei den Worten »Lasst uns eine rauchen« plötzlich angriffen und außer Gefecht setzten. Er fühlte sich zu schwach, um sich zu wehren – das Wasser, das er gerade getrunken hatte, war mit dem Schlafpulver Neptun 47 versetzt gewesen. Bei den »Aufständischen« handelte es sich in Wirklichkeit um Agenten der sowjetischen Polizei, Mitglieder einer Gruppe, die derjenigen ähnelte, der sich Staschinski nur wenige Monate später anschließen sollte.

Für Matwijeko schien das Spiel vorbei zu sein, aber seine Entführer sahen das anders. Sie sagten ihm, dass das eigentliche Spiel erst noch begänne. Matwijeko, der Leiter eines gefürchteten Sicherheitsdienstes, der für die Verhöre, Folterungen und Hinrichtungen derjenigen zuständig war, die mit Bandera und seiner Organisation in Konflikt geraten waren, hatte keinen Zweifel daran, dass der MGB über Mittel verfügte, ihn zum Reden zu bringen. Das sagte er auch General Pawel Sudoplatow, Stalins Meisterkiller, der Matwijeko persönlich verhörte, als er nach Moskau gebracht wurde. Sudoplatow erinnerte sich, dass Matwijeko sich zur Zusammenarbeit entschloss, als er erkannte, wie viel die Sowjets bereits über seine Organisation wussten; ihnen schienen nur die Namen der Mitarbeiter der zweiten Ebene zu fehlen. Wahrscheinlich gab es auch noch andere Gründe für Matwijekos Kooperation. Angesichts der Tatsache, dass er eine Gruppe anführte, die die Sowjets als »britische Spione« ansahen, und angesichts seiner Position an der Spitze von Banderas Sicherheitsdienst tat er zweifellos, was Kim Philby als »fundierte Vermutung« bezeichnet hätte: nämlich zu kooperieren, da er sonst nicht nur in den Gulag geschickt, sondern erschossen worden wäre. Matwijeko war bereit, sich anzuhören, was seine Entführer zu sagen hatten. Sie wollten den Abgesandten von Bandera zu einer Schlüsselfigur in einem Funkspiel machen, das sie mit den Briten und den Nationalisten von Bandera spielen wollten. Matwijeko sollte unter der Kontrolle des MGB arbeiten und von seinen Vorgesetzten verfasste Funktelegramme nach

London und München senden. Seine Nachrichten enthielten einige echte Informationen für die Briten und Bandera und eine Menge Falschinformationen für beide. Matwijeko berichtete über die angeblichen Erfolge und tatsächlichen Schwierigkeiten des ukrainischen Aufstands, der als organisierte Bewegung bereits in den letzten Zügen lag, nachdem er von MGB-Agenten gründlich durchdrungen und von den sowjetischen Streitkräften im Inneren zerschlagen worden war. Die Briten und Bandera würden Matwijeko über jeden einzelnen geplanten Abwurf informieren – Informationen, die direkt an den MGB gehen würden. Matwijeko akzeptierte die ihm angebotenen Bedingungen.

Das Funkspiel begann Ende Juni 1951, etwas mehr als einen Monat nach Matwijekos Absprung und etwa drei Wochen nach seiner Gefangennahme. Igor Kuprijenko war einer der Leiter des Spiels. Unter seiner Aufsicht und der seiner Kollegen schuf der MGB in den Wäldern eine Schein-Guerillagruppe. Ihre Mitglieder errichteten einen Stützpunkt auf dem Land und verbreiteten das Gerücht, sie hätten einen persönlichen Abgesandten von Bandera bei sich. Von diesem Stützpunkt aus sollte Matwijeko seine Funksprüche ins Ausland senden. Im Laufe eines Jahres sendete der MGB zweiunddreißig Funktelegramme an die britische Zentrale in Köln und erhielt neunundzwanzig Telegramme mit Anweisungen aus London.

Die Briten und die Bandera-Leute hätten nicht glücklicher sein können. Sie waren überzeugt, dass ihre zuvor nur sporadischen Kontakte mit dem Widerstand, die über Kuriere abgewickelt wurden, nun endlich regelmäßig stattfinden würden. Sie erhielten Informationen, die vielleicht nicht erstklassig, aber allem Anschein nach echt waren. Die Sowjets jedoch triumphierten. Die MGB-Verantwortlichen hatten die einmalige Gelegenheit, von den Plänen ihrer Feinde zu erfahren, sie mit falschen Informationen zu füttern und deren Aktivitäten in ihrem eigenen Zentrum zu vereiteln. Der MGB schaffte es zwar nie, Bandera zu einem Besuch bei Matwijeko in der Ukraine zu bewegen, aber es gelang ihm glänzend, die bestehenden Spaltungen zwischen den nationalistischen Gruppierungen zu vertiefen, indem er Falschinformationen lieferte, die einen Anführer gegen einen anderen ausspielten.[5]

Matwijekos Ankunft in der Ukraine, sein Geständnis und die Informationen aus dem Funkspiel machten die zunehmende Bedeutung des Hauptquartiers von Stepan Bandera im Widerstandskampf der Reste der Ukrainischen Aufständischen Armee in der Ukraine deutlich. Während des Verhörs von Matwijeko achtete Pawel Sudoplatow besonders auf Informationen über Banderas Aufenthaltsort, seine Lebensbedingungen, Gewohnheiten und Kontakte in der ukrainischen Emigration. Die MGB-Offiziere im Ausland hatten den Auftrag, Bandera und andere Anführer der ukrainischen Emigration aufzuspüren und zu töten. Bogdan Staschinski, ein Neuling in der MGB-Sondereinheit, sollte eine wichtige Rolle bei der Verwirklichung dieser Pläne spielen.

Im Sommer 1952, nachdem er fast ein Jahr lang in seiner Einheit gedient hatte, wurde Staschinski nach Kyjiw, der Hauptstadt der Ukraine, gerufen und ihm wurde eine zweijährige Ausbildung für eine geheime Tätigkeit im Ausland angeboten. Staschinski muss ein guter Agent gewesen sein. Auch sein Bildungsniveau war deutlich höher als das seiner Kameraden. Viele der ehemaligen Widerstandskämpfer waren junge Burschen, die nichts außer ihren Bergen kannten und noch nie eine Stadt gesehen hatten oder mit dem Zug gereist waren. Nur wenige von ihnen hatten einen Schulabschluss. Selbst unter den Offizieren und Agenten der Geheimpolizei hatten nur dreizehn Prozent eine Hochschulausbildung und weniger als die Hälfte hatte die Oberschule abgeschlossen. Staschinski, der bereits mehrere Jahre an der Hochschule studiert hatte, war eindeutig eine Ausnahme. Das Angebot muss für ihn eine Erleichterung gewesen sein, da er nun nicht mehr gezwungen war, seine eigene Familie zu verraten oder sich der Gefahr auszusetzen, bei einer Schießerei mit echten Aufständischen getötet zu werden. Er willigte ein und begann mit der Ausbildung, die sein Leben und das von Bandera auf Kollisionskurs bringen sollte.[6]

5
Auf den Straßen von München

Als sich der Kalte Krieg zuspitzte, machte sich Josef Stalin daran, seine Nachrichtendienste zu reformieren und umzustrukturieren. Im November 1952 gab er Empfehlungen heraus, wie der neue Dienst organisiert werden sollte. »Unser Hauptfeind ist Amerika«, erklärte der alte Anführer. »Aber der Hauptdruck sollte nicht gegen Amerika selbst gerichtet sein. Illegale Wohnsitze sollten in erster Linie in den Nachbarstaaten eingerichtet werden. Der erste Stützpunkt, wo wir unsere Leute haben müssen, ist Westdeutschland.« Er wollte Agenten, die bereit waren, jeden Befehl aus Moskau auszuführen. »Kommunisten, die der Spionage und der Arbeit der Tscheka [früherer Name für die kommunistische Geheimpolizei] skeptisch gegenüberstehen oder die Angst haben, sich die Hände schmutzig zu machen, sollten kopfüber in den Brunnen geworfen werden«, so der Diktator weiter.[1]

Bogdan Staschinski, der im Sommer 1952 in die Schule des Auslandsnachrichtendienstes eingetreten war, wurde tatsächlich für jede Aufgabe ausgebildet, die sich die sowjetische Führung aus denken konnte. Sein zukünftiges Einsatzziel war Westdeutschland – das Herzstück von Stalins Geheimdienstplan. Während seiner zwei Jahre in Kyjiw erlernte Staschinski das Spionagehandwerk, von der Fotografie bis zum Fahren und Schießen. Außerdem nahm er Deutschunterricht bei einem Privatlehrer. Im Sommer 1954 war Staschinski endlich bereit, seine Reise in den Westen anzutreten. Inzwischen war er Angestellter des KGB – der Name, den die sowjetische Geheimpolizei in diesem März angenommen hatte. Die Namensänderung ging mit der Säuberung der alten 34 Kader der sowjetischen Sicherheitsdienste einher. Nach Stalins Tod im März 1953 putschte Nikita Chruschtschow, der frühere Chef der Ukraine und nun Chef des kommunistischen Parteiapparats, gegen Stalins mächtigsten Helfer, den früheren Chef der Sicherheitsdienste, Lawrenti Beria. Chruschtschow und seine Verbündeten verhafteten Beria im Juni 1953 und erschossen ihn im Dezember desselben Jahres. Sie verhafteten auch Berias führende Helfer, darunter General Pawel Sudoplatow, der viele Jahre in sowjetischen Gefängnissen verbringen sollte. Der Meisterkiller war nun verschwunden, aber da Chruschtschow in Moskau stärker wurde als je zuvor, wurde die Aufgabe, Bandera zur Strecke zu bringen, an die neue Generation von Geheimdienstoffizieren weitergegeben. Staschinski wurde die jüngste Ergänzung der laufenden KGB-Operation gegen die ukrainischen Emigranten in Mitteleuropa.

Staschinskis Weg nach Deutschland führte durch Polen. Der Wagen mit dem Geheimagenten überquerte die sowjetisch-polnische Grenze westlich von Lwiw. Auf Anweisung ihrer Befehlshaber ließen die Grenzer die Grenze fast eine Stunde lang offen. Sie öffneten die Schranke und stellten die Verkehrskontrollen auf beiden Seiten der Grenze ein, bis das Auto mit Staschinski und seinem Kontrollbeamten darin den Kontrollpunkt passiert hatte. Sie fuhren quer durch Polen in Richtung der ehemaligen deutschen Stadt Stettin, dem heutigen polnischen Szczecin im ehemaligen Ostpreußen, das nach der Potsdamer Konferenz 1945 zwischen Polen und der Sowjetunion aufgeteilt worden war. Sie machten schließlich in der Stadt Stargard Halt, einer mittelalterlichen Stadt, deren Zentrum durch die alliierten Bombenangriffe in den letzten Jahren des Zweiten Weltkriegs fast völlig zerstört worden war. Die deutschen Einwohner waren vertrieben und durch Polen sowie durch Ukrainer ersetzt worden, die aus den Gebieten entlang der neuen sowjetisch-polnischen Grenze deportiert worden waren, um der aufständischen ukrainischen Armee die Unterstützung der Bevölkerung zu entziehen.

In Stargard erhielt Staschinski eine neue Identität. In Kyjiw hatte er unter dem Namen Moroz gelebt, nun wurde er Bronislaw Katschor. Er wurde bei einem Mitglied der polnischen Geheimpolizei untergebracht und studierte fünf Monate lang die erfundene Biografie der Person, deren Identität er in Deutschland annehmen sollte. Sein neuer Name war Josef Lehmann, geboren in einer deutsch-polnischen Familie in Ostpolen am 4. November 1930. Sein

Geburtstag blieb derselbe, der 4. November – er wurde nur ein Jahr älter. Lehmann hatte eine bewegte Vergangenheit, er hatte in der Ukraine und in Polen gelebt, bevor er nach Ostdeutschland kam. Das sollte sein nicht akzentfreies Deutsch erklären. In Polen besuchte Staschinski sogar die Orte, an denen Lehmann gelebt haben sollte. Nachdem er sich Lehmanns Biografie angeeignet hatte, brachte Staschinskis KGB-Betreuer ihn an die neue deutsch-polnische Grenze an der Oder. Sie überquerten den Fluss bei Nacht und gingen über die Brücke. Staschinski gab seine Dokumente unter dem Namen Bronislaw Katschor ab und wurde zu Josef Lehmann.

Dort an der Grenze traf Staschinski zum ersten Mal auf seinen neuen Betreuer, Oberleutnant Sergej Alexandrowitsch Damon. Zumindest wurde er Staschinski so vorgestellt. Damon war Mitte vierzig, hatte braunes, leicht gelocktes Haar, das er zurückkämmte, ein jugendliches Gesicht mit spitzer Nase und ein angenehmes, entwaffnendes Lächeln. Dahinter verbarg sich die Zähigkeit eines kampferprobten Aufstandsbekämpfers. Er stammte aus der Ukraine, hatte dort bei den nationalistischen Aufständischen gekämpft und sprach die Sprache. Von nun an würden sie ein Team sein.[2]

Von der Grenze aus brachte Damon Staschinski nach Ost-Berlin. Es war das erste Mal, dass Staschinski Karlshorst besuchte, das schwer bewachte Gelände in einem Ostberliner Vorort, das als Zentrum der sowjetischen Militäradministration in Deutschland und ihrer Nachrichtendienste – des KGB und des GRU (militärischer Geheimdienst) – diente. Ein Gebiet von etwa einem Quadratkilometer war von einem drei Meter hohen Zaun umgeben und wurde von einer speziellen KGB-Einheit bewacht. Die obersten sowjetischen Militärbefehlshaber, zivilen Verwaltungsbeamten und Spione arbeiteten nicht nur in Karlshorst, sondern wohnten auch dort, ebenso wie einige hochrangige ostdeutsche Beamte, die das bewachte Gebiet von Karlshorst als einen viel sichereren Ort zum Leben und zum Aufziehen ihrer Familien empfanden als die ungeschützten Gebiete in der Umgebung.

Im Jahr 1954 war das geteilte Berlin der Nullpunkt des Kalten Krieges und die einzige Lücke im Eisernen Vorhang, der den Osten und Westen Europas trennte. Offiziell war die Stadt noch von den vier Siegermächten – den Amerikanern, Sowjets, Briten und

Franzosen – besetzt, aber die entscheidende Trennung war die zwischen der westlichen und der sowjetischen Zone, die noch nicht durch Stacheldraht oder den Beton der Berliner Mauer getrennt waren. Von Berlin aus, das mitten in Ostdeutschland lag, aber durch eine Autobahn mit Westdeutschland verbunden war, schickten die Sowjets Hunderte von Offizieren und Agenten auf geheime Missionen in den gesamten Westen. Sie nutzten ihre Berliner Basis auch zur Unterstützung der sowjetischen Spionagetätigkeit in den Vereinigten Staaten und anderen Teilen der Welt. Von Ost-Berlin aus konnte man leicht zum Flughafen Tempelhof im Westteil der Stadt gelangen und von dort aus in die ganze Welt weiterreisen.

Das Berliner Schlupfloch war keine Einbahnstraße. Wer problemlos von Ostberlin in den Westen gelangen konnte, konnte dies auch in umgekehrter Richtung tun. Es gab Dutzende, ja Hunderte und Tausende von westlichen Geheimdienstlern und ihren Agenten, die das Schlupfloch nutzten, um nach Osten zu gehen und sowjetische und ostdeutsche Militär- und Industrieanlagen auszuspionieren. »Es war so einfach, von Ost- nach West-Berlin und zurück zu reisen wie von Hammersmith nach Piccadilly«, schrieb der britische Doppelagent und geschätzte sowjetische Spion George Blake. »Obwohl es auf den Hauptstraßen Kontrollpunkte gab, konnte man sie in beiden Richtungen ungehindert überqueren. In der U-Bahn gab es überhaupt keine Kontrollen. All dies machte Berlin zu einem idealen Zentrum für nachrichtendienstliche Aktivitäten, und die Möglichkeiten, die es in dieser Hinsicht bot, wurden in vollem Umfang genutzt ... Man gewann den Eindruck, dass mindestens jeder zweite erwachsene Berliner für irgendeine nachrichtendienstliche Organisation tätig war, viele sogar für mehrere gleichzeitig.«[3]

Bogdan Staschinski lebte etwa einen Monat lang in Karlshorst, bevor er sich in der Stadt niederlassen durfte. Das Deutsch, das er in Kyjiw gelernt hatte, erwies sich als unzureichend für ein unabhängiges Leben: Er konnte die Sprache zwar lesen, verstand aber keine Muttersprachler im Gespräch. Den Weihnachtstag 1954 verbrachte er in einem Ostberliner Hotel. Es muss ein einsamer Urlaub für einen ehemaligen Dorfjungen in einem fremden Land gewesen sein, der eine fremde Sprache sprach. Seine Familie war weit weg. Tatsächlich hatte er keine Familie mehr, von der er sprechen konnte, und seine KGB-Adoptivfamilie war im Urlaub.

Staschinski verbrachte die ersten Monate des Jahres 1955 damit, die deutsche Sprache und Lebensweise zu erlernen. Im April hielt ihn sein Betreuer, Sergej Damon, dafür bereit, in seine neue Identität einzutauchen. Staschinski wurde nach Zwickau geschickt, um für ein gemeinsames sowjetisch-ostdeutsches Unternehmen zu arbeiten. Ursprünglich war geplant, dass er Büroarbeit verrichten sollte, aber sein Deutsch war dafür nicht gut genug.

Sie machten ihn zum Hilfsarbeiter. Josef Lehmann war nun ein echter Mensch mit einem ersten richtigen Job, einem ersten Arbeitsnachweis und einem ersten echten Stempel in seinen Papieren. Im Sommer 1955 belohnte der KGB Staschinski für seine harte Arbeit mit einem Urlaub an der Schwarzmeerküste. Im Herbst war er zurück in Ost-Berlin. Er mietete ein Zimmer in der Stadt und stellte sich als Josef Lehmann vor, Mitarbeiter des Außenhandelsministeriums der DDR. Ost-Berlin wurde zu seiner Operationsbasis, aber sein eigentliches Ziel war Westdeutschland, insbesondere München, das Hauptquartier von Stepan Bandera und anderen Führern der ukrainischen Nationalbewegung.

Anfang 1956 schickte Sergej Damon Staschinski nach München, um einen KGB-Agenten namens »Nadijtschin« zu treffen, ein Codename, der vom ukrainischen Wort für »Hoffnung« abgeleitet ist. Nadijtschins richtiger Name war Iwan Bysaga. Der 1919 in einer ukrainischen Bauernfamilie in Transkarpatien geborene Bysaga war nach dem Krieg in Kyjiw zum Spion ausgebildet worden. Transkarpatien war gerade zu einer Provinz des neu gegründeten tschechoslowakischen Staates geworden, sollte aber 1945 unter die Kontrolle der Sowjetunion übergehen. Im Jahr 1953 tauchte er als Flüchtling in Österreich auf. Im Jahr 1954, dem Jahr, in dem Staschinski seine Ausbildung als Josef Lehmann in Polen begann, zog Bysaga nach München. Seine ersten Versuche, mit den Bandera-Leuten in Kontakt zu kommen, scheiterten, da sie ihn (wie jeden anderen, der nach 1945 aus der Ukraine kam) verdächtigten, für den KGB zu arbeiten. Erfolgreicher war Bysaga darin, das Vertrauen der Bandera-Gegner zu gewinnen, die sich um eine Zeitung, den *Ukrainischen Unabhängigen*, organisierten, die von einem vierundvierzigjährigen Rechtsanwalt, der zum politischen Aktivisten und Journalisten wurde, Lew Rebet, herausgegeben wurde.[4]

Lew Rebet lebte mit seiner Frau Daria, die ebenfalls eine politische Aktivistin und Journalistin war, und den Kindern Andrij und Oksana in München. Lew und Daria waren Oppositionsführer in den Reihen der Organisation Ukrainischer Nationalisten. Die Bandera-Leute warfen Rebet und seinen Anhängern vor, Handlanger der CIA zu sein. Sergej Damon, Staschinskis Vorgesetzter beim KGB, bezeichnete Rebet als intellektuellen Anführer der ukrainischen Nationalisten, dessen Schriften das internationale Image der Sowjetunion schädigten und ukrainische Emigranten davon abhielten, ihre feindlichen Aktivitäten einzustellen und in die sowjetische Ukraine zurückzukehren. Staschinski begann als Kurier zwischen Karlshorst und Bysaga zu arbeiten, der den Plan des KGB unterstützte, Rebet zu entführen und ihn nach Ost-Berlin zu bringen, um ihn für eine Propagandakampagne gegen den Westen zu verwenden, wie es bei einigen anderen »Überläufern« geschehen war.

Auf Anweisung seiner Karlshorster Vorgesetzten schlug Staschinski vor, dass Bysaga Rebet eine chemische Substanz ins Essen mischen sollte, die ihn vorübergehend handlungsunfähig machen und die Entführung erleichtern würde. Bysaga lehnte zwar nicht rundweg ab, zögerte aber, diesen riskanten Schritt zu tun. Er sagte Staschinski, dass er Rebet nicht nahe genug stehe und dass es für ihn nahezu unmöglich sei, den Auftrag auszuführen. Lew Rebets Sohn Andrij erinnerte sich später daran, dass Bysaga der kleinen Oksana besondere Zuneigung entgegengebracht hatte, als er als damals dreizehnjähriger Junge mit seiner vierjährigen Schwester Oksana seinen Vater im Zeitungsbüro besuchte. Das gefiel Rebet wahrscheinlich, aber seine willensstarke Frau Daria war Bysaga gegenüber misstrauisch, und so wurde er nie ein Freund der Familie.[5]

Staschinskis Aufgabe bestand nicht nur darin, Bysaga mit Geld zu versorgen und seine schriftlichen Berichte nach Karlshorst zu bringen, sondern auch darin, den Agenten moralisch zu unterstützen. Nach Ansicht des KGB hatte Bysaga neben seiner

AUF DEN STRAßEN VON MÜNCHEN 57

Unfähigkeit, sich Rebet zu nähern, noch andere Probleme. Er brach offensichtlich unter Druck zusammen und glaubte, dass sowohl Banderas Sicherheitsleute als auch die westdeutschen und amerikanischen Gegenspionagedienste hinter ihm her waren. Schließlich half Staschinski Bysaga bei der Rückkehr nach Ost-Berlin. Wie immer in solchen Fällen nutzte der KGB den Rückzug seines Agenten aus dem Westen für Propagandazwecke. Die sowjetischen Medien veröffentlichten Bysagas »Überläufer«-Brief, in dem er die Anführer der ukrainischen Emigration und ihre subversiven Aktivitäten gegen die Sowjetunion anprangerte.[6]

Bysaga war weg, aber Rebet war noch da, und Staschinski wurde bald klar, dass er Bysagas Überwachungsobjekt geerbt hatte. Im Frühjahr 1957 zeigte Sergej Damon Staschinski ein Foto eines glatzköpfigen Mannes mit einer runden Brille. Es war Lew Rebet. Damon wusste, wo Rebet in der Münchner Innenstadt arbeitete, aber er wollte, dass Staschinski Rebets Wohnadresse verifizierte. Im April fuhr Staschinski zum Flughafen Tempelhof in West-Berlin und bestieg ein Flugzeug nach München.

Im Münchener Hotel Grünwald füllte er eine Anmeldekarte aus. Sie lautete: »Siegfried Dräger, wohnhaft in Essen-Haarzopf, geboren am 29. August 1930 in Rehbrücke bei Potsdam«. Das Dokument war gefälscht, aber Damon versicherte Staschinski, dass die Fälschung von höchster Qualität sei. Der echte Siegfried Dräger lebte tatsächlich in Essen. Bevor er nach München fuhr, hatte Staschinski Essen besucht, um sich mit der Stadt vertraut zu machen und das Haus des Mannes zu besichtigen, dessen Identität er gerade angenommen hatte. Die Reise war eine Vorsichtsmaßnahme. Sollte er festgenommen werden und die Polizei Fragen zu der Stadt oder der Straße, in der er angeblich wohnte, stellen, würde er in der Lage sein, glaubwürdige Antworten zu geben.

Einem außenstehenden Beobachter würde der frischgebackene Herr Dräger eindeutig als Fan der Münchner Architektur und als Naturliebhaber erscheinen. Er verbrachte Stunden in der Innenstadt und beobachtete Gebäude und Menschen. Auch Schwabing, der nördliche Stadtteil Münchens, schien es ihm angetan zu haben. Den KGB-Akten zufolge lebte Rebet dort mit seiner

Familie. Die Adresse, die Staschinski in Karlshorst erhalten hatte, war die Franz-Joseph-Straße 47. Der Eingang des Gebäudes war nicht verschlossen, und Staschinski besuchte jedes Stockwerk und sah sich die Namensschilder an den Türen an. Rebets Nachname war nirgends zu finden. Staschinski verbrachte die nächsten Tage damit, herauszufinden, ob Rebet tatsächlich dort wohnte. Er beobachtete das Gebäude und die angrenzende Straße von 7:00 bis 10:00 Uhr morgens, dann wieder während der Mittagspause und zwischen 15:00 und 17:00 Uhr am Nachmittag. Von Rebet fehlte jede Spur. Staschinski ging zum Sonntagsgottesdienst in die Ukrainische katholische Kirche – die Kirche der Mehrheit der ukrainischen Emigranten in München – in der Hoffnung, Rebet dort zu sehen, aber Rebet erschien nicht.

Staschinski verlegte seinen Beobachtungsposten in die Münchner Innenstadt. Besonders gerne besuchte er eines der berühmtesten Wahrzeichen Münchens, den Karlsplatz. Sein anderer Lieblingsplatz war der Anfang von Münchens längster Straße: der Dachauer Straße. Laut KGB-Quellen hatte Rebet an beiden Orten Büros. Staschinski hatte mehr Glück mit dem Karlsplatz als mit der Dachauer Straße. Eines Tages sah er den glatzköpfigen Mann auf dem Foto, wie er das Gebäude Nr. 8 auf dem Karlsplatz verließ. Lew Rebet ging zu einer Straßenbahnhaltestelle und stieg in eine Straßenbahn ein. Staschinski folgte ihm in den Waggon. Als die Bahn sich in Bewegung setzte, erkannte er, dass sie nach Schwabing fuhr, in die Gegend, die er so gut kannte. Staschinski positionierte sich unmittelbar hinter seiner Zielperson. Er versuchte, ruhig zu bleiben, aber das war schwierig. Er konnte sich nicht entscheiden, welche Fahrkarte er kaufen sollte. Der Preis hing von der zurückgelegten Strecke ab, und er wusste nicht, wie weit Rebet fahren würde – dieser hatte eine Straßenbahnkarte und musste keine Fahrkarte kaufen. Was, wenn er eine Fahrkarte für 25 Pfennig kaufte und Rebet in die nächste Zone fuhr? Nach kurzem Zögern kaufte er eine Fahrkarte für 30 Pfennig. Dann bemerkte er, dass er die einzige Person in der Straßenbahn war, die eine Sonnenbrille trug. Gemäß seiner KGB-Ausbildung hatte er sie aufgesetzt, um im Hintergrund zu bleiben. Es war ein sonniger Tag, und eine Sonnenbrille war angebracht, aber niemand in der Straßenbahn trug sie. Er nahm seine ab.

Staschinski überkam dann das Gefühl, verfolgt zu werden. Hatte er recht? Er entfernte sich von Rebet, um sicherzugehen. Als die Straßenbahn die Haltestelle Münchner Freiheit erreichte, nicht weit von einem der Eingänge zum Englischen Garten, stieg Rebet aus. Staschinski wagte nicht, ihm zu folgen, und blieb in der Straßenbahn. Am nächsten Tag verließ er München in Richtung Berlin. Sein Befehl lautete, nicht länger als zehn Tage in der Stadt zu bleiben, und er hatte diesen Zeitpunkt bereits erreicht. Aber seine Zeit in München war nicht umsonst gewesen. Die alte Wohnadresse, die der KGB in seinen Akten hatte, konnte nun verworfen werden, und der neue Wohnbezirk von Rebet wurde festgelegt. Die KGB-Offiziere wussten nun, mit welcher Straßenbahn er zur Arbeit und nach Hause fuhr.

Im Juni 1957 reiste Staschinski erneut nach München, um mehr über seine Zielperson zu erfahren. Erneut checkte er im Hotel Grünwald ein, aber diesmal bat er um ein Zimmer mit Blick auf die Dachauer Straße, in der sich eines von Rebets Büros befand. Nun ging Rebet unter Staschinskis Fenster vorbei, wenn er morgens zur Arbeit ging. Es war ein Leichtes, ihm von einem Arbeitsplatz zum anderen und vielleicht auch zu seiner Wohnung zu folgen. Eines Tages folgte Staschinski ihm in der Straßenbahn bis zur Haltestelle Münchner Freiheit und dann in die nahe gelegene Occamstraße. Auf dieser Fahrt benutzte er einen anderen Straßenbahnwagen und trug keine Sonnenbrille. Trotzdem lagen seine Nerven blank; er glaubte, dass er enttarnt worden war. In der Occamstraße angekommen, bog Rebet in einen Torbogen auf der rechten Straßenseite, der zu einem Kino führte. Staschinski folgte ihm in den Torbogen und stellte zu seiner Überraschung fest, dass Rebet dort stand und sich offenbar die Filmplakate ansah. Rebet verließ den Torbogen in dem Moment, als Staschinski erschien.

Zurück auf der Hauptstraße sah er, wie Rebet eines der Eckgebäude betrat. Er folgte ihm und sah im Vorbeigehen das Namensschild von Rebet am Eingang. Am nächsten Tag kehrte er in die Gegend zurück, wartete, bis Rebet zur Arbeit gegangen war, ging dann zu seinem Haus und fotografierte die Namensschilder der

Bewohner. Die KGB-Offiziere in Karlshorst waren mit dem Ergebnis mehr als zufrieden: Dem jungen Agenten, der sich Siegfried Dräger nannte, war es gelungen, Rebets Wohnsitz ausfindig zu machen und seinen Weg zur Arbeit und zurück genau zu bestimmen. Im Juli wurde Staschinski nach München zurückgeschickt, um seine früheren Erkenntnisse zu bestätigen und zu prüfen, ob es in der Eingangshalle des Gebäudes von Lew Rebet Briefkästen gab.

Staschinski wusste nicht, was der KGB mit Rebet vorhatte, und da er die KGB-Regeln kannte, fragte er auch nie danach. Er wusste, dass sein alter Kontakt in München, Iwan Bysaga, gebeten worden war, bei Rebets Entführung zu helfen, aber Bysaga war jetzt zurück in der Sowjetunion. In der Zwischenzeit erhielt Staschinski einen neuen Auftrag: Er sollte den Herausgeber der *ukrainischen* Independent-Zeitung beschatten, für die Rebet arbeitete. Zumindest für ihn schien die Rebet-Saga damit beendet zu sein.[7]

6
Wunderwaffe

Bogdan Staschinski führte ein relativ bequemes, wenn auch nicht stressfreies Leben als Spion. Er folgte ukrainischen Emigranten auf seinen zahlreichen Reisen nach München; befüllte tote Briefkästen (versteckte Gegenstände wie Geld oder Anweisungen, die die Empfänger später abholen sollten, um den persönlichen Kontakt zu vermeiden) und spionierte amerikanische und westdeutsche Militäreinrichtungen aus. Er hatte eine Routine. Diese Routine fand jedoch im September 1957 ein Ende, als Sergej Damon ihn zu einem Treffen im KGB-Versteck in Karlshorst einlud. Damon teilte ihm mit, dass sie einen wichtigen Gast aus Moskau treffen würden. Die Zeit sei gekommen, fügte er bedeutungsvoll hinzu. Staschinski wusste nicht, was es damit auf sich hatte, bis zu jenem Moment, als der namenlose Gast etwas aus seiner Tasche nahm: einen Metallzylinder, acht Zentimeter lang und weniger als einen Zentimeter im Durchmesser, an dem ein Sicherheitsverschluss und ein Abzug angebracht waren.

Der Gast aus Moskau erklärte Staschinski, dass es sich um eine Waffe handele, und beschrieb, wie sie funktionierte. »Der Zylinder enthält eine Ampulle mit Flüssigkeit«, sagte der Moskauer Gast. »Wenn man den Abzug drückt, trifft ein durch eine Schießpulverladung ausgelöster Schlagbolzen die Ampulle mit Gift und versprüht den Inhalt aus dem Zylinder. Die Flasche muss auf das Gesicht oder die Brust der anderen Person gerichtet werden, damit diese das Gas und das flüssige Gift einatmet. Das Gift verursacht Bewusstlosigkeit und dann den Tod; der Inhalt verflüchtigt sich fast sofort nach der Entladung und hinterlässt keine Spuren.« Damon erklärte, dass die erste Wirkung der des Erstickens entspreche. Der Tod durch Herzstillstand, so der Gast aus Moskau weiter, würde innerhalb von zwei bis drei Minuten eintreten. Er fuhr fort:

»Sobald die Flüssigkeit verdunstet ist, hinterlässt sie keine Spuren; eine Minute nach dem Tod kehren die Venen in ihren vorherigen Zustand zurück, sodass es unmöglich ist, einen gewaltsamen Tod festzustellen.« Damon fügte hinzu, dass die Waffe zu hundert Prozent narrensicher sei.[1]

Diese Wendung der Ereignisse kam für Staschinski überraschend. Sie wollten offensichtlich, dass er ein Attentäter würde, sonst hätten sie ihm die Geheimwaffe nie gezeigt, geschweige denn ihre Funktionsweise erklärt. Staschinski verstand auch, dass er nicht der Erste sein würde, der die Sprühflasche benutzte. Er konnte es nicht wissen, aber die Waffe war höchstwahrscheinlich eine sowjetische Verbesserung der deutschen Flüssiggiftpistole aus dem Zweiten Weltkrieg.

Der Gast aus Moskau wollte seine hundertprozentig narrensichere Waffe vorführen und lud die Pistole mit einer Ampulle Wasser. Dann löste er den Schlagbolzen und drückte den Abzug. Staschinski hörte ein Geräusch wie das Klatschen von Händen. Die Pistole schoss Wasser auf ein Handtuch, das etwa einen Meter entfernt an der Wand hing. Das Wasser hinterließ auf dem Handtuch einen Fleck von etwa zwanzig Zentimetern Durchmesser. Der Gast erklärte, dass die Giftampulle einen halben Meter weiter schießen würde und die Auftrefffläche aus weiterer Entfernung größer sei, da das Gift leichter sei als Wasser. Er nahm einen Schraubenschlüssel aus seinem Koffer, schraubte die Bolzen des Zylinders ab, reinigte die Waffe und lud sie neu. Er würde noch ein paar Mal damit schießen. Dann sammelte er mit einem Besen kleine Glassplitter von den zerbrochenen Ampullen auf, die auf den Boden gefallen waren. Sie waren nicht größer als ein Millimeter im Durchmesser.

Bevor er abreiste, erklärte der Gast aus Moskau Staschinski, dass auch derjenige, der die Pistole abschießt, Gefahr laufe, die giftigen Dämpfe einzuatmen, dass aber zwei Möglichkeiten bestünden, um das Verfahren sicher zu machen. Die erste sei die Einnahme einer Pille zwischen sechzig und neunzig Minuten vor dem Schuss. Sie verhindert die Verengung der Blutgefäße und wirkt vier bis fünf Stunden lang. Die andere Möglichkeit sei die Einnahme eines Gegenmittels in einer speziellen Ampulle unmittelbar nach dem Schuss. Staschinski müsse die Ampulle in einem Stück Stoff zerdrücken und die Gase einatmen, die aus der Ampulle verdampften. Das Gegengift sei so stark, so der Experte weiter, dass die angegriffene Person wiederbelebt werden könne, wenn es ihr innerhalb einer Minute verabreicht werde. Am sichersten sei es, die Pille vor der Schießerei und das Gegengift danach zu nehmen. Der Mann aus Moskau schlug auch vor, dass es für Staschinski nützlich wäre, die Giftpistole im Einsatz zu sehen, wenn diese mit Gift statt Wasser geladen wäre. Damon stimmte zu. Sie beschlossen, die Waffe an einem Hund auszuprobieren, und sagten, sie würden Staschinski Bescheid geben, wenn alles für das Experiment bereit sei. Damit war das Treffen beendet.[2]

Damon meldete sich freiwillig, um Staschinski aus Karlshorst in die Stadt zu fahren. Er war aufgeregt und beglückwünschte Staschinski zu der Ehre, die ihm mit einem derartigen Auftrag zuteilwurde. Als Staschinski wenig Emotionen zeigte und meist schwieg, fragte Damon, ob er sich darüber im Klaren sei, wie viel Vertrauen die Behörden in ihn setzten. Staschinski erinnerte sich später daran, dass Damon sich so verhielt, als seien die beiden die Retter der Nation. Staschinski war verwirrt. Er war kein Neuling im Spiel des Verrats, und er hatte in den Wäldern und Bergen der Karpaten brutale Scharmützel auf Leben und Tod mit den Aufständischen erlebt. Aber er konnte sich einfach nicht vorstellen, einen unbewaffneten Menschen zu töten. Er war christlich erzogen worden, und einige der Werte, die ihm seine Eltern vermittelt hatten, waren ihm geblieben. Gleichzeitig war er aber auch davon überzeugt, dass er den Auftrag nicht ablehnen konnte. Wieder einmal fühlte er sich gefangen – und dieses Gefühl wurde mit der Zeit immer stärker. Er verbrachte Tage und Nächte damit, eine Lösung für sein moralisches Dilemma zu finden, aber es gelang ihm nicht.

Dass er einige Tage später eine vollgeladene Giftpistole an einem Hund ausprobieren sollte, trug nicht dazu bei, seine seelischen Qualen zu lindern, sondern vergrößerte seine Angst eher noch. Damon und der geheimnisvolle Gast aus Moskau kauften auf dem örtlichen Markt einen kleinen Mischlingshund und holten Staschinski in der Stadt ab. Sie fuhren in ein Waldgebiet in der Nähe des

Müggelsees außerhalb von Ost-Berlin. Dort gab der Giftexperte aus Moskau Staschinski eine Tablette. Sie banden den Hund an einen Baum und warteten die vorgeschriebenen sechzig Minuten, bis die Wirkung der Pille einsetzte. Staschinski konnte nicht feststellen, ob sie gewirkt hatte. Der Mann aus Moskau reichte ihm einen geladenen Zylinder. Staschinski konnte es nicht ertragen, den Hund anzusehen. Er hatte Mitleid mit dem kleinen Wesen. Als er sich mit der Pistole näherte, versuchte der Hund, seine Hand abzulecken. Staschinski drehte seinen Kopf weg und drückte den Abzug. Das Spray traf die Schnauze des Hundes. Der Hund fiel hin, seine Beine bewegten sich ruckartig. Ein paar Minuten später war er tot. »Mein erstes Opfer«, dachte Staschinski bei sich. Er wusste, dass noch weitere folgen würden. Jemand zerdrückte eine Ampulle mit dem Gegenmittel, und die drei Männer atmeten alle die verdampfenden Gase ein. Sie stiegen ins Auto und fuhren zurück nach Ost-Berlin. Das Experiment wurde als Erfolg bezeichnet.[3]

Staschinski hatte keinen Zweifel, wer sein nächstes Opfer werden sollte. Als er zu dem ersten Treffen mit dem Mann aus Moskau gerufen worden war, hatte Damon erwähnt, dass es sich um seinen alten »Bekannten« handele. Der Name dieses »Bekannten« wurde während des Treffens nie ausdrücklich genannt, aber Staschinski war sicher, dass es sich um Lew Rebet handelte. Da Bysaga verschwunden und keine andere Person in Sicht war, die Rebet nahe stand, hatte der KGB beschlossen, den lästigen Journalisten zu töten, anstatt ihn zu entführen. Trotz der Versicherungen, dass die Pistole schon einmal erfolgreich eingesetzt worden war, waren die KGB-Offiziere alles andere als überzeugt, dass die Waffe unentdeckt bleiben würde. Vielmehr waren sie ziemlich sicher, dass das Attentat sofort erkannt werden und die Schuld auf Rebets Erzfeinde aus dem Bandera-Lager fallen würde. Wie Stalin, der die Ermordung von Konowalez angeordnet hatte, rechneten seine Nachfolger damit, dass der Mord an Rebet die Differenzen zwischen den Führern der ukrainischen Emigration vertiefen und Konflikte auslösen würde.

Das Gerede von der »Eliminierung« der Anführer der ukrainischen Emigranten, die angeblich ihre Anhänger daran hinderten, sich mit dem sowjetischen Regime zu versöhnen und in ihre Heimat zurückzukehren, war in der Emigrantenabteilung von Karlshorst gang und gäbe, aber Staschinski hatte nie daran gedacht – oder besser gesagt, daran denken wollen –, dass dies in der Praxis viel bedeutete. Jetzt erinnerte er sich an Damons Worte, die er zunächst als leeres Gerede abgetan hatte. Als er seinem Vorgesetzten geschildert hatte, wie dicht er an Rebet drangeblieben war, als er ihm zum ersten Mal in der Straßenbahn nach Schwabing gefolgt war, hatte Damon gesagt, dass ein Stich mit einer Stecknadel in Rebet das ganze Problem lösen würde. Es bestand nun kein Zweifel mehr, dass er von einer Giftnadel sprach. Es wurde auch klar, warum Damon wollte, dass Staschinski herausfinden sollte, ob es im Foyer von Rebets Gebäude Briefkästen gab. Der KGB hatte wahrscheinlich auch die Möglichkeit erörtert, den ukrainischen Journalisten mit einer Paketbombe zu beseitigen. Es gab keine Briefkästen in Rebets Gebäude, hatte Staschinski Damon berichtet und damit wahrscheinlich sein eigenes Schicksal als derjenige besiegelt, der Plan B ausführen musste.[4]

Staschinski war hin- und hergerissen. Er wollte niemanden töten. Aber er konnte sich auch nicht vorstellen, Befehle nicht zu befolgen. Die Folgen von Ungehorsam waren ihm klar. Während seiner ersten Monate in Deutschland hatte Staschinski, nachdem er in den Zeitungen vom Überlaufen eines KGB-Attentäters namens Nikolai Chochlow gelesen hatte, Damon gefragt, wer Chochlow sei und welche Position er im KGB innegehabt habe. Damon hatte geantwortet, dass Chochlow ein Abenteurer und ein moralisch verdorbener Mann sei. Dann fügte er etwas hinzu, das sich in Staschinskis Gedächtnis eingebrannt hatte: »Wir werden ihn früher oder später kriegen.« Das taten sie. Der Mann aus Moskau, der die Giftpistole mitgebracht hatte, war wahrscheinlich in ein anderes wissenschaftliches »Experiment« verwickelt gewesen – das gescheiterte Attentat auf Chochlow, der im selben Monat in Frankfurt mit radioaktivem Thallium vergiftet worden war. Der KGB hielt sein Wort und machte Jagd auf abtrünnige Attentäter, wo immer sie sich aufhielten. Chochlow hatte sich geweigert, sein Ziel zu töten, und war in den Westen geflohen, und nun war er ein gejagter Mann.

Staschinski fand schließlich eine Lösung für sein moralisches Dilemma und flüchtete sich in eine politische Rationalisierung dessen, was er vorhatte: Er würde eine Person töten, um vielen anderen zu helfen, den Weg zurück in ihr Heimatland zu finden. Diese Begründung hatte Sergej Damon vorgeschlagen, und Staschinski griff die Idee auf und vergrub seine Bedenken tief in sich.[5]

7
Grüße aus Moskau

Am Nachmittag des 9. Oktober 1957 kontrollierten Flugbegleiter der Air France auf dem Flughafen Tempelhof in West-Berlin einen jungen Mann auf dem Weg nach München, der Dokumente auf den Namen des westdeutschen Staatsbürgers Siegfried Dräger bei sich trug. In seiner Tasche hatte er ein weiteres Dokument, das auf den Namen Josef Lehmann ausgestellt war, einen Einwohner der DDR, der am 4. November 1930 in der polnischen Provinz Lublin geboren worden war. Dräger/Lehmann hatte mehr als tausend Westmark bei sich, und in seinem Gepäck befanden sich zwei Dosen Frankfurter Würstchen. Er schien auf alle Eventualitäten vorbereitet zu sein, auch auf eine plötzliche Übernahme Westdeutschlands durch die DDR und das Verschwinden von Lebensmitteln aus westdeutschen Geschäften.

Die Dokumente, das Geld und die Würstchen waren Staschinski in Karlshorst übergeben worden. Sie sagten ihm, er solle für den Flug nach Westdeutschland seinen westlichen Pass und danach den ostdeutschen Pass benutzen. Sollte er erwischt werden, sollte er sich als ostdeutscher Staatsbürger ausweisen, was vermutlich seine Chancen auf eine Rückkehr in den Ostblock verbessern würde. Das brisanteste Beweisstück in seinem Gepäck waren die Würstchen. Er hatte zwei Dosen dabei, aber nur eine enthielt tatsächlich Würstchen. Die andere war von KGB-Technikern in Karlshorst geöffnet und umgestaltet worden, um seine Waffe zu verbergen: die Giftpistole. Die Waffe wurde in Watte eingewickelt und in einen Metallzylinder gesteckt. Der Zylinder wurde dann in die mit Wasser gefüllte Dose gelegt. Sowohl die Waffe als auch der Zylinder waren aus Aluminium, und das Gewicht der gefälschten Dose entsprach dem der echten, wobei die gefälschte Dose zur

Unterscheidung eine besondere Markierung aufwies. Ansonsten sahen sie identisch aus.

Der ursprüngliche Plan hatte vorgesehen, die Waffe auf diplomatischem Wege nach Westdeutschland zu schmuggeln. Ein Mitglied des osteuropäischen diplomatischen Korps sollte die Waffe nach München bringen und sie dort an Staschinski übergeben. Diplomaten wurden nicht von Zollbeamten kontrolliert, und die KGB-Planer dachten, dass die Geheimwaffe auf diese Weise sicher über die Grenze gelangen würde. Der Plan wurde jedoch fallengelassen, als jemand darauf hinwies, dass ein Diplomat von der westdeutschen Spionageabwehr verfolgt werden könnte, was deren Agenten zu Staschinski führen würde, der dann wiederum mit der Waffe in seinem Besitz erwischt werden würde. Letztlich wurde beschlossen, dass Staschinski die Waffe auf seinem Flug nach München mitnehmen sollte. Sollte er mit der gefälschten Dose in seinem Gepäck erwischt werden, sollte er den Ermittlern eine Geschichte über ein Treffen mit einem Mann in Ostdeutschland erzählen, der ihn dafür bezahlt hatte, beide Dosen nach München zu bringen und sie an eine Frau in Maxims Bar weiterzugeben. Wenn er mit der Waffe erwischt werden sollte, nachdem er sie benutzt hatte, sollte er sagen, dass er sie gerade auf der Treppe gefunden hätte.

Staschinski wurde an der Grenze nicht kontrolliert. Er erreichte München unbehelligt am späten Nachmittag des Mittwochs, 9. Oktober. Sein Auftrag lautete, die Tat im Bürogebäude am Karlsplatz 8 auszuführen. Sollte sich das als schwierig erweisen, hatte er freie Hand, das Bürogebäude in der Dachauer Straße oder das Wohnhaus in der Occamstraße zu wählen. Am Donnerstag, dem 10. Oktober, nahm er gegen 8:00 Uhr morgens die erste Gegengiftpille ein. Er hatte zehn Tabletten und zwei Ampullen – ein Vorrat, der ihm für die zehn Tage seines Einsatzes reichen würde. Alles war nun bereit, ebenso die Waffe in seiner Tasche. Er wickelte sie in Zeitungspapier und machte ein Loch in die Hülle, damit er die Sicherung und den Abzug betätigen konnte. Die Dose, in der sich die Waffe befunden hatte, warf er in einen Müllcontainer im Englischen Garten.

Um 8:30 Uhr war er auf der Straße und beobachtete den Eingang des Gebäudes Nr. 8 am Karlsplatz. Darin befanden sich zahlreiche Praxen, darunter auch die von Ärzten. Im Falle, dass er auf frischer Tat ertappt würde, sollte er sagen, dass er ein ostdeutscher Tourist sei, der plötzlich Zahnschmerzen bekommen habe, während er die architektonischen Wunderwerke Münchens bewunderte, und daher im Begriff war, einen Zahnarzt im Gebäude aufzusuchen. Wenn er unmittelbar nach der Tat von jemandem überrascht würde, sollte er so tun, als hätte er das Opfer gerade auf dem Boden liegend gefunden und ihm helfen wollen. An diesem Tag wartete er bis 10:30 Uhr, aber Rebet erschien nicht. Auch am Nachmittag tauchte er nicht auf, ebenso wie am Donnerstag, dem 10. Oktober, und am Freitag, dem 11. Oktober. Jedes Mal war es eine Erleichterung, aber von der Art, die seine allgemeine Unruhe verstärkte. Staschinski spürte dies jeden Morgen beim Aufwachen. Die psychische Belastung erreichte ihren Höhepunkt in den Morgenstunden, die für die Tötung seines Opfers vorgesehen waren. Als der Morgen verging und der Nachmittag nahte, spürte Staschinski eine gewisse Erleichterung. Er ging durch die Straßen der Stadt, um zu versuchen, sein tiefes moralisches Unbehagen zu vergessen, aber am nächsten Morgen war es wieder da. Die einzige Möglichkeit, den Stress loszuwerden und sein Leben wieder in den Griff zu bekommen, schien darin zu bestehen, den Auftrag auszuführen, aber er hatte das Gefühl, dass das außerhalb seiner Möglichkeiten lag. Es war ein Teufelskreis.[1]

Lew Rebet ging an den Wochenenden gewöhnlich nicht in sein Büro, sondern las und schrieb zu Hause. Am Samstag, dem 12. Oktober, beschloss er, eine Ausnahme zu machen. Am Abend zuvor hatte er bis spät in die Nacht hinein Alexander Dowschenkos kürzlich erschienenen autobiografischen Roman *Die verzauberte Desna* gelesen. Es war das letzte Werk des berühmten Filmemachers, der im Jahr zuvor in Moskau gestorben war. Dowschenko war von Stalin lange Zeit daran gehindert worden, in seiner ukrainischen Heimat zu leben und zu arbeiten, und sein letzter Roman war voller Nostalgie über seine Kindheit in der malerischen Umgebung der ukrainischen Landschaft. Mit diesem Thema konnte sich Lew Rebet, der aus dem ukrainischen Dorf stammte und selbst ein langjähriger Emigrant war, leicht identifizieren, trotz aller ideologischen Unterschiede zwischen ihm, einem überzeugten

Nationalisten, und Dowschenko, einem sowjetischen Filmemacher und kommunistischen Konvertiten.

Am Morgen des 12. Oktober zeigte Rebet, der sich seinen Kindern gegenüber normalerweise nur ungern von seiner sanften Seite zeigte, zum ersten Mal seit vielen Monaten Interesse an den Klavierübungen seines jugendlichen Sohnes Andrij. Er tätschelte ihm sogar den Kopf. Als seine Frau Daria ihm aus der Küche zurief, er solle nicht zu lange bei der Arbeit bleiben und nicht zu spät zum Mittagessen kommen, sagte er ihr, sie solle sich keine Sorgen machen. Er scherzte, dass er nicht sicher sei, ob er es überhaupt noch in sein Büro schaffen würde. Die Familienmitglieder glaubten später, dass Lew Rebet eine Vorahnung von dem hatte, was ihm an diesem Tag zustoßen würde.[2]

An jenem Samstag war Staschinski kurz nach 9:00 Uhr an seinem Beobachtungsposten am Karlsplatz. Es war ein angenehmer, sonniger Tag. Er hatte seinen Mantel im Hotel gelassen und lief in seinem Anzug herum. Wie immer war er nervös. Er nahm eine Beruhigungstablette und seine Gegengiftpille. Das Beruhigungsmittel wirkte nicht. Seine Nervosität nahm weiter zu, während er gespannt darauf wartete, dass seine Zielperson auftauchte. Irgendwann nach 9:00 Uhr erreichte der Druck seinen Höhepunkt und begann dann abzufallen. Es war bereits kurz vor 10:00 Uhr, und Rebet war nicht in Sicht – Staschinski begann sich zu entspannen. Plötzlich entdeckte er die Gestalt, die er inzwischen von Tausenden anderen unterscheiden konnte. Rebet war aus der Straßenbahn gestiegen und ging direkt auf seinen Jäger zu. Staschinski drehte sich um und ging auf den Eingang zum Karlsplatz 8 zu. Alles spielte sich wie in einem Traum ab. »Davor und danach hatte ich das Gefühl, nur halb wach zu sein«, erinnerte er sich später. »Meine Umgebung, die Menschen, der Verkehr auf der Straße schienen nicht in mein Bewusstsein zu dringen. Alles lag im Schatten, als würde es nur mein Unterbewusstsein erreichen.« Ob es nun die Wirkung der Pille war, die man ihm in Karlshorst verabreicht hatte (die Chemieexperten würden später behaupten, dass man ihm statt eines Gegenmittels ein Mittel gegen Angstzustände verabreicht hatte), oder der Wunsch, sich von der Last zu befreien, die ihn seit so vielen

GRÜßE AUS MOSKAU 71

Tagen bedrückte – Staschinski war entschlossen, seinen Auftrag auszuführen. Bevor er das Gebäude betrat, nahm er den in Zeitungspapier eingerollten Zylinder heraus und verschwand in der Tür, die Waffe in der rechten Hand.

Er ging die Treppe hinauf zum zweiten Stock und blieb dort stehen. Er löste die Sicherung, fingerte durch das Loch in der Zeitung und machte sich bereit, seinem Opfer gegenüberzutreten. Als er hörte, wie sich die Tür im Erdgeschoss öffnete, begann er mit dem Abstieg, wobei er sich links hielt, damit Rebet gezwungen war, rechts an ihm vorbeizugehen. Bald sah er einen Mann auf der anderen Seite hochkommen – es war Rebet. Als sie aneinander vorbeigingen, hob Staschinski die Hand mit der zusammengerollten Zeitung und drückte den Abzug. Er versuchte, nicht in die Richtung seines Opfers zu schauen. Dennoch bemerkte er aus den Augenwinkeln, wie der Mann, auf den er gezielt hatte, nach vorne sackte. Staschinski sah nicht, was danach mit seinem Opfer geschah. Er steckte den Zylinder zurück in seine Tasche, nahm die Ampulle mit dem Gegengift heraus, wie es Karlshorst angeordnet hatte, zerdrückte sie in einem Stück Gaze und atmete die Dämpfe ein. Er fühlte sich, als würde er gleich ohnmächtig werden.

Staschinski verließ das Gebäude und ging nach links, dann wieder nach links. Nach dem Verlassen des Gebäudes dauerte es etwa zehn bis fünfzehn Minuten, bis sich sein Bewusstsein wieder normalisierte.»Meine Umgebung hinterließ wieder einen Eindruck bei mir und drang in mein Bewusstsein ein«, erinnerte er sich später. Schließlich gelangte er zu einer der belebtesten Straßen Münchens, der Ludwigstraße, überquerte sie und befand sich im Hofgarten, einem öffentlichen (ehemals königlichen) Garten, der im frühen siebzehnten Jahrhundert von Kurfürst Maximilian I. von Bayern angelegt worden war. Er steuerte den Rand des Gartens an, stellte sich auf eine Brücke über den Kögelmühlbach, der durch den Garten floss, und warf die Giftpistole ins Wasser. Bis hierher hatte er sich genau an die Anweisungen gehalten, die er in Karlshorst erhalten hatte, bis hinunter zum Bach, wo er seine Waffe entsorgte.

Nachdem er den Hofgarten verlassen hatte, machte sich Staschinski auf den Rückweg zu seinem Hotel, bevor ihm einfiel, dass man vielleicht einen Hund einsetzen könnte, um seine Fährte aufzunehmen. Stattdessen nahm er eine Straßenbahn und fuhr einige Stationen ziellos umher, bevor er den Rückweg antrat. Noch Jahre später erinnerte er sich an jedes Detail des Weges, den er vom Hofgarten aus genommen hatte. Er konnte nicht anders, als einem unterbewussten Drang zu folgen, den Ort seines Verbrechens noch einmal aufzusuchen. Das Haus Nr. 8 am Karlsplatz war von einer Menschenmenge und der Polizei umgeben. Staschinski wandte seinen Blick ab und eilte in sein Hotel. Er packte seine Habseligkeiten zusammen, zu denen keine Frankfurter Würstchen mehr gehörten, steckte den westdeutschen Ausweis auf den Namen Siegfried Dräger in seine Tasche, bezahlte die Hotelrechnung und machte sich auf den Weg zum Hauptbahnhof. Seine Anweisungen lauteten, die Stadt sofort nach Erfüllung seines Auftrags zu verlassen.

Er befolgte sie genau.[3]

Lew Rebet wurde zwischen 10:20 und 10:45 Uhr auf der Treppe seines Bürogebäudes gefunden. Er starb, nachdem er es geschafft hatte, die Plattform im zweiten Stock zu erreichen. Die Putzfrau, die seine Schreie hörte (trotz der Zusicherungen des Waffenexperten aus Moskau konnte die Giftpistole ihr Opfer nicht sofort bewusstlos machen), fand ihn auf dem Boden liegend und alarmierte andere im Gebäude. Sie riefen einen Krankenwagen und dann die Polizei. Die Streifenbeamten erhielten kurz nach 11:00 Uhr einen Anruf: »Ein Mann ist im Treppenhaus gestürzt«, lautete die Nachricht. Eine Minute später wurde ihnen mitgeteilt, dass er verstorben war. Dr. Waldemar Fischer, der an den Ort des Geschehens gerufen wurde, schätzte, dass der Tod um etwa zehn Minuten vor elf eingetreten war. Die Todesursache war Herzstillstand. Es gab keine Möglichkeit, Lew Rebets Frau und Kinder anzurufen, da die Rebets kein Haustelefon besaßen. Aber einer ihrer ukrainischen Nachbarn hatte eines, und die Leute in Rebets Büro kannten diese Nummer. Sie riefen den Nachbarn an, der zufällig zu Hause war, und er überbrachte Frau Rebet die Nachricht. Der Nachbar erklärte sich auch bereit, sie zum Karlsplatz zu fahren.

Daria Rebet war schockiert, nicht zuletzt, weil ihr Mann nie über ein Herzleiden geklagt hatte. Doch die zwei Tage später von

GRÜßE AUS MOSKAU 73

Dr. Wolfgang Spann vom Institut für Rechtsmedizin der Universität München durchgeführte Autopsie bestätigte Dr. Fischers Diagnose. Eine der Arterien von Lew Rebet war deutlich verengt, und die Experten der Universität München fanden keinen Grund zu der Annahme, dass der Tod nicht auf natürliche Weise eingetreten war. Rebets Familie und Freunde hatten keine andere Wahl, als die Diagnose zu akzeptieren. Tief im Inneren hofften sie, dass es nicht das war, was sie vermuteten: der Beginn einer KGB-Operation mit dem Ziel, sie alle zu eliminieren.[4]

Am Nachmittag des 12. Oktober 1957, als die Polizei, die Ärzte und die Familie versuchten, herauszufinden, was mit Lew Rebet geschehen war, meldete die Rezeptionistin des Continental Hotels in Frankfurt einen neuen Besucher: Siegfried Dräger. Am nächsten Tag nahm Staschinski als Dräger einen Flug zum Flughafen Tempelhof in Berlin, überquerte die Grenze nach Ost-Berlin und ging nach Hause in die Marienstraße im Stadtzentrum, wo er ein möbliertes Zimmer bei einer älteren Frau namens Frau Stranek gemietet hatte. Sie kannte ihren Mieter als Josef Lehmann, einen *Volksdeutschen aus dem* Osten – das konnte man an seinem nicht akzentfreien Deutsch erkennen. Josef Lehmann zahlte seine Miete pünktlich und machte keinen Ärger. Er war ruhig und höflich – ein idealer Mieter für jede Vermieterin. Lehmann erzählte Frau Stranek, dass er als Dolmetscher für das ostdeutsche Handelsministerium arbeite und ab und zu auf Geschäftsreisen gehen müsse. Es sah so aus, als wäre er an diesem Sonntagnachmittag gerade von einer solchen Reise zurückgekehrt. Am Montagmorgen ging er wie üblich zur Arbeit.

Staschinskis erste Amtshandlung an diesem Montag war ein Anruf in Karlshorst. Er teilte seinem Sachbearbeiter Sergej Damon mit, dass er zurück sei. Damon fragte, ob alles in Ordnung und ob die Reise erfolgreich verlaufen sei. Staschinski bejahte die Frage. Sie vereinbarten ein Treffen in der Stadt, woraufhin Staschinski neben einem mündlichen Bericht zwei schriftliche Berichte abgab. Der erste enthielt die Daten seiner Reise, die Orte, die er besucht, die Hotels, in denen er gewohnt, und die Fluggesellschaften, die er genommen hatte. Der zweite war von anderer Natur. »Am Samstag«, so der Bericht, »traf ich die betreffende Person in einer mir gut bekannten Stadt. Ich habe ihn gegrüßt, und ich bin sicher, dass die Begrüßung zufriedenstellend war.«

Damon erklärte Staschinski, dass dieser Bericht niemals abgetippt werden würde – es würde nur ein Exemplar geben, nur ein einziges Exemplar. Ohne Staschinskis Wissen schickte der Chef des KGB-Nachrichtendienstes, Alexander Sacharowski, am 15. November 1957 dem sowjetischen Anführer Nikita Chruschtschow einen geheimen Bericht »über die in Deutschland getroffenen Maßnahmen«. Der Bericht wurde handschriftlich verfasst und als Einzelexemplar nur für Chruschtschows Augen erstellt.

Staschinski hoffte inständig, dass er nie wieder jemandem im Namen des KGB »Grüße« überbringen müsste. Als der Schock über das Attentat abklang, spürte er eine neue Last auf seiner Seele – er hatte einen Mann entgegen seinen eigenen Überzeugungen getötet. »Jetzt, nach dem, was geschehen war«, erinnerte er sich später, »schien es mir, dass ich in jeglicher Hinsicht verloren war. Später, als schon viel Zeit ins Land gegangen war, versuchte ich mir einzureden, dass es nur einmal geschehen war und nicht wieder geschehen würde; vielleicht gab es andere Gründe für diesen Auftrag, die mir unbekannt waren.« Wieder einmal suchte er nach einer Rechtfertigung für sein Handeln. Sergej Damon und andere KGB-Offiziere, die er in Karlshorst traf, waren bereit, ihm zu helfen. Sie sagten ihm oft, dass Emigrantenführer, die die Anforderungen der Zeit nicht verstanden, »eliminiert« werden mussten. Er fand auch Trost in der Tatsache, dass die Tötung nicht gewaltsam erfolgt war. »Die Waffe, die mir gegeben wurde«, so erinnerte er sich später, »war so konstruiert, dass es keiner Anstrengung und keiner Gewaltanwendung bedurfte, um jemanden zu töten. Man musste weder zielen noch das Ziel anvisieren. »Ich sah nicht den Akt des Tötens als solchen, sondern nur den Akt des Drückens des Abzugs.«[5]

Teil II

Ein perfekter Mord

8

Roter Platz

Bogdan Staschinski war dabei, in der Welt aufzusteigen. Im April 1959 teilte ihm Sergej Damon mit, dass er nach Moskau berufen wurde, um den Chef des KGB möglicherweise persönlich zu treffen. Warum ihm eine solche Ehre zuteilwurde, wusste Staschinski nicht, aber später im Verlauf des Monats erhielt er ein Ticket und Reiseunterlagen und bestieg den Zug nach Moskau.

In Moskau wurde er von einem KGB-Mann empfangen, der ihn mit sowjetischer Währung versorgte und ihn im Hotel Ukraine, einer der »sieben Schwestern«, den sieben Moskauer Hochhäusern, die Josef Stalin in Auftrag gegeben hatte, unterbrachte. Das Hotel Ukraine (heute bekannt als Radisson Royal Hotel, Moskau) war ein brandneues Gebäude. Sein Bau hatte 1953, im Todesjahr des Diktators, begonnen und war vier Jahre später fertig gestellt worden. Etwa zur gleichen Zeit hatte Chruschtschow, Stalins langjähriger Vizekönig in der Ukrainischen Sozialistischen Sowjetrepublik, seine Macht vollständig gefestigt. Als das Hotel im Mai 1957 offiziell eröffnet wurde, kündigte die sowjetische Presse es als das größte Hotel Europas an. Mit einer Höhe von fast zweihundert Metern vom Fundament bis zur Spitze des Turms war es mit Sicherheit auch das höchste. Die Fassade und die Außenwände waren mit den Symbolen der sowjetischen Macht verziert: Sterne, Hämmer und Sicheln. Das Hotel stand an der Spitze der neuen, glamourösen (für sowjetische Verhältnisse) Kutusow-Allee, die von den Residenzen der berühmtesten und mächtigsten Bürger der sowjetischen Hauptstadt gesäumt war.[1]

Am Tag nach Staschinskis Ankunft tauchte der KGB-Offizier in seiner Suite mit einem Mann auf, der sich nur mit seinem Vornamen und seinem Vatersnamen vorstellte: Georgi Awksentjewitsch. Staschinski erfuhr nie seinen Nachnamen oder seinen genauen

Rang und seine Position beim KGB. »Die Praxis beim KGB«, so erinnerte er sich später, »ist, dass man, wenn man mit einem Kollegen spricht, nie genau weiß, welche Position er innehat.« War er der Chef der Geheimpolizei? Die Antwort auf diese Frage blieb unklar. Staschinski erinnerte sich jedoch später, dass Damon gesagt hatte, »der Chef des KGB selbst« würde mit ihm sprechen. Wer auch immer er war, der Mann machte einen starken Eindruck auf Staschinski. Er schien Mitte vierzig zu sein und war anders als jeder KGB-Offizier, dem Staschinski zuvor begegnet war. »Ich betrachtete ihn die ganze Zeit wie einen Aristokraten; er war so ruhig, und als er neben mir saß, drückte er seine Gedanken in einem so unerschütterlichen Ton aus, dass es undenkbar war, ihm zu widersprechen. Auf höchst selbstbewusste Weise ... Man konnte leicht erkennen, dass er es gewohnt war, Befehle zu erteilen; dass er einen der höchsten Posten im KGB innehatte.«[2]

Laut freigegebenen Biografien von KGB-Beamten lautete der Nachname von Georgi Awksentjewitsch Ischtschenko. Zum Zeitpunkt ihres Treffens stand Oberst Ischtschenko einige Monate vor seinem fünfzigsten Geburtstag, aber mit seinem zurückgekämmten dunklen Haar sah er offenbar jünger aus. Sein Hintergrund hatte nichts Aristokratisches an sich. Er war 1910 in eine Arbeiterfamilie in dem Dorf Krymsk in der Kuban-Region des Russischen Reiches geboren worden. Er behauptete, ein Russe zu sein, obwohl er einen ukrainischen Nachnamen trug – wahrscheinlich eine Folge der drastischen Änderung der sowjetischen Nationalitätenpolitik in den frühen 1930er-Jahren, als Stalin nach der großen ukrainischen Hungersnot von 1932/1933 die Schließung aller ukrainischen Publikationen und Bildungseinrichtungen im Kuban anordnete und alle Ukrainer in der Region als Russen umregistriert wurden. Ischtschenko begann seine Karriere im Parteiapparat und wechselte nach Stalins großer Säuberung von 1937 zur Geheimpolizei. In den letzten Jahren von Stalins Herrschaft leitete Ischtschenko den NKWD-Apparat in seiner Heimatregion Kuban. Nach dem Tod des Diktators wurde er nach Ungarn geschickt, um den NKWD zu leiten; später diente er als Verbindungsmann zu den ungarischen Sicherheitsdiensten. Er beteiligte sich aktiv an der Niederschlagung der ungarischen Revolution im Herbst 1956. Zu dieser Zeit arbeitete er eng mit dem KGB-Chef zusammen, General Iwan Serow, der nach Budapest entsandt worden war.[3]

Am Tisch in Staschinskis Hotelzimmer fragte ihn Oberst Ischtschenko nach seinem letzten Auftrag: eine erfolgreiche Mission zur Aufspürung von Stepan Bandera, dem Anführer der größten und, wie die Sowjets glaubten, gefährlichsten Gruppe ukrainischer Emigranten im Westen. Staschinski willigte ein und erzählte Ischtschenko, was er über Bandera wusste.

Im Frühjahr 1958 hatte Sergej Damon Staschinski gebeten, in einer Westberliner Buchhandlung nach Veröffentlichungen eines Autors namens Popel zu suchen. Es war das erste Mal, dass Staschinski diesen Namen gehört hatte. Tatsächlich war das einzige Buch, das diesen Namen auf dem Umschlag trug, ein Buch, das 1943 in Lwiw veröffentlicht worden war. Es war *A Chess Player's Beginnings* von Stephan Popel, einem ukrainischen Schachspieler. Nach dem Krieg hatte Popel zahlreiche Pariser Meisterschaften gewonnen, und nachdem er in den 1950er-Jahren in die Vereinigten Staaten gezogen war, hatte er drei Jahre hintereinander die Staatsmeisterschaft von Michigan inne. Es überrascht nicht, dass die Buchhandlung, die Staschinski im Sommer 1958 in West-Berlin besuchte, Popels ukrainischsprachiges Buch von vor fünfzehn Jahren nicht vorrätig hatte. Staschinski teilte seinem Sachbearbeiter mit, dass er keine Bücher eines solchen Autors gesehen habe, und Damon ließ das Thema fallen.[4]

Der Name Popel sollte bald wieder in Staschinskis Leben auftauchen. Im Mai 1958 begingen die ukrainischen Emigranten in Europa den fünfzigsten Jahrestag der Ermordung des Gründers der Organisation der ukrainischen Nationalisten, Oberst Jewhen Konowalez, der auf Stalins persönlichen Befehl von Pawel Sudoplatow getötet worden war. Die KGB-Offiziere beschlossen, das Gedenken an Konowalez' Tod zu nutzen, um ein Attentat auf seinen Nachfolger zu planen. Die Gedenkfeier am 25. Mai 1958 fand auf dem Crooswijk-Friedhof in Rotterdam statt, wo Konowalez begraben war, und brachte ukrainische Nationalistenführer aus aller Welt zusammen. Sowohl Stepan Bandera als auch Andrij Melnyk, die Anführer der beiden rivalisierenden Fraktionen der OUN, nahmen an der Zeremonie teil. Damon wollte, dass sein Agent den Mann, den er später umbringen sollte, persönlich sah und identifizierte. Aber er enthüllte Staschinski natürlich nicht seine wahren Motive. Stattdessen bat Damon ihn, die Zeremonie mit seiner Kamera zu begleiten und ein paar Fotos von den nationalistischen Führern zu schießen. Staschinski machte sich auf dem Weg nach Rotterdam.[5]

Trotz der strengen Sicherheitsvorkehrungen gelang es Staschinski nicht nur, zum Friedhof zu gelangen, sondern auch Fotos von den Teilnehmern der Gedenkprozession zu machen. Er kam nahe genug an den Grabstein von Konowalez heran, um die Wortführer zu sehen, die Lobreden hielten. Einer der Redner, den er noch nie zuvor gesehen hatte, erhielt mehr Aufmerksamkeit als die anderen. Seine Rede war die längste. Er trauerte um Konowalez und prangerte seine Mörder an. »Heute wie damals können wir sagen, dass es dem Feind Gottes, der Ukraine und der gesamten freiheitsliebenden Menschheit nicht gelungen ist, die OUN und die ukrainische Befreiungsbewegung durch die Ermordung ihres Gründers und Führers zu zerstören«, erklärte der Redner. »Aber gleichzeitig wissen wir, dass dies ein großer, unwiederbringlicher Verlust ist, den wir in zwanzig Jahren nicht überwinden konnten.«[6]

Staschinski wusste nicht, wer der Redner war, aber ihm fiel sein Auto auf – der dunkelblaue Opel Kapitän. Nach seiner Rückkehr aus Rotterdam zeigte ihm Sergej Damon eine Zeitung mit den Texten der Reden, die bei der Zeremonie gehalten worden waren. Die längste von ihnen wurde Stepan Bandera zugeschrieben. Da erkannte Staschinski, wer der Redner war und wem der Opel Kapitän gehörte.

Damon interessierte sich nicht nur für Staschinskis Bilder und die Menschen, die er in Rotterdam gesehen hatte, sondern auch für seine Beschreibung des Friedhofs und der Gegend um das Grab von Konowalez. Er fragte, ob dort etwas versteckt sein könnte. Staschinski bejahte die Frage. Als er jedoch erkannte, dass Damon eine andere Bombe im Sinn hatte, diesmal nicht in einer Pralinenschachtel, sondern im Grab von Konowalez, änderte er seine Antwort und sagte, dass ein solches Unterfangen schwierig wäre. Er wies auch darauf hin, dass die Opfer eines solchen Anschlags angesichts des überfüllten Raums nicht nur die nationalistischen Anführer, sondern auch Frauen und Kinder sein würden. Damon ließ das Thema damals fallen, aber das Attentat auf Bandera ging ihm offensichtlich nicht aus dem Kopf.[7]

Anfang Januar 1959 gab Damon Staschinski seinen nächsten Auftrag: Er sollte nach München fahren und herausfinden, wo Bandera wohnte. Damon sagte ihm, dass Bandera höchstwahrscheinlich unter dem Namen Stefan Popel lebte. Er wohnte möglicherweise immer noch unter der Adresse, die der KGB in seinen Akten hatte, aber sie wollten diese Information entweder bestätigt oder aktualisiert wissen. Staschinski flog nach München und benutzte neue westdeutsche Dokumente, die auf den Namen Hans Joachim Budeit ausgestellt waren. Es dauerte nicht lange, bis er feststellte, dass der Mann, den er in Rotterdam gesehen hatte, nicht unter der Adresse wohnte, die man ihm in Karlshorst gegeben hatte. Wo er jetzt wohnte, konnte man nur vermuten.

Der Auftrag war beendet. Staschinski konnte nach Berlin zurückkehren und über seine Erkenntnisse berichten. Doch im letzten Moment beschloss er aus einer Laune heraus, im Münchner Telefonbuch nachzusehen. Und da stand er, Stefan Popel, mit seiner Telefonnummer und seiner Wohnadresse, Kreittmayrstraße 7. War das der richtige Herr Popel? Am nächsten Morgen war Staschinski in der Kreittmayrstraße. Im Torbogen, der zum Innenhof des Hauses Nr. 7 führte, sah er den bekannten Opel Kapitän und den Sprecher aus Rotterdam, der an seinem Auto arbeitete. Auf der Bewohnerliste neben dem Eingang des Hauses stand der Name Stefan Popel. Später am Morgen sah Staschinski denselben Opel Kapitän in der Nähe der Zentrale der örtlichen ukrainischen Organisationen in der Zeppelinstraße parken. Es bestand kein Zweifel, dass Stefan Popel aus der Kreittmayrstraße 7 kein anderer als Stepan Bandera war. Staschinski war ein guter Agent. Nicht umsonst hatte er die Guerillaverstecke der Westukraine verlassen und es bis zu dem begehrten Posten in Berlin geschafft. Damon traute seinen Ohren nicht, als er den Bericht hörte. »Wir haben es endlich geschafft, die Spur von Bandera aufzunehmen«, sagte er euphorisch zu Staschinski.

Nachdem er Staschinski aufmerksam zugehört hatte, wie er Bandera in München aufgespürt hatte, teilte ihm Oberst Ischtschenko mit, dass beschlossen worden war, seine Zielperson auf die gleiche Weise zu »liquidieren« wie Rebet. Staschinski war alarmiert und äußerte seine Bedenken: Im Gegensatz zu Rebet war Bandera bewaffnet und hatte einen Leibwächter. Der KGB-Oberst teilte dem Attentäter mit, dass die Waffe, die er erhalten sollte, ein verbessertes Modell mit zwei Läufen sei. Falls nötig, könnte Staschinski auch den Leibwächter töten. »Er schenkte meinen Einwänden keinerlei Beachtung«, erinnerte sich Staschinski später. »Ich sollte es ausführen, wie es mir gerade in den Kram passte; er sagte, dass mein Versuch erfolgreich sein würde.« Sie holten eine Flasche sowjetischen Champagner und stießen auf den Erfolg der Mission an. »Das erinnerte mich an einen russischen Film, den ich einmal gesehen hatte«, erinnerte sich Staschinski. »Es ging um die ›Heldentat‹ eines Spions, und der Offizier, der den Spion auf eine Mission hinter die feindlichen Linien schickte, verabschiedete ihn mit Champagner.«[8]

Oberst Ischtschenko sagte zu Staschinski, dass es schade sei, wenn er Westeuropa kenne, aber Moskau nicht. Er wollte ihm die sowjetische Hauptstadt zeigen. Es war gängige Praxis des KGB, seinen Agenten und Attentätern die heiligen Stätten der Sowjetunion zu zeigen, bevor sie ins Ausland geschickt wurden. Lenins Mausoleum und der Rote Platz waren bei weitem die am meisten verehrten Orte. Ischtschenko gab Staschinski einen Sonderausweis für die Tribüne auf dem Roten Platz, um an der Militärparade und der Demonstration zum 1. Mai teilzunehmen. Staschinski hatte bereits Paraden in Lwiw und Kyjiw gesehen, aber diese konnten sich nicht mit dieser großartigen Veranstaltung messen. Staschinski war besonders beeindruckt von der neuen militärischen Ausrüstung, die bei der Parade gezeigt wurde. Während er die Demonstration der sowjetischen Macht beobachtete, konnte er direkt über den Platz zu Nikita Chruschtschow blicken, dem Mann, der Bandera nie vergessen hatte. Das Schicksal und die Umstände hatten sie nun zusammengeführt, vereint in einem einzigen Ziel: Bandera zu töten.[9]

9

Herr Popel

Vor seiner Abreise aus Moskau erhielt Staschinski eine neue, verbesserte Giftpistole. Diese hatte zwei Läufe, sodass der Attentäter zwei Ziele ohne Nachladen töten konnte – in diesem Fall Bandera und seinen Leibwächter. Oberst Ischtschenko, der KGB-Offizier mit den aristokratischen Manieren, wies Staschinski an, nach Ost-Berlin zurückzukehren und auf Befehle zu warten. Staschinski kehrte in seine Wohnung in der Ostberliner Marienstraße zurück und begann stark zu trinken. Seine Befehle kamen in der zweiten Maiwoche 1959: Moskau wollte Bandera so schnell wie möglich tot sehen. Staschinski erhielt Dokumente von Sergej Damon, eine neue Waffe sowie die Gegengiftpillen und -ampullen. Außerdem erhielt er einen Satz Schlüssel, um die Eingangstür zu Banderas Wohnhaus zu öffnen. Der Hausflur sei der ideale Ort, um den Mord auszuführen, wurde ihm in Moskau mitgeteilt. Aber wenn die Umstände stimmten, könne er es auch im Innenhof des Gebäudes tun. Er konnte nach eigenem Ermessen handeln.

Nach seiner Ankunft in München ging Staschinski einige Tage lang nach demselben Schema vor. Er begann seine Tage mit Herumlungern in der Nähe von Banderas Wohnhaus, und um 11:00 Uhr ging er in die Zeppelinstraße, wo Bandera sein Büro hatte. Er sah Bandera bei mehreren Gelegenheiten, meist in Begleitung seines Leibwächters. Eines Tages sah er Bandera allein nach Hause gehen. Bandera fuhr in seinem Opel Kapitän auf der Kreittmayrstraße vorbei, ganz in der Nähe des Eingangs zu seinem Wohnhaus. Der Wagen bog in den Torbogen und fuhr in Richtung des Hofes und der Garagen. Staschinski holte seine Waffe aus der Tasche und bereitete sich darauf vor, seinen Auftrag auszuführen, änderte jedoch im letzten Moment seine Meinung. Um einen Sinneswandel unmöglich zu machen, schoss er mit der Giftpistole in den Boden und ließ sie dann von einer Brücke in denselben Bach im Hofgarten fallen, in den er eineinhalb Jahre zuvor die Waffe geworfen hatte, mit der er Lew Rebet ermordet hatte.

Staschinski mag sich erleichtert gefühlt haben, nachdem er sich geweigert hatte, dem Befehl, Bandera zu töten, Folge zu leisten. Aber es gab auch einen Grund zur Sorge: Er würde Sergej Damon in Karlshorst erklären müssen, warum er den Auftrag nicht ausgeführt hatte. Nach allem, was er wusste, hätte ihm auch ein anderer KGB-Agent gefolgt sein können, der gesehen hätte, wie er die Pistole ins Wasser warf. Das Einzige, was Staschinski mit Sicherheit wusste, war, dass, wer auch immer ihm gefolgt war, unmöglich gesehen haben konnte, was im Hof von Banderas Gebäude tatsächlich geschehen war. Staschinski beschloss, Damon mitzuteilen, dass er jemanden im Innenhof in der Nähe von Banderas Garage gesehen hatte und gezwungen gewesen war, den Versuch abzubrechen. Er versuchte auch zu beweisen, dass er sich bemüht hatte, in das Wohnhaus zu gelangen – die erste Wahl des KGB für den Ort des Attentats. Beim Versuch die Eingangstür zu öffnen, hatte er mehrere Schlüssel abgebrochen. Er hatte dann versucht, seinen eigenen Schlüssel zu nutzen, diesen aber ebenfalls abgebrochen. Staschinski wollte Damon den abgebrochenen Schlüssel als Beweis dafür zeigen, dass er sein Bestes getan hatte, um den Auftrag auszuführen.

Sergej Damon war nicht erfreut über diese Nachricht, aber er konnte wenig tun. Im August reiste Staschinski in die Sowjetunion, um einen Kurzurlaub zu machen. Erst nach seiner Rückkehr erfuhr er von Damon, dass Moskau einen weiteren Mordversuch angeordnet hatte. Staschinski flog am 14. Oktober nach München, im Gepäck die geladene Pistole, die Gegengiftpillen und einen Satz neuer Schlüssel zu Banderas Wohnhaus. Er rechnete damit, zwischen sieben und zehn Tagen in München zu bleiben – wie es üblich war. Nach zehn Tagen wollte der KGB ihn zurück wissen, egal ob er den Auftrag erfüllt hatte oder nicht.

Der 15. Oktober sollte Staschinskis erster »Arbeitstag« sein, und er erwartete nicht, viel zu erreichen, sondern hoffte nur, mit seinen Beobachtungen beginnen zu können. Trotzdem nahm er am Morgen seine Gegengiftpille und steckte die in Zeitungspapier eingewickelte Giftpistole in die Innentasche seiner Jacke. Es war zu spät, um Bandera zu Hause anzutreffen, weshalb er zu den ukrainischen Büros in der Zeppelinstraße ging. Sein Beobachtungsposten befand sich auf der Ludwigsbrücke, in der Nähe des Deutschen Museums und der Straßenbahnhaltestelle. Dort könnte den Museumsbesuchern und Straßenbahnfahrgästen ein Mann Ende zwanzig aufgefallen sein, der ohne ersichtlichen Grund herumlungerte und ab und zu einen kurzen Blick in Richtung Zeppelinstraße warf. Zuerst entdeckte er Banderas Auto, das in der Nähe des Gebäudes Nr. 67 geparkt war. Dann, gegen Mittag, sah er, wie ein Mann und eine Frau das Gebäude verließen, in das Auto stiegen und wegfuhren.

Es wirkte, als sei Staschinskis Arbeitszeit zu Ende. Bandera war in Begleitung, also gab es keine Chance, ihn an diesem Tag zu erwischen. Staschinski beschloss jedoch, mit der Straßenbahn zu Banderas Wohnhaus zu fahren, um seinen Vorgesetzten, falls sie ihn beobachteten, zu beweisen, dass er alles in seiner Macht Stehende tat, um seinen Auftrag zu erfüllen. Als er in Banderas Straße ankam und weder ihn noch sein Auto sah, beschloss Staschinski, eine Zeit festzulegen, zu der er die Gegend verlassen konnte, ohne den Verdacht eines Beobachters zu erregen, dass er sich nicht genug Mühe gegeben hatte. Er entschied sich für 13:00 Uhr als Endzeitpunkt. Während er auf seiner Uhr nach dem magischen Moment suchte, sah er plötzlich ein Auto auf sich zukommen. Es war Banderas Opel Kapitän, und er war allein. Die Frau, die Staschinski eine Stunde zuvor von der Ludwigsbrücke aus gesehen hatte, war verschwunden.

Als der Opel Kapitän in den Torbogen bog, bewegte sich Staschinski ebenfalls in diese Richtung. Der Wagen stand vor einer offenen Garage, und der Fahrer war damit beschäftigt, Sachen aus dem hinteren Teil auszuladen. Staschinski benutzte seinen neuen Schlüsselsatz aus Karlshorst, um den Haupteingang zu öffnen. Er befand sich nun im Flur des Gebäudes, dem Ort, an dem er nach dem Willen seiner Chefs seine Arbeit verrichten sollte. Alles lief wie am Schnürchen, bis er ein paar Stockwerke höher eine Frauenstimme hörte. Staschinski wandte sich dem Aufzug zu und wartete, bis die Frau daran vorbei und hinausging. Dann kehrte er zu seinem vorherigen Platz hinter der ersten Kurve der Treppe zurück, wo er von niemandem gesehen werden konnte. Staschinski hatte sich wieder unter Kontrolle. Er hörte, wie jemand versuchte, die Eingangstür zu öffnen. Er wusste, dass es Bandera war. Er begann, die Treppe hinunterzugehen, die in Zeitungspapier eingewickelte Pistole in der rechten Hand. Er würde Bandera so erschießen, wie er Rebet erschossen hatte, sobald sie auf gleicher Höhe waren. Aber es gab ein Problem mit dem ursprünglichen Plan. Bandera hielt eine Tüte mit Gemüse im Arm und hatte nur eine Hand frei, um die Tür zu öffnen: Sein Schlüssel steckte im Schloss fest. Bandera hielt die Tüte in der rechten Hand und versuchte, die Tür mit dem Fuß zu öffnen, während er mit der linken Hand den Schlüssel abzog. Es funktionierte nicht. Staschinski bückte sich, angeblich um seinen Schnürsenkel zu binden, während er darauf wartete, dass Bandera die Tür aufbekam.

Staschinski begann zu zweifeln – vielleicht war es nicht der richtige Zeitpunkt, seinen Plan auszuführen. Aber er machte weiter. Nachdem er Bandera gefragt hatte, ob etwas mit dem Schloss nicht stimme, und er die Antwort erhalten hatte, dass alles in Ordnung sei, hob er die Waffe, die immer noch in die Zeitung eingerollt war, und feuerte sie in Banderas Gesicht. Später gab er zu, er sei nervös gewesen und habe nicht nur einen, sondern beide Läufe abgefeuert. Es folgte ein Knall. Staschinski trat nach draußen, schloss die Tür hinter sich, wandte sich nach links und ging die Erzgießereistraße entlang. Dann ging er in Richtung Stadtzentrum. Er rollte die Zeitung aus, versteckte den Acht-Zoll-Zylinder in seiner Tasche, nahm ein Taschentuch heraus und schnupperte daran, indem er es sich vor Mund und Nase hielt. Innerhalb von zwei Stunden saß er in einem Schnellzug nach Frankfurt.[1]

Staschinski wollte so schnell wie möglich aus Westdeutschland ausreisen, aber als er Frankfurt erreichte, war der letzte Flug nach West-Berlin bereits weg. Er bestellte ein Ticket für den nächsten Tag und meldete sich im Hotel Wiesbaden an, Zimmer 53. Heute wird das Hotel, das immer noch steht, damit beworben, dass es nur zehn Minuten vom Stadtzentrum und fünfzehn Minuten vom Flughafen entfernt ist. Staschinski war an letzterem interessiert. Als er am nächsten Tag am Flughafen ankam, waren die

Zeitungskioske voll mit Meldungen über den mysteriösen Tod von Stepan Bandera, der seinen Nachbarn als Stefan Popel bekannt war. Dies war für Staschinski die erste wirkliche Bestätigung, dass seine Zielperson gestorben war. Nach seiner Ankunft in Berlin rief er Sergej Damon an. Der KGB-Kontaktmann wusste bereits über den Ausgang der Operation Bescheid und gratulierte Staschinski zu seiner guten Arbeit. Sie trafen sich im Café Warschau im Ostteil der Stadt, und Staschinski erzählte Damon die Einzelheiten. Er legte wieder zwei Berichte vor – den ersten über die Orte, die er besucht und die Zeit, die er dort verbracht hatte, und den zweiten, wie nach der Tötung von Rebet, über Grüße an einen »Bekannten«. Er berichtete, dass die Grüße erfolgreich überbracht worden seien.[2]

10
Tot bei Ankunft

In ihrer Wohnung im dritten Stock in der Kreittmayrstraße 7 wartete Jaroslawa Bandera, die von ihren Nachbarn Frau Popel genannt wurde, auf ihren Mann, der wie üblich zum Mittagessen nach Hause kam. Als sie das Geräusch seines Autos im Hof hörte, schaute sie vom Balkon hinunter, sah den Opel Kapitän vor der Garage stehen und ging, um die Wohnungstür zu öffnen. Frau Bandera, eine zweiundvierzigjährige Hausfrau und Mutter von drei Kindern, machte sich auf eine möglicherweise höchst unangenehme Fortsetzung des Streits gefasst, den sie am Morgen begonnen hatten. Sie hatten sich über eine Frau gestritten.

Jahrelang hatte sie ihn der Untreue verdächtigt und kämpfte dagegen mit allen ihr zur Verfügung stehenden Mitteln. Nach Angaben von Banderas Leibwächtern rief sie ihn obsessiv bei der Arbeit an und erkundigte sich, ob er in seinem Büro oder bereits nach Hause gegangen sei. Sie entledigte sich der Dienstmädchen, die ihr im Haushalt halfen, weil sie glaubte, dass er versuchte, sie zu verführen. Schließlich verbannte sie alle weiblichen Gäste aus ihrem Haus und duldete auch kaum noch männliche Gäste, da ihr Mann sie freiwillig nach Hause fuhr und dann für Stunden verschwand. Viele, die Frau Bandera kannten, glaubten jedoch, dass sie ihren Mann trotz des Unglücks in ihrer Ehe innig liebte.

Stepan Bandera vermied es, an Wochentagen zu Hause zu sein. Er kam früher als alle anderen zur Arbeit und verließ das Büro als Letzter, oft erst nach 22:00 Uhr. Es stimmte, dass er eine Schwäche für Frauen hatte, besonders für jüngere. Seine Freunde und Kollegen wussten, dass er sich seit Jahren mit einer Frau traf, die mehr als zehn Jahre jünger war als er, und dass er die Liaison auch nach ihrer Heirat nicht beendet hatte. Nun verdächtigte Frau Bandera ihn, ein junges Dienstmädchen verführen zu wollen. Das

Dienstmädchen, eine ausgebildete Krankenschwester, betreute die drei Kinder der Familie Weiner, die im ersten Stock des Wohnhauses wohnte. Diejenigen, die Stepan Bandera gut kannten, glaubten, dass er hin und weg von ihr war – er nutzte jede Gelegenheit, um sich mit dem Dienstmädchen zu treffen, entweder vor dem Gebäude oder wenn sie die Wohnung, in der sie arbeitete, betrat oder verließ. Frau Bandera witterte die Gefahr und warf der jungen Frau jedes Mal böse Blicke zu, wenn sie ihr im Haus begegnete. Außerdem verlangte sie von ihrem Mann eine Erklärung. Darüber hatten sie sich an diesem Morgen gestritten. Stepan Bandera fühlte sich drangsaliert und verließ die Wohnung früher als sonst. Die letzten Worte, die er von seiner Frau hörte, waren: »Warte nur, bis du zum Mittagessen zurückkommst, dann mache ich weiter mit meiner ›Predigt‹.«

Frau Bandera wartete gespannt darauf, dass ihr Mann die Treppe zu ihrer Wohnung hinaufstieg und ihren Austausch fortsetzte. Doch als sie die Tür öffnete, hörte sie von unten einen schrecklichen Schrei und die Stimme ihrer Nachbarin aus dem ersten Stock, Frau Chaya Gamse: »Mein Gott!« Chaya und ihr Mann Melach waren Überlebende der Nazi-Konzentrationslager und bei schlechter Gesundheit. Frau Bandera dachte, dass einem von ihnen etwas zugestoßen war. Dann sah sie Herrn Gamse die Treppe hinaufkommen und fragte ihn, ob er ihr Telefon benutzen wolle, aber er bat sie stattdessen, herunterzukommen: Ihr Mann lag auf dem Treppenabsatz im ersten Stock. Sie holte die Wohnungsschlüssel und rannte nach unten. Dort lag ihr Mann zwischen der Aufzugstür und dem Eingang zur Wohnung der Weiners. Aus seinem Mund, seiner Nase und seinen Ohren kam Blut, aber er lebte noch und konnte seine Augen öffnen und schließen. Ein heiserer Laut drang aus seiner Kehle.

Magdalena Winklmann, das Dienstmädchen aus der Wohnung der Weiners, mit der Frau Bandera eine Affäre vermutete, kniete neben ihm und wischte ihm das Blut aus dem Gesicht, und es schien, als ob er ihre Hand fest in der seinen hielt. Es waren noch andere Personen anwesend, darunter Herr und Frau Gamse, deren Wohnung sich gegenüber der der Weiners befand. Die Gamses waren gerade dabei gewesen, ihr Mittagessen einzunehmen, als sie das Geräusch von schweren Schritten auf der Treppe gehört hatten, gefolgt von so etwas wie einem Schrei. Frau Gamse kam als Erste aus ihrer Wohnung und sah den Mann, den sie als Stefan Popel kannten, am Boden liegen. Zusammen mit Magdalena, die aus der Wohnung der Weiners gekommen war, legte sie Bandera auf die Seite, damit er nicht an dem Blut, das aus seinem Mund kam, erstickte. Frau Gamse hatte diese Technik in den Konzentrationslagern gelernt.

Frau Bandera schrie. Sie setzte sich auf den Boden, nahm den Kopf ihres Mannes in die Hände, strich über ihn und sprach auf Ukrainisch zu ihm:»Stepan, was ist passiert? Stepan, sag, was passiert ist.« Herr Gamse hatte bereits einen Krankenwagen gerufen, der einige Minuten später eintraf. Frau Bandera vermutete einen Schlaganfall. Sie rief im Büro ihres Mannes an und teilte seinen Mitarbeitern in der Zeppelinstraße mit, dass es einen Unfall gegeben habe: Ihr Mann sei auf der Treppe gestürzt und müsse ärztlich versorgt werden. Sie stand offensichtlich unter großem Stress. Der Mann, der ihren Anruf entgegennahm, erinnerte sich einige Tage später:»Sie redete völlig sinnloses Zeug. Alles, was ich verstehen konnte, war etwas über einen Sturz, über das Liegen auf der Treppe.« Er versprach, sofort zu kommen. Frau Bandera begleitete ihren Mann ins Krankenhaus in der Lazarettstraße, das sich nur wenige Minuten entfernt befand.[1]

Die Mitarbeiter von Stepan Bandera aus der Zeppelinstraße trafen ein, als der Krankenwagen bereits weg war. Sie sprachen mit Banderas jugendlicher Tochter, die ihnen mitteilte, dass ihr Vater offenbar einen Schlaganfall erlitten hatte. Sie wollten Einzelheiten wissen und sprachen dann mit den Gamses. Sie konnten Blut auf dem Boden in der Nähe des Eingangs und beim Aufzug sehen. Sie sahen auch die Tüte mit den Tomaten, die Bandera bei seiner Ermordung bei sich getragen hatte, und die er offenbar sorgfältig auf den Boden gelegt hatte, bevor er gestürzt war. Nachdem Banderas sichtlich verstörte Mitarbeiter das Gebäude verlassen hatten, kehrten Frau Gamse und Magdalena Winklmann mit Besen, Mopp und Wassereimer ins Erdgeschoss zurück. Sie reinigten den Boden gründlich. Einige Minuten später gab es keine Anzeichen mehr davon, dass etwas passiert war. Die Tüte mit den Tomaten wurde von Herrn Gamse weggebracht.[2]

Stepan Bandera wurde bei seiner Ankunft für tot erklärt. Der diensthabende Arzt untersuchte die Leiche und kam zu dem Schluss, dass es sich bei der Todesursache um einen Schlaganfall handelte. Bandera hatte sich bei seinem Sturz auf der Treppe eine Schädelprellung zugezogen, die zu Blutungen aus Nase, Mund und Ohren geführt hatten. Es gab keine Anzeichen für ein falsches Spiel und keinen Grund, etwas anderes als einen unglücklichen Vorfall zu vermuten. Banderas Mitarbeiter schienen jedoch anderer Meinung zu sein. Einer von ihnen fragte, ob Bandera noch wiederbelebt werden könne, vielleicht durch Injektionen oder die Verabreichung von Sauerstoff. Nachdem der Arzt verneinte, fragte der Mitarbeiter, ob der Arzt den zufällig wirkenden Tod für ein Attentat halte. Der Arzt glaubte das nicht: Treppen seien eine heikle Sache, und ein Stolpern und Stürzen infolge eines Schlaganfalls könne leicht tödlich sein. Banderas Mitarbeitern blieb keine andere Wahl, als die Schlussfolgerungen des Arztes zu akzeptieren, der den Totenschein unterschrieben hatte: Es war ein Schlaganfall.[3]

Banderas Mitarbeiter kehrten in ihr Hauptquartier zurück und begannen mit ihren eigenen Ermittlungen zu den Ereignissen dieses Tages. Der Morgen des 15. Oktober in der Zeppelinstraße 67, dem Gebäude, in dem sich zahlreiche Zweigstellen von Banderas verdeckter Organisation befanden, hatte wie jeder andere begonnen. Stepan Bandera war um kurz nach 8:00 Uhr in Begleitung seines Leibwächters Wasyl Ninowski eingetroffen. Er hatte sich in sein Büro begeben, während Ninowski in die Druckerei der Organisationszeitung *Shliakh peremohy* (Der Weg zum Sieg) ging, die sich im ersten Stock des Gebäudes befand.

Banderas Assistenten und Büroangestellte trafen gegen 9:00 Uhr ein.

Bandera hatte sich an diesem Morgen mit dreien seiner Mitarbeiter getroffen, die alle später von der Polizei und dem internen Sicherheitsdienst der Bandera-Organisation überprüft wurden. Gegen 11:30 Uhr hatte Bandera sein Büro verlassen und war eine Etage tiefer in die Zeitungsredaktion gegangen, wo seine alte

Bekannte Eugenia, den deutschen Behörden als Eugenia Mak bekannt, ihren Arbeitsplatz hatte. Er fragte sie, ob sie ihn auf den Markt begleiten wolle, um Obst zu kaufen, aber sie lehnte ab. »Sie lehnte dreimal ab und sagte, sie habe keine Lust«, erinnerten sich die Zeugen. »Und dass sie nichts bräuchte.« Im gleichen Bericht heißt es: »Bandera bestand darauf und sagte, sie solle wenigstens mitgehen, um ihm Gesellschaft zu leisten. Sie willigte erst ein, als andere Angestellte sie immer wieder drängten.«

Sie machten sich auf den Weg ins Erdgeschoss, doch plötzlich fiel Bandera ein, dass er seine Baskenmütze im Büro vergessen hatte. Nach kurzem Zögern sagte er Eugenia, dass er sie nach dem Mittagessen holen würde. Bandera aß normalerweise mittags zu Hause und beschloss, auf dem berühmten Münchner Markt, der Großmarkthalle, Obst und Gemüse zu besorgen. Bandera, der in seinem Umfeld als »zupackender« Haushaltsvorstand bekannt war, liebte es, Besorgungen zu machen; er kaufte persönlich Lebensmittel für seine Familie ein und aß gerne gut. Eine weitere Leidenschaft war sein Auto, um das er sich persönlich kümmerte und Stunden damit verbrachte, es sauber und funktionstüchtig zu halten. Kleinere Motorprobleme reparierte er selbst, anstatt zu einem Mechaniker zu gehen. Bandera und Eugenia verließen das Gebäude, stiegen in Banderas dunkelblauen Opel Kapitän und fuhren zur Großmarkthalle, die südwestlich der Zeppelinstraße auf der anderen Seite der Isar lag.

Auf dem Markt kaufte Bandera einige Trauben und Pflaumen sowie Tomaten, offenbar zum Einlegen. Nachdem sie ihre Einkäufe erledigt hatten, packten die beiden ihre Taschen in Banderas Auto und fuhren zurück zur Zeppelinstraße. Unweit des Bürogebäudes setzte er Eugenia ab. Sie wollte die Tüte mit den Walnüssen mitnehmen, die sie auf dem Markt gekauft hatte, aber Bandera versprach, sie ihr nach dem Mittagessen zu bringen – sie waren unter seinen eigenen Einkäufen im Kofferraum des Autos vergraben. Er war in Eile. »Warten Sie einen Moment. Ich sage Wasyl Ninowski, dass er Sie nach Hause begleiten soll«, schlug Eugenia vor und meinte damit Banderas Leibwächter. Aber Bandera, der dafür bekannt war, dass er die Anweisungen seines Sicherheitsteams nicht befolgte, wollte davon nichts hören. »Wenn Ninowskyi herunterkommt, bin ich schon zu Hause«, sagte er zu seiner Sekretärin. »Wir sehen uns.« Banderas Mitarbeiter konnten nichts mehr über die letzten Stunden ihres Anführers erfahren.[4]

Es war eher eine Routineangelegenheit als ein besonderer Verdacht bezüglich der Todesursache, die das medizinische Personal veranlasste, die Münchner Kripo (Kriminalpolizei) zu rufen. Bei der Untersuchung der Leiche hatte der Arzt unter Banderas rechtem Arm einen Pistolengürtel gefunden, in dem sich eine Walther 765 PKK befand, eine relativ kleine, leicht zu versteckende Pistole, die ursprünglich für die deutsche Polizei entwickelt worden war. Das Mitführen einer Waffe war in Deutschland ungewöhnlich, ja sogar illegal, und das medizinische Personal hatte die Anweisung, jeden derartigen Fall den Behörden zu melden. Die Polizei war zunächst nicht sonderlich interessiert: Die medizinische Untersuchung hatte keine Anzeichen eines gewaltsamen Todes ergeben. Letztlich wurde beschlossen, Banderas Leiche zur Obduktion in das Institut für Rechtsmedizin der Ludwig-Maximilians-Universität zu bringen. Die Obduktion war für den nächsten Tag angesetzt, sodass die polizeilichen Ermittlungen bis dahin warten mussten. Die beiden mit dem Fall betrauten Kriminalbeamten, Hermann Schmidt und Oberkommissar Adrian Fuchs, sahen keinen Grund zur Eile.

Die Obduktion fand am Freitag, dem 16. Oktober, statt. Sie wurde von einer Gruppe von Ärzten unter der Leitung des Direktors des Instituts für Rechtsmedizin, Professor Wolfgang Laves, durchgeführt, einem glatzköpfigen, bebrillten sechzigjährigen Arzt und Wissenschaftler, der das Institut seit 1945 leitete. Laves wurde von einem jüngeren Kollegen, Dr. Wolfgang Spann, assistiert, einem Arzt, der später die Obduktion von Rudolf Hess, Hitlers rechter Hand, durchführte. Die Autopsie von Bandera dauerte zwei Stunden. Das Ergebnis überraschte die Polizei. Der Leiter der Mordkommission, Hermann Schmidt, kehrte sichtlich geschockt und bleich ins Polizeipräsidium zurück. Von Journalisten befragt, antwortete er barsch: »Von mir erfahren Sie nichts!« Daraufhin rief er seinen Stab zusammen und telefonierte mit der bayerischen

Außenstelle des Bundesamtes für Verfassungsschutz. Er verbrachte geraume Zeit am Telefon mit Vertretern des Amtes, das auch für die westdeutsche Spionageabwehr zuständig war. Die Nachrichten, die Schmidt nicht mit den Journalisten teilen wollte, beunruhigten die westdeutschen Verfassungsschützer sehr.

Nachdem Hermann Schmidt geschwiegen hatte, wandten sich die Journalisten an den Leiter der Stadtpolizei, Anton Heigel, um einen Kommentar zu erhalten. Sie kamen nicht sehr weit. Heigel sagte ihnen: »Ich habe noch keinen Bericht erhalten, und die ganze Angelegenheit interessiert mich überhaupt nicht«. Der Kommentar des Polizeichefs war enttäuschend, aber auch verblüffend. Die einzige Erklärung, die die Polizei bisher abgegeben hatte, bevor die Ergebnisse der Autopsie veröffentlicht wurden, hatte bestätigt, was die Journalisten bereits aus ihren eigenen Quellen wussten: Stefan Popel war nicht der Mann gewesen, der er vorgab zu sein. »Tod infolge eines unglücklichen Unfalls«, hieß es in der Presseerklärung. »Am 15. Oktober 1959 um die Mittagszeit stürzte der 50-jährige staatenlose Journalist Stefan Popel, genannt Bandera, im Treppenhaus seiner Wohnung im Westteil der Stadt. Er erlag seinen Verletzungen auf dem Weg ins Krankenhaus. Eine Untersuchung über den Hergang des bedauerlichen Unfalls wurde eingeleitet.«

Der Name »Bandera« wurde im Zusammenhang mit Popel erstmals am 15. Oktober gegen 22:00 Uhr erwähnt, als der Bayerische Rundfunk in München folgende Meldung ausstrahlte: »Einer der Anführer der ukrainischen Emigranten, der fünfzigjährige Stepan Bandera, ist heute in München ums Leben gekommen. Er soll auf der Treppe seines Hauses so unglücklich gestürzt sein, dass er auf dem Weg ins Krankenhaus verstarb. Über die genauen Umstände seines Todes ist der Polizei noch nichts bekannt.« Der Sprecher schloss mit der folgenden Erklärung zu Banderas Hintergrund: »Als ukrainischer Nationalist war er vor und während des Zweiten Weltkriegs in polnischen und deutschen Gefängnissen oder Konzentrationslagern inhaftiert.« Bandera, den viele zwar dem Namen nach kannten, aber nie persönlich gesehen hatten, war einer der geheimnisvollsten und öffentlichkeitsscheusten Anführer der antisowjetischen ukrainischen Bewegung im Westen. Die

Medien wussten, dass seine Organisation Einfluss auf Zehntausende von Emigranten in Deutschland, Großbritannien, den Vereinigten Staaten, Kanada und einigen anderen Ländern hatte.

Die Journalisten, die die Polizei um Antworten baten, hatten guten Grund, ungeduldig zu sein – sie verheimlichten der Presse offensichtlich etwas. Das Münchner Boulevardblatt *Abendzeitung* erklärte das rege Medieninteresse: »München ist zu einem Tummelplatz für Agenten, Spione und Auswanderer, vor allem aus dem Osten, geworden. Der ahnungslose Bürger weiß in der Regel nichts von der geheimnisumwitterten Tätigkeit dieser Leute aus dem Schatten. Nur hin und wieder lüftet sich der Vorhang über dem finsteren Treiben – wenn ein Verbrechen an einem derjenigen begangen wird, denen die Bundesrepublik politisches Asyl gewährt hat.« Auch in den Wochenendausgaben anderer Münchner Zeitungen wurde über Banderas rätselhaften Tod berichtet, ohne dass es eindeutige Hinweise darauf gab, ob es sich um mehr als einen Schlaganfall und einen Unfall handelte.[5]

Am Montag, dem 19. Oktober, gab die Mordkommission der Münchner Kripo eine Presseerklärung heraus. Schnell wurde klar, warum Hermann Schmidt, der Leiter der Dienststelle, am Freitag zuvor so gehetzt und verschlossen gewirkt hatte. In der Mitteilung hieß es, dass die am Freitag begonnene Obduktion von Stepan Bandera am Samstag fortgesetzt wurde. »Die am 17. Oktober im Institut für Gerichtsmedizin durchgeführte Untersuchung zur Feststellung der Todesursache ergab, dass Bandera an einer Zyanidvergiftung gestorben ist«, heißt es in dem Bericht. »Die Mordkommission untersucht nun, ob es sich um einen Selbstmord oder eine kriminelle Handlung handelt.«

Am Freitag hatte der junge Assistent von Professor Laves, Wolfgang Spann, im sezierten Gehirn der Leiche einen schwachen Mandelgeruch festgestellt. Bei weiteren Untersuchungen wurden Spuren von Zyanid im Magen gefunden – das Ergebnis des gleichzeitigen Abfeuerns beider Läufe der Waffe. Es gab keine Überreste einer Kapsel, und die Zyanidreste reichten nicht aus, um einen Menschen zu töten, aber es bestand kein Zweifel, dass Zyanid im Spiel gewesen und irgendwie in den Magen des Verstorbenen gelangt war. Die Polizei beschloss, die Nachricht von der Zyanidvergiftung zu veröffentlichen, ohne näher darauf einzugehen. Die Ergebnisse einer umfassenden Untersuchung der chemischen Partikel, die in Banderas Magen gefunden wurden, sollten erst viel später bekannt gegeben werden. Die Nachricht wurde noch am selben Tag von Reuters und anderen internationalen Nachrichtenagenturen aufgegriffen und verbreitet. Die deutschen Zeitungen veröffentlichten die Nachricht am 20. Oktober, dem Tag von Banderas Beerdigung.[6]

Die Nachricht, dass Stepan Bandera an Gift gestorben war, schockierte nicht nur diejenigen, die von einem natürlichen Tod ausgegangen waren, sondern auch diejenigen in seinem Umfeld, die glaubten, er sei ermordet worden. Eine Zyanidvergiftung ohne Anzeichen von Gewalt deutete eher auf Selbstmord als auf Mord hin, aber Banderas Kollegen zogen es vor, ihn als Märtyrer für die Sache darzustellen und nicht als einen deprimierten und desillusionierten Menschen, der sich, aus welchen Gründen auch immer, das Leben genommen hatte. Bei den Ärzten, die die Autopsie durchgeführt hatten, und den polizeilichen Ermittlern setzte sich jedoch die letztgenannte Erklärung immer mehr durch. Professor Laves hatte kaum Zweifel daran. Er versicherte Frau Popel, die sich nun Frau Bandera nannte, und den Mitarbeitern ihres Mannes, dass er über große Erfahrung mit Selbstmorden von »Freiheitskämpfern« verfüge, da er sieben oder acht solcher Personen obduziert habe. »Freiheitskämpfer«, so argumentierte er, stünden unter ständigem Druck, und sie neigten oft dazu, den Tod dem Leben vorzuziehen.

Professor Laves verfügte in der Tat über beträchtliche Erfahrung, wenngleich die meisten davon Selbstmorde im Allgemeinen betrafen, nicht unbedingt die von »Freiheitskämpfern«. Sein berühmtester ehemaliger Patient, Adolf Hitler, hatte bereits im April 1945 Selbstmord begangen. In seinen Gesprächen mit Frau Bandera erklärte Professor Laves der verzweifelten Witwe, dass der Selbstmord für jemanden wie ihren Mann kaum mehr als ein Berufsrisiko darstelle. Ein »Freiheitskämpfer« könnte sich freiwillig für den Selbstmord entscheiden, wenn er unter dem überwältigenden

Druck eines Feindes stehe, der ihn psychisch brechen wolle oder ihn erpresse und seine Familie und Freunde bedrohe. Jedes dieser Szenarien hätte Stepan Bandera dazu veranlassen können, sich durch das Schlucken von Zyankali das Leben zu nehmen.

Laves kam zu dem Schluss, dass das Gift in Banderas Magen nicht mehr als drei Stunden vor seinem Tod oral eingenommen worden sei. Als Frau Bandera und die Kollegen ihres Mannes weiter argumentierten, dass ein Selbstmord angesichts des Charakters des Verstorbenen kaum möglich sei, verlor Dr. Laves die Beherrschung. »Wer hat ihn dann umgebracht? Ein Geist?«, fragte er seine Gesprächspartner, nicht ohne Herablassung. Der Fall schien abgeschlossen.[7]

11
Beerdigung

Zu Stepan Banderas Beerdigung wurden Dutzende, wenn nicht Hunderte von »Freiheitskämpfern« aus aller Welt erwartet. Die Münchner Polizei und der Verfassungsschutz trafen daher besondere Vorkehrungen zur Bewachung des Trauerzuges und der Beerdigung. Sie befürchteten mögliche Attentate durch die kommunistischen Behörden hinter dem Eisernen Vorhang, aus deren Umklammerung die Freiheitskämpfer ihre Völker zu befreien versuchten.

Hunderte von Polizeibeamten in Zivil versteckten sich an diesem düsteren, kalten Nachmittag des 20. Oktober hinter den Bäumen des Waldfriedhofs, dem »Paradiesgarten«, der zu Beginn des zwanzigsten Jahrhunderts angelegt worden war. Einige von ihnen waren mit Kameras bewaffnet und filmten und dokumentierten das Geschehen. Dabei waren sie nicht allein. Es waren auch Kameraleute aus dem Osten, vor allem aus Ostdeutschland, sowie Vertreter der Sowjetunion anwesend. Neben Diplomaten und Journalisten waren auch die Leiter eines sowjetisch-ukrainischen Folklore-Ensembles anwesend, das gerade seine Auftrittsaison in München begonnen hatte. Viele in Banderas Organisation betrachteten die »Ostler« mit größtem Misstrauen, da sie dachten, Banderas Mörder könnte ein Mitglied des Ensembles sein.

Zu Banderas Beerdigung versammelten sich fast zweitausend Trauergäste. Sie hatte alle Merkmale eines Staatsbegräbnisses, obwohl der Verstorbene ein Anführer einer Nation ohne Staat war. An der Spitze der Prozession stand ein Mann mittleren Alters, der ein großes Kreuz trug. Ihm schlossen sich zahlreiche Priester und ein Kirchenchor an. Dann folgten Fahnenträger mit der blauen und gelben Nationalflagge der Ukraine und der rot-schwarzen Flagge von Banderas Organisation. Hinter ihnen schritten feierlich zwei

Männer, die jeweils von zwei Helfern begleitet wurden. Sie trugen zwei kleine Urnen auf roten Kissen. Eine enthielt Erde aus der Ukraine, die andere Wasser aus dem Schwarzen Meer. Die Symbolik war den meisten Trauernden klar: Bandera hatte nicht nur für die Unabhängigkeit seines Landes gekämpft, sondern auch für dessen Integrität und territoriale Einheit, von seinen heimatlichen Karpaten bis zum fernen Schwarzen Meer. Das Salzwasser in der Urne hatte einer von Banderas Weggefährten aus der Türkei nach München gebracht, dem einzigen Land am Schwarzen Meer, das nicht durch den Eisernen Vorhang vom Rest der Welt abgeschnitten war.[1]

Banderas Eichensarg wurde von sechs seiner engsten Mitarbeiter getragen – alles Männer seines Alters und seiner Herkunft, die ihn seit den ersten Tagen des Widerstands in der Ukraine begleitet hatten. Hinter dem Sarg gingen Banderas Witwe, Jaroslawa, und die drei Kinder des Paares. Als die Prozession die Grabstätte erreichte, ergriff der Ukrainische katholische Priester, der selbst erst vor kurzem aus der Ukraine eingewandert war, als Erster das Wort. »Das Leben von Stepan Bandera seligen Andenkens hatte einen dornigen Verlauf«, sagte der Priester zu den Trauernden. »Er verbrachte fast ein Viertel seines Erwachsenenalters in Gefängnissen, Haftanstalten und Konzentrationslagern fremder Staaten, die unser Vaterland versklaven wollten.«

Es waren nicht nur Ukrainer, die um Bandera trauerten. Es waren auch »Kaukasier, Georgier und Weißrussen, Ungarn und Litauer«, schrieb der Korrespondent der *Frankfurter Allgemeinen Zeitung*, »ein Querschnitt durch die gesamte östliche Emigration«. Einige von ihnen, vor allem die Linken, hatten sich gegen Bandera gestellt, als er noch lebte. Dennoch kamen sie jetzt, um sich mit ihrem politischen Gegner zu solidarisieren: Ein Angriff auf ihn war ein Angriff auf sie alle. Sie waren alle verwundbar. Viele der auf dem Friedhof Versammelten fragten sich, wer der Nächste sein würde. »Ein Attentat lag buchstäblich in der Luft«, schrieb ein Reporter der deutschen Zeitung *Das Grüne Blatt*.[2]

Die Ereignisse vom 15. Oktober waren nicht nur ein schwerer emotionaler und politischer Schlag für Banderas Anhänger,

BEERDIGUNG 99

sondern auch eine erschreckende und beispiellose Verletzung der Sicherheit. Mit Fingern wurde auf Mitglieder des Sicherheitsteams von Bandera gezeigt, die ihre Aufgabe nicht erfüllt hatten. Nachdem Myron Matwijeko im Mai 1951 mit dem Fallschirm über der Ukraine abgesprungen war, ging sein Posten als Leiter des Bandera-Sicherheitsdienstes an seinen Stellvertreter Iwan Kaschuba und Kaschubas Geheimdienstchef Stepan Mudryk über, beide erfahrene Geheimdienstmitarbeiter. Die Sicherheitsleute wiederum gaben Bandera selbst die Schuld. »Mehr als einmal habe ich meinen Anführer und sein Gefolge vor Gefahren für ihre Sicherheit gewarnt«, sagte Mudryk der deutschen Polizei. »Aber meine Warnungen wurden nicht immer beachtet, und ich kann nur sagen, dass sich mein Anführer ziemlich unvorsichtig verhalten hat. Wenn er auf mich gehört hätte, wäre es wohl nicht so weit gekommen.«

Sie hatten nicht unrecht. Nachdem er den Nationalistischen Untergrund in den frühen 1930er-Jahren erfolgreich in eine weitgehend terroristische Organisation verwandelt hatte, glaubte Bandera, dass er die Sicherheitsprobleme allein bewältigen könnte. Nachdem er jahrelang verdeckt gelebt hatte, war er an das Gefühl der Gefahr gewöhnt – so sehr, dass er, wenn er außerhalb Münchens lebte, oft unbekannte Fahrgäste auf dem Weg in die Stadt mitnahm. Abgesehen davon, dass er die Regeln ignorierte, die sein Sicherheitsdienst ihm aufzuerlegen versuchte, neigte Bandera auch dazu, seine Leibwächter sehr schlecht zu behandeln, was dazu führte, dass viele von ihnen sowohl ihn als auch die Organisation verließen. Schließlich beschloss Bandera, dass er sich selbst um seine Sicherheit kümmern würde. Im Herbst 1959 bestand das Sicherheitspersonal aus einer einzigen Person – seinem Leibwächter, Fahrer und Kurier Wasyl Ninowski, einem ehemaligen Guerillakämpfer in der von der Sowjetunion besetzten Westukraine.[3]

Zwei Wochen vor dem Attentat hatte Banderas Sicherheitsdienst eine beunruhigende Nachricht erhalten, die ihn dazu veranlasste, mehr auf seine Sicherheit zu achten und sogar seinen Decknamen zu ändern. Zu diesem Zeitpunkt hatte er bereits seit fast einem Jahrzehnt den Namen Stefan Popel verwendet. Am 2. Oktober 1959 riet Stepan Mudryk, Banderas Geheimdienstchef, von einer Geschäftsreise aus Düsseldorf in der Bandera-Zentrale in München an und verlangte, für den nächsten Morgen, wenn er nach München zurückkehrte, eine außerordentliche Sitzung der Organisationsleitung einzuberufen. Mudryk schlief im Nachtzug in die Stadt kaum, weil er so aufgewühlt war von der Nachricht, die er überbringen sollte.

Am nächsten Morgen warteten alle in Banderas Büro auf Mudryk. Der Anführer saß an seinem Schreibtisch, seine Assistenten hatten um den Tisch herum Platz genommen. Zerzaust und müde nach einer harten Nacht im Zug saß Mudryk vor seinen Chefs und erzählte ihnen von einer Begegnung, die er in Düsseldorf gehabt hatte. Am 2. Oktober hatte er ein Routinetreffen mit einem Doppelagenten gehabt, der für den KGB arbeitete und Mudryk über dessen Aktivitäten informierte. Der Agent war gerade aus Ost-Berlin zurückgekehrt, wo er sich mit seinen KGB-Vertretern getroffen hatte, und teilte Mudryk mit, dass in Moskau auf höchster Ebene beschlossen worden war, Bandera und seine engen Mitarbeiter zu liquidieren. »Alle Vorkehrungen für Bandera sind getroffen«, erklärte der Doppelagent. »Der Anschlag kann jeden Tag stattfinden. Denken Sie daran, dass beschlossen wurde, Sie zu beseitigen; es sind technische Mittel im Spiel, die der Welt noch nicht bekannt sind. Sie werden nicht in der Lage sein, ihnen standzuhalten.« Der Doppelagent wollte Geld als Gegenleistung für weitere Informationen. Mudryk konnte ihm kein Geld geben, war aber überzeugt, dass die Informationen stichhaltig waren. Er wollte, dass Bandera München verließ, möglicherweise nach Spanien, wo die Diktatur von General Francisco Franco es dem KGB schwer machte, ungestraft zu operieren.

Bandera weigerte sich, den Rat seines Geheimdienstchefs zu befolgen. Er sagte, sie befänden sich im Kriegszustand, die Gefahr sei gegeben und sie müssten einfach weitermachen. Doch ein paar Tage später machte er einen Kurzurlaub in den Alpen, während Mudryk nach Bonn beordert wurde, um neue Dokumente für Bandera und seine Familie zu erstellen. Stepan Bandera war im Begriff, sich in einen anderen Menschen zu verwandeln und so mögliche KGB-Attentäter abzuwehren. Mudryk bestieg erneut einen

Nachtzug und begann am frühen Morgen des 15. Oktober seine Geheimmission in der westdeutschen Hauptstadt. In der Mittagspause rief er in München an, um über seine Fortschritte zu berichten, doch er hatte Bandera um wenige Minuten verpasst. Kurz vor Mittag des 15. Oktober 1959 hatte Bandera das Büro verlassen, um zu Hause zu Mittag zu essen. In der Liste für das Sicherheitspersonal hatte er vermerkt, dass er in dieser Woche keinen Mittagsschutz benötige, da er das Mittagessen am Arbeitsplatz einnehmen wollte. Am nächsten Morgen rief Mudryk zu Hause an und erfuhr von dessen Frau, dass sein Auftrag in Bonn hinfällig war: Bandera war tot.[4]

Mudryk und seine Kollegen sahen sich nun der Empörung von Mitgliedern ihrer eigenen Organisation ausgesetzt, die eine Erklärung für die Sicherheitslücke verlangten. Jahrelang bemühte sich Mudryk in seinen Memoiren, seiner privaten Korrespondenz und in Interviews, seine Rolle als Chef des Geheimdienstes zu verteidigen. Er argumentierte, er habe alles in seiner Macht Stehende getan, um das Attentat zu verhindern, und noch viele Jahre nach dem Vorfall fragte er sich, ob Bandera in den letzten Momenten seines Lebens an seine Warnung gedacht hatte. Wasyl Ninowski, Banderas Teilzeit-Leibwächter, dessen Dienste Bandera am Tag seiner Ermordung abgelehnt hatte, war durch das, was unter seiner Aufsicht geschehen war, psychisch am Boden zerstört. Noch Jahrzehnte nach der Ermordung erzählte seine Frau den Verwandten von Ninowski Geschichten, die ihren Mann von der Verantwortung freisprachen. Ihr zufolge befand sich Wasyl Ninowski am 15. Oktober im Krankenhaus, nachdem er seinen Anführer vor einem vorherigen Anschlag gerettet hatte, bei dem ein nicht identifiziertes Auto in Banderas Wagen gekracht war. Wäre Ninowski an diesem Tag im Dienst gewesen, wäre Bandera noch am Leben, so die Familienlegende.[5]

Iwan Kaschuba, der Chef von Banderas Spionagedienst und direkt für seine Sicherheit verantwortlich, erzählte jedem, der es hören wollte, dass Bandera sich wegen seiner unerwiderten Liebe zu dem Dienstmädchen, das auf die Kinder seines Nachbarn aufpasste, das Leben genommen habe. »Stepan Bandera war in diese deutsche Frau verliebt und verbrachte ihretwegen mehr als eine schlaflose Nacht.«, erzählte Kaschuba einem seiner Bekannten. »Er nutzte jede Gelegenheit, um sich mit ihr zu treffen, entweder vor dem Haus oder an ihrer Tür, um mit ihr zu sprechen. Es ist auch möglich, dass er sich abends heimlich mit ihr traf, unbeobachtet von seiner Frau und den Arbeitgebern des Dienstmädchens.« Kashuba argumentierte, Bandera habe sich bewusst vor der Wohnung, in der seine Geliebte an diesem Tag arbeitete, das Leben nehmen wollen – sie war die letzte Person, die seine Hand hielt, bevor er aufhörte zu atmen. Kaschuba behauptete, Banderas Liebe zu dem deutschen Dienstmädchen sei den anderen Führungskräften der Organisation bekannt gewesen. Ob Kaschuba wirklich an die Theorie des Selbstmordes aus Liebeskummer glaubte, sei dahingestellt; vielleicht hat er sie nur aufgestellt, um den Vorwurf des eigenen Sicherheitsversagens abzuwehren.[6]

Als die Dunkelheit des Frühherbstes über den Waldfriedhof hereinbrach und die Menschen kaum noch von den Reihen der Kreuze und den umliegenden Bäumen zu unterscheiden waren, gingen die letzten Trauernden. Auch die Kameraleute aus Ostdeutschland verschwanden. Der Bericht in der Wochenschau über Banderas Beerdigung würde noch vor Ende des Monats zur Ausstrahlung bereit sein. Die Münchner Polizei konnte sich über eine gelungene Aktion freuen. Die Beerdigung war reibungslos verlaufen, ohne Schießereien oder unerwartete Zusammenbrüche. Die im Hof der Friedhofskapelle versteckte Polizeieinheit löste sich rasch nach dem Weggang der Trauernden auf. Für sie war die ganze Sache mit dem Tod von Stepan Bandera erledigt.

12
CIA-Telegramm

Der Leiter der CIA-Basis in München meldete die Nachricht von Banderas Tod noch am selben Tag nach Washington. Das hochpriorisierte Telegramm war an den Direktor der CIA gerichtet, Allen Dulles. Es war mit »Redwood« gekennzeichnet, was eine Handlungsaufforderung für die Sowjetrussland-Abteilung der Agentur implizierte, und mit »Lcimprove«, was bedeutete, dass sich die darin enthaltenen Informationen auf die Aktivitäten des sowjetischen Geheimdienstes weltweit bezogen. Das Telegramm wurde kurz vor Mitternacht, Münchner Zeit, abgeschickt, und sein Inhalt war in der Tat kryptisch: »15 Okt[ober] Subj[ekt] meldet Stefan Bandera tot. Details sobald verfügbar. Ende der Nachricht.«[1]

Wenngleich die Adressierung des Telegramms an den CIA-Direktor nicht bedeutete, dass dieser es auch tatsächlich lesen würde, so standen die Chancen doch gut, dass das Telegramm seinen Adressaten erreichte. William Hood, der neununddreißigjährige Leiter der Münchner Basis, kannte Allen Dulles persönlich. Bei Kriegsende hatte er unter Dulles' Aufsicht im Office of Strategic Services – dem Vorgänger der CIA – in Bern, Schweiz, gedient. Damals waren Dulles und seine Mitarbeiter damit beschäftigt, Kontakte zum SS-Kommandeur in Italien, General Karl Wolff, zu knüpfen, in der Hoffnung, die Kapitulation der deutschen Truppen auf der Apenninhalbinsel zu erreichen. Die Nachricht von Dulles' Geschäften mit den Nazis erreichte Josef Stalin und löste einen internationalen Skandal aus, der den Vorläufer der Spionagerivalität im Kalten Krieg darstellte. William Hood war 1949 zur CIA gekommen, im selben Jahr, in dem die Agentur gegründet wurde. Zu seinen Auslandseinsätzen gehörte eine Station als stellvertretender Leiter der CIA-Station in Wien, wo er an der Anwerbung und Betreuung des CIA-Doppelagenten Major Petr Popov vom sowjetischen Militärgeheimdienst beteiligt war. In München übernahm Hood dann den örtlichen CIA-Stützpunkt. Die für verdeckte Operationen in ganz Deutschland zuständige CIA-Station befand sich in Frankfurt, aber München war ein sehr wichtiges Zentrum der CIA-Aktivitäten in Deutschland, gleich nach West-Berlin, wohin Hood im Dezember 1959 versetzt wurde.[2]

Am Ende des Krieges war München in amerikanische Hände gefallen. Das Stadtzentrum war durch alliierte Bombenangriffe fast vollständig zerstört worden. Das Dach der wichtigsten Touristenattraktion Münchens, der gotischen Frauenkirche, einer katholischen Kathedrale, war eingestürzt, und einer ihrer Zwiebeltürme war schwer beschädigt worden. Am 30. April 1945 bahnten sich die Soldaten der 42. US-Infanteriedivision, die am Vortag das in der Nähe gelegene Konzentrationslager Dachau befreit hatte, ihren Weg durch die Trümmer der zerbombten und zerstörten Gebäude ins Münchner Zentrum. Es gab keinen Widerstand. Die überlebenden Bürger, in deren Bierstuben die Nazibewegung in den 1920er-Jahren ihren Anfang genommen hatte, waren bereit, sich den Amerikanern zu ergeben. Auf dem Marienplatz, dem Hauptplatz der Stadt, gaben deutsche Polizisten ihre Waffen ab und erhielten dafür eine Quittung von einem amerikanischen GI. Die Alternative – Rückzug in den Osten, um in der Gefangenschaft der Sowjets zu landen – war viel schlimmer.[3]

Unter amerikanischer Militärverwaltung wurde München zu einem sicheren Hafen und einem bevorzugten Ziel für Vertriebene – Flüchtlinge aus dem Osten, die im Westen bleiben wollten. Die Sowjets forderten ihre Rückkehr und bezeichneten sie als Vaterlandsverräter. Diese wiesen die Vorwürfe in der Regel mit dem Argument zurück, dass die Orte, die sie verlassen hatten, nicht zum sowjetischen Mutterland gehörten, sondern im Laufe des Krieges zu Unrecht erobert worden waren: das Baltikum, die Westukraine und Weißrussland, die vor dem Krieg zu Polen gehört hatten, Bukowina und Bessarabien, die in der Zwischenkriegszeit zu Rumänien gehörten, und Transkarpatien, das Teil der Tschechoslowakei war. Nachdem die Amerikaner einige von ihnen zunächst zwangsweise repatriiert hatten, ließen sie den Rest bleiben. Im Laufe der Zeit zogen die meisten von ihnen in die Vereinigten Staaten, nach

Großbritannien, Kanada und Australien. Einige behaupteten, staatenlos zu sein, und blieben in Deutschland. In den späten 1950er-Jahren lebten noch etwa 80.000 Flüchtlinge aus dem Osten in München. Das bei weitem größte Kontingent bildeten die ukrainischen Flüchtlinge aus dem Polen der Zwischenkriegszeit.[4]

Stepan Bandera war für die CIA-Offiziere in München kein Unbekannter. Unmittelbar nach Kriegsende arbeitete das für die Sicherheit in der amerikanischen Besatzungszone zuständige US Army Counterintelligence Corps (CIC), in vielerlei Hinsicht ein Vorläufer der CIA, mit Banderas Gruppe zusammen, um mutmaßliche sowjetische Spione in den Vertriebenenlagern der amerikanischen Zone aufzuspüren. Doch schon bald entwickelten die Amerikaner ernsthafte Vorbehalte gegen Bandera und seine Leute. Bandera, so glaubte man, benutze plumpe Taktiken, Einschüchterung und Gewalt, um sowohl seine eigene Position in der Organisation als auch die dominierende Rolle seiner Organisation unter den ukrainischen Flüchtlingen zu sichern. Bandera und seine Anhänger waren entschieden antirussisch und antikommunistisch, aber diese Eigenschaften hatten unmittelbar nach dem Ende des Zweiten Weltkriegs viel weniger Gewicht als einige Jahre später, mit dem Beginn des Kalten Krieges.

Auch der operative Nutzen, den die Bandera-Gruppe dem CIC und später der CIA bieten konnte, schien begrenzt. Die Bandera-Fraktion der Organisation Ukrainischer Nationalisten war eine stark zentralisierte und disziplinierte Gruppe, die von einem engen Kreis professioneller Verschwörer geführt wurde, die im Partisanenkrieg gegen die Deutschen und die Sowjets erfahren waren. Dies war für die US-Spionageabwehr schwer zu nutzen, geschweige denn zu kontrollieren, da sie kaum Erfahrung im Umgang mit osteuropäischen Guerillakämpfern hatte. Die Bandera-Leute knüpften zwar Kontakte zum CIC, aber sie übermittelten kaum verlässliche Informationen, es sei denn, es ging um ein mögliches sowjetisches Eindringen in ukrainische Flüchtlingslager. Sie behielten ihre Geheimnisse für sich, während sie sich an allen möglichen illegalen Aktivitäten beteiligten. Sie schalteten diejenigen aus, die sie des Verrats verdächtigten oder die nicht der Parteilinie folgten. Zur Finanzierung ihrer Operationen verwendeten sie gefälschte amerikanische Dollar.

Die Sowjets hatten die Auslieferung von Stepan Bandera, dem anerkannten Symbol des antisowjetischen Kampfes in der Ukraine, gefordert. Sie hatten Offiziere und Agenten in die amerikanische Zone geschickt, um Bandera zu entführen, aber er war untergetaucht und hatte seinen Namen und seine Aufenthaltsorte geändert. Die Amerikaner waren bereit, mit ihrem Kriegsverbündeten zusammenzuarbeiten. Die Offiziere der Abteilung Strategische Dienste sahen in dem sowjetischen Ersuchen die Gelegenheit, einen unbequemen und in der Tat gefährlichen Anführer loszuwerden. Doch so sehr sie sich auch bemühten, sie konnten Bandera nicht ausliefern. Das Netz der US-Geheimdienste war von Bandera-Anhängern infiltriert, die falsche oder irreführende Informationen über den Aufenthaltsort ihres Führers streuten. Er hatte auch einfach unglaubliches Glück. Einmal wurde er während der Fahrt in seinem Auto von einem amerikanischen Offizier angehalten, der ihn aber weiterfahren ließ, weil Bandera einen Presseausweis hatte. Bandera, der in der Tat direkt an der Herausgabe der Zeitung seiner Organisation beteiligt war, nutzte die Tarnung als Journalist bis an sein Lebensende. Die Suche wurde schließlich abgebrochen. Bald darauf verschlechterten sich die sowjetisch-amerikanischen Beziehungen so sehr, dass eine Zusammenarbeit zwischen ihnen unmöglich wurde. Bandera blieb in Bayern.[5]

Im Jahr 1949 übernahm die neu geschaffene Central Intelligence Agency vom Army Counterintelligence Corps die Hauptverantwortung für die Flüchtlinge und ihre Netzwerke in Deutschland, und obwohl sie nie versuchte, Bandera gefangen zu nehmen oder auszuliefern, hielt sie sich auch von ihm und allen nachrichtendienstlichen Möglichkeiten fern, die seine Organisation bieten konnte. Bandera, dessen wichtigste Operationsbasis nach wie vor die US-Besatzungszone war, begann stattdessen, mit der für Auslandsoperationen zuständigen Abteilung 6 des britischen Militärgeheimdienstes MI6 zusammenzuarbeiten. Die Briten hatten mehr Erfahrung im Umgang mit europäischen Nationalitäten als die Amerikaner und waren weniger skrupellos, wenn es um die ideologischen Neigungen und operativen Taktiken ihrer Kunden ging.

Ein zeitgenössischer britischer Bericht beschrieb Bandera als »einen professionellen Untergrundarbeiter mit terroristischem Hintergrund und rücksichtslosen Vorstellungen von den Spielregeln«. Die Briten glaubten auch, dass Banderas Leute von allen Organisationen russischer und osteuropäischer Provenienz über das größte und am besten etablierte Netzwerk verfügten und dass dieses für die Sammlung nachrichtendienstlicher Erkenntnisse in der Sowjetunion genutzt werden könnte.[6]

Die Amerikaner hatten diesbezüglich ihre Zweifel, da sie glaubten, dass Banderas Netzwerke von der sowjetischen Geheimpolizei gründlich durchdrungen waren. Statt mit Bandera schloss die CIA ein Bündnis mit seinen Rivalen im ukrainischen nationalistischen Lager. Im Jahr 1947 spaltete sich der Bandera-Zweig der Organisation der ukrainischen Nationalisten. Die rivalisierende Gruppe wurde von Mykola Lebed angeführt, dem ehemaligen Leiter des OUN-Sicherheitsdienstes, der nach der Verhaftung Banderas durch die Deutschen im Juli 1941 die Führung der Organisation übernommen hatte. Er war für das Überleben der Organisation und ihren heldenhaften Kampf gegen die Nazis verantwortlich. Unter seiner Führung begannen die OUN-Einheiten mit den Massakern an den Polen in Wolhynien, die Zehntausende von Opfern forderten. Als die Sowjets 1944 in die Ukraine vordrangen, wurde Lebed in den Westen geschickt, um die ukrainischen Nationalisten bei den Alliierten zu vertreten. Er geriet mit Bandera über die Kontrolle der Organisation und seine Verbindungen zu westlichen Geheimdiensten aneinander. Bandera ordnete angeblich einen Anschlag auf Lebed an, doch der ehemalige Sicherheitschef entkam mithilfe der CIA in die Vereinigten Staaten. Von dort aus leitete er seine eigene Organisation, die Auslandsvertretung des Obersten Ukrainischen Befreiungsrates. Lew Rebet, der im Oktober 1957 von Staschinski ermordet wurde, war einer der emigrierten ukrainischen Intellektuellen aus Lebeds Umfeld.

Während Banderas Auslandseinheiten der OUN mit den Briten zusammenarbeiteten, stellte Lebeds Auslandsvertretung Kader für verdeckte Operationen der CIA in der UdSSR. Im Mai 1951 koordinierten die beiden Geheimdienste CIA und MI6 das Absetzen ihrer Agenten aus der Luft auf sowjetischem Gebiet. Die britische Gruppe unter der Leitung von Myron Matwijeko wurde von Bandera verabschiedet, während die amerikanische Gruppe den Segen von Lebed erhielt. Eine Gruppe nach der anderen wurde per Fallschirm in den ukrainischen Wäldern abgesetzt. Die ersten Nachrichten waren mehr als ermutigend: Die Gruppen konnten der Gefangennahme entgehen und Funkkontakt herstellen. Doch schließlich begannen sowohl die Amerikaner als auch die Briten zu ahnen, dass die Anzeichen zu gut waren, um wahr zu sein. Die düstere Realität war, dass die meisten der mit Fallschirmen in der Ukraine abgesetzten Personen bald in die Hände des KGB fielen und – wie Matwijeko – unter dessen Kontrolle arbeiteten. Nachdem sie jahrelang Agenten verloren hatten, beschlossen die Amerikaner und die Briten, die Absetzflüge einzustellen. Die CIA begann stattdessen, Lebeds Leute für die psychologische Kriegsführung gegen die UdSSR einzusetzen. Im Jahr 1954 brach der MI6 die Beziehungen zu Bandera und seiner Gruppe ab. In einem Punkt waren sich die westlichen Dienste einig: »Trotz unseres einhelligen Wunsches, Bandera ›ruhigzustellen‹, müssen Vorkehrungen getroffen werden, um zu verhindern, dass die Sowjets ihn entführen oder töten können ... [U]nter keinen Umständen darf Bandera zum Märtyrer werden.«[7]

Nach dem kryptischen Telegramm von William Hood an Washington bestanden kaum noch Zweifel, dass beide Sicherheitsdienste versagt hatten. Wenn es tatsächlich die Sowjets waren, die Bandera getötet hatten, dann könnte er im Tod eine bedeutendere Rolle spielen, als er zu Lebzeiten innegehabt hatte. Am nächsten Tag schickte die Münchner Basis eine aussagekräftigere Nachricht. »Bandera tot bei Ankunft im Krankenhaus«, hieß es im Telegramm vom 16. Oktober. »Unklar, ob die Kopfverletzung durch Sturz verursacht wurde. Bandera-Anhänger vermuten ein falsches Spiel.« Am Sonntag, dem 18. Oktober, noch bevor die Ergebnisse der Autopsie bekannt wurden, mussten die Münchner Beamten erneut nach Washington funken und die neuesten Nachrichten von einem seiner Agenten innerhalb der deutschen Sicherheitsdienste übermitteln: »Vorläufige Autopsieergebnisse deuten darauf hin, dass

Bandera keines natürlichen Todes gestorben ist. Es gibt Hinweise, dass er vergiftet wurde.« Der Münchner Stützpunktleiter schrieb nichts über die Möglichkeit eines Selbstmordes. Er vermutete Mord.[8]

13

Upswing

In den Tagen nach Banderas Ermordung versuchten die CIA-Offiziere in München herauszufinden, wer den ukrainischen Anführer getötet hatte und warum. Es gab keine eindeutigen Antworten.

Bereits im März 1958 hatte die CIA-Zentrale in Langley die CIA-Basis in München per Telegramm um Informationen über die jüngsten Aktivitäten von Stepan Bandera gebeten. Das Ersuchen stammte aus dem US-Kongress und gelangte über das Außenministerium nach Langley. Jemand mit großem Einfluss in der amerikanischen Hauptstadt wollte, dass Bandera in die Vereinigten Staaten kam. Die CIA-Beamten in München prüften ihre Akten und fanden nichts Neues über Banderas Aktivitäten, das seine Einreise in die Vereinigten Staaten ausschließen würde. Sie erkundigten sich auch beim US-Konsulat in München und erfuhren, dass Bandera kein Visum beantragt hatte, da er offenbar die Ergebnisse der Lobbyarbeit seiner Unterstützer in den Vereinigten Staaten abwarten wollte. Eine Zeit lang zeigten William Hood und seine Untergebenen jedoch auch wenig Interesse daran, den Antrag zu unterstützen. Die eigenen Leute der CIA in den ukrainischen Emigrantenkreisen – die Lebed-Gruppe – waren vehement gegen Banderas Anwesenheit in ihrem Revier, den Vereinigten Staaten und Kanada. Bandera blieb in München.[1]

Doch in den Monaten vor seinem Tod suchte Bandera das US-Konsulat in München auf, um offiziell ein Besuchervisum für die Vereinigten Staaten zu beantragen. Er hoffte, im Frühjahr 1959 dorthin reisen zu können, war aber nicht sicher, ob er die Erlaubnis dazu erhalten würde, wie er einem seiner alten Freunde in New York mitteilte. In den Dokumenten, die er zur Beantragung des dreimonatigen Visums einreichte, gab er sich als Stefan Popel aus, während er für seine Frau und seine Kinder den Nachnamen Bandera verwendete. Popel/Bandera wurde von Kermit S. Midthun befragt, einem jungen Konsularbeamten, der zuvor beim Federal Bureau of Investigation gearbeitet hatte. Midthun war mehr als misstrauisch gegenüber Banderas Antrag. Er bezweifelte ernsthaft, dass Banderas Organisation, die mit vollem Namen »Foreign Units of the Organization of Ukrainian Nationalists« hieß, die demokratischen Grundsätze, die die amerikanische Politik im Nachkriegseuropa prägten, voll und ganz vertrat.[2]

Bandera tat wenig, um Midthuns Bedenken zu zerstreuen. Nach dem deutschen Überfall auf die Sowjetunion hatten sich einige Mitglieder von Banderas Organisation der deutsch geführten Polizei angeschlossen und in deren Reihen am Holocaust teilgenommen. Doch Juden standen in der Feindhierarchie der ukrainischen Nationalisten nicht an erster Stelle. Für sie waren Polen und »abtrünnige« Ukrainer die Hauptfeinde der ukrainischen Eigenstaatlichkeit. Der Terror blieb nicht nur vor und während des Zweiten Weltkriegs, sondern auch in der Zeit danach eine beliebte Waffe in ihrem Arsenal. Nach Kriegsende richtete er sich vor allem gegen die Sowjets und ihre »Kollaborateure« – Ukrainer, die sich zwischen zwei Feuern, den NKWD-Truppen und den nationalistischen Partisanen, wiederfanden und sich weigerten, die nationalistische Sache zu unterstützen.[3]

Als der FBI-Beamte Bandera fragte, wie seine Organisation die Demokratie einführen und bewahren würde, sobald sie in der Ukraine an die Macht käme, gab er eine Antwort, die Midthun in höchstem Maß missfiel. Die Demokratie, behauptete Bandera, würde auf natürliche Weise mit der nationalen Selbstverwirklichung einhergehen. Er versprach, Midthun die von seiner Organisation produzierte Literatur zukommen zu lassen, damit er sich selbst ein Bild von den demokratischen Qualitäten der Organisation machen könne. Acht Broschüren trafen bald im Konsulat ein. Sie enthielten eine Kritik an den Beschlüssen des letzten Kongresses der Kommunistischen Partei der Sowjetunion und am System der Gulag-Gefangenenlager, warben für den ukrainischen Unabhängigkeitskampf und enthielten die programmatischen Dokumente von Banderas Organisation. Midthun hatte weder Zeit noch Lust, die Broschüren zu lesen, die schließlich an die Abteilung Intelligence Collection and Distribution geschickt wurden. Letztendlich entschied aber Midthun nicht allein, ob Bandera ein Einreisevisum erhielt. Auch die CIA hatte ein Wörtchen mitzureden.[4]

Am 5. Oktober 1959, nur zehn Tage vor Banderas Tod, schrieb Hood an seine Vorgesetzten in Langley und bat sie, Bandera dabei zu helfen, ein Einreisevisum für die Vereinigten Staaten zu erhalten – dasselbe Visum, das ihm die Konsularbeamten in München monatelang verweigert hatten. Dem Memo des Münchner Stützpunktleiters lag ein ausführlicheres Ersuchen eines CIA-Kontakts bei den deutschen Sicherheitsdiensten vor, der den Codenamen »Herdahl« trug. Die CIA-Offiziere hatten Herdahl versichert, dass »das Hauptquartier sehr an der Angelegenheit interessiert ist, insbesondere an Hinweisen darauf, dass Bandera sich ›reformiert‹ hat, und an Vorstellungen über seinen zukünftigen operativen Nutzen.« Man glaubte, dass Bandera die harte Taktik aufgegeben habe, mit der er einst seine Organisation und die gesamte ukrainische Emigrantengemeinschaft unter Kontrolle gehalten und das US-Konsulat so nervös gemacht hatte.

Offiziell hatte Bandera ein dreimonatiges Visum für die Vereinigten Staaten beantragt, um seine Verwandten zu besuchen. Der wahre Grund war ein anderer. Er wollte seine Anhänger, von denen es nach deutschen Schätzungen zwischen 300.000 und 400.000 gab, in den Vereinigten Staaten wiedersehen und ihnen neue Impulse geben. Nordamerika war auch eine wichtige Quelle der finanziellen Unterstützung für Bandera und seine Aktivitäten. Die Deutschen schätzten, dass die Organisation in den fünf Jahren bis 1958 allein aus Kanada 900.000 Dollar erhalten hatte. Bandera wollte sich auch mit Beamten der US-Regierung treffen, um eine mögliche Zusammenarbeit zu besprechen. »Im Prinzip«, so fasste Hood die Argumentation des Agenten zusammen, »hat Bandera operativ mehr zu bieten als die meisten, wenn nicht alle anderen russischen Emigrantengruppen im Westen zusammen.« Die Operationen, an die Hood dachte, waren Spionageaktivitäten hinter dem Eisernen Vorhang – dem Land der Begierde und Terra incognita für westliche Geheimdienste. Hood war der Ansicht, dass es im besten Interesse der CIA sei, dem Antrag einer Person stattzugeben, die möglicherweise viele nützliche Informationen mit der Agentur teilen könnte. »Wenn das Visum erteilt werden kann«, schrieb Hood an seine Vorgesetzten, »wären wir über die künftige Zusammenarbeit zwischen Upswing und Bandera sehr gut informiert. Wenn das Visum nicht erteilt wird, wird Herdahl mit hoher Wahrscheinlichkeit die Tür zu diesem Aspekt der Upswing-Tätigkeit etwas verärgert zuschlagen.« William Hood wartete noch immer auf eine Antwort aus Langley, als die beunruhigende Nachricht von Banderas Tod den Münchner Stützpunkt erreichte.[5]

Herdahls richtiger Name war Heinz Danko Herre. Er war ein hoher Beamter des Bundesnachrichtendienstes (BND). Der BND wurde am 1. April 1956 formell gegründet und direkt dem Bundeskanzleramt unterstellt. Der BND war eine gemeinsame Idee von Konrad Adenauer und der CIA, die zehn Jahre lang den Vorgängerdienst finanziert und geleitet hatte, der nach seinem Chef, General Reinhard Gehlen, der während des Krieges für die Bespitzelung der Roten Armee zuständig gewesen war, als Gehlen-Organisation oder einfach Org bezeichnet wurde. Im CIA-Verkehr der späten 1950er-Jahre wurde der BND unter dem Codenamen »Upswing« bekannt, der später in »Uphill« geändert wurde. Seine Gründung war in der Tat ein dramatischer Aufschwung für die CIA, die zwar enge Beziehungen zu der neuen Organisation unterhielt, aber nicht mehr für ihre Finanzierung oder ihr Tagesgeschäft verantwortlich war. Es war auch eine große Aufwertung für General Gehlen, der Präsident des BND wurde und ihn die nächsten zweiundzwanzig Jahre leitete.[6]

Es war die »Legalisierung« der Organisation Gehlen in Form des BND, die Stepan Bandera und seine Leute, die zuvor von den Briten und Amerikanern gemieden wurden, wieder ins Rampenlicht des Geheimdienstkriegs zwischen Ost und West brachte. Die Verhandlungen zwischen Bandera und den Gehlen-Mitarbeitern begannen im März 1956, noch bevor der BND offiziell gegründet wurde. Die Amerikaner warnten ihre jüngeren westdeutschen Partner vor dem Einsatz von Banderas Agenten in der Ukraine, da sie glaubten, dass seine Netzwerke vom KGB unterwandert seien. Der BND befolgte diesen Rat und brach die Verhandlungen ab. Einige Jahre später kam man jedoch auf die Idee einer Zusammenarbeit mit Bandera zurück. Eine Reihe von Gründen gab Veranlassung, die Zusammenarbeit zu überdenken. Der BND war ein junger Geheimdienst, der nach Möglichkeiten suchte, sich zu beweisen, und für Reinhard Gehlen gab es keinen einfacheren Weg, dies zu tun, als seine alten Verbindungen aus dem Zweiten Weltkrieg zu nutzen. Bandera, schrieb einer von Gehlens Mitarbeitern an William Hood, »ist uns seit etwa zwanzig Jahren bekannt«. Die Einwände der CIA konnten sie nur eine gewisse Zeit lang aufhalten.

Heinz Danko Herre war William Hoods wichtigste Informationsquelle über Bandera, seinen Tod und die Ermittlungen zu seiner möglichen Ermordung. In der BND-Hierarchie war Herre direkt für die Kontakte zu Bandera und seinen Anhängern verantwortlich. Herre war auch der wichtigste Verbindungsmann zwischen dem BND und der CIA. Als Experte für Russland und Osteuropa war er Gehlen während des Krieges aufgefallen. Im April 1942 hatte Gehlen ihn unter seine Fittiche genommen und seine Versetzung von der Front in die Abteilung Nachrichtendienst des Generalstabs veranlasst. Dort hatte Herre eine erfolgreiche Kampagne zur psychologischen Kriegsführung mit dem Codenamen »Silver Lining« gestartet, deren Ziel es war, Soldaten der Roten Armee zur Desertion zu bewegen. Bei Kriegsende war Herre einer der wenigen Offiziere, die Gehlen bei seinem Überlaufen zu den Amerikanern begleiteten. 1957, ein Jahr nachdem der BND »an die Öffentlichkeit« gegangen war, wurde Herre zum Leiter der Abteilung ernannt, die für nachrichtendienstliche Operationen gegen kommunistische Länder zuständig war. Für einen alten Russland-Hasen fühlte sich dies wie eine Heimkehr an.[7]

Die neuen Aufgaben von Herre entsprachen den Hauptinteressen der CIA in der Region. James H. Critchfield, der Leiter des CIA-Stützpunktes in Pullach, einem Vorort von München, wo sich das Hauptquartier der Organisation Gehlen befand, bezeichnete Herre als den »Schlüsselmann der CIA in Gehlens innerem Kreis«. Jahrzehnte später, als er sich an seine Jahre in Pullach erinnerte, schrieb Critchfield, dass Herre »derjenige war, der, wenn es hart auf hart kam, in der Lage war, mit beiden Seiten zu verhandeln, die Kommunikation offen zu halten und die Suche nach Kompromissen zu leiten.« Herre arbeitete hart daran, sich die Position des »Go-to-Man« für die Amerikaner zu sichern. »Er wurde zu einem Experten für amerikanischen Baseball und konnte aus dem Stegreif Schlagdurchschnitt und Ligawertung zitieren«, erinnerte sich Critchfield.[8]

Nach Banderas unerwartetem Tod hielt Herre William Hood über die Ermittlungen der Kripo zu den Todesumständen auf dem Laufenden. Er informierte den CIA-Chef auch über das Mittagessen, das er am Nachmittag des 14. Oktober, weniger als vierundzwanzig Stunden vor dem Tod des ukrainischen Anführers, mit Bandera und seinen Mitarbeitern eingenommen hatte. Das Mittagessen, das im Restaurant »Ewige Lampe« in München stattgefunden hatte, dauerte von 10:00 bis 14:00 Uhr. Bandera wurde von zwei Mitarbeitern begleitet, die der Polizei später das Treffen schilderten und dabei besonders auf das servierte Essen eingingen, da sie vermuteten, dass eines der Gerichte vergiftet gewesen sein könnte. Ein ukrainischer Teilnehmer sagte der Polizei, dass einer der Deutschen die Rechnung übernommen habe, aber keiner der Verhörten wollte sagen, was bei dem Treffen besprochen worden war.

Herre war weniger konspirativ mit seinem CIA-Kontakt. »Beim Mittagessen wurde hauptsächlich über die Unterstützung von Upswing bei der Durchführung weiterer Operationen in der UdSSR gesprochen«, telegrafierte Hood an Langley. »Außerdem wurde der Status der gegenwärtigen Einsatztruppe besprochen, die sich seit Wochen nicht gemeldet hat und nach dem letzten Bericht nicht in die UdSSR eingedrungen war.« Im Juli 1959 hatte Herre eine Gruppe von Bandera-Kadern über die tschechoslowakische Grenze in die UdSSR geschickt. Herre hatte am 9. April 1959 ein Treffen mit Stepan Bandera und einem seiner Mitarbeiter abgehalten, um die Operation zu besprechen. Als sie sich am 14. Oktober erneut im Restaurant des Hotels Bayerischer Hof trafen, war Herre bereit, die Zusammenarbeit des BND mit Bandera und seinen

Leuten auszuweiten, auch wenn sich die durch die Tschechoslowakei geschickte Gruppe noch nicht zurückgemeldet hatte. Die CIA erfuhr schließlich über ihre Quellen in der ukrainischen Emigrantengemeinde mehr über die bei dem Mittagessen zwischen Herre und Bandera besprochenen Geschäfte. »Die Deutschen akzeptierten alle Vorschläge der Zch/OUN [Ausländische Einheiten der Organisation Ukrainischer Nationalisten] und versprachen jedwede Art von Hilfe. Stepan Bandera war sehr zufrieden mit den Ergebnissen der Gespräche«, heißt es in einem Bericht. In der Tat kam Bandera an diesem Tag gut gelaunt nach Hause. Er erzählte seiner Frau, dass das Treffen gut verlaufen sei und dass ihm das Essen gut geschmeckt habe. Das Rebhuhn sei besonders gut gewesen.[9]

Stepan Banderas Adjutanten vermuteten, dass ihr Anführer während des Mittagessens mit Herre vergiftet worden sein könnte, und machten die CIA auf diese Möglichkeit aufmerksam. Die CIA-Offiziere in München zweifelten jedoch daran, dass Gehlen oder Herre in den Tod Banderas verwickelt waren. Vielmehr verdächtigten sie die Sowjets. Am 19. Oktober, vier Tage nachdem Bandera auf den Stufen seines Wohnhauses tot umgefallen war, schickte der Leiter der Münchner CIA-Station dem CIA-Direktor ein Telegramm, in dem er das Hauptquartier bat, dem BND »Informationen über den Einsatz von spezifischem Gift durch die RUS [russische Geheimdienste] in der Vergangenheit« zu übermitteln. Er war der Meinung, dass diese Informationen »besonders hilfreich seien, da [es] bis heute den Anschein hat, dass keine ausreichende Menge Gift gefunden wurde, [während] die Autopsie sicher erwiesen hat, dass Bandera vergiftet wurde.« Hood glaubte, dass Informationen aus einem der Fälle, die von der CIA in der Vergangenheit untersucht wurden, »auf eine bestimmte Art möglicherweise verwendeten Gifts hinweisen könnten, das schwer nach[zu]weisen ist und das erheblich vor Banderas Tod verabreicht worden sein könnte.«[10]

14
Hauptverdächtige

A Die Mitarbeiter des CIA-Hauptquartiers in Langley sammelten nicht nur Informationen aus München, sondern versuchten auch, die Ermittlungen durch Hinweise zu unterstützen, von denen einer am 5. November 1959 nach München gefunkt wurde. Das Telegramm lautete wie folgt: »Aecasowarry 2 sagt, Frau Aecavatina 11 war kurz vor dem Tod bei ihm.«[1]

Nur Personen, die Zugang zu den Codebüchern der Agentur hatten, konnten sich einen Reim auf die Nachricht machen. Neben der Handlungsaufforderung »Redwood«, die sich auf die sowjetrussische Abteilung der CIA bezog, enthielt das Telegramm in der oberen rechten Ecke ein weiteres Kryptonym: »Aerodynamic«. Es stand für die Operationen der Agentur zur Unterstützung der Aktivitäten der Auslandsvertretung des Obersten Ukrainischen Befreiungsrats, einer Gruppe ukrainischer Nationalisten unter der Führung von Mykola Lebed, der Ende der 1940er-Jahre mit der Bandera-Fraktion gebrochen hatte und seitdem eng mit der CIA zusammenarbeitete. CIA-Offiziere verwendeten die Vorsilbe »ae« (Aerodynamic) und andere Codenamen, um Operationen und Personen zu identifizieren, die nachrichtendienstliche Aktivitäten gegen die Sowjetunion durchführten. Aecassowary 2 und Aecavatina 11 gehörten eindeutig zu dieser Gruppe. Kasuare – große und farbenfrohe, aber flugunfähige Vögel aus Neuguinea – wurden als Codenamen für Mitglieder der Lebed-Gruppe verwendet, die an »Aerodynamic« beteiligt waren, einschließlich der Agenten, die mit dem Fallschirm über der UdSSR absprangen. »Cavatina« war ein Begriff, der nicht aus der Zoologie, sondern aus der Welt der klassischen Musik stammte, wo er ein kurzes, einfaches Lied bezeichnet. Er wurde für die Mitglieder der Bandera-Organisation verwendet.

Dank der vor kurzem erfolgten Veröffentlichung ausgewählter Kryptonyme, die von der CIA während des Kalten Krieges verwendet wurden, wissen wir nun, wer die Mitglieder der Lebed- und Bandera-Gruppe waren. Der Codename »Aecassowary-1« war für die Lebed-Gruppe als Ganzes reserviert; »Aecassowary-2« war der Anführer der Gruppe, Mykola Lebed. Ein etwas anderes System wurde für die Gruppe Bandera verwendet, deren Anführer den Codenamen »Aecavatina-1« trug. Der Codename »Aecavatina 11« stand für seinen ehemaligen Sicherheitschef Myron Matwijeko.[2]

So ließ das CIA-Hauptquartier seine Agenten in München wissen, dass Mykola Lebed die Agentur darüber informiert hatte, dass eine der letzten Personen, die mit Bandera vor seinem Tod in Kontakt stand, die Frau seines ehemaligen Sicherheitschefs Myron Matwijeko war: Eugenia. Die Sekretärin in Banderas Hauptquartier, die ihn vor seinem Tod auf den Münchner Markt begleitet hatte und der deutschen Polizei als Eugenia Mak bekannt war, war in Wirklichkeit Eugenia Matwijeko, die Frau eines Agenten, der lange hinter den sowjetischen Linien arbeitete. Eugenia war 1916 in Lwiw geboren worden. Sie war 1959 dreiundvierzig Jahre alt und bei ihren Freunden, Kollegen und Mitarbeitern unter verschiedenen Nachnamen bekannt, darunter Mak, Sczyhol und Koshulynska. Als ihr Mann für einen gefährlichen Einsatz in der Ukraine ausgewählt worden war, war sie in München geblieben, wo sie sich kurz nach dem Krieg niedergelassen hatten. Eugenia hatte dann für den Chef ihres Mannes, Stepan Bandera, in der Zeppelinstraße 67 gearbeitet.

Kurz vor Mittag des 15. Oktober 1959 verließ Eugenia Mak mit Bandera das Büro und begleitete ihn zumindest auf einem Teil der Autofahrt, die sich als seine letzte herausstellte. Sie war nun eine Person von Interesse für die Polizei sowie für die vielen anderen Ermittler im Zusammenhang mit Banderas Tod. Die Münchner Polizei und die bayerische Spionageabwehr hielten sie für eine mögliche Komplizin in einem Mordfall, über den sich nun alle einig waren. Der Polizeispitzel innerhalb der Bandera-Organisation und der medizinische Bericht wiesen alle in dieselbe Richtung: Das Gift war von einer Bandera nahestehenden Person verabreicht worden. Eugenia Mak stand an der Spitze dieser Liste. Viele wiesen auf das Tauziehen zwischen Eugenia und Banderas Frau hin, und einige vermuteten, dass Bandera und Eugenia heimlich ein Liebespaar gewesen waren. Wenn Bandera bei einer Obstverkostung auf dem Markt vergiftet worden war, konnte man sich außerdem nicht vorstellen, dass Eugenia nicht daran beteiligt gewesen war. Dem CIA-Bericht zufolge konnte jedoch niemand »feststellen, wie das Gift vor Banderas Augen in das Obst gelangt sein könnte. Es ist unwahrscheinlich, dass das Obst im Voraus zubereitet wurde, da der Ausflug offenbar spontan war und niemand im Voraus wusste, dass die beiden einkaufen gehen würden.«[3]

Die CIA und ihre Informanten in der ukrainischen Emigration schlossen die Möglichkeit nicht aus, dass Eugenia im Auftrag ihres Mannes Myron Matwijeko gehandelt haben könnte. Es wurde allgemein angenommen, dass Matwijeko, der wie durch ein Wunder mehr als acht Jahre lang der Gefangennahme durch die Sowjets entgangen war, tatsächlich unter sowjetischer Kontrolle stand. Wenige Tage bevor Matwijeko mit dem Fallschirm über der Ukraine absprang, war eine ähnliche Gruppe, die aus Lebeds Leuten rekrutiert worden war, im Rahmen einer von der CIA durchgeführten Operation abgeworfen worden. Nach dem Absprung hatten Matwijeko und seine Mitarbeiter problemlos Funkkontakt mit den Briten und Bandera hergestellt. Die CIA-Gruppe aber war in einen Hinterhalt geraten, und ihr Anführer war von den Sowjets gefangen genommen worden. Seitdem wurde Matwijeko mit Argwohn betrachtet. Wenn Matwijeko tatsächlich für den KGB arbeitete, musste man eine Verbindung zwischen Eugenia, ihrem Mann, Banderas Tod und dem KGB in Betracht ziehen.[4]

Während er unter sowjetischer Kontrolle stand, versuchte Matwijeko, wie wir heute wissen, seiner Sache treu zu bleiben, wenn auch nicht seinem ehemaligen Chef Stepan Bandera. In der Nacht des 16. Juni 1952, etwas mehr als ein Jahr nach seiner Festnahme, verschwand Matwijeko plötzlich aus der schwer bewachten Villa in Lwiw, in der er sein Funkspiel mit dem Westen durchgeführt hatte. Der Verlust eines wichtigen Aktivpostens des Funkspiels, das so erfolgreich begonnen hatte und so viel versprach, erschütterte den sowjetischen Sicherheitsapparat. Der Minister für Staatssicherheit der UdSSR ordnete die Verhaftung von Oberst Iwan Schorubalka an, der für das Radiospiel verantwortlich war und erst zwei Jahre zuvor für seine Rolle bei der Beseitigung des Oberbefehlshabers der Ukrainischen Aufständischen Armee ausgezeichnet worden war. Die Ermittlungen zu Matwijekos Flucht wurden von Roman Rudenko, dem sowjetischen Chefankläger bei den Nürnberger Prozessen, geführt.

Am Morgen nach seiner Flucht, als der gesamte KGB-Apparat für die Suche nach ihm mobilisiert wurde, überprüfte Matwijeko verzweifelt seine alten Kontakte und Unterschlüpfe. Er erlebte eine große Enttäuschung. Die Menschen, die er während des Krieges gekannt hatte, waren alle verschwunden, entweder getötet oder von den Sowjets verhaftet worden. Matwijeko musste sich mit einer neuen Realität abfinden. Ausnahmsweise hatte die sowjetische Propaganda nicht gelogen: Der Widerstand beschränkte sich tatsächlich auf kleine, isolierte Gruppen tief in den Bergwäldern. Diese waren dem Untergang geweiht, so wie er selbst, dachte Matwijeko, auch er würde – früher oder später – gefangen genommen werden. Er konnte sich nirgendwo hinwenden. In seiner Verzweiflung bereitete Matwijeko handgeschriebene Flugblätter vor, in denen er erklärte, wer er war, was mit ihm geschehen war und unter wessen Kontrolle er arbeitete. Er begann, sie auf den Straßen der Stadt zu verteilen, in der Hoffnung, dass eines von ihnen seinen Weg in den Untergrund und schließlich ins Ausland finden würde. Was sein eigenes Schicksal betraf, so kam Matwijeko zu dem Schluss, dass seine einzige Überlebenschance darin bestand, in die Gefangenschaft zurückzukehren.

Am Abend des 17. Juni, nach weniger als vierundzwanzig Stunden in Freiheit, begab sich Matwijeko zum Lwiwer Hauptbahnhof. Dort sprach er einen vorbeikommenden Wachtmeister an und fragte ihn, ob er für die Geheimpolizei arbeite. Als der Wachtmeister dies bejahte, erklärte Matwijeko, dass er bewaffnet sei und sich den Sicherheitsdiensten stellen wolle. Dann legte er offen, wer er war. Matwijeko wurde nach Moskau geflogen, wo die Haftbedingungen nicht mit denen in Lwiw vergleichbar waren.

Erst nach Stalins Tod im März 1953 wurde Matwijeko in den Gewahrsam seiner alten Betreuer in München zurückgebracht. Seine kurze Freiheit und die anschließende Zeit, die er in Moskau verbracht hatte, blieben dem britischen Geheimdienst und den Bandera-Leuten in der Ukraine unbekannt. Acht Jahre lang blieben Matwijeko und seine Funksprüche die Stimme der OUN-»Führung« in der Ukraine. Matwijeko gelang es, das Vertrauen seiner Entführer wiederzugewinnen. Im Juni 1958, sieben Jahre nach seiner Gefangennahme und sechs Jahre nach seiner bizarren Flucht, wurde Banderas Sicherheitschef durch einen geheimen Erlass des Obersten Sowjets in Moskau für seine nationalistischen Aktivitäten begnadigt. Zu diesem Zeitpunkt war er offiziell mit einer KGB-Agentin verheiratet, die ihn für ihre Vorgesetzten ausspionierte.[5]

Nur wenige Monate vor seinem Tod hatte Bandera begonnen, an der Glaubwürdigkeit seines Gesandten in der Ukraine zu zweifeln. Im Frühsommer 1959 erhielten die Münchner Ukrainer eine Nachricht, von der sie wussten, dass sie völlig falsche Informationen von Matwijeko enthielt. Bandera und seine Leute machten sich Sorgen. War das Unvermeidliche geschehen, war Matwijeko endgültig in die Hände des Feindes gefallen und hatte er begonnen, unter dessen Kontrolle zu arbeiten? Bandera sandte Matwijeko über die üblichen Kanäle eine neue Nachricht, in der er ihm die Möglichkeit gab, heimlich und sicher anzugeben, ob er unter der Kontrolle des KGB arbeitete. Wenn ja, sollte er in seiner Antwort das Wort *Borschtsch* (ukrainische Suppe aus Roter Beete) verwenden. Matwijeko antwortete Ende September, ohne das Gericht zu erwähnen.

Bandera war erleichtert. Er plante für den November 1959 eine große Konferenz der nationalistischen Organisationen und brauchte Matwijekos Hilfe und Unterstützung. Die Konferenz sollte nicht nur den Zustand der Widerstandsbewegung in der Ukraine bewerten und ihre künftigen Aufgaben festlegen, sondern auch ein für alle Mal klären, wer wirklich die »kämpfende Ukraine« vertrat, Bandera oder Lebed. Matwijeko sollte die wichtigsten Teilnehmer aus der Ukraine nach Deutschland führen, was Bandera große Hoffnungen machte, dass er als Sieger aus dem langen und anstrengenden Emigrantenstreit hervorgehen würde. Doch Matwijeko teilte seinem Chef mit, dass er die Ankunft der ukrainischen Delegation in diesem Herbst nicht mehr arrangieren könne. Er war jedoch ziemlich sicher, dass er selbst kommen und die anderen Delegierten ein Jahr später mitbringen könnte. Als Bandera und Eugenia Mak weniger als eine Stunde vor Banderas Tod in der Münchner Großmarkthalle einkaufen gingen, freute sich Bandera, ihr mitteilen zu können, dass ihr Mann im nächsten Jahr wieder im Lande sein würde. Bandera starb, ohne zu wissen, dass sein ukrainischer Gesandter ihn schon lange zuvor verraten hatte.[6]

Stepan Bandera und Eugenia Mak schienen die Letzten zu sein, die noch an das Wunder glaubten, dass Myron Matwijeko acht lange Jahre lang der Verhaftung durch den KGB hatte entgehen können. Die CIA-Agenten, die die Umstände von Banderas Tod untersuchten, waren weit weniger optimistisch. Sie gingen davon aus, dass Matwijeko unter sowjetischer Kontrolle arbeitete, und waren verwirrt darüber, dass Moskau beschlossen haben sollte, Bandera zu eliminieren, wenn man ihn durch Matwijeko doch weiterhin hätte manipulieren können. Die einzige Erklärung, die dem CIA einfiel, war, dass die Sowjets Bandera vielleicht vor der geplanten Konferenz loswerden wollten, weil sie fürchteten, dass Bandera Matwijeko immer noch verdächtigte, für den KGB zu arbeiten, und aus ihm bei einer Konfrontation in München ein Geständnis herauspressen könnte. In diesem Fall hätten die Sowjets es vorgezogen, Matwijeko erst dann zu einer Konferenz nach Deutschland zu schicken, wenn ein schwächerer Anführer Bandera abgelöst hätte.[7]

Weder die Münchner Kripo noch die Spionageabwehr vermuteten wirklich, dass Eugenia Stepan Bandera vergiftet hatte. »Eugenia Matwijeko-Mak ist zu allem fähig«, schrieb der Autor des CIA-Berichts über die Ermittlungen zum Tod von Bandera. »Aber ich glaube nicht, dass sie Bandera persönlich Zyanid verabreicht hat. Die deutsche Polizei ist der gleichen Meinung.« Am 12. November 1959 lautete die führende Theorie gemäß dem an diesem Tag an Langley gesendeten CIA-Telegramm, dass »das Gift gewaltsam verabreicht wurde, nachdem Bandera sein Wohnhaus betreten hatte.« Nach dieser Theorie könnte Eugenia »den Mördern einen

Tipp gegeben haben, wann Bandera nach Hause kommen würde«. Sie hätten sich »in dem Aufzug versteckt, der in einem der oberen Stockwerke angehalten wurde«.[8]

Die Ermittler glaubten, Bandera habe versucht, sich zu wehren. »Als er gefunden wurde«, heißt es in dem CIA-Telegramm, »lag Bandera auf dem Gesicht im Flur des Gebäudes, den linken Arm doppelt unter sich und die linke Hand an die rechte Schulter gepresst. Die Befragung von Banderas Anhängern ergab, dass Bandera Linkshänder war und eine Pistole in einem Schulterholster auf der rechten Seite trug.« Die Ermittler glaubten, dass Bandera in den letzten Momenten seines Lebens jemanden erschießen wollte. Sie bedauerten vor allem, dass die Blutflecken im Erdgeschoss, wo Bandera gestorben war, von einer nicht identifizierten »Hausmeisterin« entfernt worden waren, bevor sie von der Polizei untersucht werden konnten.[9]

15
Aktive Maßnahmen

Sergej Damon war der erste KGB-Offizier, der Staschinski nach seiner Rückkehr nach Berlin am 16. Oktober 1959, nachdem er Bandera getötet hatte, zu seiner guten Arbeit gratulierte. In feierlicher Stimmung bezeichnete Damon seinen Agenten als Helden. Staschinski hatte, wie schon nach der Tötung von Rebet, zwei Berichte verfasst. Der erste listete die Orte in Westdeutschland auf, die er auf seiner geheimen Reise besucht hatte. Im zweiten stand, dass er eine Person getroffen habe, die seinen Vorgesetzten bekannt war, und ihr deren Grüße überbracht habe.[1]

Die Nachricht wurde an die Spitze der Karlshorster KGB-Pyramide und von dort an die KGB-Zentrale in Moskau weitergeleitet. Generalmajor Aleksandr Korotkow, ein neunundvierzigjähriger Spionagemeister, der für den KGB-Apparat in Karlshorst verantwortlich war, hatte Grund zur Freude. Korotkow bekleidete eine der wichtigsten Positionen in der Auslandsaufklärung des KGB. Er war erstmals am Vorabend des deutschen Überfalls auf die Sowjetunion im Juni 1941 unter diplomatischer Tarnung nach Berlin gekommen. Zu diesem Zeitpunkt war er offiziell als dritter Sekretär der sowjetischen Botschaft registriert und leitete das illegale sowjetische Spionagenetz in Deutschland. Nach dem Einmarsch verließ er Berlin, kehrte aber im April 1945 zurück. Korotkow hatte an der deutschen Kapitulationszeremonie teilgenommen, die zufällig in Karlshorst stattfand, und war dann in der Anlage geblieben, um der erste sowjetische Geheimdienstchef im Nachkriegsdeutschland zu werden. Im Januar 1946 wurde er nach Moskau zurückberufen, kehrte aber zehn Jahre später nach Karlshorst zurück – im Rang eines Generalmajors und unter dem Deckmantel eines Botschaftsrates der sowjetischen Botschaft von Ost-Berlin. Seine eigentliche Aufgabe war es, mit den ostdeutschen Sicherheitsdiensten in

AKTIVE MAßNAHMEN 125

Verbindung zu treten und den KGB-Apparat in Karlshorst zu verwalten.[2]

Korotkows Untergebene waren nicht nur für Operationen in Deutschland, sondern auch im übrigen Westeuropa zuständig und unterstützten auch die geheimen Aktivitäten in Nordamerika. Korotkows Apparat bestand aus Offizieren, die für verschiedene KGB-Abteilungen arbeiteten. Die bei weitem größte KGB-Abteilung in Karlshorst war diejenige, die sich mit der Unterstützung illegaler Agenten in Westdeutschland und dem Westen im Allgemeinen befasste. Etwas kleiner war die Abteilung, die sich mit Operationen gegen sowjetische Emigranten im Ausland befasste, eine Kategorie, zu der auch Westukrainer und Balten gehörten, die nie sowjetische Staatsbürger waren, aber aus den während des Krieges von der UdSSR besetzten Gebieten stammten.[3]

Im Januar 1959 schuf die KGB-Zentrale in Moskau eine neue Abteilung innerhalb der Direktion für Auslandsaufklärung. Ihr Aufgabenbereich waren »aktive Maßnahmen«, ein Euphemismus für Desinformationskampagnen im Ausland. Der Leiter der Abteilung, die praktischerweise mit »D« für »Desinformation« bezeichnet wurde, war Iwan Agajanz, derselbe Offizier, der Pawel Sudoplatow im Mai 1938 nach seinem Mord an Oberst Konowalez in Paris empfangen hatte. Das Hauptziel von Agajanz war nun Westdeutschland. Seine Aufgabe bestand darin, das Land als eine Brutstätte des Antisemitismus darzustellen. Agajanz versuchte sein Glück zunächst auf russischem Boden: KGB-Offiziere wurden nachts auf einen jüdischen Friedhof in der russischen Provinz geschickt, um Grabsteine zu schänden. Sie erfuhren bald, dass die meisten Dorfbewohner auf diesen Akt des Vandalismus und Antisemitismus negativ reagierten, während sich eine kleine Gruppe Jugendlicher von der »aktiven Maßnahme« inspirieren ließ und auf eigene Faust ähnliche Anschläge verübte. Ostdeutsche Agenten wurden daraufhin nach Westdeutschland geschickt, um dort jüdische Friedhöfe zu verwüsten. Die Aktion war erfolgreich und führte zu einem Anstieg der antisemitischen Übergriffe im ganzen Land.[4]

In der Zwischenzeit wollte die Central Intelligence Agency wissen, was hinter den hohen Zäunen des sowjetischen Sicherheitsgeländes vor sich ging. Sie versuchten, Ostdeutsche anzuwerben, die in Karlshorst arbeiteten, setzten Doppelagenten ein, um die KGB-Offiziere und ihre Aufenthaltsorte auf dem Gelände zu identifizieren, und verwendeten Abhörgeräte, um ihren Gesprächen zu lauschen. Im Juni 1958 überraschte der US-Außenminister Christian Herter den sowjetischen Außenminister Andrei Gromyko mit einem von der CIA vorbereiteten Exposé über subversive sowjetische Aktivitäten in Berlin, das eine überraschend detaillierte Beschreibung des Karlshorster Geländes enthielt.

Korotkow war sich der Bemühungen des Westens, seine Verteidigungslinien zu durchdringen, durchaus bewusst. Seine technischen Spionageabwehrbeamten hatten sogar ein Mikrofon in seinem eigenen Büro entdeckt. Als sie Korotkow ihren Fund meldeten, wollte er das Mikrofon noch eine Weile an Ort und Stelle lassen, um den Amerikanern in aller Deutlichkeit und mit der ganzen Kraft der russischen Sprache zu sagen, was er von ihnen hielt. Er wurde davon abgebracht: Das Risiko, dass die Mikrofone nicht nur die Worte auffingen, die er sie hören lassen wollte, sondern auch die, die er sie nicht hören lassen wollte, war zu groß. Vieles von dem, was in Korotkows Büro besprochen wurde, ging weit über die »legitimen« Aktivitäten eines Nachrichtendienstes hinaus. Die Mitarbeiter von Karlshorst waren nicht nur damit beschäftigt, Moskau mit nachrichtendienstlichen Informationen zu versorgen, sondern auch mit der »Beseitigung« von Personen, die der Kreml für unerwünscht hielt.[5]

Banderas Ermordung bedeutete für die Karlshorster Desinformationsspezialisten eine neue Herausforderung und eine neue Chance. Anders als der Tod von Lew Rebet wurde der von Bandera fast sofort als Mord identifiziert. Die KGB-Beamten konnten entweder behaupten, dass es sich um einen Herzstillstand oder einen Selbstmord gehandelt habe, oder die Schuld jemand anderem zuschieben, wie sie es nach der Ermordung von Rebet geplant hatten. Sie entschieden sich für zweitere Möglichkeit. Diesmal sollte jedoch nicht eine rivalisierende Gruppe ukrainischer Emigranten

AKTIVE MAßNAHMEN 127

beschuldigt werden, sondern das politische Establishment Westdeutschlands selbst – ein viel begehrteres Ziel. Die Kampagne begann sofort, nachdem die KGB-Agenten in Karlshorst erfahren hatten, dass die Mission ein Erfolg gewesen war.

Am 16. Oktober, dem Tag nach Banderas Tod, verbreitete der Allgemeine Deutsche Nachrichtendienst der DDR eine Meldung, in der der westdeutsche Bundesminister für Flüchtlinge und Vertriebene, Theodor Oberländer, mit Bandera in Verbindung gebracht und seine Verwicklung in den Tod des ukrainischen Führers vermutet wurde. »Bandera, der Anführer einer ukrainischen Gruppe faschistischer Terroristen war, trägt einen Teil der Verantwortung für die grausamen Verbrechen gegen die ukrainische und polnische Bevölkerung«, so die Agentur, die sich auf die Ereignisse des Zweiten Weltkriegs bezog und wie üblich jede antikommunistische Gruppe als faschistisch brandmarkte. »Einige dieser Verbrechen wurden von Einheiten begangen, für die Oberländer direkt verantwortlich war. Nach seiner Ernennung zum Minister setzte Oberländer alles daran, seine kompromittierenden Beziehungen zu Bandera loszuwerden. Eine der Folgen dieser Bemühungen soll gewesen sein, dass Bandera von der Bonner Regierung nur unzureichende Mittel für seine Arbeit erhielt. Manche vermuteten daher, Bandera habe den Bonner Minister öffentlich an die gemeinsame Vergangenheit erinnert.«[6]

Das Neue Deutschland, die Zeitung des Zentralkomitees der DDR, ergänzte in seiner Ausgabe vom 19. Oktober die Darstellung der Nachrichtenagentur: »Bandera war in der Nazizeit ein Mörder, der mit dem jetzigen Minister Oberländer bei der blutigen Schlächterei des Nachtigall-Bataillons in Lwiw im Bunde stand. Er sollte nun als Hauptzeuge im Rahmen der Untersuchung einer Anklage gegen Oberländer auftreten. Der Hauptzeuge ist ausgeschaltet worden«. Dem Artikel war eine Karikatur beigefügt, in der Oberländer den Tod von Bandera kommentierte: »Es tut mir leid für ihn. Er war so ein guter Nazi, aber er wusste einfach zu viel über mich.« Die *Berliner Zeitung*, eine weitere ostdeutsche Zeitung, lieferte bald weitere Einzelheiten. Ihre Korrespondenten vermuteten, dass Bandera auf Oberländers Befehl von den Mitarbeitern des Chefs des westdeutschen Bundesnachrichtendienstes (BND), Reinhard Gehlen, umgebracht worden sei. Die sowjetischen Medien vertraten die gleiche Linie wie ihre ostdeutschen Kollegen, und eine der führenden sowjetischen Zeitungen, die *Komsomol'skaia pravda* (Wahrheit des Kommunistischen Jugendverbandes), druckte die Oberländer-Karikatur sogar nach.[7]

Oberländer, der im Juni und Juli 1941 als Verbindungsoffizier zwischen dem deutschen Kommando und dem ukrainischen Nachtigall-Bataillon – das sich aus Anhängern Banderas rekrutierte – gedient hatte, war Moskau als Minister, der sich direkt gegen die Anerkennung der Nachkriegsgrenzen stellte, ein Dorn im Auge. Im August 1959 erhob die Vereinigung der Verfolgten des Naziregimes vor einem westdeutschen Gericht Anklage gegen Oberländer wegen seiner Verbindung zu Nachtigall. Die Bundesanwaltschaft ordnete eine Untersuchung der Angelegenheit an und wandte sich an den *Bundesminister*, um Erklärungen zu erhalten. Oberländer wies die Vorwürfe zurück. Nachtigall sei weder an den Hinrichtungen polnischer Intellektueller noch an dem Judenpogrom in Lwiw beteiligt gewesen. Im Gegenteil, so Oberländer, das Bataillon, das am frühen Morgen des 30. Juni 1941 vor den regulären Einheiten der deutschen Armee in Lwiw einrückte, habe Hunderte von Leichen von Insassen sowjetischer Gefängnisse entdeckt, die von der sowjetischen Geheimpolizei massakriert worden waren, bevor sie die Stadt verließ. Sie deckten die Kriegsverbrechen der anderen Seite auf, nicht ihre eigenen. Und in der Tat sollten spätere Untersuchungen zeigen, dass das Bataillon als militärische Einheit keine Rolle bei dem Judenpogrom gespielt hatte, das von einem nationalistischen Mob mit Unterstützung der deutschen Behörden durchgeführt wurde.[8]

Die westdeutschen Medien schienen auf Oberländers Seite zu stehen, zumal die Vereinigung der Verfolgten des Naziregimes weithin als kommunistische Front wahrgenommen wurde, die auf Befehl des Ostens arbeitete. Sie wurde von den Christdemokraten verachtet und von den Sozialdemokraten und den Anführern der jüdischen Organisationen gleichermaßen gemieden. Doch dann kam Banderas mysteriöser Tod, und die ganze Geschichte nahm eine neue Wendung. Hatte Oberländer bei seinen Bemühungen, die

Verbrechen seiner Vergangenheit zu vertuschen, ein neues Verbrechen begangen? Seine ostdeutschen Kritiker behaupten, dass er das getan hat. Am 22. Oktober, drei Tage nach Banderas Beerdigung, berief Professor Albert Norden, der Vorsitzende des Ostdeutschen Ausschusses für die Deutsche Einheit, eine Pressekonferenz in Ost-Berlin ein, auf der er den Mord an Bandera direkt mit Oberländer in Verbindung brachte. Professor Norden war nicht nur Leiter des Komitees für die Deutsche Einheit. Er war auch Sekretär des Zentralkomitees der regierenden Sozialistischen Einheitspartei, Mitglied ihres Politbüros und verantwortlich für ihre Informationsbeschaffung, Propaganda und Beziehungen zum Westen.

Die Pressekonferenz von Albert Norden und die Erklärungen, die er und andere Teilnehmer zur Verwicklung Oberländers in die Massaker von Lwiw abgaben, hoben die Geschichte auf eine andere politische Ebene. Es waren nicht mehr einzelne Journalisten, die schädliche Anschuldigungen gegen einen mächtigen westdeutschen Minister erhoben, sondern der Chefpropagandist des ostdeutschen Staates. Später im selben Monat gab die ostdeutsche Dokumentarfilmgesellschaft DEFA eine Wochenschau heraus, in der auf einen 32-minütigen Bericht über die Pressekonferenz von Norden ein 25-minütiger Beitrag über Banderas Beerdigung folgte. Darin wird Bandera als Oberländers Untergebener im Nachtigall-Bataillon vorgestellt, der für die Massaker von Lwiw verantwortlich ist.[9]

Der Film machte einen unerwarteten Eindruck auf Bogdan Staschinski, der ihn in einem der Ostberliner Kinos sah. Besonders betroffen machten ihn die Bilder von Bandera, der in seinem Sarg liegt, umgeben von Familienmitgliedern, darunter seine drei Kinder. Als der Erzähler verkündete, dass der ukrainische Nationalistenführer kaltblütig von bezahlten Attentätern im Auftrag der USA ermordet worden sei, hallte das Wort »Mord« in Staschinskis Kopf nach. Er stürmte aus dem Kino. »Bandera hat eine Frau und Kinder«, sagte er später zu Sergej Damon. »Ich habe es getan. Ich bin ein Mörder.« Doch Damon schien seine Bedenken nicht zu teilen. Mit einem Lächeln auf dem Gesicht sagte er zu seinem Agenten: »Darüber brauchen Sie sich keine Sorgen zu machen. Banderas

Kinder werden Ihnen später dankbar sein, dass Sie es getan haben, wenn sie in der Lage sind, die Dinge in der richtigen Perspektive zu sehen.« Staschinski war alles andere als überzeugt. Die »aktive Maßnahme« des KGB hatte das Gegenteil bewirkt.[10]

Teil III

Nächte in Moskau

16
Große Hoffnungen

Anfang November 1959 holte Sergej Damon Bogdan Staschinski in der Stadt ab und brachte ihn mit dem Auto zum KGB-Gelände in Karlshorst. Er erzählte seinem geschätzten Agenten, dass er gleich seinen obersten Chef treffen würde, den General, der für den KGB-Apparat in Karlshorst zuständig war. Staschinski erfuhr nie den Namen des Generals, aber es gab es nur einen General und einen Chef der KGB-Operationen in Karlshorst: Sein Name war Alexander Korotkow.[1]

Der General spielte den einladenden Gastgeber und begann mit Smalltalk. Nach den Erinnerungen von General Pawel Sudoplatow hatte Korotkow keine Skrupel vor dem, was man im kriminellen Jargon »sich die Hände schmutzig machen« nennt. Er war neunundzwanzig Jahre alt, als er seinen ersten Mord plante und mit ausführte. In den späten 1930er-Jahren war er an der Spitze einer Gruppe von Attentätern nach Frankreich gereist, die zwei politische Regimegegner gejagt und getötet hatten. Einer von ihnen war ein Mitarbeiter von Stalins Erzfeind Leo Trotzki, der andere ein ehemaliges Mitglied des sowjetischen Geheimdienstes in Istanbul. Dessen Überlaufen hatte zur Verhaftung von Hunderten sowjetischer Agenten im Nahen Osten geführt. Korotkow hatte beide Morde nicht nur geplant, sondern auch daran teilgenommen. Die Leichen der beiden Opfer, von denen eines enthauptet worden war, waren in Koffer gestopft und ins Wasser geworfen worden. Einer dieser Koffer wurde später von der Pariser Polizei in der Seine gefunden, und Korotkow und seine Mörder waren aus Frankreich geflohen.[2]

Eine der ersten »schmutzigen« Aufgaben, die Korotkow nach seiner Rückkehr nach Berlin im Frühjahr 1957 zu bewältigen hatte, war das gescheiterte Attentat auf einen ehemaligen Agenten, der

GROßE HOFFNUNGEN   133

abtrünnig geworden war. Sein Name war Nikolai Chochlow. Ein erfahrener sowjetischer Geheimdienstoffizier, dessen heldenhafte Kriegstaten 1947 als Inspiration für den sowjetischen Blockbuster *A Scout's Exploit* gedient hatten, hatte beschlossen, während eines Einsatzes in Deutschland das Schiff zu verlassen. Anstatt Georgi Okolovich, einen Anführer der emigrierten Nationalen Allianz russischer Solidaristen, zu töten, ging er eines Tages im März 1954 zu Okolovichs Wohnung in Frankfurt und gestand. Später behauptete Chochlow, er habe von Okolovich verfasste Literatur gelesen, die seinen Sinn für russischen Patriotismus ansprach. Im Gewahrsam der CIA wurde er dazu überredet, eine Pressekonferenz abzuhalten, auf der er das sowjetische Komplott zur Ermordung führender Persönlichkeiten der russischen Emigration im Westen aufdeckte. Am nächsten Tag verhaftete der KGB seine Frau in Moskau, die zu fünf Jahren interner Verbannung verurteilt wurde. Chochlow wurde zu einem gejagten Mann.

Zu diesem Zeitpunkt hatte General Korotkow bereits das vollständige Kommando über seinen Karlshorst-Apparat inne. Das Attentat von 1957 ereignete sich während des ersten öffentlichen Auftritts von Chochlow seit seiner Rückkehr nach Europa, nachdem er in den Vereinigten Staaten eine umfassende Nachbesprechung durchgeführt hatte. Er war Redner auf einer russischen Emigrantenkonferenz in Frankfurt, der Stadt, in der er sich geweigert hatte, ein Attentäter zu sein. Nach seinen Ausführungen ging Chochlow auf die Veranda, um frische Luft zu schnappen und die Aussicht zu genießen – der Konferenzsaal befand sich im Palmengarten, Deutschlands größtem Garten. Jemand bot ihm eine Tasse Kaffee an. Chochlow trank, wie er sich später erinnerte, eine halbe Tasse. Anstatt sich durch das Getränk erfrischt und gestärkt zu fühlen, fühlte er sich erschöpft und müde.

Er verlor bald das Bewusstsein. Chochlows Mitarbeiter, darunter Georgi Okolovich, dem er dreieinhalb Jahre zuvor das Leben gerettet hatte, fuhren ihn ins Krankenhaus. Sein Gesicht war mit roten und blauen Flecken übersät, und er konnte nichts sehen, da seine Augen eine Art klebrige Flüssigkeit produzierten. Seine Haare fingen an auszufallen. Die deutschen Ärzte behandelten ihn wegen einer Lebensmittelvergiftung, aber es wurde immer schlimmer, und sie wussten nicht, was sie tun sollten. Sie verlegten ihn in ein Krankenhaus der US-Armee, wo die amerikanischen Ärzte zu dem Schluss kamen, dass er mit Thallium vergiftet worden war. Chochlow hörte zufällig, wie einer der Ärzte sagte, dass er auch ein anderes fremdes Element in seinem Körper hatte – aber mehr würde man erst nach der Autopsie wissen. Dazu kam es jedoch nicht. Chochlow überlebte und erfuhr die Ergebnisse der medizinischen Analyse des gegen ihn eingesetzten Giftes. Es handelte sich um radioaktives Thallium, das in einem Speziallabor hergestellt wurde, von dem viele glaubten, dass es nur vom KGB gesponsert worden sein konnte.[3]

Hätte Chochlow seinen Kaffee ausgetrunken, hätten General Korotkow und seine Untergebenen in Karlshorst wahrscheinlich ihr Ziel erreicht. Sein Glück und die Arbeit der amerikanischen Militärärzte retteten ihm das Leben. Die ganze Operation erwies sich als eine weitere Blamage für den KGB.[4]

Doch im Oktober 1957, einen Monat nach dem gescheiterten Attentat auf Chochlow, ermordete Bogdan Staschinski Lew Rebet, und nun war es ihm gelungen, die wichtigste ukrainische Persönlichkeit überhaupt zu töten: Stepan Bandera. Während seiner Jahre in Karlshorst hatte Korotkow die Gewohnheit entwickelt, sich persönlich mit seinen Agenten zu treffen. Von ihnen erfuhr er nicht nur etwas über die Emigrantenanführer und ihre Kontakte zu westlichen Geheimdiensten, sondern auch über das politische Leben und die Entwicklungen in Westdeutschland. Es war eine fast nostalgische Erfahrung für den ehemaligen Agenten, der nicht mehr im Feld »arbeiten« konnte. Korotkow hatte seinen Star-Attentäter nach seinem ersten Erfolg nicht mehr getroffen, aber er freute sich, ihn jetzt zu sehen. Es gab gute Nachrichten aus Moskau, von der Spitze der sowjetischen Pyramide, die er mit Karlshorsts neuem Topagenten teilen wollte.[5]

Korotkow begann damit, Staschinski nach seinen Eindrücken von München zu fragen. Das Gespräch dauerte etwa eine Viertelstunde, bis der General seine Gäste in einen Nebenraum führte, wo das Abendessen serviert wurde. Sie wollten ihren Erfolg feiern und Pläne für die Zukunft besprechen. Korotkow bot seinen Gästen

Kognak an, bevor er ihnen die große Neuigkeit mitteilte. Es sei ihm eine große Freude, Staschinski mitzuteilen, dass das Präsidium des Obersten Sowjets der UdSSR ihm den Orden des Roten Banners der Tapferkeit verliehen habe. Es handelte sich um die älteste sowjetische Militärauszeichnung – die einzige, die in den ersten Jahren der Sowjetherrschaft existierte, um Heldentaten im Kampf und militärische Tapferkeit zu würdigen. Er war die zweitwichtigste Auszeichnung nach dem Goldenen Stern des Helden der Sowjetunion, der erst viel später eingeführt wurde. Korotkow erklärte Staschinski, dass es äußerst selten sei, in Friedenszeiten mit dem Orden des Roten Banners der Tapferkeit ausgezeichnet zu werden. Dies sei ein deutlicher Hinweis darauf, wie wichtig der Auftrag des jungen Agenten für die sowjetische Regierung gewesen sei.[6]

Bogdan Staschinski hatte eine solche Auszeichnung nicht erwartet. Trotz seiner moralischen Probleme war er sichtlich erfreut. Für seinen letzten Auftrag, den Mord an Lew Rebet, hatte er eine Contax-Kamera erhalten. Jetzt war es eine prestigeträchtige staatliche Auszeichnung. Ihre Bedeutung werde dadurch unterstrichen, dass er persönlich nach Moskau reisen werde, um sie in Empfang zu nehmen, teilte Korotkow ihm mit. Der General sprach auch über die Zukunft. Fürs Erste würde Staschinski aus Berlin verschwinden müssen – Banderas Ermordung hatte, anders als die von Lew Rebet, im Westen einen Aufruhr ausgelöst, und er konnte nicht zurückkehren, bevor sich die Wogen geglättet hatten. Statt seine Zeit in Ost-Berlin zu verschwenden, sollte er lieber für ein Jahr nach Moskau gehen, um sich weiterzubilden. Nach den Worten des Generals zu urteilen, markierte die Auszeichnung einen Wendepunkt in Staschinskis Karriere. Er stieg im Leben auf. Sein Führungsoffizier, Sergej Damon, schlug vor, ihn nach der Ausbildung in Moskau entweder nach Westdeutschland oder in ein anderes westeuropäisches Land zu schicken. Eines Tages teilte Damon Staschinski nur halb im Scherz mit, dass er seinen Sachbearbeiter in Karlshorst ersetzen würde.[7]

Am 20. November 1959 bestieg Staschinski einen Zug nach Moskau. Wie immer bei seinen Reisen in die Sowjetunion benutzte er einen sowjetischen Pass auf den Namen Alexander Antonowitsch Krylow. Im Vergleich zu seiner letzten Reise nach Moskau im April hatte er deutlich mehr Gepäck – seine Vorgesetzten erwarteten, dass er mindestens bis zum Sommer bleiben würde. Die Grenzbeamten und Zöllner durchsuchten die Reisenden normalerweise gründlich nach Kaffee und anderen Schmuggelwaren, die in der Sowjetunion knapp oder von schlechter Qualität waren, aber sie störten sich nicht an Genosse Krylov. Seine Reisedokumente trugen ein Siegel mit der Nummer einer Militäreinheit der Sowjetarmee, die von den Grenzbeamten nicht überprüft werden sollte. Die Postfachnummer 42601 stand für den KGB.[8]

Für Staschinski eröffnete die Reise nach Moskau neue Horizonte. Schon vor dem Treffen mit Korotkow hatte er von Damon von der Möglichkeit gehört, für den KGB in Westeuropa zu arbeiten, aber jetzt wurde sie viel realer. Um in der KGB-Leiter aufzusteigen, musste er lernen, andere Aufgaben als Attentate auszuführen, die Staschinski auf keinen Fall wiederholen wollte. Die Ausbildung in Moskau würde es ihm ermöglichen, diesen Lebensabschnitt hinter sich zu lassen, ohne seine Karriere im Geheimdienst zu gefährden. Er wusste auch, dass er nicht aus freien Stücken gehen konnte: Wie die Mafia erlaubte auch der KGB seinen Agenten nicht, zu kündigen. Es gab auch wenig anderes im Leben, was er hätte tun können. In Anbetracht all dessen setzte er große Hoffnungen in die Treffen, an denen er in Moskau teilnehmen sollte. Außerdem gab es eine wichtige persönliche Frage, die nur in Moskau entschieden werden konnte.

17

Mann an der Spitze

Die Nachricht von Stepan Banderas Ermordung wurde in Moskau mit großem Jubel aufgenommen. Die Nachricht von seinem Tod wurde diskret auf den Mittelseiten der großen Zeitungen vergraben, aber die führenden Kreml-Mitarbeiter waren sichtlich zufrieden.

Am 3. November 1959, weniger als drei Wochen nach dem Attentat, billigte das Präsidium des Zentralkomitees der Kommunistischen Partei der UdSSR unter der Leitung von Nikita Chruschtschow den Entwurf eines geheimen Erlasses des Obersten Sowjets der UdSSR, mit dem Bogdan Staschinski der Orden des Roten Banners der Tapferkeit verliehen wurde. Die Entscheidung wurde auf der Grundlage eines KGB-Berichts getroffen, in dem Staschinski die Durchführung »mehrerer verantwortungsvoller Aufgaben unter Lebensgefahr« bescheinigt wurde. Das Präsidium, das wusste, wer ermordet worden war und warum die Auszeichnung vorgeschlagen wurde, stimmte für die Anerkennung des Mannes, der sein Leben im Ausland riskiert hatte. Drei Tage später unterzeichnete Marschall Kliment Woroschilow, Mitglied des Präsidiums des Zentralkomitees und Vorsitzender des Präsidiums des Obersten Sowjets der UdSSR – das formale Oberhaupt des sowjetischen Staates – den Erlass. Die Entscheidung, Staschinski mit einem militärischen Orden auszuzeichnen, war auf höchster Ebene und in Rekordzeit getroffen worden.[1]

Für diese atemberaubende Geschwindigkeit konnte es nur eine Erklärung geben – die tiefe Genugtuung, die diese Nachricht dem Mann an der Spitze der sowjetischen Machtpyramide, Nikita Chruschtschow, bereitete. Die ukrainische Widerstandsbewegung war Chruschtschow seit seinen Jahren als Stalins Präfekt in der Ukraine ein Dorn im Auge gewesen. Chruschtschow bedauerte vor allem, dass Bandera im September 1939, als die Rote Armee im Rahmen des Molotow-Ribbentrop-Pakts die polnische Grenze überschritten und die Westukraine und Weißrussland erobert hatte, aus seinem polnischen Gefängnis hatte entkommen können. Nach jahrelangem Kampf gegen die »Banderiten« in der Ukraine wollte Chruschtschow Banderas Tod.

General Pawel Sudoplatow, Leiter der für Sabotage und die Ermordung von Oberst Jehwen Konowalez – Banderas Vorgänger an der Spitze der Organisation Ukrainischer Nationalisten – zuständigen Geheimpolizeidirektion, erinnerte daran, dass Chruschtschow nach Stalins Tod 1953 den Sicherheitschef Lawrenti Beria aufgefordert hatte, die Bemühungen um Banderas Ermordung unverzüglich zu intensivieren. Auf Chruschtschows Bitte hin ließ Beria zwei von Banderas Schwestern, die als Familienangehörige im Gulag saßen, nach Moskau kommen. Sie sollten sie davon überzeugen, mit ihrem Bruder Kontakt aufzunehmen und ihn zu einem Treffen mit einem NKWD-Agenten in Deutschland zu überreden. Der Plan scheiterte. Nachdem Chruschtschow im Juli 1953 Beria entmachtet hatte, gab er die Idee nicht auf, Bandera ermorden zu lassen. Bei einem Treffen mit Sudoplatow im Beisein anderer Parteifunktionäre kurz nach Berias Verhaftung soll Chruschtschow dem obersten NKWD-Attentäter gesagt haben: »Sie werden in Kürze gebeten werden, einen Plan zur Liquidierung der Bandera-Führung der ukrainischen faschistischen Bewegung in der Westukraine vorzubereiten, die die Führung der Sowjetunion in arroganter Weise beleidigt.«[2]

Sudoplatow wurde bald darauf verhaftet und verbrachte Jahre in sowjetischen Gefängnissen. Er glaubte, dass dies das Ergebnis eines fatalen Fehlers war, den er bei einem Treffen mit Chruschtschow und anderen Parteifunktionären nach Berias Verhaftung begangen hatte. Als sie ihn gebeten hatten, die von seiner Abteilung auf Berias Befehl durchgeführten Attentate aufzulisten, hatte er eine Liste vorgelegt, die mit der Ermordung von Oberst Konowalez begann und auch Fälle enthielt, die nicht nur von Stalin und Beria – der eine sicher tot, der andere im Gefängnis –, sondern auch von Anwesenden wie Wjatscheslaw Molotow, Nikolai

MANN AN DER SPITZE 139

Bulganin und Nikita Chruschtschow gebilligt worden waren. Sudoplatow hatte lediglich versucht, sich vor dem Vorwurf zu schützen, mit Beria konspiriert zu haben, aber er zog den Zorn der Parteibosse auf sich, die keine Zeugen für ihre Mitschuld an Stalins Verbrechen haben wollten.³

Chruschtschows Begeisterung für die Lösung seiner politischen Probleme im In- und Ausland durch geheimpolizeiliche Attentate wurde von vielen in den Geheimdiensten nicht geteilt, darunter offenbar auch von Beria selbst. Irgendwann im Frühjahr 1953 hörte General Sudoplatow ein Telefongespräch seines Chefs mit Chruschtschow mit. »Sehen Sie«, soll Beria zu Chruschtschow gesagt haben, »Sie haben mich gebeten, einen Weg zu finden, Bandera zu liquidieren, und gleichzeitig verhindern Ihre kleinen Gauner in Kyjiw und Lwiw die wirkliche Arbeit gegen echte Gegner.« Berias Äußerungen spiegelten das wachsende Gefühl der Geheimdienstler wider, dass Bandera für die Geschehnisse in der Ukraine immer weniger von Belang war und dass die Ermordung nationalistischer Anführer den militärischen Kampf, der seit mehr als acht Jahren in der Westukraine tobte, nicht lösen würde. Der KGB wollte sich darauf konzentrieren, die nationalistischen Anführer davon zu überzeugen, mit dem Regime zusammenzuarbeiten und den Guerillakampf zu beenden. Doch Chruschtschow war für diese Strategie nicht zu haben, auch wenn Leute, denen er vertraute, sie vorschlugen.

General Timofei Strokach, der ukrainische Innenminister, versuchte einmal, Chruschtschow davon zu überzeugen, das Leben des letzten Anführers der ukrainischen Aufstandsarmee, Wasyl Kuk (nom de guerre »Lemish«), zu verschonen, den der NKWD 1954 gefangen genommen hatte, als Chruschtschow nach Stalins Tod mit der Konsolidierung der Macht in Moskau beschäftigt war. Es war eine schwierige Aufgabe. Einer von Strokachs Untergebenen erinnerte sich an seine Worte:

> Ich sagte Nikita Sergejewitsch, dass ich diesen Menschen nicht nur die Freiheit, sondern auch das normale Leben eines Sowjetbürgers versprochen hatte. Ich hatte ihnen hohe offizielle Auszeichnungen versprochen. Und er sagte zu mir: Wir machen viele Versprechungen um unseres Unternehmens und unserer Ziele willen. Es sollte Ihnen klar sein, dass Lemish und alle, die

mit ihm verbunden sind, Erzfeinde der Sowjetukraine sind; die Schlinge schnürt sich um seinen Hals, aber Sie verlangen, dass sie begnadigt werden. Ich sagte zu ihm: Nikita Sergejewitsch, es gibt Tausende von Lemishs politischen Sympathisanten, die hinter ihm stehen, und wir müssen uns mit ihnen befassen.

Strokach zufolge wurde Kuk nur durch das Eingreifen ukrainischer Parteifunktionäre das Leben gerettet. Als Chruschtschow von seinem engen politischen Verbündeten Alexei Kiritschenko, dem Ersten Sekretär des ukrainischen Zentralkomitees, angesprochen wurde, lenkte er schließlich ein und änderte seine Meinung.[4]

Bandera war eine andere Sache. Hier schienen sich Chruschtschow und Kiritschenko völlig einig zu sein. Im Sommer 1953, unmittelbar nach seinem Amtsantritt als Parteichef der Ukraine, bestand Kiritschenko auf einer Konferenz von Geheimpolizisten darauf, Bandera zu beseitigen. Einem Bericht zufolge sagte er zu den Anwesenden: »Dieser Feind der Sowjetherrschaft, Bandera, ist noch am Leben und im Westen aktiv. Glauben Sie mir, wenn Bandera weg ist, wird das das Ende der OUN-Bewegung sein.« Kiritschenko brachte dieselben Sympathien mit, als er im Dezember 1957 von seinem Chef und Förderer Nikita Chruschtschow nach Moskau versetzt wurde. Er wurde der zweitmächtigste Mann in der Sowjetunion nach Chruschtschow selbst. Kiritschenko überwachte die Aktivitäten des KGB im Auftrag des Zentralkomitees.

Im Mai 1959 sprach Kiritschenko auf einer großen Konferenz von KGB-Offizieren. Ziel der Konferenz war es, zu erörtern, wie die Aktivitäten des KGB mit der neuen Parteilinie koordiniert werden können. »Ich würde es als eine der Hauptaufgaben betrachten, die Arbeit zur Liquidierung ausländischer Zentren zu aktivieren«, sagte Kiritschenko den KGB-Offizieren und bezog sich dabei auf Emigrantengruppen. Er zählte dann die Anführer der ukrainischen und russischen Emigrantenorganisationen auf: »Bandera, Melnyk, Poremsky, Okolovich und viele andere müssen aktiv demaskiert werden.« Er fuhr fort: »Wer ist Bandera? Er war ein Agent der hitleristischen Spionage, dann der englischen, italienischen und einer Reihe anderer Dienste; er führt ein korruptes Leben und ist geldgierig. Ihr Tschekisten wisst das alles und wisst, wie man diesen Bandera zu einem Kompromiss zwingen kann.«[5]

MANN AN DER SPITZE 141

Obwohl Kiritschenko sich euphemistisch ausdrückte, waren sich einige der KGB-Offiziere im Publikum sehr wohl bewusst, dass das Zentralkomitee von ihnen keinen »Kompromiss«, sondern Banderas Ermordung verlangte. KGB-Offiziere, die sich mit dem Problem der ukrainischen Aufständischen befassten, sprachen sich gegen die Ermordung Banderas aus. Wie ihre westlichen Kollegen glaubten sie, dass Banderas Ermordung, der zu diesem Zeitpunkt nur noch wenig Einfluss auf die Entwicklungen in der Ukraine hatte, ihn zu einem Märtyrer machen würde. Aber ihre Stimmen wurden von der Spitze des KGB nicht gehört, die 1959 von Chruschtschows handverlesenem Mann, Alexander Schelepin, geleitet wurde. Denjenigen, die unter ihm beim KGB arbeiteten, ist er als ein Anführer in Erinnerung geblieben, der von seinen Untergebenen viel verlangte, aber seinen Vorgesetzten, insbesondere Chruschtschow, gegenüber äußerst entgegenkommend war.[6]

Schelepin war erst vierzig Jahre alt, als er im Dezember 1958 von Chruschtschow in das heikelste Amt des Landes berufen wurde, das des KGB-Chefs. Seine Hauptaufgabe bestand darin, die Menschen und Traditionen der Stalin-Ära loszuwerden. Anfangs weigerte sich Schelepin, das Amt zu übernehmen. Seine politische Erfahrung beschränkte sich bis zu diesem Zeitpunkt auf das Zentralkomitee des Kommunistischen Jugendbundes – der Jugendabteilung der Partei –, das er seit 1952 leitete, als er von Stalin in dieses Amt berufen wurde. Vor dem schicksalhaften Gespräch mit Chruschtschow hatte er nur einige Monate als Abteilungsleiter im Zentralkomitee der Kommunistischen Partei verbracht. Chruschtschow sagte Schelepin, dass er sein volles Vertrauen habe und versprach, ihm zu helfen. Schelepin willigte ein. Dann bat der Staatschef den neuen KGB-Chef, alles in seiner Macht Stehende zu tun, um das Abhören von Chruschtschow selbst zu verhindern – ein klarer Hinweis darauf, dass er seinen eigenen Sicherheitsbeamten nicht gänzlich vertraute.

Schelepin löste Chruschtschows langjährigen Verbündeten ab, den »Beschwichtiger« von Budapest, General Iwan Serow. Der General wurde auf einen politisch weit weniger sensiblen Posten an die Spitze des militärischen Geheimdienstes versetzt.

Chruschtschow wollte die Macht des KGB beschneiden und die Zahl seiner Offiziere und Agenten drastisch reduzieren. Serow, der zu Zeiten Josef Stalins in die Geheimpolizei eingetreten war, war eindeutig der falsche Mann für diese Aufgabe gewesen. Schelepin hingegen hatte keine Bedenken, den KGB zu verkleinern. Er war auch bestrebt, den Schwerpunkt der Operationen von der Heimatfront auf die internationale Bühne zu verlagern. Dort, so glaubte er, müsse sich der KGB viel stärker auf die Erreichung der außenpolitischen Ziele der sowjetischen Regierung konzentrieren. Eine seiner Neuerungen auf dem Gebiet des Nachrichtendienstes war die Schaffung der Abteilung für Desinformation. Westdeutschland wurde zu einem der Testgebiete für ihre Techniken, und Theodor Oberländer, der westdeutsche Minister, der nicht nur Verbrechen während der Nazizeit, sondern auch des Mordes an Bandera beschuldigt wurde, wurde zu einem ihrer ersten Ziele.[7]

Nun konnte Schelepin seiner Erfolgsbilanz die Ermordung eines Erzfeindes der Sowjetherrschaft hinzufügen, der lange Zeit auch als persönlicher Feind von Nikita Chruschtschow gegolten hatte. Es sah sehr gut aus für Alexander Schelepin. Er war bereit, die Lorbeeren für die Ereignisse in München zu ernten und dem Mann, der sie möglich gemacht hatte, persönlich eine hohe Auszeichnung zu überreichen.

18
Privatangelegenheit

Bogdan Staschinski kam am 22. November 1959 in Moskau an. Am weißrussischen Bahnhof wurde er von einem KGB-Offizier abgeholt, den er zum ersten Mal in Karlshorst getroffen hatte. Staschinski kannte ihn unter seinem Vornamen und Vatersnamen, Arkadi Andrejewitsch, aber in Deutschland benutzte er den Decknamen »Awramenko«. Awramenko war in Wirklichkeit Arkadi Andrejewitsch Fabrischnikow. Er checkte Staschinski im Hotel Leningrad ein, das wie das Hotel Ukraine, Staschinskis früherer Treffpunkt in Moskau, zu den »sieben Schwestern« gehörte, einer Gruppe von neugotischen Wolkenkratzern, gebaut in der späten Stalinzeit.[1]

Am nächsten Tag wurde Staschinski in einem anderen Hotel, dem in den 1930er-Jahren im konstruktivistischen Stil erbauten Moscow, von einem hohen KGB-Offizier begrüßt, der sich als Alexej Alexejewitsch vorstellte. Laut freigegebenen Biografien hochrangiger KGB-Offiziere handelte es sich um keinen Geringeren als General Alexej Krochin. Er hatte während des Krieges in der sowjetischen Spionageabwehr gedient und war 1946, zu Beginn des Kalten Krieges, in den Auslandsgeheimdienst eingetreten. Im Jahr 1950 wurde Krochin unter dem Namen »Ognew« und unter dem Deckmantel einer diplomatischen Stellung nach Paris geschickt, um die Verantwortung für die KGB-Operationen in Frankreich zu übernehmen. Er kehrte 1954 nach Moskau zurück, um als stellvertretender Leiter der Ersten Hauptdirektion zu dienen. Eine Zeit lang leitete er auch die Abteilung, die für die illegalen KGB-Agenten zuständig war, d. h. die Agenten, die unter falschem Namen und ohne diplomatische Tarnung im Ausland arbeiteten. Im Zentralapparat löste er General Alexander Korotkow ab, der nun die KGB-Operationen in Karlshorst leitete. Das Treffen von General

Krochin mit Staschinski deutet darauf hin, dass er von der Emigrantenabteilung in die Abteilung versetzt wurde, die die Aktivitäten illegaler Agenten beaufsichtigte.[2]

Krochin erläuterte die kommenden Veränderungen in Staschinskis Leben und Karriere, die General Korotkow in Karlshorst nur angedeutet hatte. Staschinski sollte in Moskau bleiben, um eine Ausbildung für seine künftige Arbeit im Ausland zu erhalten. Er würde sein Deutsch verbessern und Englisch lernen. Künftig sollte er nicht mehr auf sowjetischem Gebiet tätig sein, sondern sich nach der Ausbildung in einem westeuropäischen Land niederlassen. Dieser Einsatz sollte drei bis fünf Jahre dauern, und Staschinski, der sich auf einen längeren Aufenthalt im Westen freute, muss mit dem, was er hörte, zufrieden gewesen sein. Zu seiner Enttäuschung teilte Krochin Staschinski jedoch mit, dass er trotz des Wechsels des Einsatzortes seine bisherige Arbeit fortsetzen würde, nämlich die Ermordung von Feinden des Sowjetregimes. Der General fügte hinzu, dass zu seinen weiteren Aufgaben die Leitung einer Gruppe illegaler Agenten gehören könnte. Krochin betonte, dass Staschinski nicht länger ein gewöhnlicher Agent sei, sondern zur KGB-Elite gehöre.[3]

Staschinski schwieg zur Frage künftiger Attentate. Aber er warf die Frage auf, von der ihm sein Kontaktmann, Sergej Damon, gesagt hatte, dass sie nur in Moskau entschieden werden könne. Der Staragent von Karlshorst war verliebt. Er hatte eine ostdeutsche Freundin und wollte sie heiraten, bevor er für ein Jahr nach Moskau kam. Sie hieß Inge Pohl, und Staschinski hatte sie im April 1957 kennengelernt, in dem Monat, in dem er zum ersten Mal nach München gereist war, um Lew Rebet aufzuspüren. Sie hatten sich im Tanzsaal des Casinos kennengelernt, einem Teil des berühmten Berliner Friedrichstadt-Palastes.

Das Casino war die Anlaufstelle für alle, die sich in Ost-Berlin amüsieren wollten. Das Lokal war äußerst beliebt, und die Hauptattraktion war die Musik. In den 1920er-Jahren, als der berühmte Schauspieler und Regisseur Max Reinhardt den Friedrichstadt-Palast gekauft und umgebaut hatte, traten hier Künstler wie Marlene Dietrich auf. In den späten 1950er-Jahren waren andere Interpreten und Melodien in Mode. Im April 1957 kletterte Elvis Presleys Single

»All Shook Up« an die Spitze der US-Pop-Charts und hielt sich dort acht Wochen lang.

Das Casino verfügte über eine Nachtbar und einen Tanzsaal, die von 22:00 bis 4:00 Uhr morgens geöffnet waren. Die Eingangstreppe führte in einen beeindruckenden Raum, der an einen Tempel erinnerte, mit fünfzehn Meter hohen Decken. Die gelben Wände waren mit Gipsskulpturen verziert. Das Casino besaß eine zehn Meter lange Bar und ein Podium für das Orchester. Der Raum war dringend renovierungsbedürftig: Die alten Tische und Stühle, die vom jahrelangen Gebrauch verschmiert waren, waren mit rotem und gelbem Plastik überzogen. Aber die Besucher waren bereit, über die zahlreichen Unzulänglichkeiten hinwegzusehen. Der Eintrittspreis war mit zwei Mark recht günstig.

Staschinski war ledig, verfügte über einige westliche Devisen (er erhielt achthundert Deutsche Mark pro Monat, plus Tagegeld bei Reisen) und war dem Personal und den Gästen des Lokals gut bekannt. Die Frau, die Staschinski im Casino kennenlernte und in die er sich schließlich verliebte, war keineswegs eine auffällige Schönheit. Inge Pohl hatte blassblaue Augen, ein rundes Gesicht mit einer großen spitzen Nase und kleinen Grübchen, wenn sie lächelte. Ihr braunes, rötlich gefärbtes Haar war nach der neuesten Berliner Mode geschnitten. Sie war mittelgroß, etwa 1,70 m, und die Leute bemerkten oft ihre wohlgeformten Beine. Sie lebte in Dallgow, einer ostdeutschen Stadt, und arbeitete im Friseursalon Rechholz in Siemensstadt, das in West-Berlin an der Grenze zu Spandau liegt. Sie verliebte sich auf den ersten Blick in Staschinski. »Er sah sehr gut und eigentlich sehr, sehr nett aus«, erinnerte sie sich später. Sie mochte sein schwarzes Haar, sein Lächeln, das schneeweiße Zähne zeigte, und die Art, wie er sich kleidete: Er schien dunkle Anzüge zu bevorzugen.

Inge tat ihr Bestes, um so viel wie möglich über ihren neuen Tanzpartner in Erfahrung zu bringen. Er sprach eindeutig mit Akzent im Deutschen, und sie dachte zunächst, er sei Tscheche. Aber der Portier des Casinos, der Staschinski als regelmäßigen Besucher kannte, erklärte ihr, dass er ein Pole sei, der für die polnische Botschaft in Ost-Berlin arbeite. Inge mochte es nicht unbedingt, mit einem Polen auszugehen, aber in Staschinskis Fall beschloss sie, eine Ausnahme zu machen. Sie hätte sich keine Sorgen machen müssen, denn Staschinski erklärte ihr bald, dass er weder Tscheche noch Pole war, sondern ein Volksdeutscher, ein Deutscher aus dem Osten, der für das ostdeutsche Ministerium für internationalen Handel arbeitete. Sein Name sei Josef Lehmann, erzählte Staschinski seiner neuen Bekanntschaft und zukünftigen Freundin. Inge war erleichtert und glücklich.

Inge liebte ihren »Joschi«. Seine deutsche Grammatik war zwar nicht immer korrekt, aber sie verbesserte sich und war nicht schlecht für einen Deutschen, der in Polen geboren worden war und, wenn überhaupt, nur schlechtes Deutsch gehört hatte. Amerikanische GIs, die viel mehr Taschengeld hatten als die einheimischen Deutschen, waren damals bei den deutschen Mädchen besonders beliebt. Joschi war nicht schlechter als diese Amerikaner – er hatte immer Westgeld. Aber für Inge war das nicht so wichtig. Ihr eigener Verdienst in westlicher Währung entsprach auf dem Schwarzmarkt dem Gehalt eines hohen ostdeutschen Beamten, und in Joschi sah sie jemanden, der ebenso gut im Leben stand. Gut gekleidet, höflich und intelligent, war er ein guter Fang für ein Dorfmädchen, das in der Großstadt Friseurin geworden war.

Auch Staschinski fühlte sich von seiner neuen Bekanntschaft angezogen. Dem KGB-Protokoll folgend, informierte er Sergej Damon über seine neue Leidenschaft. Mit Hilfe seiner ostdeutschen Untergebenen überprüfte der KGB den Hintergrund des Mädchens und fand keine Vorstrafen oder mögliche Verbindungen zu westlichen Geheimdiensten. Staschinski erhielt die Erlaubnis, mit ihr auszugehen. Der KGB wies Staschinski jedoch darauf hin, dass, obwohl Inge und ihre Familie in Ostdeutschland lebten, ihr Vater, Fritz Pohl, ein »Kapitalist« sei. Ihm gehörte eine Autowerkstatt, in der er drei Arbeiter »ausbeutete«.

Staschinski und Inge hatten am gleichen Tag Geburtstag – dem 4. November –, aber sie war fünf Jahre jünger als er. Sie war 1936 im Berliner Vorort Spandau geboren worden. Die Beziehung zwischen ihr und ihren Eltern war nicht gerade herzlich, und als Inge Staschinski kennenlernte, lebte sie bereits allein und mietete ein Zimmer bei einer Frau, die nur wenige Häuser vom Haus ihres Vaters entfernt wohnte. Staschinski war nicht der erste Mann, in den sich Inge verliebt hatte. Sie war mit einem jungen Mann liiert gewesen, der als Fahrer für die ostdeutsche Justizministerin Hilde Benjamin arbeitete, die wegen der Todesurteile, die sie in den späten 1940er- und frühen 1950er-Jahren als Vizepräsidentin des Obersten Gerichts der DDR in Schauprozessen verhängte, als »Blutige Hilde« oder »Rote Guillotine« bekannt war. Staschinski schien eine viel attraktivere Wahl zu sein. Doch nicht unähnlich ihrer ersten Liebe hatte Staschinski einige eigene ideologische Probleme, die es zu klären galt.

Inge fand, dass ihr Freund Moskau zu sehr zugetan war. »Er sagte, die Regierungskreise in der Sowjetzone entsprächen nicht seiner Vorstellung von dem, was sie sein sollten – er fand sie zu militaristisch –, aber er lobte alles, was mit Russland und der kommunistischen Ideologie zu tun hatte«, erinnerte sich Inge später. Der KGB-Agent musste nicht nur die antikommunistische und antirussische Haltung von Inges Vater ertragen, sondern auch Inges weniger feste, aber im Grunde ähnliche Einstellungen. Inge war nicht mit allem einverstanden, was ihr Vater zu ihr sagte. Aber sie akzeptierte genauso wenig alles, was ihr Freund zu ihr sagte. Oft stritten sie sich, ohne eine gemeinsame Basis zu finden, und blieben ihren ursprünglichen Überzeugungen treu. »Ich habe seine Überzeugungen und seine Begeisterung für Russland nicht geteilt«, erinnert sich Inge. »Ich trug Argumente vor, aber er hatte immer ein Gegenargument parat.«

Sie verbrachten ihre Freizeit damit, gemeinsam durch die Straßen von Ost- und West-Berlin zu spazieren, ins Kino oder in den Tanzsaal des Casinos zu gehen. Mit der Zeit fielen Inge einige seltsame Dinge am Verhalten ihres Freundes auf. Er war erstaunlich vorsichtig, wenn es um seine Papiere ging. Als einmal im Casino Staschinskis Brieftasche aus seiner Jackentasche fiel und Inge sie aufhob, griff Staschinski sofort nach den Dokumenten. Er schien keine geregelten Arbeitszeiten zu haben, und manchmal verschwand er wochenlang mit der Begründung, er sei im Ausland, meist in Polen, im Auftrag des Handelsministeriums. Einmal war er einen ganzen Monat lang weg und erzählte Inge, er sei auf der Leipziger Messe gewesen. In Wirklichkeit befand er sich auf einem seiner KGB-Einsätze in München. Inge wurde zu Recht misstrauisch.

Im Frühjahr 1959, zwei Jahre nachdem sie begonnen hatten, sich zu treffen, folgte Inge Staschinski heimlich in sein gemietetes Zimmer in Ost-Berlin, weil sie dachte, er würde sich mit einer anderen Frau treffen. Sie fand nichts als einen überraschten Freund vor. Inge äußerte ihren Verdacht und drohte, die Beziehung zu beenden, aber Staschinski versicherte ihr, dass er keine andere Freundin habe. Er liebte sie; mehr noch: Er wollte sie heiraten. Staschinski machte ihr einen Heiratsantrag, den Inge freudig annahm. Sie kauften ihre Ringe im Berliner Stadtteil Gesundbrunnen, der zur westlichen Besatzungszone gehörte. Die Ringe waren größer als die, die sie im Osten bekommen konnten. Sie waren glücklich. Trotz ihrer politischen Differenzen liebten sie sich offensichtlich. »Persönlich haben wir uns sehr gut verstanden«, erinnerte sich Inge später. Sie war nicht besonders kultiviert oder gebildet, aber sie besaß einen starken Charakter und einen unabhängigen Geist. Vor allem aber blieb sie Staschinski treu, der in ihr eine Entschlossenheit fand, die ihm selbst zu fehlen schien, eine moralische Stütze, die er in seinem Leben dringend brauchte. Ihre politischen Meinungsverschiedenheiten waren zweitrangig. An erster Stelle stand ihre Liebe zueinander.[4]

Staschinski erzählte seinen KGB-Mitarbeitern nicht sofort von der Verlobung. Aber nach seinem Treffen mit General Korotkow, der Staschinski über seine Versetzung nach Moskau informierte, konnte er die Verlobung nicht länger geheim halten. Staschinski fragte Damon, was mit Inge geschehen würde. Er sagte Damon, dass er seine Verlobte heiraten wolle. Der KGB-Offizier zeigte sich unbeeindruckt. Sie passe nicht zu ihm, sagte der Vorgesetzte – aufgrund ihres niedrigen sozialen Status, und zudem sei sie eine Deutsche. Die Heirat mit einer deutschen Frau würde Staschinskis vielversprechende Karriere behindern. Damon glaubte, dass eine Versetzung nach Moskau eine gute Gelegenheit wäre, um sich von Inge zu trennen. Um das Ganze zu erleichtern, könnte er ihr eine

Abfindung in bar anbieten. Der KGB war bereit, ein paar Tausend Mark zuzuschießen. Das war nicht das, was Staschinski hören wollte. Er beharrte darauf, dass er verliebt sei und Inge heiraten wolle, egal was Damon sagte. Damon beschloss, auf Zeit zu spielen. Er sagte seinem Agenten, dass er die Frage der Heirat bei den höheren Stellen in Moskau ansprechen müsse. Staschinski war einverstanden.[5]

Nun stellte er die Frage der Heirat mit Inge vor dem höchsten KGB-Beamten, dem er je begegnet war, General Krochin. Wie Staschinskis Vorgesetzte in Karlshorst war auch Krochin gegen die Heirat Staschinskis. Er erklärte Staschinski, dass KGB-Männer keine Ausländerinnen heirateten. Außerdem könne er dies aus dem einfachen Grund nicht tun, weil seine Tage als Josef Lehmann vorüber seien. Er würde bald einen anderen Namen annehmen und eine andere Lebensgeschichte, eine »Legende«, leben. Der General schlug vor, dass Staschinski eine sowjetische Frau heiraten sollte, die beim KGB angestellt war. Dann könnten beide eine entsprechende Ausbildung erhalten und in den Westen entsandt werden. Das würde Staschinskis Erfolgschancen und seine Karriereaussichten beim KGB erhöhen. Staschinski gab nicht nach. Er versuchte, ein Gegenargument vorzubringen. Die Heirat mit einer deutschstämmigen Frau würde seiner KGB-Karriere zugutekommen, denn sie würde es ihm erleichtern, sich im Westen zu etablieren, sagte er dem General. Aber Krochin wollte nicht hören. Er wollte, dass Staschinski die Sache mit Inge vergaß. Sergej Damon hatte es lediglich hinausgezögert, Staschinski die offizielle Linie mitzuteilen: In Moskau war man ebenso entschieden gegen seine Heiratspläne wie dessen Betreuer in Karlshorst.[6]

Bevor er abreiste, forderte General Krochin Staschinski auf, sich gut zu überlegen, was er ihm über Inge gesagt hatte. »In ein paar Tagen, wenn Sie darüber nachgedacht haben, lassen Sie es mich wissen: Ich komme dann gerne zu Ihnen und wir besprechen die Angelegenheit noch einmal«, sagte er zu Staschinski. Staschinski wusste, was das bedeutete. Der General erwartete von ihm, dass er seinen Vorschlag annahm, Inge fallen zu lassen und sich eine Frau unter den weiblichen KGB-Mitarbeitern zu suchen. Staschinski hatte nur ein paar Tage Zeit, um sich zu entscheiden.[7]

19

Auszeichnung

Wie immer war die erste Dezemberwoche eine geschäftige Zeit in Moskau. Der 5. Dezember 1959 war ein Feiertag, der Tag der Verfassung. Die Zeitungen berichteten über die wirtschaftlichen Errungenschaften der Sowjetunion, und in den Kinos von Moskau, Leningrad, Kyjiw und anderen Hauptstädten der Republiken sahen die Zuschauer einen Dokumentarfilm über Nikita Chruschtschows Besuch in den Vereinigten Staaten. »Es ist eine Freude, die schönen Früchte der friedliebenden Außenpolitik des Sowjetstaates zu sehen«, schrieb das Sprachrohr der Kommunistischen Partei, die *Prawda*, anlässlich der Filmpremiere, die Chruschtschow beim Kuss mit US-Präsident Dwight Eisenhower zeigte. Einen Tag zuvor hatte das sowjetische Außenministerium der Organisation der Vereinten Nationen in New York zwei beeindruckende Geschenke überreicht: eine Statue mit dem Titel *Schwerter zu Pflugscharen*, die von dem führenden sowjetischen Bildhauer Jewgeni Wutschetitsch geschaffen wurde, und ein Modell des Sputnik – des ersten künstlichen Satelliten der Welt, den die Sowjets im Oktober 1957 in Betrieb genommen hatten. Die Skulptur eines muskulösen nackten Mannes, der mit einem Hammer auf ein zerbrochenes Schwert einschlug, sollte den sowjetischen Wunsch nach Frieden symbolisieren. Der Sputnik hingegen diente als Symbol für die technologischen Errungenschaften der Sowjetunion und erinnerte daran, dass sowjetische Raketen nun die amerikanischen Küsten erreichen konnten.[1]

Es war um den Tag der Verfassung herum, als Bogdan Staschinski endlich in das Allerheiligste der Welt der Geheimpolizei eingelassen wurde – das KGB-Hauptquartier am Lubianka-Platz in Moskaus Zentrum. Als er sich dem Gebäude näherte, von dem er schon so viel gehört hatte, konnte Staschinski nicht umhin, die jüngste Ergänzung des Innenhofs zu bemerken – ein brandneues Denkmal für Feliks Dzierżyński, den in Polen geborenen Gründer der sowjetischen Geheimpolizei. Das Dzierżyński-Denkmal symbolisierte den Versuch der neuen KGB-Führung, das durch die Stalin-Ära stark befleckte Image des Geheimdienstes aufzupolieren und an die mythologisierte Vergangenheit Lenins und der bolschewistischen Gründer des sowjetischen Geheimdienstes anzuknüpfen.

Nachdem er die Sicherheitskontrolle am Eingang passiert hatte, wurde Staschinski von seinem alten Bekannten Oberst Georgi Ischtschenko empfangen, dem Leiter der Emigrantenabteilung der KGB-Geheimdienstdirektion. Bei Staschinskis vorherigem Besuch in Moskau im April 1959 war es Ischtschenko gewesen, der ihm den Auftrag gegeben hatte, Bandera zu töten. Nun begleitete Ischtschenko seinen Staragenten zum Büro des Vorsitzenden der Geheimpolizei, Alexander Schelepin. Als sie vom diensthabenden Offizier hereingelassen wurden, sah Staschinski einen kleinen Mann Anfang vierzig mit Geheimratsecken, hoher Stirn, spitzer Nase und neugierigen Augen. In Schelepins Büro erblickte Staschinski auch seinen neuen Chef, General Alexej Krochin.

Der KGB-Chef erhob sich von seinem Stuhl, ging ein paar Schritte auf Staschinski zu und begrüßte ihn mit einem Lächeln. Nachdem er Staschinski willkommen geheißen hatte, griff Schelepin nach einer Akte auf seinem Schreibtisch, an die ein vergrößertes Foto von Staschinski geheftet war. Er nahm ein Zitat aus der Akte und las den Text laut vor. Das vom Vorsitzenden des Präsidiums des Obersten Sowjets der UdSSR, Marschall Kliment Woroschilow, am 6. November 1959 unterzeichnete Dekret verlieh Bogdan Nikolajewitsch Staschinski den Kampforden des Roten Banners »für die Erfüllung einer wichtigen offiziellen Aufgabe unter außerordentlich schwierigen Umständen«. Nachdem er die Ehrung verlesen hatte, nahm Schelepin ein Etui mit dem Orden von seinem Schreibtisch und überreichte es Staschinski, schüttelte ihm dann die Hand und beglückwünschte ihn zu der Auszeichnung. Die bei der Verleihung anwesenden KGB-Offiziere standen stramm. »Es war feierlich«, erinnerte sich Staschinski später. Staschinski erhielt die

Auszeichnung, aber nicht die Ehrung, die zurück in seine KGB-Akte wanderte – ihr Inhalt blieb geheim. Schelepin teilte Staschinski mit, dass seine Auszeichnung nicht in der Presse bekannt gegeben werden würde. »Sie wissen, dass über solche Dinge nicht geschrieben wird«, sagte er.[2]

Schelepin war begierig darauf, mit seinem geschätzten Agenten zu sprechen und aus erster Hand einen Bericht über Staschinskis geheime Mission zu hören. Der KGB-Chef war an jedem Detail interessiert, angefangen bei Staschinskis ersten Reisen ins Ausland, um Bandera aufzuspüren. Besonders interessiert zeigte er sich an den Einzelheiten des Attentats selbst. Er wollte wissen, wo Staschinski gestanden hatte und wo sich Bandera zum Zeitpunkt der Schießerei befand. Er fragte sogar nach der Farbe der Tomaten, die Bandera bei sich trug: rot oder grün? Die Medien hatten berichtet, dass Bandera eine Tüte mit grünen Tomaten bei sich trug, aber Staschinski behauptete, sie seien rot gewesen. Wenn er von seinem eigenen Chef, Nikita Chruschtschow, gefragt wurde, was mit Bandera geschehen war, musste Schelepin in der Lage sein, ihn über die Einzelheiten, die kleinsten Details der Tat zu informieren.[3]

Nachdem er sich die ausführliche Schilderung des Bandera-Attentats angehört hatte, teilte Schelepin dem jungen Agenten mit, was er bereits von Korotkow und Krochin wusste: Er würde vorerst in Moskau bleiben, um eine zusätzliche Ausbildung zu erhalten. Sobald sich die Aufregung um das Attentat gelegt habe, werde er zurückgeschickt, um seine Arbeit im Westen fortzusetzen. »Mit viel politischem und propagandistischem Geschick«, erinnerte sich Staschinski später, »sagte er, dass das, was von mir erwartet wurde, schwierig, aber ehrenvoll sei.« Staschinski stimmte zu und nutzte dann die Gelegenheit, das Thema anzusprechen, das ganz oben auf seiner persönlichen Agenda stand. Er erzählte dem KGB-Vorsitzenden, dass er Inge Pohl heiraten wolle.

Schelepin, Staschinskis letzte Hoffnung auf die Erlaubnis, seine Verlobte zu heiraten, war bereits über die Liebesaffäre seines Agenten unterrichtet worden. Wie seine Untergebenen war auch er gegen die Heirat. »Ist es nicht ein bisschen früh?«, fragte er. Dann führte er das gleiche Argument an, das Staschinski bereits gehört hatte. »Sie wissen, dass es für einen KGB-Agenten nicht üblich ist, eine Ausländerin zu heiraten«, sagte Schelepin. Staschinski entgegnete, dass er in den drei Jahren, die er Inge kenne, zu der Überzeugung gelangt sei, dass sie die richtige Frau für ihn sei. »Ich beschrieb sie als ein anständiges, fleißiges Mädchen, mit dem ich mich gut verstand und das sowjetischen Ideen gegenüber keineswegs abgeneigt war«, sagte Staschinski später. Er log nach Strich und Faden. Er wusste, dass Inge Russland und dem Kommunismus alles andere als wohlwollend gegenüberstand, aber er hatte beschlossen, alles zu riskieren. »Ich habe Schelepin belogen, um mein Ziel zu erreichen«, erinnerte er sich später.

General Krochin gab ihm einige Tage Zeit, um die Angelegenheit zu überdenken, und Staschinski tat genau das. Abgesehen von den Vorbehalten seiner Vorgesetzten hatte er auch selbst Zweifel. Die Heirat bedeutete, dass er die Frau, die er liebte, in den Alptraum seiner früheren und gegenwärtigen Beziehungen zum KGB hineinziehen musste. Aber die Alternative – sie zu verlassen und eine KGB-Mitarbeiterin zu heiraten – wollte er nicht in Betracht ziehen. »Auf sie zu verzichten, würde bedeuten, sie allein und im Stich zu lassen«, erinnerte er sich später. »Das war etwas, das ich nicht tun wollte und nicht tun konnte.« Der Mann, der Verrat zu seinem Beruf gemacht und seine Familie verraten hatte, war nicht bereit, Inge Pohl zu verraten.

Es war jedoch mehr als Liebe und die Angst vor Verrat, die seine Entscheidung beeinflussten. »Ich hatte keine hohe Meinung von mir selbst«, sagte Staschinski und erinnerte sich an seinen seelischen Zustand nach den Attentaten. Er brauchte jemanden, der ihn verstehen und ihm verzeihen konnte. »Meine Seele stand auf dem Spiel«, sagte er bei einer anderen Gelegenheit. »Ich verabscheute bereits, was ich getan hatte. Hätte ich Inge Pohl nicht geheiratet, wäre ich wahrscheinlich wieder ein linientreuer Kommunist und KGB-Mann geworden.« Das war das Schicksal, das ihn erwartete, wenn er eine KGB-Frau heiratete, wie seine Chefs vorschlugen. Und genau das wollte Staschinski um jeden Preis vermeiden. Er versuchte, seine Seele zu retten. Inge war seine Rettung, der

Fels, auf den er sich stützen konnte, um sich aus dem Sumpf zu ziehen.

Doch Schelepin machte weiter. »Sie haben jetzt große Erfolge hinter sich«, sagte er zu Staschinski und versuchte, die Karriere-Karte zu spielen. Ebenso wenig war er scharf darauf, den Heiratsvermittler zu spielen. »Wir haben auch hübsche Frauen. Sehen Sie sich zum Beispiel diese hier an«, fuhr der KGB-Chef fort und zeigte auf ein Foto einer attraktiven jungen Frau in seiner Akte. »Auf die Schönheit kommt es nicht an«, antwortete Staschinski. »Wenn man jemanden schon lange kennt und weiß, dass es gut ist, mit ihm zusammenzuleben, ist das genau das, was man braucht.« In diesem Moment gab Schelepin seine Versuche auf, Staschinski zu einer Heirat mit einer Sowjetbürgerin zu überreden. Wenn Staschinski darauf bestehe und von der positiven Einstellung seiner Verlobten zur Sowjetunion überzeugt sei, werde man versuchen, in seinem Fall eine Ausnahme zu machen. Es gab jedoch einen Haken. Solange Inge die Staatsbürgerschaft eines osteuropäischen Landes besaß, war eine solche Ausnahme nicht möglich: Sie musste die sowjetische Staatsbürgerschaft annehmen. Außerdem müsste Inge zustimmen, ihn bei seiner Arbeit für den KGB zu unterstützen.

Die Logik des KGB war einfach. Wenn Staschinski keine sowjetische Frau im Dienste des KGB heiraten wollte, dann musste seine deutsche Frau sowjetische Staatsbürgerin werden und dem KGB beitreten. Ihre Bereitschaft, dies zu tun, war eine Voraussetzung für ihre Heirat. William Hood, der Leiter der CIA-Station in München, unter dessen »Aufsicht« Staschinski Bandera ermordet hatte, schrieb später, dass die äußerst vorsichtige Haltung der Sowjets gegenüber den romantischen Beziehungen ihrer Agenten wahrscheinlich auf das Überlaufen von Grigori Agabekow im Jahr 1931 zurückzuführen war. Agabekow, der Chef des Geheimdienstes der UdSSR in der Türkei, hatte sich in eine junge Engländerin verliebt, die er als Sprachlehrerin eingestellt hatte. Es wurde vermutet, dass ihre Romanze zu seiner Entscheidung beigetragen hatte, seinen Posten aufzugeben und wichtige Informationen über die sowjetischen Spionagenetze im Nahen Osten zu übergeben. Die Erinnerung an Agabekows Überlaufen war für die KGB-Oberen noch sehr frisch. Schließlich war es Staschinskis Chef in Karlshorst, General Alexander Korotkow, gewesen, der den Verräter »liquidiert« und dabei geholfen hatte, seine Leiche in einen Koffer zu stopfen, um sie in die Seine zu werfen.[4]

Staschinski war von Schelepins Vorschlag überrascht – diese Bedingungen würden die Ehe für ihn und seine Verlobte zu einer Falle machen, nicht zu einer psychologischen Flucht aus der Umarmung des KGB. Dennoch war es das Beste, was er unter den gegebenen Umständen erreichen konnte, und er wollte es sich nicht durch die Lappen gehen lassen. Staschinski schlug ihm vor, Ende des Monats nach Ostberlin zurückzukehren und ihr den Vorschlag zu unterbreiten. Aber General Krochin hatte andere Vorstellungen. Er wollte, dass Staschinski so schnell wie möglich mit der Ausbildung begann und erst im Frühjahr oder Frühsommer zur Hochzeit nach Berlin fuhr. Bis dahin durften Staschinski und Inge nur korrespondieren. »Damit war ich nicht einverstanden«, erinnerte sich Staschinski später. »Mir war klar, dass er die Zeit nutzen wollte, um meine Pläne zu durchkreuzen.«

Staschinski hatte schnell eine neue Argumentation parat. Er erklärte Schelepin und Krochin, dass es für ihn schwierig wäre, so lange in einem Zustand der Ungewissheit zu leben. Er würde es vorziehen, seine Familienangelegenheiten zu regeln, bevor er seine Ausbildung begänne und neue Aufträge annehme. Das erschien Schelepin vernünftig. Er sagte Staschinski, dass sie sich in Berlin nach Inge erkundigen würden. »Wir haben gute Beziehungen zu unseren Freunden in der Deutschen Demokratischen Republik. Wenn sie so ist [d. h. so wie Sie sie beschreiben], dann haben wir nichts dagegen.« Schelepin schlug vor, dass Staschinski, bevor er Inge seine KGB-Tätigkeit offenlegte und ihr einen Heiratsantrag machte, sie für ein paar Wochen nach Moskau bringen solle, um sie mit dem Leben in der UdSSR vertraut zu machen. Dort konnte sich der KGB natürlich selbst ein Bild von Staschinskis Verlobter machen. Sie vereinbarten, dass Staschinski zu Weihnachten nach Ostberlin reisen und Inge dann nach Moskau zurückbringen würde.[5]

20

Vorschlag

Am Abend nach seiner Audienz bei Schelepin feierte Bogdan Staschinski seine Auszeichnung mit Major Arkadi Fabrischnikow und einem gewissen Nikolai Nikolajewitsch, einem anderen KGB-Offizier, der ihn in Moskau betreuen sollte. Nach den freigegebenen Biografien der KGB-Offiziere zu urteilen, lautete sein vollständiger Name Nikolai Nikolajewitsch Krawtschenko. Er war Oberstleutnant beim KGB und diente als Assistent des Leiters der KGB-Emigrationsabteilung, Oberst Ischtschenko.

Fabrischnikow, ein ethnischer Russe, hatte als Soldat der Roten Armee gegen die Deutschen gekämpft und war nach dem Krieg dem NKWD beigetreten. Eine seiner ersten Aufgaben hatte darin bestanden, die Ausrottung des polnischen Untergrunds in der Ukraine zu unterstützen. Danach ging er gegen ukrainische Emigrantengruppen vor, zunächst in der Tschechoslowakei und dann in Deutschland. Dort hatte er unter anderem die in München ansässigen und von den USA finanzierten Sender Radio Liberty und Radio Free Europe im Visier, die durch den Eisernen Vorhang hindurch sendeten. Fabrischnikow war im Februar 1954 erstmals nach Berlin gereist und wurde 1957 von der Berliner CIA-Station als KGB-Offizier identifiziert.

Fabrischnikow reiste im Oktober 1959 nach Moskau, im selben Monat, in dem Staschinski Bandera ermordete. In den KGB-Büros in Karlshorst machte das Gerücht die Runde, Major Fabrischnikow, der als einer der führenden Experten für die Emigration galt, habe sich gegen Banderas Ermordung ausgesprochen, mit der Begründung, dass dies ihn nur zum Märtyrer machen würde. Was auch immer Fabrischnikow zu diesem Thema dachte, er sagte Staschinski nichts davon. Das erfolgreiche Attentat bedeutete Auszeichnungen und Beförderungen nicht nur für Staschinski, sondern auch für die an der Operation beteiligten KGB-Offiziere. Nikolai Krawtschenko, der Mann, mit dem Fabrischnikow und Staschinski das Ereignis feierten, wurde am selben Tag, an dem Staschinski seinen eigenen Orden erhielt, mit dem höchsten KGB-Orden als »Verdientes Mitglied des KGB« ausgezeichnet. Es spricht viel dafür, dass er eine Schlüsselfigur bei der Koordinierung des Attentats auf Bandera von Moskau aus war.[1]

Staschinski hatte guten Grund zum Feiern. Der Weg zur Heirat mit Inge Pohl war so gut wie frei. In den folgenden Tagen besprach Staschinski mit Krawtschenko ausführlich, wie er mit Inge und ihrer Familie in Berlin umgehen sollte. Bevor er Inge nach Moskau einlud, sollte er ihr sagen, dass er nicht für das DDR-Handelsministerium arbeitete, wie er ihr zuvor hatte weismachen müssen, sondern dass er für die Stasi, das DDR-Ministerium für Staatssicherheit, tätig war. Seine Vorgesetzten waren mit seiner Arbeit zufrieden und wollten ihm eine Zusatzausbildung für die Arbeit in Westdeutschland geben. Er wollte, dass sie sich mit ihm für diesen wichtigen Auftrag ausbilden ließ; dann würden sie gemeinsam in den Westen gehen, um für den Weltfrieden zu arbeiten. Der Plan war, Inge nicht nur aus persönlichen Gründen anzuwerben, indem man ihre Gefühle für Staschinski und ihren Wunsch, ihn zu heiraten, ausnutzte, sondern auch aus ideologischen Gründen – da kam die Idee des Kampfes für den Frieden gerade recht. Wenn Inge sich bereit erklärte, mit ihm für die Stasi zu arbeiten, würde er sie nach Moskau einladen, wo er ihr die Wahrheit – oder besser gesagt, einen Teil der Wahrheit – über ihren gemeinsamen zukünftigen Dienst für den KGB erzählen würde. Staschinski willigte in den Plan ein.[2]

Inge war froh, ihren Joschi wiederzusehen. Er hatte nicht geplant, vor dem Sommer zurückzukehren, aber er hatte es unerwartet geschafft, ein paar Tage Urlaub für die Weihnachtsferien zu bekommen, erzählte er ihr. Das war eine angenehme Überraschung. Bisher hatte sie nur einen Brief von ihm erhalten, der, soweit sie es beurteilen konnte, aus Warschau abgeschickt worden war – der Stadt, in die er ihr gesagt hatte, dass er gehen würde, als er tatsächlich nach Moskau ging. (Er hatte zwei geschickt, aber der erste Brief, den er seinen Kontaktleuten in Moskau übergeben hatte, um ihn von Warschau aus abzuschicken, war auf mysteriöse Weise verschwunden und hatte Berlin nie erreicht). Staschinski holte Inge nach der Arbeit im Friseursalon ab, und sie verbrachten den Weihnachtsabend im Kreise ihrer Familie in ihrem Heimatdorf Dallgow an der Grenze zu West-Berlin. Alle am Tisch wollten etwas über Joschis Erlebnisse in Warschau erfahren, aber er zog es vor, über andere Themen zu sprechen.

Nach dem Festessen gingen Staschinski und Inge zu dem Haus, in dem sie ein Zimmer gemietet hatte. Auf dem Weg dorthin fragte er sie, ob sie in den letzten Tagen von jemandem angesprochen worden sei, und bat sie, ein Paket aufzubewahren. Staschinski war erleichtert, als sie verneinte. Er vermutete, dass der KGB versuchen würde, sie dazu zu bringen, ein Aufnahmegerät mitzunehmen, damit Staschinskis Kontaktleute das Gespräch ausspionieren konnten. Sergej Damon hatte ihn sogar gebeten, das Gespräch, das er mit Inge führen wollte, aufzunehmen.»Er erklärte, warum er das vorhatte«, erinnerte sich Staschinski später, und sagte, es sei »nicht, weil sie mir nicht vertrauten«. Damon sagte zu Staschinski, wenn es eine Aufzeichnung gäbe, könnten sie ihm helfen zu verstehen, was Inge wirklich dachte:»Angesichts meiner engen Beziehung zu meiner Verlobten könnte ich ihre Antworten nicht immer ganz verstehen, während er sie gut verstehen würde.« Aber offensichtlich vertraute der KGB seinem Staragenten nicht völlig.[3]

William Hood, der Münchner CIA-Stationschef zur Zeit des Bandera-Attentats, schrieb später, dass die Aufgabe der Agentenbetreuer überall darin besteht, ihren Agenten »in eine Position zu manövrieren, in der er nichts zurückhalten kann – weder das kleinste Stückchen Information noch das intimste Detail seines persönlichen Lebens«.»Was auch immer seine Motive sein mögen«, schrieb er,»die Rolle eines Spions ist es, Vertrauen zu missbrauchen. Einem Mann, der sich freiwillig gemeldet hat oder angezapft wurde, um Verrat zu begehen, kann man logischerweise nie wieder trauen ... Welche Vorbehalte ein Agent auch immer haben mag, wenn er sich verpflichtet, ist es eine Tatsache, dass, wenn ein Geheimdienst einen Spion kauft, er ihn *in Gänze* kauft. Kein

Spionagedienst kann den geringsten Anflug von Unabhängigkeit oder Zurückhaltung eines Agenten dulden. Für den Spion ist die Spionage eine Einbahnstraße.«[4]

Staschinskis KGB-Chefs folgten eindeutig dem internationalen Spionagehandbuch, aber ihr Staragent wollte nicht mitmachen. Im Laufe seiner Jahre beim KGB hatte Staschinski gelernt, wie man mit seinen Vorgesetzten umgeht. Die beste Art, Nein zu sagen, war seiner Erfahrung nach, mit Begeisterung zuzustimmen, dann aber objektive Faktoren anzuführen, die es schwierig oder unmöglich machen, einen bestimmten Auftrag auszuführen. Bei Damon war Staschinski von der Idee begeistert, sein Gespräch mit Inge abzuhören, wies dann aber darauf hin, dass das Signal des Abhörgeräts leider nur aus einer Entfernung von höchstens zweihundert Metern empfangen werden könne. Um den Plan in die Tat umzusetzen, müsste ein Lieferwagen mit Abhörgerät in der Nähe des Hauses der Familie Pohl geparkt werden, das sich in erheblicher Entfernung von anderen Gebäuden befände. Das würde mit Sicherheit Verdacht erregen. Damon musste Staschinskis Argumentation zustimmen. Sein Gespräch mit Inge würde nicht aufgezeichnet werden.

Staschinski begann mit einem persönlichen Geständnis. Er sagte Inge, dass er sie über seine Identität getäuscht habe. Er teilte ihr mit, dass er nicht Josef Lehmann sei. Tatsächlich sei er nicht einmal Deutscher. Er sei Russe. Sie war schockiert und verwirrt. Später sagte er, sie habe reagiert, als sei sie »aus allen Wolken gefallen«. Er erinnerte sich: »Ich versuchte, den Schlag zu mildern, indem ich sagte, dass ich eigentlich kein Russe, sondern Ukrainer sei.« Es war ein kalkulierter Schachzug. Viele Deutsche sahen die Russen als traditionelle Feinde und nun als Besatzer, aber sie sahen die Ukrainer als eines der osteuropäischen Völker, die von den Sowjets gefangen gehalten wurden. Damit verstieß er eindeutig gegen alle Anweisungen, die er vom KGB sowohl in Moskau als auch in Karlshorst erhalten hatte. Er hatte die Tarnung von Lehmann auffliegen lassen und seine wahre Identität preisgegeben. Anstatt ihr die Stasi-Geschichte zu erzählen, erklärte Staschinski Inge, dass er für den KGB arbeite und nicht aus Warschau, sondern aus Moskau nach Berlin gekommen sei. Dort habe er den KGB-Chef persönlich getroffen, der seine Zustimmung zu ihrer Heirat gegeben habe. Sie war die erste nicht-sowjetische Frau, die einen KGB-Agenten heiraten durfte. Die Bedingung war, dass sie dem KGB beitreten musste.[5]

Inge brach in Tränen aus. Ihre Kriegserfahrungen hatten sie alles andere als freundlich gegenüber den Russen oder den Sowjets im Allgemeinen gemacht. Ihr Vater, Fritz Pohl, war zur Wehrmacht eingezogen worden, und Anfang 1945 waren Inge und ihre Mutter aus Angst vor dem bevorstehenden sowjetischen Angriff auf Berlin in die mecklenburgische Stadt Feldberg, nordöstlich der Hauptstadt, gezogen. Feldberg war in die sowjetische Besatzungszone geraten. Der neue von den Sowjets ernannte Bürgermeister der Stadt war der bekannte antifaschistische deutsche Schriftsteller Hans Fallada, der in seinen Romanen die sowjetische Besatzung und das neue Regime lobte. Die Sowjets zitierten gerne eine seiner lobenden Äußerungen: »Ich war erstaunt über das russische Volk ... Wo und wann hat man je erlebt, dass eine erobernde Armee so freundlich und großzügig zu einem eroberten Volk war?«

Die tatsächliche Situation unterschied sich stark von der Darstellung in Falladas Romanen. Inge erinnerte sich an die Massenvergewaltigungen von Frauen in Feldberg durch Soldaten der siegreichen Roten Armee. »Am schlimmsten waren die Mongolen«, erinnerte sie sich später, »die Kosakenmützen trugen und kleine Peitschen in der Hand hatten.« Damit meinte sie wahrscheinlich die sowjetischen Soldaten, die aus den zentralasiatischen Steppen und Südsibirien rekrutiert worden waren – die »Asiaten«, die in der Nazi-Propaganda als Untermenschen dargestellt wurden. Jetzt schienen sie ihr Bestes zu geben, um Joseph Goebbels Recht zu geben. Inges Mutter war dreimal vergewaltigt worden. »Keine Frau wurde verschont«, erinnerte sich Inge. Viele Frauen nahmen sich das Leben. Aber Inge und ihre Mutter hatten die Tortur überlebt. Am Heiligabend 1945 kam Fritz Pohl nach Hause. Er war aus einem britischen Kriegsgefangenenlager entlassen worden. Doch er erlebte eine Überraschung: Inges Mutter hatte Anfang des Jahres einen Sohn zur Welt gebracht, der ebenfalls Fritz hieß. Die Kriegserlebnisse des älteren Fritz hatten wenig dazu beigetragen, ihn zu einem Anhänger des neuen Regimes zu machen. »Die Familie Pohl war keinesfalls russophil, sondern betrachtete die russische Besatzung eher als Feind«, erinnerte sich Staschinski später. Inges Vater machte aus seinen Gefühlen keinen Hehl, besonders wenn er betrunken war. Seine Ansichten wurden öffentlich, als er in einer der Lokalzeitungen namentlich erwähnt wurde. Es schien ihn nicht sonderlich zu kümmern. »Er trug den Zeitungsausschnitt immer mit sich herum und zeigte ihn mit großem Stolz, wenn das Gespräch auf dieses Thema kam«, erinnert sich Staschinski.[6]

Nachdem sie Staschinski zugehört hatte, war Inge nicht nur schockiert – sie war entsetzt. Es war ihr egal, dass dies die »Worte und Bedingungen« seiner Vorgesetzten waren und nicht das, was er selbst wollte. Sie sagte Staschinski sofort, dass er verrückt sein müsse, so etwas vorzuschlagen, da er ihre Haltung gegenüber dem kommunistischen System genau kenne. »Das ist in Ordnung«, antwortete Staschinski. »Aber wenn wir zusammenleben wollen, was auch immer passieren mag, dann musst du das tun. Du musst so tun, als ob du ihre Vorschläge akzeptierst und dich zur Zusammenarbeit bereit erklärst.« Inge war nicht bereit, ihn oder die Aussicht auf ihre Ehe aufzugeben, aber sie war ebenso wenig bereit, dem KGB beizutreten.

Sie hatte einen besseren Plan für beide: Sie sollten sofort in den Westen fliehen. Da Dallgow nur wenige Kilometer von West-Berlin entfernt war, schien das ein vernünftiger Vorschlag zu sein. Aber Staschinski weigerte sich, mitzumachen. »Ich sagte ihr«, erinnerte er sich später, »dass ich es jetzt nicht tun könne, aber dass uns diese Möglichkeit in der Zukunft offenstehe. Wir sollten auf Zeit spielen.« Staschinski glaubte, dass die Ausbildung, die er in Moskau erhalten würde, ihm sehr helfen würde, wenn es an der Zeit war, ihr Leben im Westen aufzubauen. »Ich wusste, dass ich nach der neuen Ausbildung wieder nach Westdeutschland oder in ein anderes westeuropäisches Land geschickt werden würde«, erinnert er sich an seine Gedanken zu dieser Zeit. Er erzählte Inge, dass sein zukünftiger Einsatz im Westen bereits feststand.

Es war ein langes Gespräch. Inge beruhigte sich schließlich. Staschinski sagte ihr, dass sie keine echte KGB-Mitarbeiterin werden müsste und dass er alles in seiner Macht stehende tun würde, um sie vor der Übernahme von KGB-Aufträgen zu schützen. Alles, was er von ihr verlange, sei, eine Rolle zu spielen. Er erzählte ihr viel über sich selbst, aber nichts über die Art seiner Arbeit für den KGB oder die Attentate, die er ausgeführt hatte. Er war nicht besorgt, dass sie ihn versehentlich verraten könnte, aber er hielt es für ihre eigene Sicherheit für das Beste, dass sie nichts über die Attentate wusste. Schließlich willigte Inge ein, die Rolle zu spielen, die er ihr für die bevorstehende Reise nach Moskau zugedacht hatte – die einer Sowjet-Sympathisantin, die bereit war, ihren künftigen Ehemann bei seiner schwierigen, aber ehrenvollen Arbeit für den Weltfrieden zu unterstützen.

»Wir kamen also zu einer Übereinkunft«, erinnerte sich Staschinski, »und ich warnte sie, dass alles, was wir besprochen hatten, unter uns bleiben müsse. Ich sagte ihr, dass sie nicht nur in Moskau nichts von dem sagen dürfe, was wir besprochen hatten, sondern dass sie vorerst auch ihren Eltern nichts mitteilen dürfe – wir müssten uns an die alte ›Legende‹ halten. Sie war damit einverstanden.«[7]

21
Vorstellung der Braut

Am 9. Januar 1960 bestiegen Staschinski und Inge einen Zug nach Moskau. In ihren Taschen befanden sich sowjetische Pässe, die von Sergej Damon zur Verfügung gestellt worden waren. Ein paar Tage zuvor hatte Damon Inge um ein Foto gebeten, und nun hatte sie in ihrer Handtasche einen nagelneuen sowjetischen Pass, ausgestellt auf den Namen Inga Fedorovna Krylowa. Staschinski reiste wie immer mit dem Reisepass von Aleksandr Antonowitsch Krylow. Während Staschinski und Inge noch nicht verheiratet waren, waren es die Krylovs bereits. In Moskau wurden sie von einem KGB-Offizier abgeholt und zum Hotel Ukraine gebracht, wo Staschinski bei seinem ersten Besuch in Moskau im April 1959 abgestiegen war. Aber er sollte keine Vertrautheit mit dem Hotel oder mit der Stadt zeigen. Seine KGB-Chefs wollten, dass er Inge erzählte, dass er zum ersten Mal in Moskau sei und dass die Reise eine Belohnung für seine gute Arbeit für den ostdeutschen Geheimdienst sei.

Staschinskis KGB-Chefs arbeiteten hart daran, seine Verlobte einzuschätzen. Arkadi Fabrischnikow, der KGB-Offizier, der das Paar auf seinen Besichtigungs- und Einkaufstouren durch die Stadt begleitete, wollte wissen, was sie über Moskau und das sowjetische Leben im Allgemeinen dachte. Er fragte sie nach ihrer Meinung zu allem, was sie sah. Inge sollte nicht wissen, dass es sich um einen KGB-Mann handelte, obwohl es angesichts seiner ständigen Anwesenheit schwer war, seine Identität nicht zu erraten. Sie spielte die Rolle der aufgeregten Touristin ziemlich gut, aber sie fragte Staschinski von Zeit zu Zeit heimlich, ob sie sich mit einem bestimmten Detail vertraut zeigen solle oder nicht. Der KGB versuchte, das Paar auch dann immer im Auge zu behalten, wenn die offiziell zugewiesene Begleitperson nicht anwesend war. Ihre Habseligkeiten im

Hotel Ukraine wurden durchsucht. Staschinski vermutete auch, dass das Zimmer im Hotel Moskau, in das sie auf Drängen des KGB vom Hotel Ukraine umgezogen waren, abgehört wurde. In Staschinskis Beisein hatte Fabrischnikow eine Zeit lang mit einem Hotelangestellten gestritten, der dem Paar das »falsche« Zimmer zuweisen wollte.[1]

Inge, die sich von vornherein gegen die Reise gesträubt hatte, war von dem Empfang, der ihnen bereitet wurde, alles andere als beeindruckt. Vielmehr war sie erschrocken über das, was sie um sich herum sah. Schon auf dem Bahnhof in Warschau, wo der Zug auf dem Weg nach Moskau Halt machte, fühlte sie sich gefangen, verraten und fast in die Sklaverei verkauft. Dieses Gefühl verstärkte sich in Moskau noch. Staschinski und seine KGB-Mitarbeiter zeigten ihr in den sowjetischen U-Bahn-Stationen Meisterwerke der zaristischen Architektur und Marmordekorationen, aber sie war schockiert von dem Kontrast zwischen der prächtigen Ausstattung der Gebäude und den ärmlich gekleideten Menschen in den Gebäuden. Die Bilder von verarmten Frauen mit dicken Kopftüchern, Kattunmänteln und Filzstiefeln, die Taschen voller Brot auf dem Rücken trugen, prägten sich für immer in ihr Gedächtnis ein. Und dann waren da noch die Betrunkenen, die es überall zu geben schien, die sich oft in den U-Bahn-Stationen versammelten und in den Marmorsälen der Gebäude Zuflucht vor der Kälte suchten. Diejenigen, die es nicht bis dorthin geschafft hatten, lagen bei eisigen Temperaturen unbeaufsichtigt im Schnee.

Inge fand die sanitären Verhältnisse in der sowjetischen Hauptstadt ganz und gar entsetzlich. Die Mülleimer waren überfüllt und immer schmutzig, sodass man aufpassen musste, nicht gegen sie zu stoßen. Die Leute spuckten überall hin. Sie nannte die Toiletten eine »öffentliche Tragödie«. Einige von ihnen waren nichts weiter als Löcher im Boden, umgeben von Dreck, die einen schrecklichen Geruch verströmten. »Ich kann nicht an Toiletten denken. Schrecklich!«, vertraute sie einige Jahre später einem Journalisten an. Die Bemühungen der KGB-Verantwortlichen, sie zu bezaubern und ihr Moskau und die sowjetische Lebensweise schmackhaft zu machen, waren vergeblich. Sie fand sowohl Arkadi

Fabrischnikow, den sie als »Alexander« kannte, als auch seine Ehefrau (bzw. die Frau, die sich als seine Ehefrau ausgab), die Inge als »Deutschenhasserin« bezeichnete, anmaßend. Bei einem Abendessen in einem teuren Restaurant, zu dem Staschinski und Inge eingeladen waren, schien Frau Fabrischnikow kaum einen Teller voller Kaviar und anderer Köstlichkeiten anzurühren und sagte, dass die Leute allgemein glaubten, russische Frauen seien übergewichtig, weil sie zu viel äßen. Es schien, als könnte Inge nichts gefallen. Selbst die einheimischen Kinder wirkten auf sie unattraktiv. Sie war deprimiert und weinte oft.[2]

Staschinski und Inge verbrachten zwei Monate in der UdSSR, hauptsächlich in Moskau, mit einer zweiwöchigen Reise nach Leningrad, und hatten reichlich Gelegenheit, die Realität des sowjetischen Lebens mit dem von der offiziellen Propaganda vermittelten Bild zu vergleichen. Wenige Tage nach ihrer Ankunft in Moskau hielt Nikita Chruschtschow eine lange Rede vor dem sowjetischen Parlament, in der er sich mit den wirtschaftlichen Errungenschaften der Sowjetunion im Vergleich zu denen der Vereinigten Staaten brüstete. Zwischen 1953 und 1959 sei die sowjetische Produktion von Roheisen und Stahl um siebenundfünfzig Prozent gestiegen, während die amerikanische Produktion um sechzehn Prozent gesunken sei. Diese »Leistung« zeigte eigentlich, dass die Sowjetunion im wirtschaftlichen Denken der Zeit vor dem Zweiten Weltkrieg verhaftet war. Chruschtschow hingegen deutete dies als Beweis für die sowjetische Überlegenheit.

Der Sputnik und die anderen sowjetischen Erfolge im Weltraum wurden als weiterer Beweis dafür angesehen, dass die Sowjets den technologischen Wettlauf mit den Vereinigten Staaten gewinnen würden. Dies versuchte Chruschtschow im Juli 1959 in seiner »Küchendebatte« mit dem amerikanischen Vizepräsidenten Richard Nixon, der zur Eröffnung einer amerikanischen Ausstellung in Moskau weilte, zum Ausdruck zu bringen. Die Debatte fand auf dem Ausstellungsgelände in einer Küche statt, die mit neuen amerikanischen Geräten ausgestattet war. Chruschtschow erklärte Nixon, dass die Sowjetunion technologisch fortschrittlicher sei als die Vereinigten Staaten und dass der Vorsprung der USA bei der Produktion von Konsumgütern in sieben Jahren verschwunden sein würde. Die Debatte wurde in den Vereinigten Staaten mehrmals im Fernsehen übertragen, in der Sowjetunion jedoch nur einmal, sehr spät am Abend. Die sowjetischen Behörden wollten nicht, dass die Zuschauer sahen, wie das Oberhaupt ihres Landes zugibt, dass es dem kapitalistischen Westen in irgendetwas hinterherhinkt.[3]

Es ist unwahrscheinlich, dass Inge jemals von der Küchendebatte gehört hat, die sechs Monate vor ihrer Ankunft in Moskau stattfand. Es besteht jedoch kaum ein Zweifel daran, dass sie alles, was Chruschtschow zu diesem Thema sagte, mit äußerster Vorsicht betrachtete. Wenn sie mit Staschinski allein war, scheute sie sich nicht, die gähnende Kluft zwischen den offiziellen Verlautbarungen und der sowjetischen Lebensrealität festzustellen. Zu Beginn ihrer Beziehung hatte Staschinski die offizielle sowjetische Linie verteidigt, aber inzwischen gingen ihm die Argumente aus. »Du wirst zur Vernunft kommen«, sagte sie zu ihm. »Es ist alles ganz anders als all das, was du dir in den Kopf gesetzt hast.« Er wusste, dass sie Recht hatte.

Bevor Staschinski die endgültige Genehmigung erhielt, mit Inge über seine Beteiligung am KGB zu sprechen, hatten seine Vorgesetzten einen letzten Versuch unternommen, ihn zu überreden, sie fallen zu lassen. Die Aufgabe wurde von Oberst Georgi Ischtschenko, dem Leiter der Emigrantenabteilung der KGB-Direktion für Auslandsaufklärung, übernommen. Ischtschenko fragte Staschinski, ob er Inge immer noch heiraten wolle. Als Staschinski dies bejahte, sagte er ihm: »Passen Sie auf, dass Sie in Zukunft nicht bereuen, eine solche Entscheidung getroffen zu haben.« Dann teilte er Staschinski mit, dass er nun mit Inge über seine – und später auch ihre – Verstrickung mit dem KGB sprechen könne. In Moskau wollte der KGB, wie zuvor in Ost-Berlin, das Gespräch mithören. Ischtschenko bat Staschinski, mit Inge in einem Raum zu sprechen, in dem niemand mithören konnte. Aber Staschinski wusste, dass der Raum verwanzt war. Später erzählte er seinen KGB-Vertretern, dass er gezwungen gewesen sei, das Gespräch woanders zu führen.

Aber Inge, so berichtete er erfreut, sei über seine Verwicklung mit dem KGB informiert und bereit, ihm bei seiner Arbeit zu helfen.⁴

Inges Zustimmung zur Zusammenarbeit, die Staschinski Ende Februar an seine Vorgesetzten weitergab, sollte den Weg für ihre Rückkehr nach Ost-Berlin und eine eventuelle Heirat ebnen. Aber es gab nervenaufreibende Verzögerungen. Der KGB wies Staschinski an, die bereits gekauften Tickets für Berlin zurückzugeben, und verlängerte die Gültigkeitsdauer der Ausreisevisa. Staschinski und Inge begannen sich Sorgen zu machen. Hatte der KGB herausgefunden, was sie vorhatten? Auf Inges Drängen hin beschloss Staschinski schließlich, dass sie Moskau ohne Genehmigung des KGB verlassen müssten. Doch sobald er sich nach Flugtickets nach Berlin erkundigte, wurde die Erlaubnis erteilt, Moskau zu verlassen. Am Vorabend des 8. März, dem Internationalen Frauentag, der in der Sowjetunion groß und ausgiebig gefeiert wurde, tauchte Arkadi Fabrischnikow in Begleitung eines anderen hohen Offiziers in Staschinskis Suite auf, der Inge eine Schachtel mit Süßigkeiten überreichte und sie anlässlich des Feiertages begrüßte. Der Offizier teilte ihr auch mit, dass sie die Erlaubnis erhalten hätten, zu heiraten. Die Zeremonie würde in Ostdeutschland stattfinden. Es gab jedoch noch eine weitere Bedingung: Das Paar musste nach Moskau zurückkehren, damit Staschinski eine einjährige Fortbildung absolvieren konnte. Inge weinte.⁵

Das Paar kehrte am 9. März 1960, auf den Tag genau zwei Monate nach seiner Ankunft in der sowjetischen Hauptstadt, nach Berlin zurück. Sie hatten ihre Rolle mit Bravour gemeistert und ihr Ziel erreicht. Die Hochzeit fand am 23. April 1960 statt. Zunächst ließen sie ihre Ehe im zentralen Standesamt von Ost-Berlin eintragen, und dann, gegen den Rat des KGB und ohne Wissen von Staschinskis Karlshorster Betreuern, feierten sie eine kirchliche Trauung in der evangelischen Golgatha-Kirche in der Borsigstraße – einem roten Backsteingebäude aus dem späten neunzehnten Jahrhundert, das wie durch ein Wunder die Bombardierung Berlins durch die Alliierten überlebt hatte. In Moskau hatten ihm die KGB-Beamten geraten, die religiöse Zeremonie nur dann durchzuführen, wenn eine Verweigerung zu einem Bruch mit seinen Schwiegereltern führen würde. Er versuchte jedoch nie, Inge von einer kirchlichen Trauung abzubringen. »Ich wollte, dass alles so war, wie es sein sollte«, erinnerte er sich später. »Ich wusste auch, dass es meine sehr religiösen Eltern glücklich machen würde.« Staschinski hatte eine wachsende Zahl von Geheimnissen vor seinen KGB-Kontrolleuren.

Bei dem anschließenden Empfang trug Inge ein weißes Kleid und einen Hochzeitskopfschmuck mit Schleier. Staschinski hatte einen schwarzen Anzug mit einem weißen Hemd und einer weißen Krawatte an. Auf dem Foto, das am Hochzeitstisch aufgenommen wurde, sahen beide zufrieden aus, wenn auch nicht gerade überschwänglich. Inge hatte versehentlich die Augen geschlossen, als ob sie sich an die stressigen Ereignisse der letzten Monate erinnert hätte. Staschinski blickt direkt in die Kamera und wirkt eher resolut und entschlossen als glücklich. Inges Großmutter war an diesem Tag gestorben, aber ihre Verwandten schickten erst später ein Telegramm. Sie wollten, dass sie an ihrem Hochzeitstag glücklich war.[6]

22

Monat des Spions

Staschinski und Inge verließen Berlin in Richtung Moskau am 9. Mai 1960, dem fünfzehnten Jahrestag der Kapitulation der Nazis in Karlshorst. Inge erinnerte sich später, dass sie statt in die Flitterwochen in die Sowjetunion reisten – der größte Alptraum, den sie sich vorstellen konnte. Sie machten einen Zwischenstopp in Warschau, wo sie Inges Verwandten gesagt hatten, dass sie leben würden. Ein Offizier der örtlichen KGB-Station versorgte Staschinski mit polnischen Postkarten und Briefmarken sowie mit einer Preisliste für Produkte und Konsumgüter. Inges dreizehnjähriger Bruder Fritz hatte um die Postkarten und Briefmarken gebeten. Die Preise wurden benötigt, um Inges Verwandte überzeugend über das Alltagsleben in Warschau zu belügen. Das Paar sollte eine vom KGB zur Verfügung gestellte Warschauer Adresse nutzen – die Briefe sollten dort abgeholt und nach Moskau zugestellt werden. Inges und Staschinskis Briefe nach Berlin sollten in Umschlägen mit Warschauer Poststempel verschickt werden. Ihren ahnungslosen Verwandten sagten sie, dass sie in einem Jahr zurückkommen würden.

Am Warschauer Bahnhof in Moskau wurden Staschinski und Inge von dem stets präsenten und höflichen Arkadi Fabrischnikow empfangen, der sie ihrem neuen Sachbearbeiter, Sergej Bogdanovich Sarkisov, vorstellte. Der KGB war so freundlich, ihnen eine Wohnung zur Verfügung zu stellen, aber Inge sah darin alles andere als ein Geschenk. Die Wohnung befand sich in einem Neubaukomplex, zu dem keine gepflasterte Straße oder gar ein Gehweg führte. Wann immer es regnete, waren die Schuhe, Socken und Kleidung mit Schlamm bedeckt. Die Wohnung befand sich bestenfalls in einem unfertigen Zustand. Der Parkettboden war so verlegt, dass Teer zwischen den Holzstücken hochkam; Teerspuren bedeckten auch die Fliesen im Waschraum. Der Boden war uneben, so dass Tisch, Stühle und Schränke wackelten; die Toilettenleitung war nicht richtig eingestellt; die Tür zur Küche ließ sich nicht bewegen und ein Fenster schloss nicht richtig, so dass bei Regen Wasser an die Decke drang. Und nicht zuletzt hasste Inge die Tapeten. »Die Tapeten, die man in Russland sieht, machen einen schwindlig«, erinnerte sie sich später.

Was Inge sah, wenn sie ihre Wohnung verließ, bedrückte sie ebenso sehr wie die Einrichtung. In den Fluren versuchte sie, nicht auf die überall verstreuten Fisch- und Hühnerköpfe zu treten. Überall lagen Sonnenblumenkerne, und niemand machte sich die Mühe, die Gemeinschaftsräume zu fegen oder zu wischen. Es schien, als hätte jeder in dem Wohnhaus eine Katze, und die Katzen wurden nachts rausgelassen, um ihr Geheul anzustimmen, was es Inge schwer machte, zu schlafen. Wenn es nicht die Katzen waren, dann waren es die Nachbarn, die bis spät in die Nacht rauschende Partys feierten und die Lampen in ihrer Wohnung zum Wackeln brachten. Das Leben wurde zu einem endlosen Alptraum, und Inge schien am Ende ihrer Kräfte zu sein. Sie scheute sich nicht, ihren Unmut sowohl gegenüber Staschinski als auch gegenüber seinen KGB-Mitarbeitern kundzutun. Sie versuchten, die Situation zu retten, indem sie das Paar in eine andere Wohnung brachten, diesmal in einer gut etablierten Gegend in der Nähe des Stadtzentrums. Es war eine positive Veränderung, aber sie kam zu spät, um Inges allgemeine Einstellung gegenüber der sowjetischen Lebensweise zu ändern.[1]

Das neue Haus der Staschinskis lag im nördlichen Stadtteil Ostankino, der überwiegend von Arbeitern und ihren Familien bewohnt wurde. Mitte der 1960er-Jahre wurde in der Gegend ein Denkmal für die Eroberer des Kosmos errichtet, und viele der Straßen erhielten Namen, die sich auf den Kosmos bezogen. Eine Straße wurde in Sternenallee (Zvezdnyi bulvar) umbenannt, eine andere nach Sergej Koroljow, dem Chefkonstrukteur des Sputnik und der ersten sowjetischen Raketen, und eine weitere nach Friedrich Zander, einem Pionier der Raketenwissenschaft. Ende der 1960er-Jahre befand sich hier auch das Ostankino-Fernsehzentrum mit seinem

MONAT DES SPIONS 171

Turm, der eine Zeit lang das höchste freistehende Gebäude der Welt war.[2]

Staschinski und Inge konnten vom Moskauer Stadtzentrum aus mit der U-Bahn bis zur Station »Ausstellung der Errungenschaften der sowjetischen Wirtschaft« nach Hause fahren. Die nahe gelegene Ausstellung mit ihrem Brunnen, der von Statuen junger Frauen in Nationaltrachten umgeben war, die die Union der Sowjetrepubliken repräsentierten, war nicht nur ein Schaufenster der sowjetischen »Völkerfreundschaft«, sondern auch des sowjetischen technischen Fortschritts. Sowjetische und ausländische Besucher konnten sich selbst ein Bild davon machen, wie genau die in der Ausstellung gezeigten Innovationen die Realität des sowjetischen Alltagslebens widerspiegelten. Inge hatte bei ihrem ersten Besuch in Moskau gelernt, dass der Unterschied enorm war. Der russische Dissident Alexander Sinowjew sollte später in seinem Roman *Gähnende Höhen*, einer Satire auf die »glänzenden Höhen« der sowjetischen Propagandakampagnen, die Kluft zwischen Propaganda und Realität aufzeigen.

Staschinskis Tage als Mitarbeiter der Emigrantenabteilung waren vorbei. Er stand nun offiziell unter der Schirmherrschaft der Abteilung für Illegale. Inge fand seinen neuen Betreuer, Sergej Sarkisov, einen KGB-Agenten Anfang dreißig, viel umgänglicher als Fabrischnikow. Sarkisov sprach auch besser Deutsch, das er angeblich im Gespräch mit einem westdeutschen kapitalistischen Freund aufgeschnappt hatte. Sarkisov erklärte Staschinski, dass seine Ausbildung Einzelunterricht bei einem Deutsch- und Englischlehrer, das Studium des deutschen Lehrplans und die Lektüre der neuesten westlichen Literatur umfassen würde, um sich erfolgreich in seine neue Umgebung einzufügen. Außerdem sollte er Radio- und Fotokurse besuchen. Die Ausbildung von Kandidaten für die illegale Arbeit im Ausland war eine Aufgabe, die der KGB sehr ernst nahm. »Die sowjetische Investition in jeden illegalen Agenten ist immens«, schrieb der frühere Leiter der Münchner CIA-Basis William Hood. Hood zufolge setzte der KGB Illegale ein, um »Agenten zu betreuen, die zu heikel waren, um zu riskieren, dass sie in Kontakt mit Sachbearbeitern unter legalem Deckmantel in einer

Botschaft kommen. Andere Illegale dienten in erster Linie als Kommunikationsexperten, als Kanäle für Informationen, die von Agenten vor Ort nach Moskau geleitet wurden«.

Dies war tatsächlich eine der Aufgaben, die Staschinskis Chef, General Alexej Krochin, ihm für die Zukunft vorgeschlagen hatte. Aber er sagte seinem Staragenten auch, dass er weiterhin Attentate verüben müsse. Staschinski lernte, ein Illegaler von einer Art zu werden, die Hood nicht kannte – ein Attentäter, der in einem westlichen Land lebt und relativ kurzfristig zuschlagen kann, wann und wo immer seine KGB-Bosse und ihre Kreml-Oberherren es für angebracht halten. Es wurde beschlossen, ihn zum Friseur ausbilden zu lassen, damit die beiden, Staschinski und Inge, einen Friseursalon als Tarnung für ihre Spionagetätigkeit eröffnen konnten. Staschinski hatte die Wahl zwischen zwei Ländern für seine zukünftige Arbeit: die Schweiz oder England. Er entschied sich für die Schweiz. Inge war es egal, wohin sie gingen, solange sie ihrer faktischen Gefangenschaft in Moskau entkommen konnte.[3]

Im Mai 1960, dem Monat, in dem Staschinski und Inge zu ihrer Ausbildung in Moskau eintrafen, schlossen die sowjetischen Raketenwissenschaftler endlich zu der amerikanischen Technologie auf. Am 1. Mai, dem Internationalen Tag der Arbeit, schoss die sowjetische Höhenrakete S-75 Dvina, die von einer Raketenbatterie in der Nähe der Stadt Swerdlowsk (Jekaterinburg) im Uralgebirge abgefeuert wurde, ein amerikanisches Lockheed U-2-Höhenaufklärungsflugzeug ab, das von dem zweiunddreißigjährigen Captain Francis Gary Powers von der CIA-Spezialeinheit geflogen wurde. Powers überlebte den Absturz, aber auch die Teile des Flugzeugs, die hochauflösende Kameras und die damit aufgenommenen Fotos enthielten. Die Sowjets nahmen den abgestürzten Piloten gefangen und sammelten die Reste des Flugzeugs ein.

Die Amerikaner waren auf frischer Tat ertappt worden, als sie die Sowjetunion ausspionierten, obwohl sie sich dessen nicht sofort bewusst waren. Präsident Dwight Eisenhower glaubte zunächst, dass Powers bei dem Vorfall ums Leben gekommen sei; er autorisierte eine Erklärung, in der er die sowjetischen Spionagevorwürfe zurückwies und behauptete, dass es sich bei dem verlorenen Flugzeug um ein Wetterforschungsflugzeug handelte. Chruschtschow, der zu Hause zunehmend unter Druck geriet, weil er den Amerikanern gegenüber nachgiebig war, sah sich gezwungen, seine Teilnahme am bevorstehenden Pariser Gipfel über den Status von Berlin abzusagen. Er zog auch die Einladung zurück, die er zuvor an Eisenhower zu einem Besuch in der UdSSR im Juni ausgesprochen hatte, was zu einem internationalen Skandal von nie dagewesenem Ausmaß führte.[4]

Nach der Absage des Gipfels und dem demütigenden U-2-Zwischenfall starteten das Weiße Haus und die CIA eine Kampagne zur Schadensbegrenzung und versuchten, der Welt zu beweisen, dass Spionage ein normaler Aspekt der internationalen Beziehungen sei: Das sowjetische Atomwaffenarsenal könne nicht unbewertet und unkontrolliert bleiben. Sie behaupteten auch, dass die Sowjetunion sich mehr der Spionage schuldig gemacht habe als die Vereinigten Staaten. Außenminister Christian A. Herter teilte dem Kongress mit, dass etwa dreihunderttausend sowjetische Agenten in siebenundzwanzig Ländern der Welt tätig seien. Zwischen zehn- und zwölftausend von ihnen waren sogenannte »Topagenten«. Die Behörden der Bundesrepublik Deutschland legten ihre eigenen Statistiken zu diesem Thema vor. In acht Jahren hätten sie 18.300 Verhaftungen im Zusammenhang mit sowjetischen Spionageaktivitäten vorgenommen, erklärten die Westdeutschen im Zuge des U-2-Skandals.[5]

Im Mai beschäftigten sich die sowjetischen Zeitungen nicht nur mit der durch den Abschuss des U-2-Flugzeugs ausgelösten internationalen Krise, sondern auch mit dem ostdeutschen Prozess gegen den westdeutschen Bundesminister Theodor Oberländer, den sowjetische und osteuropäische Quellen mit dem Bandera-Attentat in Verbindung brachten. Am 28. April 1960 wurde Oberländer in Abwesenheit wegen seiner angeblichen Beteiligung an der Ermordung jüdischer Bürger in Lwiw im Juni 1941 zu einer lebenslangen Haftstrafe verurteilt. Im folgenden Monat trat er von seinem Amt in der westdeutschen Regierung zurück. Trotz früherer sowjetischer und ostdeutscher Behauptungen wurde Stepan Banderas Ermordung nicht unter seinen angeblichen Verbrechen erwähnt.

Der KGB überließ es seinen Kollegen im Westen, über die Hintermänner des Mordes zu spekulieren. Im Medienrummel nach dem U-2-Zwischenfall behauptete die westdeutsche Regierung öffentlich, ein KGB-Offizier, der Westdeutschland besucht hatte, habe damit geprahlt, dass seine Organisation für den Mord an Bandera verantwortlich sei. Die Desinformationsabteilung des KGB schwieg. Moskau schien jegliches Interesse an diesem Thema verloren zu haben.[6]

23
Sich im Kreis drehen

Während Bogdan Staschinski seine Ausbildung in Moskau absolvierte, wurde der Mord, den er am 15. Oktober 1959 in München begangen hatte, schnell zu einem ungeklärten Fall. Ende des Jahres hatte Oberkommissar Adrian Fuchs von der Münchner Kripo fast hundert Personen befragt, die etwas über die Umstände von Banderas Tod wissen könnten, aber er war genauso weit davon entfernt, den Fall zu lösen, wie er es Mitte Oktober gewesen war.

An Theorien mangelte es nicht, aber es fehlte an Beweisen für jede davon. Im Dezember 1959 legten Professor Wolfgang Laves von der Universität München und seine Mitarbeiter die endgültigen Autopsieergebnisse zu der Person vor, die sie immer noch Stefan Popel nannten. Die neuen Ergebnisse waren ebenso wenig schlüssig wie die vom Oktober. In Banderas Magen fanden sich Spuren von Zyanid, aber keine Gewissheit darüber, ob er eine ausreichende Menge zu sich genommen hatte, um davon zu sterben. Eine Hypothese lautete, dass Bandera durch ein Gift getötet worden sei, während ein anderes (Zyanid) zu einem späteren Zeitpunkt verabreicht worden sein könnte, um die Ermittlungen zu erschweren. Im Februar 1960 stritten sich die Experten der CIA und des BND noch immer über die Art des Giftes.[1]

Am 2. Mai 1960 schickte der Leiter des CIA-Stützpunkts in München einen lange verzögerten Bericht über die CIA-Untersuchung des Todes von Bandera an das Hauptquartier in Langley. Er wurde von Pater Michael (Mykhailo) Korschan verfasst, dem wichtigsten CIA-Agenten, der sich mit ukrainischen Emigrantenkreisen in Europa von 1947 bis 1961 befasste. Er war nicht nur auf Einladung der CIA nach München gekommen, sondern auch auf

Einladung seines ehemaligen Spionageschülers Iwan Kaschuba, des heutigen Sicherheitschefs der Bandera-Organisation.

In der Hierarchie der ukrainischen nationalistischen Sicherheitskader stand Pater Korschan, ein geweihter orthodoxer Priester aus Galizien, an erster Stelle. Myron Matwijeko, Banderas Sicherheitschef, hatte seine ersten Schritte in der Spionageabwehr bereits 1940 unter Korschans Aufsicht unternommen. Später charakterisierte er seinen ehemaligen Chef gegenüber KGB-Vernehmern als »einen sehr erfahrenen Agenten«. Korschan wurde auf beiden Seiten der nationalistischen Kluft respektiert und genoss Vertrauen. Als langjähriges Mitglied der Organisation Ukrainischer Nationalisten gehörte er offiziell der Bandera-Fraktion an, weigerte sich jedoch, im Kampf zwischen Bandera und Lebed Partei zu ergreifen. Viele glaubten, dass er, wenn überhaupt, eher der Opposition als den Bandera-Leuten nahestand. Gleichzeitig gab es Gerüchte, er stehe Iwan Kaschuba so nahe, dass er Kaschubas Berichte an die OUN-Führung abfasste.[2]

In München bot Kaschuba Pater Korschan jede nachrichtendienstliche Unterstützung an, die er und seine Leute bieten konnten. Er wusste, dass Korschan über weitreichende Verbindungen in die Welt der Geheimdienste verfügte und wahrscheinlich für den BND arbeitete. Kaschuba war auch sicher, dass die Schlussfolgerungen, die Korschan aus seinen Ermittlungen zog, seinen amerikanischen Vorgesetzten mitgeteilt werden würden, die Kaschubas Motiven und Handlungen misstrauisch gegenüberstanden. Als Korschan nach München kam, wurde er von der CIA beauftragt, einen Bericht über die von ihm durchgeführten Ermittlungen zu verfassen.

Als CIA-Verantwortlicher für die Kontakte zur ukrainischen Gemeinschaft sammelte Korschan Informationen über die Gemeinschaft im Allgemeinen und über die UdSSR und arbeitete daran, das sowjetische Eindringen in die Emigrantenorganisationen und Kirchen zu verhindern. Er verfügte über ein eigenes Budget und eine Reihe von »Spähern«, die mögliche Kontakte unter ukrainischen Emigranten ausfindig machten, die in die Sowjetunion reisten oder dort bei Verwandten lebten. Die Zahl der Codenamen, die

die CIA zur Identifizierung von Pater Korschan schuf und verwendete, war beeindruckend und zeugt von der Rolle, die er in einer ganzen Reihe von Projekten der Behörde spielte: Capelin 1, Aecapelin 1, Aebath 1, Aecassowary 29 und Petroclus waren nur einige dieser Namen. Seine Gehlen-Organisationsnummern waren V 9460.9 und V-13611.[3]

Korschan traf irgendwann Anfang November 1959 in der bayerischen Hauptstadt ein – er schrieb in seinem CIA-Bericht, dass er weniger als einen Monat nach Banderas Tod vor Ort war – und blieb dort bis Januar 1960, bevor er nach Paris zurückkehrte. Während seines Aufenthalts in München befragte Korschan viele führende und einfache Mitglieder der Bandera-Gruppe und hatte zwei Treffen mit Oberkommissar Fuchs, dem Hauptverantwortlichen für die Untersuchung von Banderas Tod. Der Bericht wurde in ukrainischer Sprache verfasst und anschließend ins Englische übersetzt. Der Hauptbericht ist auf den 23. Dezember 1959 datiert, aber Korschan fügte im Januar 1960 vor seiner Abreise nach Frankreich noch eine Reihe von Ergänzungen und Änderungen hinzu.[4]

In dem Bericht mit dem Titel »Hinter den Kulissen des Todes von Stepan Bandera« präsentierte Korschan nicht nur die Fakten, die er hatte herausfinden können, und die Gerüchte, die er in München gehört hatte, sondern lieferte auch eine gründliche Analyse. Von allen Berichten über Banderas Tod, die er in München gehört hatte, fand er fünf »mehr oder weniger logisch«. Er diskutierte alle fünf im Detail und listete in seinem Bericht Vor- und Nachteile auf. Die erste Version gab Bundesminister Theodor Oberländer und Reinhard Gehlens Leuten die Schuld an Banderas Tod; die zweite legte nahe, dass er vom KGB wegen seiner anhaltenden Beteiligung am nationalistischen Aufstand in der Ukraine getötet worden war; die dritte wies mit dem Finger auf Banderas ehemaligen Sicherheitschef Myron Matwijeko; die vierte gab Mykola Lebed, dem Chef der Anti-Bandera-Kräfte in der OUN, die Schuld; und die fünfte nahm an, dass Bandera Selbstmord begangen hatte, indem er Zyankali nahm. »Jede dieser Versionen hatte eine gewisse Plausibilität«, schrieb Korschan, »und anfangs gab es so viele Anhaltspunkte für jede einzelne, dass man jede der Versionen als wahr hätte akzeptieren können.«[5]

Korschan war der Meinung, dass die in den ostdeutschen Zeitungen verbreitete Version, die Oberländer belastete, Unsinn war. Die von der Sowjetunion unterstützte Kampagne in Ostdeutschland, die Oberländer der Mittäterschaft an den Massakern von Lwiw und dann an der Ermordung von Bandera bezichtigte, war wahrscheinlich eine Vergeltungsmaßnahme für den Widerstand des Ministers gegen die sowjetischen Forderungen nach diplomatischer Anerkennung der kommunistischen Regierungen Polens und der Tschechoslowakei durch Westdeutschland. Außerdem hatte Oberländer einfach kein wirkliches Motiv. »Die sowjetische Version ist primitiv«, schrieb Korschan, »und hält der Kritik nicht stand, denn: Wenn Bandera an den Lwiwer Morden beteiligt war, genauer gesagt an der Nachtigall, die in seinem Auftrag organisiert wurde, dann ist klar, dass er Prof. Oberländer nur verteidigt haben kann, um sich selbst zu schützen.«[6]

Unter denjenigen, die den Fall untersuchten, gab es zwei Versionen der Theorie, dass Bandera von KGB-Agenten ermordet worden war. Nach der ersten wurde Bandera im Flur seines Wohnhauses gewaltsam Gift verabreicht; die zweite geht davon aus, dass es ihm von einer ihm nahestehenden Person zugesteckt wurde. Das erste Szenario wurde von Bandera-Loyalisten favorisiert, die behaupteten, dass zwei Fremde vor seinem Tod in seinem Wohnhaus gesehen worden seien. Die Fremden seien Bandera in den Tagen vor seinem Tod gefolgt, hätten ihn sogar auf seinem Ausflug in die Berge zum Pilzesammeln beschattet und sich am 15. Oktober im Aufzug versteckt, um dort auf ihr Opfer zu warten. Die Ermittlungen der Kripo, so schrieb Korschan, ergaben, dass die ursprünglichen Berichte über zwei Personen im Gebäude vor Banderas Tod unbegründet waren und von den Nachbarn nicht bestätigt werden konnten, die im Hausflur keine Geräusche von jemand anderem als Bandera selbst gehört hatten. Die Gerüchte über die beiden Fremden waren von den Banderiten selbst verbreitet worden, da sie dazu beitrugen, die Geschichte über den Heldentod ihres Anführers zu verherrlichen.

Die Kripo-Ermittler schenkten der Theorie, das Gift sei Bandera von einer ihm nahestehenden Person verabreicht worden, die insgeheim ein sowjetischer Agent war, viel mehr Beachtung – eine Version, die von den Banderiten entschieden abgelehnt wurde, die versuchten, Fuchs daran zu hindern, mit Mitgliedern ihrer Organisation zu sprechen, und ihn ermutigten, seine Ermittlungen auf die Suche nach einem Mörder von außen zu konzentrieren. Korschan, der viel besseren Zugang zu den Mitgliedern der Organisation hatte als Fuchs, konnte den letzten Tag im Leben von Bandera Minute für Minute rekonstruieren. Eugenia Mak (Matwijeko) stand sowohl bei Fuchs als auch bei Korschan ganz oben auf der Liste der »Insider«-Verdächtigen, aber keiner von beiden glaubte, dass sie das Gift verabreicht hatte. Da die ursprünglichen Berichte über die Sichtung von zwei Männern in Banderas Wohnhaus verworfen wurden, war es schwer vorstellbar, wer sie benutzt haben könnte, um das Opfer zu töten.

Korschan schloss nicht aus, dass die Sowjets über ihren Ehemann Myron Matwijeko Druck auf Eugenia ausgeübt haben könnten, aber er fand keine Beweise dafür, dass Matwijeko München vor Banderas Tod besucht hatte. Die Theorie einer sowjetischen Verwicklung in Banderas Tod ergab für ihn in keiner der Versionen einen Sinn, ebenso wenig wie die Verwicklung Lebeds. Korschan, der die Lebed-Leute in München sehr gut kannte, argumentierte, dass es einfach niemanden gab, der eine solche Mission erfolgreich hätte durchführen können.

Nachdem vier Hypothesen über Banderas Tod verworfen worden waren, konzentrierte sich Korschan auf die fünfte, nämlich dass Bandera Selbstmord begangen hatte. Diese Theorie wurde von Korschans Münchner Gastgeber Iwan Kaschuba vertreten, und Korschan stimmte zu, dass sie die logischste von allen war. Aber Korschan hatte seine eigenen Theorien über Banderas Selbstmordmotiv. Während Kaschuba glaubte oder zumindest argumentierte, dass Bandera durch eine unerwiderte Liebe in den Selbstmord getrieben worden war, schlug Korschan vor, dass die Ursache die unerträgliche psychologische Situation zu Hause war.

»Infolge einer sehr schwierigen Erfahrung in ihrem Leben und aus Angst vor ständiger Überwachung war Banderas Frau praktisch unzurechnungsfähig«, schrieb Korschan:

> Wäre sie nicht die Frau des Anführers, wäre sie schon vor einem Jahr in einer Irrenanstalt gelandet. Alle Freunde von Bandera wussten über ihre Situation Bescheid ... Banderas Frau kompromittierte absichtlich jeden seiner Schritte. Sie ließ ihn als charakterlos erscheinen, als Despoten, Sadisten, Lügner, unmoralisch und unehrenhaft ... Bandera, der sich für einen Helden hielt und vielleicht auch einer war, der den Respekt der Mitglieder seiner Organisation genoss und für die er ein ›Gott‹ war, musste die Verleumdungen und Anschuldigungen seiner Frau ertragen, die in ihm nur einen Menschen, ihren Ehemann und den Vater ihrer Kinder sah. Das war mehr, als er ertragen konnte. Die Menschen, die diese Situation kannten, waren der Meinung, dass diese Torturen (an denen er oft selbst schuld war) so schrecklich waren, dass jeder normale Mensch schon längst Selbstmord begangen hätte.

Korschan vermutete, dass Bandera durch die Einnahme von Zyankali Selbstmord beging und dabei absichtlich einen Zeitpunkt wählte, der sein Image als Volksheld verbessern würde. Indem er Selbstmord beging, als ein sowjetischer Chor in München auftrat und sein eigener Sicherheitsdienst über Moskaus Pläne, ihn zu beseitigen, informiert war, machte Bandera es fast unvermeidlich, dass sein Tod den Sowjets angelastet werden würde. Die Informationen, die diese »logischste« Version von Banderas Tod stützten, wie Korschan es nannte, kamen von Iwan Kaschuba, der die familiäre Situation von Bandera aus erster Hand kannte.

Korschan war sich seiner Hypothese so sicher, dass er seinen Ruf, ja seine Geheimdienstkarriere aufs Spiel setzte, als er in seinem Bericht schrieb: »Wenn mir jemand beweist, dass die Situation anders war, als ich sie oben zusammengefasst habe, werde ich nie wieder Interesse irgendeiner Art an politischer oder geheimdienstlicher Arbeit zeigen. Ich bin jedoch sicher, dass mir niemand das Gegenteil beweisen wird. Ich denke, dass die deutsche Kommission, die sich aus Fachleuten zusammensetzt, zu demselben Schluss kommen wird, auch wenn ihr nicht alle Informationen zur Verfügung stehen, über die ich verfüge.«[7]

Trotz Korschans Bemühungen, seine CIA-Chefs davon zu überzeugen, dass Bandera Selbstmord begangen hatte, glaubte die CIA, dass Bandera von den Sowjets getötet worden war. Sowohl die Mitarbeiter der Organisation Gehlen als auch ihre CIA-Kollegen betrachteten nun nicht nur Korschans Theorien, sondern auch Korschan selbst als höchst verdächtig. Erstere waren der Meinung, dass seine »Berichterstattung über Banderas Tod einer vorsätzlichen Beschönigung gleichkam«. Letztere hatten »verschiedene Vorbehalte gegen seine Glaubwürdigkeit« und entließen Korschan 1961 als ihren Agenten. Korschans Entlassung hatte kaum Auswirkungen auf den Fall. Die Ermittlungen zu Banderas Tod gerieten ins Stocken. Es sah so aus, als ob Bogdan Staschinski der Liste der geheimen Errungenschaften der Sowjetunion, die erfolgreich geheim bleiben sollten, einen weiteren Namen hinzugefügt hätte. Und in seinem Beruf war es nicht weniger wichtig, ein Geheimnis zu bewahren, als seine Arbeit zu erledigen.[8]

Bogdan Staschinski als Student in Lwiw

Bogdan Staschinski und Inge Pohl an ihrem Hochzeitstag

Ausweisfoto

Teil IV

Flucht aus dem Paradies

24
Moskauer Wanzen

Bogdan Staschinskis Aufenthalt in Moskau führte zu einem persönlichen Erwachen, aber nicht von der Art, die sich der KGB erhofft hatte. Unter den Büchern, die ihm im Rahmen seines Sprachunterrichts zur Übersetzung gegeben wurden, hinterließ eines einen starken Eindruck auf ihn. »Es war ein Buch für deutsche Aussiedler – ich weiß den Titel nicht mehr –, das Informationen über die Lebensbedingungen in Nord- und Südamerika, Afrika und auch in Europa zusammenfasste«, erinnerte er sich später. »Ich übersetzte es, und das wurde meine erste ziemlich detaillierte Bekanntschaft mit den Lebensbedingungen in anderen Ländern: Daneben kannte ich die Lebensbedingungen in Moskau, stellte Vergleiche an und rechnete immer aus, wie viel Arbeiter dort und hier verdienten. In erster Linie habe ich nicht auf das Geld geachtet, sondern auf die politische und wirtschaftliche Struktur. Ich sah das sozialistische und das kapitalistische System vor mir, hörte aber nichts von der Armut und dem Leid der Menschen, das ich aus eigener Erfahrung in Moskau kannte.« Nun konnte er sie aus erster Hand vergleichen, und der Kommunismus hatte das Nachsehen.[1]

Moskau genoss einen Sonderstatus und war wesentlich besser mit Konsumgütern versorgt als andere Teile des Landes. Aber auch dort gehörten lange Warteschlangen für lebensnotwendige Lebensmittel und Waren zum Alltag. Das Jahr 1960 war für die sowjetische Industrie relativ gut, aber auch das zweite Jahr in Folge mit schlechten Ernten. Hatte die Regierung 1958 noch fast 42 Millionen Tonnen Weizen von den Kolchosen erhalten, so waren es 1959 nur noch knapp 34 Millionen Tonnen und 1960 weniger als 31 Millionen Tonnen. Die Nahrungsmittelknappheit wurde in der UdSSR um 1960 endemisch. Robert W. Gibson von der *Los Angeles Times*, der in den späten 1950er-Jahren in Moskau lebte, erinnerte sich, dass bei seiner Abreise aus der sowjetischen Hauptstadt im Januar 1960 »Kohl, erfrorene Kartoffeln, Knoblauch und Brot die Grundnahrungsmittel des Winters darstellten. Eine Orange oder ein Stück Fleisch stellten ein besonderes Ereignis dar. Das Leben bot wenig Leckerbissen.«

Viele von Gibsons sowjetischen Bekannten hatten einen privilegierten Status, da sie mit Ausländern verhandeln durften, aber sie standen trotzdem stundenlang in den Lebensmittelschlangen. »Und sie sehnten sich zutiefst nach materiellem Komfort«, schrieb Gibson später. »Wie die meisten Russen hatten sie unter dem Krieg, dem Terror Josef Stalins und den ständigen Prioritäten in Friedenszeiten für Stahl, Werkzeugmaschinen und noch mehr Waffen sehr gelitten. Zynismus durchtränkte ihre Ansichten. Manchmal tat es auch der Wodka. Der Zynismus entstand zum Teil aus der enormen Kluft zwischen den Versprechungen, die die Parteipropaganda den einfachen Sowjetbürgern machte, und der Härte des täglichen Lebens. »Während meiner Korrespondententätigkeit [in Moskau]«, erinnerte sich Gibson, »prahlte Chruschtschow häufig damit, dass die Sowjetunion die Vereinigten Staaten bis 1970 in der Industrieproduktion überholen, sie bis 1980 insgesamt übertreffen und sie danach für immer im Staub liegen lassen würde. Der sowjetische Vorsprung im Weltraum, der durch den Sputnik und die Lunik-Mondsonden erreicht wurde, machte dies glaubwürdig.«[2]

Im Jahr 1961 begann die Sowjetunion, Getreide im Ausland, insbesondere in Kanada, zu kaufen, um die Nahrungsmittelknappheit im eigenen Land zu lindern. Im Folgejahr führten die Lebensmittelknappheit und die steigenden Preise für Fleisch und Milch zu Massenstreiks im ganzen Land. In der südrussischen Stadt Nowotscherkassk schlugen die Streiks der Arbeiter in Unruhen um. Chruschtschow entsandte eine hochrangige Delegation, der auch Alexander Schelepin angehörte, der im Jahr zuvor den KGB verlassen hatte, um Sekretär des Zentralkomitees der Partei zu werden, doch es gelang den Partei- und Staatsvertretern nicht, die Spannungen abzubauen. Nachdem die Nowotscherkassker Arbeiter die Moskauer Delegation aus der örtlichen Parteizentrale gejagt hatten, eröffnete die Armee das Feuer und tötete mehr als zwanzig Demonstranten. Chruschtschow war gegenüber den Überlebenden alles andere als nachsichtig. Hunderte wurden festgenommen und inhaftiert, sieben zum Tode verurteilt und hingerichtet. Die Unruhen wurden verschwiegen; bis in die letzten Tage der Sowjetunion wussten der Rest des Landes und die Welt nicht, was in Nowotscherkassk geschehen war.[3]

Im Laufe der Zeit begann Inge, sich unabhängiger und unberechenbarer zu verhalten. Sie weigerte sich, am Spionageunterricht teilzunehmen und brachte ihre Unzufriedenheit mit den sowjetischen Verhältnissen immer deutlicher zum Ausdruck. Sie beschwerte sich bei ihrem Mann über den Mangel an Grundnahrungsmitteln, darunter Kartoffeln. Abgesehen von ihrer antisowjetischen Einstellung musste sie ja für sie als Paar die Mahlzeiten zubereiten, und es gab ständig Engpässe. Die leeren Regale in den Moskauer Geschäften und die langen Schlangen für das Nötigste sprachen für sich. Sie erinnerte sich noch jahrelang daran, dass sie in einem sowjetischen Lebensmittelgeschäft nicht in der Lage war, zuverlässig die Art von Fleisch zu bekommen, die sie wollte und für die sie bereit war zu zahlen. Moskau lag nicht nur peinlich weit hinter West-Berlin zurück, wo Inge gearbeitet hatte, sondern auch hinter Ostdeutschland, wo sie gelebt hatte.

Inge sagte zu Staschinski, dass sie sich wundere, wie ein kluger Mensch wie er so leicht auf sowjetische Propagandatricks hereinfallen könne. »Eines Tages wirst du aufwachen«, sagte sie, »und dich geheilt vorfinden«. Die Heilung sei kein einmaliges Ereignis, sondern ein Prozess, der sich schrittweise vollziehe. Nach der Lektüre eines deutschsprachigen Buches über das Leben von Admiral Wilhelm Canaris, des Chefs von Hitlers militärischem Nachrichtendienst, das ihm von seinen KGB-Vertretern übergeben wurde, musste Staschinski feststellen, dass die kommunistische Geheimpolizei nicht besser war als die von ihnen verachtete Nazi-Geheimpolizei. Später erinnerte er sich: »In Gesprächen mit meiner Frau kamen wir zu dem Schluss, dass es generell keinen Unterschied gab zwischen der Gestapo und dem, was hier vor sich ging.«[4]

Der KGB hätte einen solchen Vergleich sicher nicht gerne gesehen. Glücklicherweise tat Staschinski alles, was in seiner Macht stand, um seine Gespräche mit Inge geheimzuhalten. Unmittelbar nachdem sie in die vom KGB zur Verfügung gestellte Wohnung eingezogen waren, überprüfte er sie auf Abhörgeräte. Er schaute in jede Ecke und überprüfte die Lichtanlage, fand aber nichts. Trotzdem fühlte er sich in seinem eigenen Haus nie wirklich sicher. Noch im selben Monat wurde die ganze Welt daran erinnert, wie geschickt die Sowjets es verstanden, Wanzen an den unerwartetsten Stellen zu platzieren. Um der sowjetischen Propaganda nach dem Abschuss der U-2 entgegenzuwirken, zeigte der US-Vertreter bei den Vereinten Nationen, Henry Cabot Lodge, Ende Mai 1960 den Mitgliedern des Sicherheitsrates stolz eine Wanze, die in einer hölzernen Nachbildung des Großen Siegels der Vereinigten Staaten entdeckt worden war, die 1946 dem amerikanischen Botschafter in der UdSSR überreicht worden war. Das Siegel hatte vierzehn Jahre lang im Privatbüro des Botschafters im Spaso House – der Botschafterresidenz in Moskau – gehangen, bevor der Fehler von den Sicherheitsbeamten der Botschaft entdeckt wurde. Lodge behauptete, dass mehr als hundert ähnliche Mikrofone in offiziellen US-Residenzen in der Sowjetunion und Osteuropa gefunden worden seien.[5]

Staschinski musste nicht daran erinnert werden, dass der KGB in der Lage war, Personen von Interesse abzuhören, aber er war kein Spezialist. Wie er später sagte, fanden er und Inge versteckte Wanzen nur zufällig. Ende Juli 1960 zum Beispiel, kurz nachdem er und Inge in ihre zweite, vom KGB zur Verfügung gestellte Wohnung gezogen waren, säuberte Inge sie systematisch, um die Räume von Flöhen zu befreien. Nachdem sie alles, was sie besaßen, gereinigt hatte, bat sie Staschinski, ein Bild zu entfernen, das in einem der Zimmer an der Wand hing. Das war eine gute Idee: darunter fanden sie das Hauptnest der Flöhe. Außerdem fanden sie unter dem Papier zwei Drähte, die aus verschiedenen Richtungen kamen und durch ein Loch in der Wand in die Nachbarwohnung führten. Staschinski erkannte sofort, dass sie abgehört wurden. Inge weinte. Flöhe waren ihr geringstes Problem.

»Ich war natürlich völlig fassungslos über diese Entdeckung, aber ich konnte nichts dagegen tun«, erinnerte sich Staschinski später. »Meine Frau sah mich nur mitfühlend an. Ich schwieg und sagte gar nichts.« Staschinski und Inge waren vorsichtig genug, ihre Entdeckung nicht zu verraten, indem sie sie sofort kommentierten. Während ihres gesamten Aufenthalts in Moskau versuchten sie, politisch heikle Themen außerhalb ihrer Wohnung zu besprechen. Aber nicht jedes Gespräch konnte unter freiem Himmel geführt werden (es hätte ohnehin Verdacht erregt), und so tauschten sie sich frei über die Lebensmittel- und Warenknappheit sowie die allgemein düstere Lage in der Sowjetunion aus.»Es wäre am besten gewesen, nach Berlin zurückzukehren, aber das war ein Gedanke, der nicht in Worte gefasst wurde«, erinnerte sich Staschinski an seine Gedanken in diesem Moment.

Dennoch hoffte er, dass das, was er gefunden hatte, nicht das war, wofür er es hielt.»Ich habe ein Kabel entdeckt, sagte ich mir«, erinnerte sich Staschinski später.»Aber vielleicht gab es dort kein Mikrofon, vielleicht waren das nur Befürchtungen. Ich wollte nicht, dass es so ist!« Als sie das nächste Mal besucht wurden von Staschinskis Sachbearbeiter, Sergej Sarkisov, fragte Inge nach dem Zweck der Abhöreinrichtung in ihrer Wohnung. Da Staschinski an die quasimilitärische Disziplin des KGB gebunden war, hatten sie beschlossen, dass Inge die unbequemen Fragen stellen sollte. Sarkisov hatte keine Antwort parat. Mit großen Augen sagte er, er wisse es nicht, aber es könne sich um eine Telefonleitung handeln. Er versprach, Nachforschungen anzustellen und Staschinski über seine Erkenntnisse zu berichten. Das tat er nie. Als Inge ihn beim nächsten Mal mit der gleichen Frage konfrontierte, sagte Sarkisov, dass die Person, die Einzelheiten wissen könnte, im Urlaub sei – sie müssten warten.

Staschinski und Inge konnten nicht warten. Sie wollten unbedingt herausfinden, was der KGB über ihre privaten Gespräche wusste, und sie wollten die Antwort so schnell wie möglich. Staschinski zeigte das Kabel Elektrikern, die Reparaturen am Gebäude durchführten, aber sie waren keine Hilfe. Also beschloss er, selbst eine Ortung vorzunehmen. Um den Standort des Mikrofons ausfindig zu machen, schloss er ein Ende des Kabels an sein Tonbandgerät an und sprach in das Gerät, während er durch den Raum ging. Als er die Aufnahme abspielte, konnte er seine eigene Stimme mit unterschiedlicher Deutlichkeit hören, aber das Mikrofon nicht lokalisieren. Die KGB-Techniker waren in diesem Bereich der Spionagetechnik eindeutig geschickter als er selbst. Und ihre Chefs wollten offensichtlich weiterhin mithören, was in der Wohnung vor sich ging.

Sarkisov fand schließlich eine unwahrscheinliche Ausrede für die Wanze in ihrer Wohnung: Die Wohnung habe früher einer zwielichtigen Person gehört, und die Wanze sei installiert worden, um sie zu überwachen. Inge erinnerte sich später daran, dass diese Person laut Sarkisov inzwischen verhaftet worden sei. Diese Geschichte, ob wahr oder falsch, war nicht gerade beruhigend. War das das Schicksal, das auch ihr und Staschinski bevorstand? Staschinski erhielt bald eindeutige Beweise dafür, dass er und Inge abgehört wurden. Eines Tages teilten ihm seine Betreuer mit, dass nicht er Inge umziehe, sondern sie ihn. »Jetzt war mir völlig klar, mit wem ich zusammenarbeitete«, erinnerte er sich später. Der Tag, von dem Inge geträumt hatte, an dem Staschinski aufwachen und von seinen Illusionen geheilt werden würde, war endlich gekommen. Aber er kam zu spät und in der falschen Stadt, soweit beide betroffen waren.[6]

25
Familie

Der KGB-Bote war gut gelaunt und forderte Inge zum Tanz auf. Es war ein alter russischer Brauch, dass der Postbote den Empfänger eines Briefes als Bezahlung für die Zustellung um einen Tanz bitten konnte. Der Bote hatte Inge Briefe von ihrer Familie gebracht, die dachte, dass sie und ihr Mann in Polen lebten. Ihre Verwandten adressierten die Briefe, die sie ihr schrieben, an eine vom KGB kontrollierte Adresse in Warschau. Inge sollte sich freuen und ein paar Pirouetten drehen, aber sie weigerte sich. Sie kannte den Brauch nicht und war nicht in der Stimmung zu tanzen. Staschinski bat den überraschten Boten, die Briefe ohne den üblichen Tanz zu überreichen. Der Bote legte die Briefe vor – die Umschläge waren bereits geöffnet – und erklärte den Staschinskis, dass er keine Zeit gehabt habe, sie zu lesen und zu übersetzen. Stattdessen bat er das Ehepaar, ihm zu sagen, worum es in den Briefen ging. Das war der Moment, an dem Staschinski einen Kulturschock erlebte. Der KGB las ihre Korrespondenz und versuchte nicht einmal, diese Tatsache vor ihnen zu verbergen.

»Meine Frau und ich waren wütend«, erinnerte sich Staschinski später. »Ich konnte mich nicht zurückhalten und fragte ihn scharf, was das zu bedeuten habe. Das waren doch unsere Briefe. Er sagte, er habe die Briefe nicht geöffnet, sie seien in diesem Zustand aus Polen gekommen. Ich sagte, wenn das so weiterginge, müsste ich irgendwelche Maßnahmen ergreifen. Der Krieg war seit fünfzehn Jahren vorbei und ich konnte niemandem erlauben, meine Briefe zu öffnen.« Staschinski drohte, sich bei seinen Vorgesetzten zu beschweren. Der KGB-Bote war ziemlich verblüfft. Dass er sie gebeten hatte, ihm den Inhalt der Briefe mitzuteilen, anstatt sie selbst zu lesen, war ein Verstoß gegen das KGB-Protokoll und ein klares Zeichen, dass er ihnen vertraute. Sie hatten das

FAMILIE 191

offensichtlich nicht so aufgefasst. Zuerst waren da die Drähte in ihrer Wohnung, und jetzt wurden ihre Briefe geöffnet. Sie waren empört und beschwerten sich bei Staschinskis Kontakten im KGB.

Staschinskis Sachbearbeiter, Sergej Sarkisov, versuchte, das Paar zu beruhigen, nachdem er über den Vorfall informiert worden war. Doch seine Erklärungen und Zusicherungen waren bestenfalls widersprüchlich. Einerseits sagte er, dass der KGB Staschinski vollkommen vertraue, andererseits gab er zu, dass die Briefe in Polen auf Anweisung des KGB geöffnet worden waren. Er sagte Staschinski und Inge, dass jeder, der mit Ausländern korrespondiere, der Zensur unterliege, und er selbst würde nicht anders behandelt werden, wenn er mit jemandem in Europa korrespondiere. In diesem Punkt hatte er sicherlich Recht. Der KGB traute niemandem und versuchte, wie jeder andere Geheimdienst auch, seine Agenten völlig unter Kontrolle zu halten. Danach erhielten die Staschinskis ihre Briefe in versiegelten Umschlägen. Aber die Leute, die sie lasen, waren definitiv schlampig oder konnten einfach nicht gut genug Deutsch. Staschinski und Inge konnten nicht umhin zu bemerken, dass die Briefe manchmal in den falschen Umschlägen ankamen. Sarkisov schob diese Vorfälle auf die deutschen und polnischen Behörden, über die der KGB angeblich keine Kontrolle hatte.[1]

Da ihre Wohnung abgehört und ihre Briefe von den KGB-Mitarbeitern geöffnet wurden, waren Staschinski und Inge froh, eine Pause einlegen und Moskau verlassen zu können, um auf dem Lande Urlaub zu machen, weit weg vom KGB und seinen Abhörgeräten. Ende August beschlossen sie, in Staschinskis Heimatdorf Borschtschowytschi zu reisen., nicht weit von Lwiw in der Westukraine. Staschinski wollte seine junge Frau seiner Familie vorstellen: seinem Vater, seiner Mutter und seinen beiden Schwestern, die noch im Dorf lebten. Das war leichter gesagt als getan. Staschinskis Moskauer Vorgesetzte wollten nicht, dass Inge Staschinskis Familie kennenlernte oder seinen richtigen Namen erfuhr. Staschinski ignorierte den Rat des KGB und bestand auf die Reise.

Sie verbrachten fast einen Monat in Borschtschowytschi und kehrten Ende September nach Moskau zurück. Staschinski erzählte seinen Eltern und Nachbarn, dass er Inge in Moskau kennengelernt hatte, wo sie ein Auslandssemester absolvierte. Sie hatten sich ineinander verliebt und geheiratet. Inge machte einen starken Eindruck auf die einheimischen Frauen, die die gut gekleidete Ausländerin aus der Hauptstadt darum beneideten, das Herz ihres gutaussehenden Nachbarn gewonnen zu haben. »Die deutsche Frau war groß und schlank und hatte kurz geschnittenes Haar«, erinnerte sich eines der einheimischen Mädchen Jahre später. »Ich sehe sie noch vor mir, als wäre es gestern gewesen, sie trug ihr gepunktetes Kleid mit breitem Gürtel und Metallschnalle. Sie war an allem interessiert, verstand aber nichts; Bogdan übersetzte alles.«[2]

Staschinskis Familie hatte ihm seinen Verrat aus dem Jahr 1950 nie ganz verziehen. Es war ein Schock für die Familie und die Nachbarn gewesen, als Staschinski offen für die Geheimpolizei zu arbeiten begonnen hatte. Als die Behörden begannen, Personen im Dorf zu verhaften, die mit dem nationalistischen Untergrund in Verbindung standen, fiel der Verdacht natürlich auf Staschinski. Er wurde beschuldigt, den Verlobten seiner Schwester, Iwan Laba, den örtlichen Untergrundkommandanten, getötet zu haben. Er hatte die Anschuldigungen bestritten, aber das half nichts. Die Angehörigen der Verhafteten machten nicht nur Staschinski, sondern seine gesamte Familie für ihre Tragödie verantwortlich. Die Staschinskis, die einst im Dorf beliebt gewesen waren, wurden zu Ausgestoßenen. Die Verwandten der Verhafteten wurden immer feindseliger, bis sich die Familie nach Einbruch der Dunkelheit nicht mehr aus dem Haus traute und ihre Fenster mit Brettern vernagelte, um Einbrüche zu verhindern. Staschinski, dessen Karriere bei der Geheimpolizei ihn zunächst nach Lwiw und dann nach Kyjiw, Berlin und Moskau geführt hatte, konnte wenig tun, um seiner Familie zu helfen.

Sie wollten seine Hilfe auch auf keinen Fall. Sie wollten ihn nicht sehen. Von 1951 bis 1954 hatte Staschinski keinen Kontakt zu seiner Familie. Schließlich gelang es ihm, die Beziehung durch seine ältere Schwester Iryna einigermaßen wiederherzustellen. Sie sagte ihm, dass er nach Hause kommen könne. Aber er sollte es nicht wagen, ohne vorher die Zustimmung seines Vaters einzuholen. Staschinskis Vater willigte ein, ihn zu treffen, und gab ihm die Erlaubnis zur Rückkehr – und erst dann riskierte er es, in seinem Heimatdorf aufzutauchen. »Die Beziehung hatte sich aber nach allem, was

FAMILIE 193

geschehen war, verändert«, erinnerte sich Staschinski später. »Es war nicht ganz angenehm.« Die Nachricht von Stepan Banderas Ermordung hatte das Dorf Borschtschowytschi durch westliche Sendungen und Gerüchte erreicht, aber niemand in der Familie konnte sich vorstellen, dass die Person, die für den Tod des Symbols ihres Widerstands gegen die Sowjets verantwortlich war, ihr eigener Bogdan war.[3]

Staschinskis Nachbarn in Borschtschowytschi erinnerten sich, dass Staschinski und Inge während ihres Besuchs im Dorf viel Zeit mit Spaziergängen im Garten verbrachten. Sie fuhren auch in das benachbarte Lwiw, um sich die Sehenswürdigkeiten anzusehen. Inge muss sich in Lwiw mehr zu Hause gefühlt haben als in Moskau, denn die Architektur der Stadt ähnelte der ihrer deutschen Heimat. Im frühen dreizehnten Jahrhundert von einem Rus-Fürsten gegründet, fiel die Stadt im fünfzehnten Jahrhundert unter polnische Kontrolle und wurde im achtzehnten Jahrhundert Teil des Habsburger Reiches. Lwiw wurde jahrhundertelang nach der deutschen Stadtordnung regiert und hatte wie jede deutsche Stadt ein Rathaus und einen umliegenden Marktplatz als Zentrum. Die Gebäude waren eine Mischung aus den wichtigsten europäischen Baustilen, von der Renaissance über den Barock bis zum Klassizismus. Nach dem Fall Österreich-Ungarns im Jahr 1918 wurde Lwiw, das damals noch Lwow hieß, von Stalin auf der Konferenz von Jalta für die Sowjetunion beansprucht. In den späten 1950er-Jahren, als die Lwiwer Juden im Holocaust ausgerottet und die Polen in die ehemals deutschen Gebiete umgesiedelt wurden, wurden die Ukrainer zur wichtigsten ethnischen Gruppe der Stadt.

Reiseführer in den Straßen des Stadtzentrums von Lwiw und in den zahlreichen Museen betonten die russischen Wurzeln der Stadt, ihre ukrainische Vergangenheit und ihre angeblich engen Verbindungen zu Russland. Sie verwiesen auf kurze Besuche des russischen Zaren Peter I. in der Stadt im frühen achtzehnten Jahrhundert, als er mit polnischen Persönlichkeiten verhandelte, um eine Allianz gegen Karl XII. von Schweden zu schmieden. Obwohl die Ukrainer in der Tat tiefe Wurzeln in der Stadt hatten, waren die meisten, die Inge im August und September 1960 auf den Straßen der Stadt sah, relativ neue Einwohner, die nach dem Krieg aus den umliegenden Dörfern gekommen waren. Staschinski gehörte zu den Zehntausenden von Menschen, die auf der Suche nach Bildung und besseren Berufsaussichten nach Lwiw gezogen waren. Es war die Stadt seiner Jugend – er hatte dort in den späten 1940er-Jahren sein Studium an einer Lehrerbildungsanstalt begonnen. Zwei seiner Opfer hatten ebenfalls einen Großteil ihrer Jugend dort verbracht: Stepan Bandera hatte dort Landwirtschaft studiert, während Lew Rebet und seine Frau Daria Jura studiert hatten. Staschinski konnte das nicht wissen, und wenn er es gewusst hätte, hätte er es Inge nicht gesagt, die immer noch keine Ahnung hatte, welche Dienste er für den KGB geleistet hatte.[4]

Zu den vielen Themen, die Staschinski und Inge bei ihren Spaziergängen durch die Straßen der alten Stadt und die Gärten von Borschtschowytschi, fernab von den Abhörgeräten des KGB, besprochen haben müssen, gehörte auch ihre Zukunft als Familie. Inge war schwanger – eine Tatsache, die das Paar vor dem KGB verbarg. Doch als Staschinski und Inge Ende September nach Moskau zurückkehrten, erfuhren sie, dass die KGB-Drähte eindeutig ihre Arbeit machten und zumindest dieses Geheimnis an ihre Vorgesetzten verraten hatten.

Am Tag nach der Rückkehr der Staschinskis aus der Ukraine sprach Sarkisov das Thema an. Er begann indirekt, indem er sagte, dass Menschen in ihrer Situation keine Geheimnisse vor ihren Vorgesetzten haben sollten, selbst wenn sie persönliche Angelegenheiten beträfen. Staschinski verstand die Botschaft: Der KGB wusste von der Schwangerschaft. Er teilte Sarkisov diese Information rasch »freiwillig« mit. Der KGB-Offizier wirkte nicht überrascht. Als Inge Sarkisov fragte, woher er wisse, dass sie schwanger sei, antwortete er ihr: »Es gibt keine Geheimnisse für den KGB.« Er erklärte dem Paar, dass die Geburt eines Kindes die Pläne, die der KGB für sie gemacht hatte, verzögern oder ganz zunichtemachen würde. Er fragte, ob die Staschinskis das Kind behalten oder abtreiben wollten. Das sei in der Sowjetunion eine einfache und routinemäßige Angelegenheit, erklärte er Inge.

Sowohl Staschinski als auch Inge erklärten ihrem Betreuer, dass sie das Baby behalten wollten. Er widersprach ihnen nicht, aber damit war die Angelegenheit noch nicht erledigt. Sarkisov kam bald zurück und bestand auf die Abtreibung. »Obwohl es nicht als Befehl formuliert war, sagte er ganz klar, dass es besser wäre, wenn meine Frau in eine Abtreibung einwilligen würde.« Staschinski und Inge ließen sich nicht beirren, aber dieses Mal übernahm Staschinski die Führung und sagte Nein zum KGB. Wie schon zuvor hatte er eine Erklärung dafür, warum der Vorschlag des KGB im Prinzip gut, in der Praxis aber unmöglich war. Inge habe schon früher Schwierigkeiten mit dem Kinderkriegen gehabt, sagte er, und ein Arzt habe ihr gesagt, dass sie eine Operation brauche, um in Zukunft gebären zu können. Ihre jetzige Schwangerschaft grenze an ein Wunder, und sie seien sehr froh, dass sie ohne Operation zustande gekommen sei. Eine Abtreibung konnten sie unter diesen Umständen nicht riskieren.

Sarkisov gab die Idee der Abtreibung auf, kam aber bald mit einem neuen Vorschlag zurück: Inge sollte das neugeborene Kind in eine Pflegefamilie geben. Sie protestierte vehement, aber er sagte ihr, dass es eine Ehre sei, dem Land und der Gemeinschaft ein Kind zu schenken. Inge brach zusammen und Staschinski explodierte. Sarkisov erkannte, dass er eine Grenze überschritten hatte. Der KGB lenkte schließlich ein, und die Staschinskis durften ihr Baby bekommen. Als Wiedergutmachung gab der KGB Staschinski unerwartet eine Prämie von 20.000 Rubel – für damalige Verhältnisse eine große Summe –, um Möbel zu kaufen. Sarkisov begleitete Staschinski zu einer Bank, um das Geld abzuheben, und anschließend zu einem Möbelhaus, wo er seine KGB-Verbindungen nutzte, um die Einkäufe zu sichern.[5]

26

Planänderungen

Für Staschinski änderte sich alles, nachdem er und Inge beschlossen hatten, das Baby zu behalten. Sein Sprachunterricht kam zum Erliegen – Elvira Michailowna, die KGB-Starlehrerin für Deutsch, die Staschinski auch zu deutscher Geschichte, Geographie und Umgangsformen unterrichtet hatte, verschwand plötzlich. Sarkisov erklärte, sie sei in den Westen geschickt worden. Staschinski blieb zurück mit wenig mehr zu tun, als an den wenigen Übersetzungen zu arbeiten, die ihm der KGB in Auftrag gegeben hatte. Man schlug vor, dass er bald eine Ausbildung als Friseur beginnen sollte. Aber auch die Gespräche, die er ständig mit Sarkisov über ihr zukünftiges Leben im Westen, den Namen, den sie dort benutzen wollten, und ihre Tarngeschichte geführt hatte, kamen an ein Ende.

Staschinski erfuhr, dass sich sein Status innerhalb des KGB am 3. Dezember 1960 geändert hatte, etwas weniger als ein Jahr nach seinem wichtigen Treffen mit dem KGB-Chef Alexander Schelepin. An diesem Tag brachte Staschinskis Sachbearbeiter ihn zu einem Treffen mit einem anderen wichtigen Beamten, der ihm als Wladimir Jakowlewitsch vorgestellt wurde, einem Abteilungsleiter im KGB-Hauptquartier am Lubianka-Platz. Laut freigegebenen Biografien hochrangiger KGB-Offiziere handelte es sich bei dem stämmigen und etwas unterdurchschnittlich großen Mann, der Staschinski an diesem Tag begrüßte, um Wladimir Jakowlewitsch Barischnikow, den stellvertretenden Leiter der Direktion C des KGB-Auslandsgeheimdienstes. Die 1957 gegründete Direktion war für illegale Einwanderer und deren Unterstützung im Ausland verantwortlich. Ihr erster Leiter war Staschinskis Bekannter in Karlshorst, General Alexander Korotkow.

Barischnikow war im Juli sechzig Jahre alt geworden. Als Absolvent einer deutschen Handelsschule in St. Petersburg vor der Revolution trat er Ende der 1920er-Jahre in die Geheimpolizei ein und machte sich während des Krieges einen Namen als Architekt von Funkspielen mit dem deutschen militärischen Nachrichtendienst – eine Täuschungstaktik, die durch Fortschritte in der Funktechnik möglich wurde. Bevor er seine jetzige Position in der Direktion C übernahm, hatte er unter Korotkow in Karlshorst gedient, wo er stellvertretender Befehlshaber war. Lew Rebets Ermordung durch Staschinski hatte unter seiner Aufsicht stattgefunden. In KGB-Kreisen war Barischnikow ein angesehener hoher Offizier, der als Gelehrter galt. Seine Untergebenen sahen ihn vor sich, wie er sich ständig über seinen mit Papieren übersäten Schreibtisch beugte – er war kurzsichtig und weigerte sich, eine Brille zu tragen.[1]

Nach der Begrüßung von Staschinski begann Barischnikow das Gespräch in seiner üblichen ruhigen Art. Er erkundigte sich nach Inge und fragte, wie sie mit ihren neuen Lebensbedingungen und gelegentlichen Engpässen bei den Produkten zurechtkomme. Staschinski, der wusste, woher diese Fragen stammten, machte ein tapferes Gesicht und bestritt, dass es in seiner Familie jemals ein solches Problem gegeben habe. Er versicherte Barischnikow, dass sowohl er als auch Inge gerne in Moskau lebten und gelernt hätten, die Waren, an die sie in Deutschland gewöhnt waren, durch die vor Ort verfügbaren zu ersetzen. Barischnikow ließ das Thema fallen. Er wählte einen anderen Ansatz, durch die Mitteilung, dass angesichts der bevorstehenden Veränderungen in Staschinskis Familie bestimmte Dinge hinsichtlich seiner Arbeit für den KGB neu geordnet werden müssten.

»Sie haben lange das Leben eines Herumtreibers geführt und nie einen festen Wohnsitz gehabt«, sagte er zu Staschinski. »Jetzt sind Sie verheiratet, Sie werden ein Kind bekommen, und wenn das Kind da ist, sollten Sie natürlich einen festen Wohnsitz haben, wo Sie Ihren Hut aufhängen können.« Staschinski brauchte nicht lange, um zu begreifen, worauf Barischnikow hinauswollte. Der KGB hatte die Pläne, ihn und Inge ins Ausland zu schicken, entweder verschoben oder abgesagt. Moskau sollte ihr ständiges Zuhause werden. Die Amerikaner und die Westdeutschen, so Barischnikow, hätten eine Untersuchung der beiden Morde eingeleitet, die Staschinski begangen hatte. Es wäre gefährlich für ihn, nach Ost-Berlin zu reisen. Eigentlich müsste er noch mindestens sieben Jahre in der Sowjetunion bleiben. Staschinski würde sich nie um Geld sorgen müssen – der KGB würde ihm ein Gehalt von 2.500 Rubel pro Monat zahlen – und er würde die Möglichkeit erhalten, seine Ausbildung fortzusetzen, versicherte ihm Barischnikow.

Staschinski reagierte zunächst gelassen, doch dann nahm das Gespräch eine weitere schlechte Wendung. Barischnikow brachte die Pläne der Staschinskis zur Sprache, Weihnachten mit Inges Familie in Ostdeutschland zu verbringen. Alles war für ihre Abreise vorbereitet; Staschinski und sein KGB-Kontaktmann hatten bereits Geschenke für die Familie gekauft und Tickets bestellt. Es war auch geplant, dass das Paar einige Zeit in Warschau verbringen sollte, damit Inge sich mit der polnischen Hauptstadt vertraut machen konnte und darauf vorbereitet war, bei der Familienfeier Fragen über ihr angebliches Leben dort zu beantworten. Staschinski hatte erwartet, bei dem Treffen mit Barischnikow die endgültige Genehmigung für die Reise zu erhalten. Nun teilte Barischnikow ihm mit: »Wir haben Ihrer Frau versprochen, dass sie ohne Schwierigkeiten reisen und auch einige Zeit in Warschau verbringen kann. Aber Sie könnten wir nicht nach Berlin gehen lassen.«

Staschinski war schockiert. Seine schlimmsten Befürchtungen waren wahr geworden. Schon vor dem Treffen hatte er befürchtet, dass der KGB zu viel über seine und Inges Haltung gegenüber dem sowjetischen Regime erfahren hatte und sie wahrscheinlich nicht beide nach Berlin gehen lassen würde. Er erwähnte seine Befürchtungen gegenüber Inge nicht und hoffte, dass sie sich als unbegründet erweisen würden oder dass er sich aus der Situation herausreden könnte, wenn es schwierig würde. Doch Barischnikow machte es unmöglich, die Entscheidung zu umgehen. Nach Ansicht des Generals lief Staschinski ernsthaft Gefahr, enttarnt zu werden, wenn er nach Berlin ging. Natürlich könne er in Zukunft unter Umgehung Berlins nach Westdeutschland gehen, sagte Barischnikow. Aber nur, wenn er nicht von seiner Frau begleitet würde; wenn er mit Inge reiste, würde sie natürlich ihre Eltern in Berlin besuchen wollen und damit Staschinski in Gefahr bringen. »Er wollte uns trennen«, erinnert sich Staschinski. »Die ganze Situation änderte sich.«[2]

Die Sitzung war beendet. Der fassungslose Staschinski hatte viel zu bedenken. Barischnikows Worte hatten ihm deutlich gemacht, dass der KGB einen von ihnen, entweder Staschinski oder Inge, als Geisel in Moskau behalten wollte. Sie ließen Inge nach Berlin gehen und rechneten damit, dass ihre Liebe zu Staschinski sie zu ihm zurück nach Moskau bringen würde. Sie waren auch bereit, Staschinski nach der Geburt des Kindes in den Westen gehen zu lassen, da sie darauf zählten, dass seine Liebe zu seiner Familie ihn davon abhalten würde, die UdSSR zu verlassen. Barischnikow versuchte, die Probleme des KGB mit Staschinski – seine Liebe zu Inge und seinen Kinderwunsch – aus einem Hindernis in einen Vorteil zu verwandeln. Diese Erkenntnis führte zu einem ebenso beunruhigenden Gedanken: Sie vertrauten ihm nicht mehr. Er war nicht nur ein Täter, sondern auch ein Zeuge der Verbrechen, die sie auf fremdem Boden begangen hatten, und er wusste, was der KGB mit unerwünschten Zeugen anstellen konnte. Standen er und Inge jetzt unter Verdacht? War ihr Leben in Gefahr?

»Ich musste mit der Möglichkeit rechnen«, erinnerte sich Staschinski später, »dass uns beiden etwas zustoßen könnte. Nach dem Gespräch mit General [Wladimir] Jakowlewitsch hatte ich das Gefühl, meine Frau warnen zu müssen, dass sie eines Tages einen tödlichen Unfall erleiden könnte. Das Gleiche könnte auch mir passieren. Er musste etwas tun. »Ich verstand«, erinnerte sich Staschinski später, »dass ich nicht länger in meinen Absichten schwanken konnte. Ich musste mich klar entscheiden, was ich tun wollte. Es gab keinen anderen Ausweg für mich.« Aber was genau konnte er unter diesen Umständen tun? Sollte er versuchen, seine Beziehungen zum KGB zu reparieren, oder in den Westen fliehen? Staschinskis wachsende Ängste um seine Sicherheit und die seiner Frau machten die erste Option eher unrealistisch. Und angesichts der neuen Vorschriften des KGB, die Reisen zu zweit untersagten, kam die zweite Möglichkeit nicht in Frage. Es war eine Sackgasse.[3]

27
Neues Jahr

Am letzten Tag des Jahres 1960 bereiteten sich Staschinski und Inge darauf vor, das neue Jahr einzuläuten, und fragten sich, was ihnen bevorstand, zwei Spielfiguren des KGB, die versuchten, aus einer fest verschlossenen Falle zu entkommen.

Inge konnte zunächst nicht verstehen, warum der KGB sich weigerte, Staschinski ihre Eltern in Berlin besuchen zu lassen, und er beschloss schließlich, ihr die ganze Wahrheit zu sagen, einschließlich der Art der Arbeit, die er für den KGB in Westdeutschland geleistet hatte. Es war keine leichte Entscheidung. Nicht nur glaubte er wirklich, dass sie sicherer wäre, wenn sie nichts davon wüsste, sondern er konnte sich einfach nicht dazu durchringen, ihr dieses Geständnis zu machen. Wie er später sagte: »Es ist nicht so einfach, der Person, mit der man zusammenleben möchte, solche Dinge zu erzählen.« Doch nun hatte sich die Situation dramatisch verändert. Nach seinem Treffen mit General Barischnikow glaubte Staschinski, dass Inges Leben bereits in Gefahr schwebte, obwohl sie nichts über seine Taten in Westdeutschland wusste. Auch der psychologische Druck wurde immer größer. Staschinski hatte die Last der Schuld zu lange allein getragen, und nun glaubte er, dass Inge ihn nicht nur verstehen, sondern ihm auch helfen würde, wenn er ihr die Wahrheit sagte.[1]

Inge war schockiert – sie fiel sogar in Ohnmacht –, aber Staschinski hatte sie richtig eingeschätzt. Trotz ihrer tiefen religiösen Überzeugungen und ihrer ausgeprägten Moral wandte sie sich nicht von ihm ab. Er war sehr erleichtert, dass er das Geheimnis (und die damit verbundenen Schuldgefühle) nicht mehr allein ertragen musste. Normalerweise, wenn Staschinski und Inge Dinge besprachen, die sie vor dem KGB geheim halten wollten, mussten sie ihre Gespräche im Freien führen, aber es war ein kalter Winter in Moskau, und Inge war im sechsten Monat schwanger. Sie dachten sich eine andere Methode der Kommunikation aus. »In unserem Zimmer nahmen wir Notizbücher zur Hand und drückten unsere Gedanken in schriftlicher Form aus«, erinnerte sich Staschinski. »Wir dachten über unsere Zukunftspläne nach.« Die einzige Zukunft, die sie sich zu diesem Zeitpunkt vorstellen konnten, war die im Westen, aber um dorthin zu gelangen, mussten sie den KGB umgehen und einen Weg aus einem Land finden, das sich nicht hinter einem, sondern hinter zwei Eisernen Vorhängen abgeschottet hatte. Der zweite befand sich zwischen der Sowjetunion und den osteuropäischen Ländern, zu denen der Zugang für sowjetische Bürger fast genauso eingeschränkt war wie zum Westen.[2]

Inge weigerte sich vorerst, allein nach Berlin zu fahren. Der unmittelbare Plan war es, den KGB unter Druck zu setzen, damit sie zusammen gehen konnten, also beschlossen sie, auf Zeit zu spielen. Da sie Weihnachten nicht mit Inges Familie in Ostdeutschland verbringen konnten, verbrachten Staschinski und Inge das Fest bei Staschinskis Familie in der Ukraine – die zweite Reise dorthin in weniger als vier Monaten. Wie alle ostkirchlichen Christen feierten die Staschinskis das Weihnachtsfest am 7. Januar, nach dem alten julianischen Kalender. Für sie fiel Weihnachten 1960 in das Jahr 1961. Für Staschinski war diese Reise nach Hause ganz anders als die, die er ein Jahr zuvor, kurz nach der offiziellen Auszeichnung durch Alexander Schelepin, unternommen hatte. Damals war er zwar von den Sünden, die er begangen hatte, verfolgt worden, aber er war auch voller Optimismus – nicht nur, dass sich seine Karriere beim KGB zum Besseren gewendet hatte, er hatte auch die Genehmigung erhalten, die Frau, die er liebte, zu heiraten. Jetzt waren sie verheiratet und Inge erwartete ihr erstes Kind, aber dunkle Wolken verdunkelten Staschinskis Karriere und ihr gemeinsames Leben.

Für Staschinski hatte dieses Weihnachtsfest zu Hause eine besondere Bedeutung. Sollten seine und Inges Pläne aufgehen und ihnen die Flucht in den Westen gelingen, würde dies das letzte Fest mit seiner Familie sein. Staschinski und Inge würden die Ukraine und die Sowjetunion für immer verlassen, in den Westen flüchten und jeglichen Kontakt zu seiner Familie abbrechen, um nicht von KGB-Attentätern aufgespürt zu werden. Staschinski machte Fotos von seiner Frau im Kreise seiner Familienmitglieder, darunter ein Bild seiner beiden Schwestern Maria und Iryna, mit den länglichen Gesichtern und den markanten Nasen des Staschinski-Clans. Beide waren sich darauf ihrer selbst nicht sicher. Iryna lächelte etwas künstlich, während Maria eher zurückhaltend wirkte. Sie trugen scheinbar identische Kleider – ein Ergebnis der Stoffknappheit.[3]

Wie schon einige Monate zuvor nutzten Staschinski und Inge ihren Aufenthalt im Dorf, weit weg von den Ohren des KGB, um ihre Pläne für die Zukunft zu besprechen. Sie zogen in Erwägung, bei der ostdeutschen Botschaft in Moskau ein Ausreisevisum zu beantragen, mussten diese Idee aber wieder verwerfen, da die sowjetische Grenze vom KGB und nicht von den Ostdeutschen kontrolliert wurde. Schließlich schmiedeten sie einen anderen, viel riskanteren Plan. Staschinski hoffte, sich direkt an seinen Bekannten Alexander Schelepin, den KGB-Chef, wenden zu können und ihn um die Erlaubnis zu bitten, Inge nach Ost-Berlin zu folgen. Von dort aus würden sie nach West-Berlin und dann nach Westdeutschland übersetzen. Staschinski würde unter dem Decknamen des Ostdeutschen Josef Lehmann politisches Asyl beantragen. Das war einer der Gründe, warum sowohl er als auch Inge darauf bestanden hatten, den alten Decknamen beizubehalten, als der KGB eine neue Identität für die Staschinskis schaffen wollte. Zunächst erhob Inge Einwände gegen den »Schelepin-Plan«. »Meine Frau hielt das für unethisch«, erinnerte sich Staschinski später. »Sie sagte: Wir werden zu ihm gehen, er wird uns die Erlaubnis geben, und wir werden verschwinden. Er wird Schwierigkeiten bekommen.« Staschinski wischte ihre Einwände beiseite und sagte Inge, dass sie den KGB so behandeln müssten, wie er sie behandelte. Inge stimmte schließlich zu.[4]

Zurück in Moskau begaben sie sich zum KGB-Hauptquartier in der Lubianka, um Schelepin zu sehen, aber sie kamen nicht weiter als bis zum diensthabenden Offizier. Staschinski erklärte dem Offizier seine Situation und bat um eine persönliche Audienz beim KGB-Chef. Stattdessen wurde er in einen Raum mit einem Briefkasten für persönlich an Schelepin gerichtete Briefe gebracht. Die Reise war ein totaler Fehlschlag. Den Staschinskis misslang es nicht nur, sich mit Schelepin zu treffen, sondern sie erschwerten auch die

Beziehungen zu Staschinskis KGB-Betreuern, die über den Besuch im Unklaren gelassen worden waren.

Angesichts dieser Situation beschlossen die Staschinskis, ihre Taktik zu ändern. Inge willigte ein, allein nach Berlin zu reisen. Ursprünglich hatte der KGB einen kurzen Besuch bei ihren Eltern genehmigt, aber das Paar vereinbarte insgeheim, dass sie lange genug bleiben würde, um ihr Kind zu gebären, für das sie die ostdeutsche Staatsbürgerschaft wollten. Im Idealfall würden sie und das Kind nie wieder nach Moskau zurückkehren. Sobald Staschinski einen Weg gefunden hatte, sich ihnen in Berlin anzuschließen, würden sie alle drei in den Westen gehen. Ihr Plan erforderte mehrere Schritte. Zunächst sollte Inge ihren Aufenthalt in Ostdeutschland verlängern, indem sie Schwierigkeiten mit der Schwangerschaft vorgab. Ein Unfall in Moskau half ihnen, eine glaubwürdige Tarnung zu entwickeln. Kurz vor ihrer Abreise nach Ost-Berlin musste Inge einen Arzt aufsuchen: Sie hatte einen schweren Gegenstand gehoben und fühlte sich danach krank. Der KGB wusste von diesem Besuch und seinem Zweck. Nun beschlossen die Staschinskis, dass Inge bald nach ihrer Ankunft in Ostdeutschland einen Arzt aufsuchen und unter Hinweis auf die Komplikationen des Moskauer Unfalls um ein Attest bitten sollte, das ihr lange Reisen verbot.

Inge würde dann die zweite Phase des Plans in Angriff nehmen, die darin bestand, Staschinski zu holen, um ihr mit dem neugeborenen Kind in Berlin zu helfen. Auch hier setzten sie ihre Hoffnungen auf Schelepin. Inge sollte einen persönlichen Brief an den KGB-Chef schreiben und ihn über die sowjetische Botschaft in Ost-Berlin an ihn schicken – Korrespondenz aus dem Ausland, so vermutete das Paar, würde mehr Aufmerksamkeit erhalten als Inlandspost. Wenn Schelepin sie abwies – und Staschinski hielt dies realistischerweise für das wahrscheinlichste Ergebnis – würde Inge eine andere Richtung einschlagen und versuchen, mit Hilfe von Frau Schade, einer Freundin ihres Vaters, Kontakt zu den Amerikanern aufzunehmen. Wie sich Staschinski später erinnerte, »sollte sie ihnen sagen, dass ich ein verdeckter KGB-Mitarbeiter sei, der sich moralisch von seinen Arbeitgebern distanziert habe und in den Westen gehen wolle. Sie solle die Amerikaner bitten, mir dabei zu helfen. Sie würde sagen, dass ich ihnen, wenn es mir gelungen sei, den Westen zu erreichen, Einzelheiten über meine Arbeit für den KGB mitteilen würde.«[5]

Bogdan Staschinski hatte sich auf Gedeih und Verderb entschlossen. Wenn Schelepin ihm nicht half und es sich als unmöglich erwies, unter seiner Josef-Lehmann-Identität um politisches Asyl zu bitten, würde er sich an die Erzfeinde des KGB, die CIA, wenden und sowjetische Geheimnisse im Austausch für Sicherheit und Schutz preisgeben. Dies wäre ein Akt des Verrats, aber Staschinski empfand keine Loyalität gegenüber seinen KGB-Meistern. Das Paar legte Ort und Uhrzeit fest, zu der die Amerikaner Staschinski in Moskau kontaktieren sollten, falls sie das Angebot annähmen. Der genaue Tag des Treffens sollte zwischen Inge und den amerikanischen Agenten, mit denen sie in Kontakt treten würde, vereinbart werden. Wenn es ihr, aus welchen Gründen auch immer, nicht gelang, die Amerikaner zu kontaktieren, sollte sie nach Moskau zurückkehren. »In diesem Fall«, erinnert sich Staschinski, »hatte ich beschlossen, dass ich bei der nächsten Gelegenheit, wenn ich einen KGB-Auftrag im Westen ausführen sollte, mit den Amerikanern oder dem deutschen Geheimdienst Kontakt aufnehmen würde.«

Sie entwickelten auch einen Geheimcode, um ihre Korrespondenz per Post zu führen, von der sie wussten, dass sie vom KGB gelesen werden würde. Schelepin wurde in ihrer Korrespondenz »lieber Gott« genannt. Als Inge einen Brief an Schelepin schickte, in dem sie ihn bat, ihren Mann nach Berlin nachkommen zu lassen, sollte sie in einem Brief an Staschinski schreiben, dass sie sich in den Finger geschnitten hatte. Sollte dieses »Blutopfer« an den »lieben Gott« nichts bringen, würde Staschinski Inge grünes Licht für die Kontaktaufnahme mit den Amerikanern geben, indem er ihr riet, eine Schneiderin aufzusuchen. Insgesamt gab es etwa zwanzig Codewörter, auf die sie sich einigten, um einander mitzuteilen, was in Berlin und Moskau vor sich ging, einschließlich solcher Eventualitäten wie, dass Staschinski vom KGB unter Druck gesetzt oder gezwungen wurde, in eine andere Wohnung zu ziehen. Sobald sie bereit waren, teilten sie Staschinskis Sachbearbeiter mit, dass Inge zugestimmt hatte, allein nach Berlin zu reisen. Die KGB-Betreuer der Staschinskis waren erleichtert, da sie glaubten, dass das Paar endlich eingesehen hatte, dass es keine Alternative dazu gab, sich den Ratschlägen und Regeln des KGB zu beugen.

Die schwangere Inge bestieg am 31. Januar 1961 ein Flugzeug nach Ost-Berlin. In ihren beiden Koffern transportierte sie fast ihr gesamtes Hab und Gut. Staschinski blieb in Moskau zurück, nur mit dem Nötigsten und der Hoffnung, dass er Inge bald in die Stadt ohne sichtbare Grenzen folgen würde.[6]

28
Zurück zur Schule

Ungefähr zum Zeitpunkt von Inges Abreise nach Berlin erhielt Bogdan Staschinski sein erstes echtes sowjetisches Dokument seit Jahren. Ein von der Moskauer Polizei am 26. Januar 1961 ausgestellter Reisepass enthielt seinen richtigen Namen sowie Ort und Datum seiner Geburt: Bogdan Nikolajewitsch Staschinski, geboren am 4. November 1931 im Dorf Borschtschowytschi in der Region Lwiw in der Ukraine. Mit diesem Pass konnte er sich als Student am Moskauer Staatlichen Pädagogischen Institut für Fremdsprachen einschreiben, wo er zunächst Deutsch und dann Englisch lernen sollte.

Der KGB stellte Staschinski auch das erforderliche Referenzschreiben aus. Ausgestellt im gefälschten Namen des Direktors eines ebenso gefälschten geheimen Forschungsinstituts, besagte es, dass Staschinski von März 1951 – dem Jahr, in dem er offiziell in den KGB-Dienst eingetreten war – bis Dezember 1960 in deren Diensten gestanden habe. Er wurde als »ehrlicher und pflichtbewusster Arbeiter« bezeichnet. Es wurde auch erwähnt, dass er durch einen Erlass des Präsidiums des Obersten Sowjets der UdSSR »für die erfolgreiche Arbeit an einem wichtigen Problem« mit dem Orden des Roten Banners ausgezeichnet worden war. Die Information über Staschinskis Auszeichnung, die als Staatsgeheimnis gegolten hatte, als er sich auf eine neue Mission im Ausland vorbereitete, wurde nun allenfalls als vertraulich betrachtet: Die Beamten des Instituts, die ihn in der Mitte des akademischen Jahres als Studenten aufnahmen, wussten sehr wohl, dass er ein KGB-Agent war.

Staschinski trat im März 1961 in das Sprachinstitut ein, ohne die obligatorischen Aufnahmeprüfungen abzulegen, auf die auf Wunsch des KGB verzichtet wurde. Er kam in der Mitte des Semesters in eine Gruppe von Studenten, die bereits ihr zweites

Studienjahr beendete. Staschinski hatte zuvor in Einzelgesprächen mit einem hochqualifizierten Lehrer Deutsch gelernt und sich Tonbandaufnahmen von Radiosprechern aus West- und Norddeutschland angehört, doch nun wurde von ihm erwartet, dass er die Sprache als Teil einer relativ großen Gruppe von Studenten beherrschte. Einige der Professoren hatten das Land, in dessen Sprache sie als Experten betrachtet wurden, noch nie besucht. Staschinskis Studien kamen nur langsam voran. Glücklicherweise ging es dem KGB nicht in erster Linie um die Sprachausbildung, sondern einfach darum, einen seiner Agenten durch einen Universitätsabschluss zufriedenzustellen. Staschinski wurde nicht mehr für einen illegalen Einsatz im Westen ausgebildet. Die neuen Pläne des KGB für ihn waren weniger aufregend. Als Anerkennung für seine früheren Dienste für die Geheimpolizei und in der Tat auch für den Staat wollte man ihm helfen, sich in der UdSSR niederzulassen, die er eigentlich nie verlassen sollte.[1]

Staschinski hatte freilich ganz andere Pläne. Kurz nach Inges Ankunft in Ostdeutschland schickte sie einen Brief, in dem sie Staschinski über angebliche Probleme mit ihrer Schwangerschaft informierte. Wie vor ihrer Abreise vereinbart, suchte sie einen Arzt auf und erhielt ein Verbot, Fernreisen zu unternehmen. Staschinski teilte Sarkisov mit, dass Inge sich vor ihrer Abreise nach Ostdeutschland nicht wohl gefühlt habe und vor der Geburt des gemeinsamen Kindes wahrscheinlich nicht mehr reisen könne. Ende Februar schrieb Inge an Staschinski, dass sie sich in den Finger geschnitten habe, was bedeutete, dass sie an den KGB-Chef Alexander Schelepin geschrieben hatte, und ihn um die Erlaubnis bat, dass Staschinski sie nach Ost-Berlin begleiten dürfte. Der Brief an den »lieben Gott«, wie Schelepin in ihrer Korrespondenz genannt wurde, war über die sowjetische Botschaft geschickt worden. Er kam wahrscheinlich vor dem Brief von Inge an Staschinski an, aber der KGB-Chef antwortete einige Zeitlang nicht.

Unterdessen las der KGB den Brief und diskutierte die Angelegenheit. Ein Gerücht im KGB-Hauptquartier besagte, dass General Alexander Korotkow selbst die entscheidende Stimme gegen Staschinski und Inges Pläne war. »Staschinski kann nicht in den Westen entlassen werden. Es sollten optimale Lebensbedingungen für ihn geschaffen und ein Landhaus für ihn gebaut werden, egal in welchem Teil der Sowjetunion, er es sich wünscht«, schlug der General vor. Ende März war die Antwort fertiggestellt. Sergej Sarkisov informierte Staschinski, dass Inge an Schelepin geschrieben und ihn gebeten hatte, Staschinski nach Ost-Berlin gehen zu lassen. Die Bitte wurde abgelehnt. Außerdem bat Sarkisov Staschinski, seiner Frau mitzuteilen, dass sie den KGB-Chef nicht länger mit ihren Briefen zu belästigen solle. Staschinski musste zustimmen.[2]

Die einzige positive Entwicklung war, dass der KGB beschloss, es sei an der Zeit, Staschinskis Sachbearbeiter zu wechseln. Seine Beziehungen zu Sarkisov waren eindeutig angespannt, und das Vertrauen, das zwischen Agent und Betreuer bestehen sollte, hatte sich nicht entwickelt. Außerdem wurde Staschinski nicht mehr für die illegale Arbeit im Ausland ausgebildet. Staschinski erhielt einen neuen Betreuer und wurde höchstwahrscheinlich in eine ganz andere KGB-Einheit versetzt.

Oberstleutnant Juri Alexandrow wurde beauftragt, sich um den desillusionierten Staschinski zu kümmern. Alexandrow war der Vorgesetzte von Sarkisov und hatte viel mehr Macht als sein Vorgänger, und er versuchte, so ehrlich zu Staschinski zu sein, wie es unter den gegebenen Umständen zu erwarten war. Er teilte Staschinski mit, dass er »von angespannten Beziehungen und Missverständnissen erfahren habe, die aufgetreten seien, und dass er ermächtigt worden sei, diese Missverständnisse auszuräumen, um eine gute Zusammenarbeit in der Zukunft zu gewährleisten.« Er ließ Staschinski auch direkt wissen, dass die Herstellung guter Beziehungen auch in seinem Interesse sei. »Sie wissen so gut wie ich«, sagte er zu Staschinski, »dass wir jetzt dauerhaft verbunden sind ›wie Nadel und Faden‹, wie ein russisches Sprichwort sagt.«

Staschinski begrüßte den Wechsel des Sachbearbeiters. Er sagte Alexandrow, dass er unglücklich über das Abhören, die Öffnung der persönlichen Korrespondenz und das offensichtliche Misstrauen ihm gegenüber sei – nach allem, was er für den KGB getan hatte. Alexandrow stimmte ihm zu und versprach, ihm zu helfen. Er wollte auch, dass Staschinski an Inge schrieb und sie ermutigte, so bald wie möglich nach Moskau zurückzukommen. Alexandrow bot ihr sogar an, sie mit echten neuen Dokumenten für ihre Rückkehr in die Sowjetunion zu versorgen. Wie bei Staschinski sah der KGB keinen Grund, Inges Identität weiterhin zu verbergen. Staschinski mochte seinen neuen Betreuer, vermutete aber, dass der KGB aus einem bestimmten Grund so gut zu ihm war: Sie wollten Inge so schnell wie möglich zurückhaben. Er schrieb an seine Frau und riet ihr, statt sie zur Rückkehr zu ermuntern, zur Schneiderin zu gehen.³

Inge begann, ihren Plan in die Tat umzusetzen. Schon bald schrieb sie an ihren Mann:

> Mein lieber Bogdan, wie wir vereinbart haben, bereite ich mich auf deine Ankunft vor. Ich muss viel selbst machen. Gestern war ich bei der Schneiderin. Alles ist in Ordnung. Sie näht alles wie geplant. Du solltest sehen, wie hell diese kleinen Babyhemden sind. Ich weiß nur nicht, welche Farbe ich wählen soll. Hellblau, denke ich. Aber ich spüre, dass dich diese törichten Vorstellungen von Frauen langweilen. Warte auf unser Treffen. Alles in allem, ich liebe dich. Ach ja, Tante Klara wollte, dass ich dir sage, dass die Sache, nach der du gefragt hast, definitiv klappt. Wenn ich meine Verwandten besuche, bin ich eigentlich immer so gut gelaunt, dass ich mir um unsere Zukunft überhaupt keine Sorgen mache.

Letzteres bezog sich auf Frau Schade, die Freundin von Inges Vater, die als Vermittlerin für Inge bei ihren Geschäften mit der CIA fungieren sollte. Es schien, dass sie sich bereit erklärt hatte, diese Rolle zu übernehmen.⁴

Doch dann erhielt Inge plötzlich einen Anruf aus Moskau. Staschinski war seit Tagen gestresst, nachdem er seine Frau geschickt hatte, um die CIA zu kontaktieren. Was, wenn der KGB sie beschatten ließ und von dem Kontakt erfuhr? Wie würde die CIA auf ihr Angebot reagieren? Wenn CIA-Offiziere beschlossen, sich mit ihm in Moskau zu treffen, würden sie dann nicht auch vom KGB verfolgt werden? Es gab mehr Fragen als Antworten. Nachdem er sich über die richtige Vorgehensweise den Kopf zerbrochen und seine ursprüngliche Entscheidung immer wieder revidiert hatte, beschloss Staschinski schließlich, das ganze Unternehmen abzubrechen. Er geriet in Panik. Unter Verletzung des Sicherheitsprotokolls, das er sich für die Kommunikation mit seiner Frau ausgedacht hatte, rief er sie über eine offene Leitung aus Moskau an und sagte ihr, sie solle nicht zur Schneiderin gehen. Sie brachen den Plan ab.

Die nächste Nachricht, die Staschinski aus Berlin erhielt, war von viel erfreulicherer Natur. Am 31. März 1961 brachte Inge den gemeinsamen Sohn Peter zur Welt. Das war der glücklichste Tag im Leben von Inge. Staschinski erfuhr noch am selben Tag per Telegramm von der Geburt. Vielleicht wegen des vielfachen Stresses, den Inge in Moskau erlebt hatte, war die Geburt einen Monat zu früh, und Staschinski beschloss, diesen Umstand auszunutzen, um die Erlaubnis zu beantragen, seine Frau und seinen neugeborenen Sohn in Berlin zu sehen. Er bat seinen neuen Führungsoffizier, Oberstleutnant Alexandrow, um Hilfe, doch der Antrag wurde abgelehnt. Inges Telegramm besagte, dass es ihr und dem Kind gut ging, und außerdem wollte der KGB sie zurück in Moskau haben und nicht, dass Staschinski nach Berlin reiste.

Als der Frühling dem Sommer wich, wurden Staschinskis Briefe an Inge immer trostloser. Inge erkannte, dass sie keine andere Wahl hatte, als nach Moskau zurückzukehren. Es bestand keine Chance, dass die Betreuer ihres Mannes ihm erlauben würden, zu ihr nach Berlin zu kommen. »Meine Betreuer aus Karlshorst, mit denen ich in ständigem Kontakt bleiben musste«, erinnerte sich Inge später, »waren sehr froh über meine Entscheidung und teilten sie noch am selben Tag Moskau mit.« Anfang August begann sie mit den Vorbereitungen für ihren Rückflug nach Moskau. Alle Pläne, die sie und Staschinski für ihr Leben im Westen geschmiedet hatten, mussten verschoben, wenn nicht gar ganz aufgegeben werden. Sie wollten als Familie zusammenbleiben. Dazu bot Moskau die einzige Möglichkeit.[5]

29
Telefonanruf

Am Dienstagabend, dem 8. August 1961, erhielt Staschinski unerwarteten Besuch von Oberstleutnant Nikolai Krawtschenko, einem Assistenten des Leiters der KGB-Emigrationsabteilung und einem der beiden Männer, mit denen er im November 1959 seine Auszeichnung gefeiert hatte. Krawtschenko kam in Staschinskis Wohnung vorbei, um ihm zu sagen, dass er seine Frau in Berlin anrufen sollte. Er nannte keinen Grund, aber Staschinski nahm an, dass es darum ging, die Einzelheiten von Inges bevorstehender Rückkehr nach Moskau zu besprechen.

Private Telefone waren 1961 in Moskau ein Luxus. Wenn man jemanden in einer anderen Stadt anrufen wollte, schickte man üblicherweise ein Telegramm, in dem man die Person aufforderte, sich zu einer bestimmten Zeit zu einem Postamt oder einer Telefonstation zu begeben und auf den Anruf zu warten. Krawtschenko bat Staschinski, Inge um 19:00 Uhr mitteleuropäischer Zeit, also um 22:00 Uhr Moskauer Zeit, zu einem Telefongespräch einzuladen. Staschinski stimmte zu. Zu der von Krawtschenko angegebenen Zeit telefonierten die beiden, und Staschinskis gesamte Welt war auf den Kopf gestellt.[1]

Staschinski konnte nicht glauben, was er hörte. Ihr Sohn Peter – der gesunde Junge, der vier Monate zuvor geboren worden war – war tot. Er war krank geworden und hatte hohes Fieber bekommen, als sie ihn in ein Krankenhaus brachten. Inge war untröstlich und wollte, dass er nach Berlin kam. Das verlangte sie auch von ihren Kontaktpersonen in Karlshorst. Staschinski konnte ihr nur sagen, dass er mit seinen Vorgesetzten sprechen würde. Es war eine schreckliche Nacht für ihn. Er hatte seinen Sohn nie gesehen und nun würde das Baby möglicherweise ohne ihn beerdigt werden. Er konnte seinen Sachbearbeiter, Oberstleutnant Juri Alexandrow, erst am nächsten Morgen erreichen. Alexandrow wusste jedoch bereits von Peters Tod. Der KGB habe gewollt, dass Staschinski die Nachricht aus erster Hand von seiner Frau erführe, erklärte Alexandrow Staschinski.

Alexandrow klang am Telefon aufrichtig mitfühlend. Er fragte Staschinski, ob es irgendetwas gäbe, was er tun könne, um ihm zu helfen. »Ich kann nichts anderes tun, als nach Berlin zu fahren und meiner Frau zu helfen«, antwortete Staschinski. In der schlaflosen Nacht nach Inges Anruf hatte sich Staschinski eine Strategie ausgedacht, die ihn vielleicht doch noch nach Berlin bringen würde, indem er Inges prekäre Lage nach dem Verlust ihres Kindes ausnutzte. Er sagte Alexandrow, dass »sie in ihrem derzeitigen Zustand in ihrer Verzweiflung etwas tun könnte, was dem KGB schaden würde«, wie sich an die deutschen Behörden zu wenden und seine Ankunft in Berlin einzufordern. Das könnte seine Tarnung auffliegen lassen. Alexandrow entgegnete scharf, dass Inge selbst für Peters Tod verantwortlich sei – die Dinge wären anders ausgegangen, wenn sie ihre Rückkehr nach Moskau nicht verzögert hätte. Aber er versprach, mit den höheren Stellen zu sprechen.[2]

Als Staschinski Alexandrow einige Stunden später anrief, hatte der Sachbearbeiter eine gute Nachricht für ihn: Die Erlaubnis, nach Berlin zu reisen, war endlich erteilt worden. Der KGB wollte nicht, dass Inge in einer Stadt, die nur teilweise unter seiner Kontrolle stand, für Skandale sorgte. Die Entscheidung wurde offenbar auf höchster Ebene getroffen, möglicherweise von Alexander Schelepin selbst. (Jahre später sollte sein Nachfolger an der Spitze des KGB, Wladimir Semitschastny, Schelepin dafür rügen, dass er bei Staschinski weich wurde und ihn das Land verlassen ließ). Staschinski konnte es kaum erwarten, Inge, mit der er später am Tag telefonierte, die gute Nachricht zu überbringen – sie würden sich entweder morgen oder übermorgen sehen, sagte er seiner besorgten Frau.

An diesem Abend teilte Alexandrow Staschinski mit, dass alles für seine Abreise bereit sei. Er würde mit einem Militärflugzeug nach Deutschland reisen, das am nächsten Morgen dorthin fliegen würde, und müsse um 5:00 Uhr morgens bereit sein. Alexandrow würde ihn in der Nähe seines Wohnhauses abholen. Er bat

Staschinski, vor seiner Abreise nach Deutschland alle vom KGB ausgestellten Dokumente und Ausweise abzugeben und nur sein Reisedokument zu behalten. Es war wie immer auf den Namen Alexander Krylow ausgestellt. Staschinski blieb nur eine Nacht, um seine Gedanken zu ordnen und seine Sachen für die Reise zu packen, von der er so lange geträumt hatte und die nun unter so tragischen Umständen stattfand. Staschinski war schockiert und überwältigt vom Tod seines Sohnes, den er nie kennengelernt hatte, und besorgt um Inge, die versuchte, mit dieser Tragödie allein fertig zu werden. Aber er wollte sich die Gelegenheit, die diese unerwartete Reise bot, nicht entgehen lassen. Staschinski würde Inge nicht nach Moskau zurückbringen – sie würden in den Westen fliehen.

Staschinski hatte schon immer seine alten, auf den Namen Josef Lehmann ausgestellten Dokumente für diesen Zweck verwenden wollen. Nun nahm er entgegen den Anweisungen von Alexandrow den bis April 1970 gültigen Lehmann-Ausweis und einen Führerschein auf denselben Namen mit. Außerdem steckte er seinen sowjetischen Reisepass und einen Studentenausweis des Fremdsprachinstituts ein, die beide auf seinen richtigen Namen ausgestellt waren. Dazu fügte er das Empfehlungsschreiben hinzu, das der KGB für seine Immatrikulation am Institut ausgestellt hatte. In dem Schreiben wurde der Orden des Roten Banners erwähnt – ein Beweis für die Bedeutung der Aufgaben, die er für den KGB erfüllt hatte. Staschinski war bereit, nicht nur in den Westen zu gehen und um Asyl zu bitten, sondern sich zu stellen und seinen wahren Namen und seine Arbeit für den KGB offenzulegen.

Kurz vor 5:00 Uhr morgens am 10. August wartete Staschinski in der Nähe seines Wohnhauses darauf, von Alexandrow abgeholt zu werden. Bevor er ging, ordnete er seinen Hausrat und vernichtete die Liste der Codewörter, die er und Inge in ihrer Korrespondenz verwendet hatten. Das einzige belastende Beweismaterial war das, was er bei sich trug – die Ausweispapiere und Dokumente, die er entgegen den Anweisungen seines Sachbearbeiters nach Berlin mitnahm. Wenn sie entdeckt würden, hätte der KGB keinen Zweifel an seinen wahren Absichten. Er riskierte sein Leben.

Alexandrow erschien pünktlich und gut gekleidet – er war sichtlich froh, für eine Reise nach Berlin aus Moskau herauszukommen. Er hatte dort eine Menge Freunde. Bis vor kurzem hatte er in Karlshorst gedient, wo er nicht nur unter seinen KGB-Kollegen, sondern auch unter den sowjetischen Diplomaten weithin bekannt und geachtet war. Der Leiter des KGB-Apparats, General Alexander Korotkow, hatte an informellen Treffen in seiner Wohnung teilgenommen. Außerdem war die Reise nach Berlin mit einem Tagegeld in ausländischer Währung verbunden und bot die Möglichkeit, wertvolle Geschenke und Waren mitzubringen, die in der sowjetischen Hauptstadt nicht zu finden waren. Als Staschinski erfuhr, dass Alexandrow ihn auf der Reise nach Berlin begleiten würde, sank ihm das Herz. Seine Chancen zu entkommen waren gerade gesunken, während das Risiko, erwischt zu werden, dramatisch gestiegen war. Er übergab Alexandrow den Umschlag mit seinen Ausweispapieren und Pässen. Alexandrow fragte nicht nach den fehlenden Dokumenten von Lehmann und Staschinski.

Sie fuhren zum Militärflughafen am Moskauer Stadtrand und warteten dort einige Stunden auf ihren Flug. Dort ließ Alexandrow eine weitere Bombe platzen. Er erzählte ihm, dass der KGB zwei mögliche Szenarien zur Erklärung von Peters Tod in Betracht gezogen hatte. Die erste war die Beteiligung amerikanischer oder westdeutscher Geheimdienste, die das Baby getötet haben könnten, um Staschinski nach Berlin zu locken und ihn dort zu ergreifen. Die zweite Möglichkeit, so Alexandrow, war, dass Inge irgendwie in den Tod ihres Sohnes verwickelt war, möglicherweise in einem Versuch, Staschinski nach Berlin zu bringen, nachdem all ihre anderen Versuche gescheitert waren.

Staschinski war entsetzt. »Nach allem, was ich mit dem KGB erlebt hatte, war dieses Gespräch der Tropfen, der das Fass zum Überlaufen brachte«, erinnerte er sich später. »Diese Leute glaubten wirklich, dass eine Mutter in der Lage sei, ihr Kind zu ermorden, um ihre Wünsche zu erfüllen. Staschinski explodierte und sagte Alexandrow entrüstet: »Sie können doch nicht behaupten, dass meine Frau unser Kind ermordet hat!« Der KGB-Offizier versuchte, ihn zu beruhigen. Sie waren professionelle Geheimdienstoffiziere, was bedeutete, wachsam zu sein und jede Möglichkeit in Betracht zu ziehen. Sie würden bald erfahren, was wirklich geschehen war. Im Moment hatten sie nur wenige Informationen und sie mussten vorsichtig sein, um etwas Unerwartetes zu verhindern. »Er sagte mir«, erinnerte sich Staschinski, »dass es angesichts beider Möglichkeiten notwendig sei, mich jederzeit zu beschützen, und dass er zu diesem Zweck einen Wagen mit KGB-Personal bestellt habe.« Beide Szenarien lieferten dem KGB einen ausreichenden Vorwand, um Staschinski während seines Aufenthalts in Berlin unter ständiger Beobachtung zu halten. Seine Chancen zu entkommen, wurden von Stunde zu Stunde geringer.

Auf dem Flug von Moskau nach Spremberg, neunzig Meilen südöstlich von Berlin, hatte Staschinski eine Menge zu bedenken. Dort wurden er und Alexandrow wie erwartet von KGB-Offizieren empfangen. Einer von ihnen, ein grauhaariger Mann, dessen Namen Staschinski nie erfuhr, war für die Verbindung zu Inge zuständig. Er war unglücklich, als er hörte, dass Staschinski Inge bereits von Moskau aus angerufen und sie über seine bevorstehende Ankunft informiert hatte – das sei verfrüht, sagte er zu Staschinski. Staschinski müsse für die Dauer seines Besuchs in Karlshorst bleiben, und wenn er seine Nächte mit Inge verbringen wolle, müsse sie auch dorthin kommen. Der grauhaarige Mann sprach über die sich rapide verschlechternde Situation in Berlin. Die Stadt sei zu einer »brodelnden Lasterhöhle« geworden, sagte er zu Staschinski. Außerdem hätten sich einige verdächtige Leute nach ihm erkundigt, was General Barischnikows Geschichte bestätigte, dass die westlichen Geheimdienste Staschinski angeblich auf der Spur seien. Und die undurchsichtigen Umstände von Peters Tod machten die Situation noch komplizierter. Zu seiner eigenen Sicherheit konnte Staschinski nicht mit seiner Frau in dem Dorf Dallgow bleiben.

Staschinski fand sich mit den Umständen ab, wollte aber nicht warten, bis der KGB die Situation für sicher genug erklärte, um Inge zu treffen. Er wollte sie sofort anrufen und sehen. War das nicht der Grund, warum man ihn nach Berlin hatte kommen lassen? Der Mann mit dem grauen Haar musste zustimmen. In der Nacht des 10. August stiegen sie in ein Auto und fuhren nach Dallgow.[3]

30
Berlin

Am Donnerstag, dem 10. August 1961, dem Tag, an dem Bogdan Staschinski von Moskau nach Spremberg flog, warteten die Moskauer eifrig auf die Morgenzeitungen. Die Printmedien berichteten über den festlichen Empfang, der dem sowjetischen Kosmonauten Major German Titow am Vortag bereitet worden war. Politische Anführer und Bürger hatten sich auf dem Roten Platz versammelt, um ihn zu Hause willkommen zu heißen. Titow war der zweite sowjetische Kosmonaut, der die Erde in einer Raumkapsel umkreist hatte. Der erste, dem dies vier Monate zuvor gelungen war, war Major Juri Gagarin gewesen, der am 12. April weniger als zwei Stunden im Weltraum verbracht hatte. Titow war am 6. und 7. August fünfundzwanzig Stunden lang in der Umlaufbahn gewesen und hatte die Erde siebzehn Mal umrundet – ein neuer Rekord, der die Sowjets stolz machte.

Nikita Chruschtschow war auf dem Roten Platz, um Titow zu begrüßen und ihm zu gratulieren. Die Sowjets waren den Amerikanern voraus, die erst im Februar 1962 einen Menschen in die Erdumlaufbahn bringen würden. Chruschtschow betonte stolz den friedlichen Charakter des sowjetischen Raumfahrtprogramms und erklärte der jubelnden Menge, dass »das Raumschiff Wostok 2 keine Atombomben oder andere todbringende Waffen an Bord hatte. Wie andere sowjetische künstliche Erdsatelliten und Raumschiffe war es mit wissenschaftlichen Instrumenten für friedliche Zwecke ausgestattet.« Zur selben Zeit jedoch endete Titows Bericht, der im Sprachrohr der Kommunistischen Partei, der *Prawda*, veröffentlicht wurde, mit Worten, die bei aufmerksamer Lektüre einen Schauer durch die Hauptstädte des Westens jagen könnten: »Ich bin bereit, jeden Auftrag der Partei und des Staates auszuführen.« Es sei Sache der sowjetischen Führung, zu entscheiden, ob der nächste Auftrag »Instrumente zur friedlichen Nutzung« oder Atombomben umfassen würde.[1]

Es war Chruschtschows zweite große Rede in weniger als drei Tagen. Am 7. August hatte er eine viel längere und kriegerischere Rede als Antwort auf eine Ansprache gehalten, die zwei Wochen zuvor von John F. Kennedy gehalten worden war, der damals seinen sechsten Monat als Präsident beendet hatte. Kennedy ging in seiner Rede auf die wachsende Sicherheitskrise in und um Berlin ein. Er erklärte seinen amerikanischen Zuhörern, dass er die Legitimität der sowjetischen Sicherheitsbedenken in Mitteleuropa anerkenne und für Gespräche über Berlin offen sei, lehnte aber die Sprache der Ultimaten ab, mit denen Chruschtschow die Westmächte ständig zur Aufgabe von West-Berlin zwingen wollte.

Kennedy nahm eine feste Haltung ein und machte deutlich, dass er sich nicht herumschubsen lassen würde. In seiner Rede vom 25. Juli hatte Kennedy erklärt, er werde den US-Kongress um zusätzliche Verteidigungsausgaben in Höhe von mehr als drei Milliarden Dollar bitten und die US-Streitkräfte um acht weitere Divisionen aufstocken. »Wir wollen Frieden, aber wir werden nicht kapitulieren«, erklärte der Präsident. Er wollte damit dem in seinem Land weit verbreiteten Eindruck entgegenwirken, er sei schwach und unentschlossen. Als er sich zuvor in diesem Jahr geweigert hatte, die Invasion von Fidel Castros »Insel der Freiheit« durch die Exilkubaner aus der Luft zu unterstützen, war das Unternehmen mit einem Fiasko geendet.

Chruschtschow war über Kennedys Rede erzürnt. In seiner eigenen, im Fernsehen übertragenen Antwort verglich er Berlin mit Sarajewo im Jahr 1914 und deutete an, dass die sich zuspitzende Berlin-Krise zu einem neuen Weltkrieg führen könnte. Er verwendete auch Bilder und Beispiele aus dem Zweiten Weltkrieg und legte nahe, dass sowjetische Divisionen an die westlichen Grenzen der Ostblockländer verlegt werden könnten, um der amerikanischen Bedrohung zu begegnen. Er verwies auf ein kürzlich stattgefundenes Treffen der politischen Anführer des Warschauer Paktes, der militärischen Organisation des Ostblocks, die sich einstimmig für die sowjetische Forderung ausgesprochen hatten, das westliche Militär solle West-Berlin verlassen und ihm gestatten, in eine »freie

Stadt« in Ostdeutschland eingegliedert zu werden. Was er nicht erwähnte, war, dass in dem Treffen, das einige Tage zuvor in Moskau zu Ende gegangen war, auch grünes Licht für den Bau einer Mauer gegeben worden war, die Berlin in zwei Hälften teilen und zu einer dauerhaft geteilten Stadt machen würde.

Während Chruschtschow seine Rede vom 7. August hielt, war Walter Ulbricht, der kommunistische Anführer der DDR, damit beschäftigt, seine Pläne zur Teilung Berlins mit Stacheldraht und schließlich mit Betonblöcken fertigzustellen. Er hatte Chruschtschow gegenüber schon lange vorher zugegeben, dass er keine andere Möglichkeit sah, die Flucht seiner Bürger in den Westen zu stoppen. Chruschtschow stimmte zu. Er erklärte den Anfang August in Moskau versammelten Führern des Ostblocks, dass der Fortbestand der Deutschen Demokratischen Republik auf dem Spiel stehe und damit auch die Existenz ihrer eigenen Regime. Die Staats- und Regierungschefs hatten Ulbrichts Initiative nur widerwillig unterstützt. Ihre größte Sorge galt möglichen Vergeltungsmaßnahmen des Westens in Form von Wirtschaftssanktionen oder gar militärischen Aktionen. Chruschtschow war in dieser Hinsicht optimistischer. Wenn er die ihm von Präsident Kennedy übermittelten Botschaften richtig gelesen hatte, würden die Amerikaner nicht intervenieren. Wie auch immer, er war bereit, das Risiko einzugehen. Sie einigten sich auf ein Datum für die Schließung der Grenze - die Nacht von Samstag, dem 12. August.[2]

Die Vorbereitungen zur Schließung der Grenze wurden unter größter Geheimhaltung getroffen. Nichts, was Bogdan Staschinski in der Nacht des 10. August auf den Straßen Berlins sah, deutete darauf hin, dass eine große Operation zur Abriegelung Ost-Berlins vom Westteil der Stadt nur noch zwei Tage entfernt lag. Der KGB-Wagen, in dem Staschinski saß, verließ Ost-Berlin und fuhr in das Dorf Dallgow, wo Inge bei ihrer Familie wohnte. Seit Staschinskis Abschied vor sieben Monaten war so viel passiert, und es gab so viel, worüber sie reden mussten. Aber da die KGB-Männer in der Nähe waren, hatten sie nur wenig Privatsphäre. Um 23:00 Uhr hatten die Aufpasser das Paar nach Karlshorst gefahren, wo sie in einem vom KGB geführten Unterschlupf untergebracht wurden. Auch dort konnten sie nicht offen sprechen. Wie ihre KGB-

Wohnung in Moskau war auch dieses Haus mit Sicherheit verwanzt. Staschinski und Inge wollten kein Risiko mehr eingehen. Am nächsten Morgen stellte Staschinski fest, dass sie die ganze Nacht über beobachtet worden waren. Von seinem Fenster aus sah er ein Auto mit diplomatischem Kennzeichen, das in der Nähe des Hauses, in dem sie wohnten, geparkt war, und das bald darauf den Platz mit einer Wolga-Limousine sowjetischer Bauart wechselte. Danach tauchte ein drittes Auto auf. Dessen Insassen waren Oberstleutnant Juri Alexandrow und der grauhaarige Mann vom Vortag.

Alexandrow teilte Staschinski mit, dass man immer noch Zweifel an der Ursache von Peters Tod hege und dass ein KGB-Team den ganzen Tag über in der Nähe von Staschinski und Inge bleiben würde, um sie vor eventuellen Bedrohungen zu schützen. Er wollte, dass Staschinski das Krankenhaus aufsuchte, in dem Peter gestorben war, und sich nach der Todesursache erkundigte. Sie erhielten ein Auto und einen Fahrer für den Tag und die Anweisung, sich mit Alexandrow um 16:00 Uhr im Café Budapest im Zentrum von Ost-Berlin zu treffen.

Staschinski und Inge baten den Fahrer, sie zunächst zurück nach Dallgow zu bringen. Als der Wolga auf das Haus der Familie Pohl zufuhr, bemerkte Staschinski ein auffällig geparktes Auto mit freier Sicht auf das Haus und die gesamte Straße. Obwohl die Staschinskis von außen beobachtet wurden, waren sie ziemlich sicher, dass sich keine Wanzen im Haus befanden, und so beschlossen sie, zum ersten Mal seit ihrer Abreise aus Berlin vor mehr als einem Jahr frei zu sprechen. Zuallererst mussten sie sich auf einen Plan einigen. Es war Freitag, der 11. August. Peters Beerdigung war für Sonntag, den 13., angesetzt. Sie beschlossen, sofort nach der Beerdigung nach West-Berlin zu fliehen. »Meine Frau überließ mir die Entscheidung«, erinnerte sich Staschinski später an ihr Gespräch. »Sie sagte, sie würde mir folgen, wohin ich auch ginge.«

Der KGB-Wagen brachte Staschinski und Inge vom Haus ihrer Eltern zum Krankenhaus, wo Staschinski erfuhr, dass sein Sohn an einer Lungenentzündung gestorben war, was angesichts des hohen Fiebers, von dem Inge ihm erzählt hatte, durchaus einleuchtend war. Er hoffte, dass diese Diagnose den Verdacht ausräumen würde, dass Inge oder westliche Geheimdienste eine Rolle bei

Peters Tod gespielt hatten. Anschließend fuhren die beiden zum Friedhof, wo Staschinski den inzwischen leblosen Körper seines Sohnes in einer Kapelle zum ersten Mal erblickte. Um 16:00 Uhr waren sie im Café Budapest. Alexandrow kannte bereits die Todesursache von Peter und hatte sie wahrscheinlich auch schon gekannt, bevor er Staschinski ins Krankenhaus geschickt hatte. Sie kamen überein, dass Staschinski und Inge den Rest des Tages in der Stadt verbringen würden und der Wagen sie um 23:00 Uhr vor demselben Café abholen sollte, um sie zurück in ihren Unterschlupf in Karlshorst zu bringen. Sie waren quasi Gefangene, aber sie hatten ein paar Stunden Zeit, sich frei zu unterhalten. Das Paar spazierte durch die Straßen Berlins und sprach über alles, was seit seiner Trennung im Januar geschehen war. Sie stellten fest, dass sie, obwohl der KGB inzwischen die völlig unverdächtige Ursache für Peters Tod bestätigt hatte, immer noch von Geheimpolizisten verfolgt wurden.[3]

31
Bis zur letzten Minute

Erst am Morgen des 12. August deutete Oberstleutnant Juri Alexandrow an, dass der »Schutz« des KGB aufgehoben würde, während sie die Beerdigung ihres Sohnes planten. Er fuhr sie nach Dallgow und ließ sie dort zurück, um Vorbereitungen für den nächsten Tag zu treffen. Sie würden um 22:00 Uhr am Haus der Familie Pohl abgeholt und zurück nach Karlshorst gebracht, sagte Alexandrow. Staschinski und Inge verbrachten den Morgen des 12. August im Haus ihrer Familie. Am Nachmittag beschlossen sie, zu ihrem gemieteten Zimmer am Ende der Straße zu gehen, um einige Gegenstände abzuholen. Der Weg dorthin war beschwerlich – Inge hatte dort die letzten vier Monate mit ihrem Neugeborenen verbracht, und nun weckte das Zimmer schmerzhafte Erinnerungen. Staschinski erlebte eine andere Art von Schmerz. Auf dem Weg zur Wohnung stellte er fest, dass die KGB-»Schutztruppe« trotz der Aussagen von Alexandrow immer noch dort war.

Auf der Straße fiel Staschinski derselbe geparkte Volkswagen auf, den er zuvor am Bahnhof gesehen hatte. Er gehörte zu der KGB Flotte, die Staschinski und Inge am Vortag verfolgt hatte. Der KGB leistete keine gute Arbeit, als er versuchte, seine Spuren zu verwischen: Autos mit ausländisch aussehenden Männern fielen in einem Viertel mit wenig oder gar keinem Verkehr auf. Als Inges fünfzehnjähriger Bruder Fritz Staschinski fragte, wer die Leute in den Autos seien, hatte er sarkastisch geantwortet, sie seien zu seinem Schutz da. Aber sie standen offensichtlich immer noch unter Beobachtung, was bedeutete, dass sie sich nach der Beerdigung am Sonntag wahrscheinlich nicht mehr frei bewegen können würden. Bis 22:00 Uhr an diesem Abend jedoch würden sie zwar beobachtet, aber nicht vollständig überwacht werden. Wenn sie in den Westen gehen wollten, mussten sie sofort handeln, wurde ihm klar. Morgen, nach der Beerdigung, wäre es zu spät.

Staschinski teilte seine Gedanken mit Inge. »Ich hatte große Angst, dass sie sich nicht dazu durchringen könnte«, erinnerte er sich später. »Aber sie sah ein, dass es lebensnotwendig war und dass wir unserem Sohn nicht mehr helfen konnten, selbst wenn wir an der Beerdigung teilnahmen. Inge zwang sich, seinem Rat zu folgen. Es war schwer, ihre Pläne vor Inges Familie geheim zu halten: Fritz merkte, dass etwas nicht stimmte, als Inge ihm sagte, dass er ihre und »Joschis« Kränze zur Beerdigung bringen müsse. Er widersprach nicht, als sie ihm sagte, dass sie nun zu dritt spazieren gehen würden. Wenn überhaupt, war er aufgeregt.

Bevor sie das Haus verließen, fragte Staschinski Fritz, der gerade mit den Trauerkränzen hereingekommen war, was er auf der Straße gesehen habe. Fritz antwortete, dass eine ostdeutsche Wartburg-Limousine, die er zuvor in der Nachbarschaft gesehen hatte, soeben in Richtung der Eisenbahnbrücke gefahren sei. Staschinski schloss daraus, dass der Wagen noch nicht zurückgekehrt war. Er, Inge und Fritz verließen das Haus, wandten sich nach rechts und gingen am Zaun entlang zu dem Gebäude, in dem Inge ihr Zimmer gemietet hatte. Sie blickten nicht zurück. Nach ein paar Minuten schickte Staschinski Fritz voraus, um nach Autos zu suchen. Es gab keine: Die Flüchtigen überquerten die Straße und betraten das Haus, in dem sich Inges gemietetes Zimmer befand.

Staschinski und Inge wussten, dass sie nicht zu Inges Familie zurückkehren würden, und mussten sich auf eine Reise vorbereiten, deren Ausgang ungewiss war. Staschinski wechselte sein Hemd und packte seinen Regenmantel ein. Inge wechselte ihr Kleid. Staschinski erinnerte sich später: »Wir konnten nicht viel mitnehmen, denn wir mussten unauffällig sein und damit rechnen, während der Flucht entdeckt zu werden«. Als Inge jedoch fragte, ob sie die Bettdecke, in die sie Peter gewickelt hatte, mitnehmen dürfe, ließ er es zu. Sie verließen das Haus durch einen Seiteneingang. »Unsere Flucht nach West-Berlin war eine wirkliche Flucht«, erinnerte sich Inge später. »Es gab für uns keinen anderen Ausweg, obwohl wir uns bei all der Anspannung und dem Stress und der emotionalen Belastung der letzten Tage nicht wirklich über die Konsequenzen unseres Schrittes im Klaren waren.«[1]

Auf einer Karte von Berlin und seinem Umland erscheint die Fahrt von Dallgow in den Westteil der Stadt einfach. Das westlich von Berlin gelegene Dallgow grenzte an einen Teil der Stadt, der 1945 von den westlichen Alliierten besetzt worden war. Bis 1951 hatten die Sowjets und dann die Ostdeutschen dort einen Kontrollpunkt eingerichtet, um den Autoverkehr in Richtung West-Berlin zu kontrollieren. Die einfachste Möglichkeit, von Dallgow nach West-Berlin zu gelangen, bestand darin, einen Zug in Richtung Osten zu nehmen. Mit zwei Zwischenstopps würden sie die relative Sicherheit des Westsektors erreichen. Aber sie wagten es nicht, auf dem Bahnhof Dallgow aufzutauchen, wo der KGB sicher Agenten postiert hätte. Fritz erzählte Staschinski und Inge auch die beunruhigende Nachricht, die er von einem Freund gehört hatte: Die Polizei kontrollierte die Papiere der Reisenden auf dem Bahnhof in Staaken, der letzten Stadt vor der Grenze zu West-Berlin. Durch eine Laune des Schicksals war der östliche Teil von Staaken Teil von West-Berlin geworden, während der westliche Teil zu Ostdeutschland gehörte. Nun wies die ostdeutsche Polizei viele ostdeutsche Reisende zurück, die nach West-Berlin wollten.

Die ostdeutschen Behörden waren verzweifelt bemüht, den Flüchtlingsstrom in den Westen zu verlangsamen, wenn nicht gar ganz aufzuhalten. Allein an diesem Tag hatten fast zweitausend Ostdeutsche in West-Berlin politisches Asyl beantragt. Mehr als zwanzig Charterflüge waren von West-Berlin aus gestartet und brachten die Asylbewerber zu verschiedenen Zielen in Westdeutschland. Die Flüchtlingsunterkünfte in West-Berlin waren überfüllt, und die West-Berliner Behörden sahen sich gezwungen, die US-Armee um Hilfe bei der Lebensmittelversorgung zu bitten. In gewisser Weise halfen die ostdeutschen Polizisten, die die Menschen an den ostdeutschen Bahnhöfen zurückwiesen, ihren Westberliner Kollegen, die Situation unter Kontrolle zu halten.[2]

So oder so war der direkte Weg nach West-Berlin über Staaken für die Staschinskis versperrt. Wenn sie festgenommen würden, könnte keine Tarngeschichte den KGB davon überzeugen, dass Staschinski nicht in den Westen überlaufen wollte. Es musste eine andere Möglichkeit gefunden werden. Schließlich entschied Staschinski, dass sie sich in das nahe gelegene Dorf Falkensee, etwa drei Meilen nördlich von Dallgow, begeben und dort ihr Glück versuchen würden. Staschinski, Inge und Fritz nahmen den Hintereingang durch den Garten. Verdeckt durch hohe Sträucher gingen sie zu Fuß nach Falkensee. Wenn sie angehalten würden, würden sie sagen, dass sie beschlossen hätten, nach Falkensee zu gehen, um ein Eis zu essen. Fritz würde als Beweis dafür dienen, dass sie nichts weiter als einen Familienausflug unternahmen. Glücklicherweise wurden sie nie angehalten. Der Spaziergang dauerte etwa fünfundvierzig Minuten.

In Falkensee beschloss Staschinski, den Zug zu meiden und stattdessen ein Taxi zu nehmen. In einer Seitenstraße fanden sie einen Taxifahrer, der sich bereit erklärte, die drei nach Ost-Berlin zu bringen. Er fuhr über den Berliner Ring und umrundete die Stadt von Norden her. Als sie die Grenze zwischen Ostdeutschland und Ostberlin überquerten, die beide unter sowjetischer Besatzung standen, wurden sie nach ihren Dokumenten gefragt. Staschinski erklärte den Wachen, dass er auf der Heimreise nach Ost-Berlin sei, und legte einen Personalausweis auf den Namen Josef Lehmann vor. Hätten seine KGB-»Beschützer« den Ausweis bei Staschinski gefunden, hätte es ihn das Leben kosten können. Aber jetzt winkten die Wachen sie durch.[3]

Auf ihrem Weg in die Innenstadt kamen sie durch den Ostberliner Vorort Pankow, in dem viele Mitglieder der politischen Elite der DDR lebten. Es war nach 18:00 Uhr, und einige der prominentesten Bewohner Pankows waren nicht zu Hause. An diesem Abend gab der oberste Anführer der DDR, Walter Ulbricht, eine Gartenparty etwa fünfundzwanzig Kilometer nördlich von Berlin. Mitten während der Party lud Ulbricht seine bereits beschwipsten Gäste ein, sich für eine Ankündigung zu versammeln, die viele von ihnen im Bruchteil einer Sekunde ausnüchterte. In drei Stunden, so teilte Ulbricht seinen Ministern mit, würde die »noch offene Grenze zwischen dem sozialistischen und dem kapitalistischen Europa« geschlossen werden. Alles sei bereit für den endgültigen Schritt, Ostberlin vom Westteil der Stadt abzuschotten und den Flüchtlingsstrom aufzuhalten, der die ostdeutsche Wirtschaft ausbluten lasse. Dann teilte Ulbricht seinen Gästen mit, dass aus Sicherheitsgründen niemand das Gelände verlassen dürfe, bis die Aktion abgeschlossen sei. Erst jetzt wurde einigen von ihnen klar, warum sie in den Wäldern rund um die Villa mehr als die übliche Anzahl von Truppen gesehen hatten. Niemand war so töricht, Einwände zu erheben, selbst wenn er welche gehabt hätte. Sie gingen zurück zu Essen und Trinken. Die Party ging bis spät in die Nacht hinein.[4]

Wie Ulbrichts Gäste waren auch Staschinski und Inge überrascht, mehr als die übliche Anzahl von Soldaten zu sehen, als ihr Taxi in die Innenstadt fuhr. Inge glaubte sogar, ein Militärmanöver zu sehen. Sie stiegen an der Ecke Friedrichstraße/Reinhardstraße aus dem Taxi. Falls die Polizei den Taxifahrer verhören solle, konnte er auf keinen Fall wissen, wohin die Gruppe von dort aus fahren würde – nach Osten oder nach Westen. Staschinski und Inge entschieden, dass es jetzt Zeit war, sich auch von Fritz zu verabschieden. Fritz wollte mit ihnen gehen, aber das lehnten sie ab. Inge gab Fritz dreihundert Ostmark für die Beerdigungskosten und sagte ihm, dass sie sich wahrscheinlich eine Weile nicht sehen würden. Wenn er zu Hause gefragt werde, wohin die beiden gegangen seien, solle er sagen, dass sie Verwandte in Berlin besuchten. Fritz machte sich auf den Weg zum S-Bahnhof und kaufte eine Fahrkarte über West-Berlin nach Staaken.

Nachdem Fritz gegangen war, gingen Staschinski und Inge zur Schönhauser Allee, wo sie in die S-Bahn stiegen. Ihre Route war so geplant, dass Staschinski im Falle einer Kontrolle durch die Polizei oder den KGB sagen konnte, er sei auf dem Weg zu seinem alten Mietzimmer, in dem er seine Schuhe vergessen hatte. Aber ihre Geschichte funktionierte nur bis zu einem gewissen Punkt: Das alte Mietzimmer lag schließlich in Ost- und nicht in West-Berlin. Dann bemerkten sie, dass die ostdeutsche Polizei im benachbarten Zugwaggon Dokumente kontrollierte. Wenn sie den Wagen von Staschinski und Inge erreichten, war nicht abzusehen, was passieren würde. Mit ihren ostdeutschen Papieren hatten sie in West-Berlin nichts zu suchen und konnten ohne weiteres zurückgewiesen oder sogar festgenommen werden. Aber sie hatten Glück – die Polizei kam nicht in ihren Waggon. Sie verließen die S-Bahn in Gesundbrunnen, dem ersten Bahnhof in West-Berlin.

Es blieb keine Zeit, den Moment auszukosten. Staschinski und Inge schnappten sich ein Taxi und baten den Fahrer, sie zur Wohnung von Inges Tante zu bringen, die in West-Berlin lebte. Doch Inges Verwandte waren nicht zu Hause. Staschinski kehrte zurück und bat den Taxifahrer, sie weiter nach Norden zu bringen, nach Berlin-Lübars, wo Inges andere Tante wohnte. Es wurde schon dunkel. Im Hauptquartier der DDR-Armee, dreißig Kilometer östlich von Berlin, versammelte General Heinz Hoffmann, der ostdeutsche Verteidigungsminister, seine ranghohen Offiziere und überreichte ihnen versiegelte Umschläge mit ihren Marschbefehlen. Punkt Mitternacht sollten sie damit beginnen, Truppen und Ausrüstung in Stellung zu bringen, um Ost-Berlin vollständig abzuriegeln. Zu diesem Zeitpunkt wären Staschinski und Inge froh gewesen, die Grenze sicher geschlossen zu sehen.

Sie konnten nicht mehr von der ostdeutschen Polizei aufgehalten werden, aber die Grenze blieb offen für KGB-Agenten, die ihnen bereits auf der Spur sein konnten.

Glücklicherweise war Inges zweite Tante zu Hause – beide Tanten und ihre Familien verbrachten den Abend gemeinsam. Staschinski und Inge waren nun von der Straße weg und in relativer Sicherheit – und völlig ohne Bargeld. »Onkel Heinz«, sagte Staschinski zum Ehemann einer von Inges Tanten, »bezahl das Taxi. Wir müssen so schnell wie möglich zur Polizei gehen, zur amerikanischen Geheimpolizei.« Heinz Villwok, ein einundfünfzigjähriger städtischer Angestellter, konnte sehen, dass Staschinski, den er als Joschi kannte (wie alle Mitglieder von Inges Familie), unter großem Stress stand. »Er war sehr aufgeregt«, erinnert sich Villwok, »genau wie meine Nichte; sie sahen sehr schlecht aus und waren erschöpft.« Staschinski und Inge verbrachten nicht mehr als eine halbe Stunde in der Wohnung ihrer Tante und fuhren dann zur Polizeiwache in der Nähe von Tempelhof, dem Flughafen, von dem aus Staschinski so oft nach München geflogen war. Damals hatte er die Polizei um jeden Preis vermeiden wollen, jetzt glaubte er, dass sie seine einzige Hoffnung auf Rettung war.

Aber die Polizisten hatten es nicht eilig. Ein sowjetischer Geheimdienstoffizier, der sich den Amerikanern ausliefern will? War das ernst gemeint? Heinz Villwok, der die Übergabe ausgehandelt hatte, musste zwanzig Minuten warten, um mit einem Offizier zu sprechen. Dann wartete er erneut. Danach sprach er zusammen mit Inge mit Polizeibeamten. Schließlich überredeten sie die Polizei, die Amerikaner anzurufen. Es war bereits nach 21:00 Uhr, weniger als eine Stunde, bevor Alexandrow das Verschwinden der Staschinskis mit Sicherheit entdecken würde, und drei Stunden, bevor die Ostdeutsche Armee und Polizei begannen, ihren Stacheldraht auszurollen.[5]

Teil V

Publicity-Bombe

32
Schockwelle

Es war eine seltsame Beerdigung. Es kamen mehr KGB-Agenten und Beamte des ostdeutschen Sicherheitsministeriums, um von dem vier Monate alten Peter Abschied zu nehmen, als der evangelische Friedhof Rohrbeck in Dallgow je gesehen hatte. Trotz der Abwesenheit von Peters Eltern verlief die Beerdigung wie geplant. Aus einem Eintrag im Kirchenbuch geht hervor, dass Peter Lehmann – der Nachname war ein Fantasieprodukt der KGB-Offiziere – dort am 13. August 1961 beigesetzt wurde.[1]

Bei der Beerdigung fehlte auch Fritz Pohl, Inges Bruder. Er hatte den versprochenen Trauerkranz nicht abgeliefert, und auch die dreihundert Ost-Mark, die er zur Deckung der Beerdigungskosten nach Hause hatte bringen sollen, waren verschwunden. Fritz hatte sich entschlossen, Inge und ihrem Mann in den Westen zu folgen. Er war tatsächlich in einen Zug nach Dallgow gestiegen, hatte es sich dann aber anders überlegt, war umgekehrt und hatte sich auf den Weg zu seiner Tante Grete Villwok in West-Berlin gemacht. Am Tag der Beerdigung seines Neffen beantragte er in West-Berlin Asyl.[2]

Georgi Sannikow, ein zweiunddreißigjähriger KGB-Offizier, der damals in Berlin unter diplomatischer Tarnung arbeitete, beschrieb später den Schock, den seine KGB-Kollegen und Vorgesetzten empfanden, als sie erfuhren, dass Bogdan Staschinski übergelaufen war. »Die bei der Beerdigung des Kindes anwesenden KGB-Agenten waren über die Abwesenheit der Eltern verblüfft«, schrieb Sannikow. »Am Ende des Tages, dem 13. August 1961, war klar, dass die Staschinskis in den Westen gegangen waren. Jeder, der wusste, welche Aufgaben der Agent 1957 und 1959 in München ausgeführt hatte, und was passieren könnte, wenn Staschinski redete, war schockiert.« Die KGB-Offiziere begannen sofort, Agenten zu rekrutieren, die Staschinski aus dem Westen kannte oder gekannt haben könnte. Es wurde alles unternommen, um den Überläufer zu finden und zum Schweigen zu bringen, bevor er mit den Amerikanern sprechen konnte.

Einige Tage nach der Beerdigung wurde Sannikow nach Karlshorst gerufen und angewiesen, einen anderen KGB-Offizier, Oberst Alexander Swjatogorow, auf eine Sondermission zu begleiten. Die beiden bezogen Stellung, hundert Meter entfernt vom Eingang des Gebäudes der Central Intelligence Agency in der Clayallee in West-Berlin. »Wir hielten zwei Tage lang Wache«, erinnerte sich Sannikow. »Swjatogorow hoffte auf ein Wunder. Am ersten Tag, als er seine gewählte Position einnahm, sagte er zu mir: ›Georgi, ich habe eine Pistole bei mir. Wenn wir Bogdan sehen, geh weg; ich werde schießen. Ich habe nichts zu verlieren. Ich werde Bogdan und mich selbst töten.‹«[3]

Swjatogorow, der KGB-Offizier, der bereit war, sein Leben zu opfern, um Staschinski zu töten, war ein erfahrener vierundvierzigjähriger Geheimdienstveteran. Er hatte während des Zweiten Weltkriegs eine Reihe waghalsiger Operationen im Stil eines Einsatzkommandos hinter den deutschen Linien durchgeführt und dann in Kyjiw eine Zusatzausbildung absolviert, um als Diplomat zu arbeiten, zunächst in der Tschechoslowakei und dann als Illegaler in Westdeutschland. Als ethnischer Ukrainer war er ein Experte für ukrainische Emigrantenkreise und die Kunst der »Spezialoperationen«. Seit 1956 war er in Karlshorst stationiert, wo er unter dem Deckmantel eines sowjetischen Armeeobersts arbeitete. Sein Zuständigkeitsbereich waren geheime Operationen und er führte Dutzende von Agenten durch eine Reihe von »Residenten«. Swjatogorow hatte an Staschinskis Loyalität gezweifelt, als er sich mit Inge verlobt und sie dann geheiratet hatte, aber Staschinski war bald nicht mehr in Berlin. Er war in die Verantwortung eines anderen übergegangen.[4]

Als Staschinski zur Beerdigung seines Sohnes nach Berlin zurückkehrte, wurde Swjatogorow wieder misstrauisch. Er hatte seinen kommandierenden General gewarnt, dass man Staschinski nicht trauen könne und um eine verstärkte Überwachung des Paares gebeten. Swjatogorows Warnungen wurden ignoriert.

Staschinskis Vorgesetzter, Juri Alexandrow, hatte volles Vertrauen in seinen Agenten. »Wie kannst du nur?«, fragte er Swjatogorow. »Einem so heldenhaften Mann, der so viel für unser Land getan hat, misstrauen?« Jetzt, da Staschinski weg war, fühlte Swjatogorow, dass seine Karriere auf dem Spiel stand.

Sannikow, der für die Operation ausgewählt worden war, weil er diplomatische Immunität genoss und Staschinski, den er einst während seiner KGB-Ausbildung in Kyjiw gesehen hatte, wiedererkennen konnte, glaubte nicht, dass sie eine Chance hatten, den Überläufer zu finden. Er nahm an, dass die Amerikaner Staschinski bereits aus Berlin herausgeholt hatten. Swjatogorow bestand jedoch darauf, die Überwachung fortzusetzen, immer noch in der Hoffnung, Staschinski zu finden, und bereit, dafür sein Leben zu geben. »Ich hätte nicht zugelassen, dass die deutsche Polizei mich lebendig fasst«, erinnerte sich Swjatogorow später. »Was mich betraf, so beschloss ich, dass ich mir in den Kopf schießen würde, wenn etwas passieren sollte.«[5]

Bei dem KGB-General, der Swjatogorows Warnungen ignoriert hatte, handelte es sich allem Anschein nach um Alexej Krochin, den ehemaligen stellvertretenden Leiter der KGB-Direktion für Auslandsaufklärung. Krochin war im Büro von Alexander Schelepin anwesend gewesen, als der KGB-Chef Staschinski den Orden des Roten Banners der Tapferkeit verliehen hatte. Er war nach Korotkows unerwarteten Tod im Juni 1961 nach Berlin geschickt worden. Schelepin, der die Agentur langsam von Anhängern seines Vorgängers Iwan Serow säuberte, trauerte nicht um Korotkow. Sein Tod war für alle, die den jungen, gesund aussehenden General kannten, ein Schock, doch die KGB-Spitze zeigte sich ungerührt. Als der Chef des ostdeutschen Geheimdienstes, Markus Wolf, und seine Kollegen von der Nachricht erfuhren, flogen sie nach Moskau, um der Beerdigung beizuwohnen, und waren überrascht, dass Schelepin die Veranstaltung ignorierte.[6]

Da Korotkow aus dem Spiel und Krochin nun in Karlshorst war, würde es seine Aufgabe sein, die Folgen von Staschinskis Flucht zu bewältigen. Um seine eigene Karriere zu retten, musste er die Schuld auf seine Untergebenen abwälzen. Der erste, der gehen musste, war Oberstleutnant Juri Alexandrow, Staschinskis

Führungsoffizier, der seinem Agenten zu sehr vertraut hatte. An dem Abend, an dem Staschinski und Inge nach West-Berlin flohen, feierte Alexandrow mit alten Freunden in Karlshorst. Als die Sonderkommission zur Untersuchung des Vorfalls in Berlin eintraf, wurde Alexandrow nach Moskau zurückgeschickt, wo er bald darauf verhaftet wurde.

Die Geschehnisse in Berlin waren nicht nur ein schwerer Schlag für die sowjetischen Geheimdienstoperationen, sondern auch für das internationale Ansehen der Sowjetunion und Chruschtschows selbst. Die westlichen Medien hatten ihren großen Tag, als sie Chruschtschow, den selbsternannten Mann des Friedens, zum Hauptattentäter machten. Es war nicht nur die Tatsache, dass ein sowjetischer Spion gefasst worden war: Es handelte sich um einen Attentäter, der von der KGB-Spitze Befehle erhalten und Auszeichnungen bekommen hatte. »Chruschtschow war sehr wütend: Es heißt, er habe Papiere zerrissen und Dinge geworfen«, erinnerte sich Swjatogorow später. »Jeder, der irgendetwas mit der Angelegenheit zu tun hatte, wurde seines Postens enthoben, entlassen und vor Gericht gestellt.«[7]

Späteren Berichten zufolge wurden insgesamt siebzehn KGB-Offiziere versetzt oder gemaßregelt, einige von ihnen wurden sogar ganz aus dem Dienst entlassen. Alexander Swjatogorow, der nie die Gelegenheit hatte, Staschinski oder sich selbst zu töten, wurde verhaftet, in das berüchtigte Lefortowo-Gefängnis in Moskau gebracht und von der Militärabteilung des Obersten Gerichtshofs verurteilt. Er wurde von der strafrechtlichen Verantwortung freigesprochen, aber im Rang zurückgestuft und ohne Pension aus dem KGB entlassen. Er erwartete, dass Krochin, den er offenbar gebeten hatte, die Überwachung von Staschinski zu verstärken, für ihn bürgen würde, aber der General unternahm nichts: Krochin musste für sich selbst sorgen. Zu den nach Moskau zurückgerufenen Personen gehörte auch Wadim Gontscharow, der für die Abhörung von Staschinski und Inge verantwortlich gewesen war. Später behauptete er, er habe die beiden bei der Besprechung ihrer Flucht ertappt und die Nachricht an die Spitze gemeldet, aber seine Warnung sei ignoriert worden. Es schien, dass jeder aus Berlin zurückgerufene KGB-

Offizier seine Vorgesetzten vor der von Staschinski ausgehenden Gefahr gewarnt hätte.[8]

Eine Person, die überhaupt nicht bestraft wurde, war Staschinskis ehemaliger Sachbearbeiter, Sergej Damon. Als Staschinski und Inge im April 1961 von Moskau nach Berlin zurückgekehrt waren, um zu heiraten, hatten sie erfahren, dass Damon nach Kyjiw versetzt worden war. Ungefähr zu dieser Zeit tauchte ein Mann namens Alexej Daimon im KGB-Hauptquartier in Kyjiw auf und wurde mit der Leitung der Emigrantenabteilung der örtlichen Nachrichtendirektion beauftragt. Er wurde 1912 geboren und war im gleichen Alter wie Sergej Damon. Laut seiner Personalakte, die in den Kyjiwer Archiven aufbewahrt wird, stammte Daimon aus der Region Donbas in der Ostukraine und wurde 1939 für die Geheimpolizei rekrutiert, während er als Ingenieur in einem der Bergwerke in dieser Region arbeitete. Seine Aufgabe war die Wirtschaftssabotage. Während des deutsch-sowjetischen Krieges war er in Stalingrad, wo er für die Ausbildung einzelner Spione und Kommandogruppen zuständig war und sie hinter die deutschen Linien schickte. Von einem Offizier der Spionageabwehr wurde er zum Nachrichtenspezialisten und blieb Mitglied der Nachrichtendienstabteilung des ukrainischen Zweigs des sowjetischen Geheimdienstes nach dem Krieg. Von Kyjiw aus, seiner neuen Operationsbasis, schickten sie ihn nach Polen und in die Tschechoslowakei. Als ethnischer Ukrainer sprach er fließend Ukrainisch und Russisch, hatte aber Probleme mit der deutschen Sprache. Er war verheiratet, hatte aber keine Kinder. Seine Mutter wurde im Frühjahr 1942 von den Deutschen getötet.

Daimon wurde befördert und für seine Arbeit gegen die Bandera-Fraktion und ihre Rivalen unter den ukrainischen Nationalisten ausgezeichnet. Seine Vorgesetzten schätzten ihn als energischen, effektiven und fantasievollen Agenten, der mit dem Innenleben der ukrainischen nationalistischen Organisationen bestens vertraut war. Im September 1954 wurde Daimon nach Berlin versetzt, um die ukrainische Abteilung der KGB-Emigrationsabteilung in Karlshorst zu leiten. Staschinski wurde sein erster Agent, den er selbst ausbildete, trainierte und betreute. Die Morde an Rebet und Bandera wurden zu ihren gemeinsamen »Erfolgen«. Daimon wurde am 3. November 1959 mit dem Orden »Verdientes Mitglied des KGB« ausgezeichnet, am selben Tag, an dem Woroschilow seinen Erlass unterzeichnete, mit dem Staschinski für die Ermordung von Bandera ausgezeichnet wurde. Schon am nächsten Tag wurde Daimon in Anerkennung der »Erfolge bei der Arbeit mit der antisowjetischen Emigration« vorzeitig zum Oberst befördert. Seine Auszeichnungen und sein Rang blieben unangetastet.[9]

In der Zwischenzeit versuchte der KGB herauszufinden, was bei Staschinski falsch gelaufen war. Die aus Moskau entsandte KGB-Kommission kam zu anderen Ergebnissen. Die KGB-Oberen glaubten, dass Staschinski ursprünglich ein zuverlässiger, ideologisch motivierter Agent gewesen war, der sich der sowjetischen Sache verschrieben hatte. Es war seine willensstarke antisowjetische Frau, die ihn in die Irre geführt hatte, nachdem sie überzeugt gewesen war, dass der KGB sie beide töten würde. Der KGB war nicht bereit, einen eigenen Fehler bei der Auswahl oder im Umgang mit einem Agenten zuzugeben. Nikita Chruschtschow, der hinter der ganzen Operation stand, war aufgebracht über die Flucht des Attentäters, hatte aber offenbar keine Bedenken wegen der Morde selbst. Im Mai 1963 riet er dem jungen kommunistischen Anführer Fidel Castro, härter zu arbeiten, um kubanische Emigrantenkreise zu durchdringen und, wenn nötig, seine Gegner zu töten. »Es gibt Zeiten, in denen die Sicherheitsdienste die Anführer der Konterrevolution im Exil physisch eliminieren sollten«, sagte Chruschtschow zu seinem kubanischen Gast.[10]

33

Überläufer

Während Alexander Swjatogorow und Georgi Sannikow den Eingang zum CIA-Hauptquartier in Berlin beobachteten, erholten sich die Offiziere der CIA-Basis in Berlin von dem Schock, über die Nachricht von der neu errichteten Berliner Mauer. Wenige Tage zuvor hatte John Dimmer, der stellvertretende Leiter des Stützpunkts, auf einer Sitzung des Berlin Watch Committee, einer behördenübergreifenden Geheimdienstgruppe in West-Berlin, eine Rede gehalten, in der er Geheimdienstberichte über sowjetische Pläne zur Abriegelung Ost-Berlins zurückgewiesen und gesagt hatte, der Bau einer Mauer käme dem politischen Selbstmord Walter Ulbrichts gleich. Am Morgen des 13. August 1961 wurde klar, dass, wenn jemand politischen Selbstmord begangen hatte, es Dimmer war und nicht Ulbricht.

Am 13. August war der sowjetische Überläufer das Letzte, woran der Leiter der CIA-Basis, William Graver, dachte. Er versuchte herauszufinden, was getan werden könnte, falls die Sowjets die Grenze überschritten und West-Berlin einnähmen. Er erkundigte sich nach Evakuierungsplänen, erfuhr aber, dass eine Evakuierung nicht möglich war: Die sowjetischen Streitkräfte hatten Berlin vollständig umzingelt, und die westlichen Alliierten verfügten nur über wenige Kräfte, um eine Invasion zu verhindern. David Cornwell, der damals als britischer Geheimdienstoffizier in der westdeutschen Hauptstadt Bonn diente und später unter seinem Pseudonym John le Carré bekannt wurde, erinnerte sich später daran, dass das britische Botschaftspersonal in einer geheimen Klausur über eine Evakuierung diskutiert hatte, aber keinen plausiblen Plan entwickeln konnte: »Wohin evakuiert man, wenn die Welt kurz vor dem Untergang steht?« Die CIA-Offiziere in West-Berlin begannen, Notfallverbindungen mit ihren Agenten auf der anderen

Seite der rasch wachsenden Mauer zu aktivieren. Sie beobachteten auch die Lage vor Ort in West-Berlin, wo die Bevölkerung zunehmend verärgert über die mangelnde Reaktion des Westens auf die sowjetischen Maßnahmen war. Als die anfängliche Panik in der Berliner CIA-Basis vorüber war, wurde Bogdan Staschinski aus dem belagerten West-Berlin nach Frankfurt verlegt, wo er den Rest des Monats in CIA-Gewahrsam verbringen sollte.[1]

Wie der CIA-Veteran William Hood bezeugte, versuchte die CIA, Überläufer umgehend von Orten zu verlegen, an denen die Sowjets an sie herankommen konnten. »Wenn möglich«, schrieb Hood über seine Erfahrungen in Wien – das wie West-Berlin bis 1955 tief im sowjetisch kontrollierten Gebiet lag – »wurden die Überläufer aus Wien herausgeschleust, sobald Pläne für ihren Empfang in Westdeutschland gemacht werden konnten. Ganz gleich, wie lange ein Überläufer über seinem Plan gebrütet haben mag, der tatsächliche Bruch entfesselt immer emotionale Dämonen, unter denen akute Angstzustände und Depressionen die häufigsten sind.« Hood schrieb, dass »das meiste, was in Österreich getan werden konnte, darin bestand, sich zu vergewissern, dass die Person diejenige war, die sie vorgab zu sein, die strategischen Informationen zu bewerten, die sie möglicherweise weitergeben konnte, und zu versuchen, alle kurzlebigen Informationen abzuschöpfen, die er über die Sicherheit der amerikanischen Streitkräfte in Österreich haben könnte.«[2]

Bogdan Staschinski wurde am 13. August 1961 nach Frankfurt geflogen, während Inge separat von den westdeutschen Behörden verhört wurde. Staschinski wurde in einem von der CIA und der US-Armee genutzten Gebäudekomplex untergebracht, wo er wiederholt von CIA-Beamten verhört werden sollte. Das erste der vielen Probleme, mit denen die CIA-Vernehmungsbeamten im Umgang mit Staschinskis Aussagen sowohl in Berlin als auch im CIA-Vernehmungszentrum in Frankfurt konfrontiert waren, bestand darin, dass sie seine Identität nicht feststellen konnten. Auf den zahlreichen Dokumenten, die er vorlegte, standen drei verschiedene Namen: Bogdan Staschinski, Josef Lehmann und Alexander Krylow. Die CIA-Beamten wussten nicht, welcher von ihnen, wenn überhaupt einer davon, authentisch war. Die CIA hatte auch keine

Möglichkeit, Staschinskis Karriere beim KGB oder seine überraschend offenen Behauptungen, er habe Stepan Bandera und Lew Rebet getötet, zu überprüfen. Außerdem glaubte niemand, dass Rebet ermordet worden war, und was Staschinski den Vernehmungsbeamten über Bandera erzählte, stand im Widerspruch zu allen bisher gesammelten Beweisen und den darauf aufbauenden Theorien. Die in der Bandera-Akte der CIA zusammengetragenen Dokumente deuteten darauf hin, dass Bandera von einer ihm nahestehenden Person vergiftet worden war und nicht von einem einsamen Killer, der mit einem seltsamen Röhrchen in der Tasche durch die Straßen Münchens lief.[3]

Das wahrscheinlichste Szenario – eine Theorie, die die CIA streng geheim hielt – stammte aus dem Bericht einer CIA-Quelle innerhalb des polnischen Geheimdienstes, Oberstleutnant Michał Goleniewski. Goleniewski hatte der CIA erstmals im Herbst 1959 berichtet, was er über die Rolle des KGB bei Banderas Tod zu wissen glaubte. Zwei Jahre später, am 4. Januar 1961, fuhren Goleniewski und seine ostdeutsche Geliebte mit einem Taxi zum amerikanischen Konsulat in der Clayallee in West-Berlin und baten um Asyl. Bei der Befragung lieferte Goleniewski keine zusätzlichen Informationen über Banderas Tod, aber seine genauen Informationen über sowjetische Spione im Westen hatten die CIA gezwungen, seinen ursprünglichen Bericht zu überdenken und ernst zu nehmen.[4]

Am 24. August 1961, als Staschinski in Frankfurt verhört wurde, erhielt der Leiter der Abteilung Sowjetrussland im CIA-Hauptquartier ein Memorandum, das Goleniewskis alten Bericht über den Mord an Bandera zusammenfasste. Dem Bericht zufolge hatte ein unverdächtiger KGB-Agent in Banderas Umfeld ihn zu einem Treffen mit einem angeblichen sowjetischen Überläufer überredet, der in Wirklichkeit ein anderer KGB-Agent war. Während des Treffens habe dieser Agent Gift mit verzögerter Wirkung in Banderas Kaffee getropft. Banderas Tod hatte angeblich einem anderen KGB-Agenten den Weg an die Spitze der Bandera-Organisation geebnet. Für die CIA-Agenten schien dies die zuverlässigste Information zu sein, die sie zum Zeitpunkt von Staschinskis Überlaufen hatten. Seine Geschichten über Giftpistolen und die

Verfolgung von Bandera durch die Straßen Münchens klangen nicht nur verdächtig, sondern machten auch überhaupt keinen Sinn.⁵

Die CIA-Offiziere in Frankfurt beschlossen, Staschinski als Problem eines anderen zu betrachten. Sie waren der Meinung, dass er zu viele Risiken barg und zu wenig Nutzen bot. »Nach einem ersten Verhör von Staschinski durch die Agency in Frankfurt am Main im August 1961«, heißt es in einem späteren CIA-Bericht, »kam man zu dem Schluss, dass er als Doppelagent operativ nicht wertvoll sein würde, dass er kein glaubwürdiger Überläufer und nicht die Person war, die er vorgab zu sein.« Die Verhöre von echten Überläufern in Frankfurt dauerten Monate; diese Personen wurden in der Regel unter anderem über die politische Lage in der Sowjetunion, die Einstellung der Bevölkerung gegenüber dem sowjetischen Regime, die Auswirkungen westlicher Radiosendungen auf die Stimmung in der Bevölkerung und die Verbreitung des ukrainischen Nationalismus befragt. Da Staschinski jedoch nicht als echter Überläufer angesehen wurde, war sein Verhör nach weniger als drei Wochen beendet. Die CIA beschloss, ihn bei ihren westdeutschen Gastgebern abzuladen.⁶

Staschinskis Hoffnungen auf Sicherheit und Freiheit in den Vereinigten Staaten, die er in den langen und einsamen Monaten in Moskau genährt hatte, wurden enttäuscht. Die Informationen, die er ihnen anbot und für die die Sowjets bereit waren, ihn zu töten, wurden als Fälschung betrachtet – die Amerikaner würden ihn nicht retten. Hatten er und Inge einen Fehler begangen, als sie ihr Leben riskierten und in den Westen flohen? Staschinskis Schock und Verzweiflung müssen in Entsetzen umgeschlagen sein, als die CIA ihm mitteilte, dass sie ihn an die westdeutschen Behörden ausliefern würden, um ihn für die Verbrechen, die er angeblich begangen hatte, vor Gericht zu stellen. Aber er hatte keine andere Wahl, als die neue Realität zu akzeptieren. »Staschinski sagte den Beamten der Agentur«, heißt es in einem CIA-Bericht, »dass er zu dem Zeitpunkt, als er in den Westen kam, seine früheren Handlungen nicht als kriminell empfand. Sie waren patriotische Taten, die im Namen des Staates begangen wurden. Jetzt sei ihm klar geworden, dass die deutsche Justiz das anders sehe. Er sagte, dass er zwar nicht ins Gefängnis wolle, aber dass er die Konsequenzen tragen müsse.[7]

Staschinski traute den Westdeutschen nicht, und er hatte von vornherein nicht mit ihnen verhandeln wollen. Erschwerend kam hinzu, dass die Amerikaner ihn nicht überstellten, um ein Geschäft zu machen, wie er es mit der CIA geplant hatte – Austausch von Informationen gegen Sicherheit und Schutz –, sondern um ihn für Verbrechen zu belangen, die er freiwillig gestanden hatte. Staschinski muss sich gefangen gefühlt haben. Er konnte sein Geständnis nicht widerrufen. Wenn er von den Amerikanern fallen gelassen und von den Deutschen freigesprochen wurde, konnte er nirgendwo anders hin als zurück in die Hände der Sowjets, und er konnte sich nur vorstellen, was ihn dort erwartete. In vielerlei Hinsicht schien ein deutsches Gefängnis unter den gegebenen Umständen der sicherste Ort zu sein.

Am 1. September 1961 wurde Staschinski offiziell an die westdeutschen Behörden ausgeliefert. Die Verhöre begannen sofort, und wieder einmal sollte seine Hauptaufgabe und Herausforderung darin bestehen, zu beweisen, dass er schuldig und nicht unschuldig war. Es gibt keinen Hinweis darauf, dass er während dieser Wochen Kontakt zu Inge aufnehmen durfte. Sie waren nun beide im Westen, aber Inge würde dort in Freiheit leben, während Staschinski in einer Gefängniszelle eingesperrt war.[8]

34
Untersuchung

Freitag, der 22. September 1961, war ein warmer und sonniger Tag in München. Die westdeutschen Zeitungen berichteten über einen unerwarteten Besuch von General Lucius Clay, der von den Vereinigten Staaten nach Steinstücken gereist war, einer isolierten Enklave in West-Berlin, die nach dem Bau der Berliner Mauer von der amerikanischen Zone der Stadt abgeschnitten war. Steinstücken war in vielerlei Hinsicht ein Miniaturmodell von West-Berlin. West-Berlin war mit Westdeutschland durch eine einzige Straße verbunden, die von den Sowjets und ihren ostdeutschen Kunden kontrolliert wurde; Steinstücken war mit West-Berlin durch eine Straße verbunden, die durch den sowjetischen Sektor der Stadt führte. Nach dem Bau der Berliner Mauer befahl Präsident Kennedy einer Kolonne amerikanischer Truppen, die einzigen Verbindungsstraße zwischen Westdeutschland und West-Berlin entlang zu marschieren, um die Entschlossenheit der Amerikaner zu demonstrieren, in der Stadt zu bleiben. General Clays Besuch in Steinstücken zeigte seine Entschlossenheit, auch das kleinste Stück westlichen Territoriums zu verteidigen, falls die Ostdeutschen und die Sowjets beschließen sollten, es zu annektieren.

Als die deutschen Zeitungen über Clays symbolischen Besuch in der Enklave berichteten, in der nur zweiundvierzig Familien lebten, ordnete Clay an, dass eine kleine Abteilung der US-Militärpolizei dort ihren ständigen Sitz einnehmen sollte. Einen Monat später schickte er amerikanische Panzer zum Checkpoint Charlie im Zentrum Berlins, um das Recht der Amerikaner zu bekräftigen, den Ostteil der Stadt zu befahren. Die Welt bewegte sich auf einen der gefährlichsten Konflikte der modernen Geschichte zu, aber im Moment schien jeder in Deutschland von General Clays Cowboy-Taktik begeistert zu sein. Die Botschaft war klar. Die Amerikaner würden sich nicht zurückziehen: Sie würden bleiben und kämpfen, wenn es sein musste. Am selben Tag verabschiedete der US-Kongress ein Gesetz zur Gründung des US-Friedenskorps, das vierzig Millionen Dollar für die Entsendung amerikanischer Hochschulabsolventen in Länder der Dritten Welt bereitstellte, um dort Freundschaften zu schließen, das Revier zu markieren und die Ausbreitung des Kommunismus aufzuhalten.[1]

Das schöne Wetter an diesem Tag erinnerte Bogdan Staschinski an einen anderen warmen Herbsttag, den er in München verbracht hatte: Den 12. Oktober 1957, den Tag, an dem er Lew Rebet getötet hatte. Staschinski erwähnte dies gegenüber einem der acht Agenten, die ihn bei der Besichtigung seiner Tatorte begleiteten. Es war das erste Mal, dass er die Straßen Münchens, seit seiner Ermordung von Stepan Bandera zwei Jahre zuvor, wiedersah. Zu den Agenten und Beamten, die Staschinski bei seiner Rückkehr nach München begleiteten, gehörte auch Oberkommissar Adrian Fuchs von der Münchner Kripo, der sich nach monatelanger Suche nach Banderas Mörder freute, endlich seinen Mann zu haben. Fuchs, ein stämmiger vierzigjähriger bayerischer Polizeibeamter, hielt ein Mikrofon in der Hand und erinnerte Staschinski immer wieder daran, dass er keine Namen nennen dürfe, während er die Details der von ihm begangenen Morde beschrieb.

Sie reisten zu beiden Tatorten, dem Karlsplatz 8, wo Staschinski Rebet getötet hatte, und der Kreittmayrstraße 7, wo er Bandera ermordet hatte. Staschinski schilderte nicht nur, wie er die Tat begangen hatte, sondern stellte auch beide Tatorte nach, indem er dieselben Wege ablief und dieselben Treppen hinaufstieg, um die Polizeikameras zu beobachten. Die an diesem Tag aufgenommenen Fotos zeigen einen schlanken, aufrechten jungen Mann mit kurz geschnittenen schwarzen Haaren, der ein schwarzes Hemd ohne Krawatte, eine etwas hellere Jacke und eine noch hellere, gebügelte Hose trägt. Am Karlsplatz wurde Staschinski aufgefordert, in den zweiten Stock zu gehen und dann auf einen Agenten zuzugehen, der gerade nach oben ging. Er sollte mit einer zusammengerollten Zeitung auf den Agenten zielen, sobald sie die gleiche Höhe erreicht hatten, und nach dem virtuellen Pistolenschuss die Zeitung in der Innentasche seiner Jacke verstecken. Im Hausflur von

Banderas Wohnhaus in der Kreittmayrstraße wurde Staschinski unter anderem aufgefordert, sich zu bücken und so zu tun, als ob er seine Schnürsenkel binden würde. Auf dem Foto sind seine schwarzen Slipper und weißen Socken zu sehen. Staschinskis Gesicht zeigt auf beiden Fotos keinen Ausdruck: Er wirkt ruhig und gelassen und fügt sich seinem Schicksal. Die Menge der ihn begleitenden Agenten sollte ihn eher schützen als bewachen. Er konnte nirgendwo hin.[2]

Der leitende Ermittlungsbeamte am Tatort war Inspektor Vanhauer vom Bundeskriminalamt (BKA). Er war der erste deutsche Beamte, der Staschinski verhörte, nachdem dieser in westdeutschem Gewahrsam war. Hätte die CIA in Staschinski oder seinen Informationen einen operativen Wert erkannt, wäre er nicht an die Kriminalpolizei, sondern an einen der westdeutschen Partner der CIA – den BND (Auslandsnachrichtendienst) oder das BfV (Bundesamt für Verfassungsschutz) – übergeben worden. Die Verhöre begannen am Tag seiner Überstellung, dem 1. September, und wurden am folgenden Tag fortgesetzt. Wie den CIA-Vernehmungsbeamten fiel es Vanhauer schwer, Staschinskis Aussagen zu glauben. »Ich war zunächst skeptisch, da wir zum ersten Mal von den beiden Morden gehört hatten«, erinnerte sich Vanhauer später. »Nach dem Verhör diskutierten wir den Fall bis spät in die Nacht und wogen das Für und Wider ab. Später gelangten wir immer mehr zu der Überzeugung, dass Staschinskis Darstellung echt war.«

Die Ermittler würden nichts unversucht lassen, um seine Geschichte zu überprüfen. Am 11. September wurde Oberkommissar Fuchs gebeten, zurück nach München zu fahren und das automatische Schloss der Eingangstür in der Kreittmayrstraße 7 zu überprüfen. Staschinski hatte behauptet, er habe zweimal seine Schlüssel abgebrochen, um die Tür zu öffnen. Tatsächlich fand Fuchs Metallteile der abgebrochenen Schlüssel im Schloss. Staschinskis Aussagen zu den Daten seiner Reisen und Hotelaufenthalte stimmten mit den Aufzeichnungen überein, die Fuchs und seine Assistenten gefunden hatten. Am 11. September befragten die Behörden Inge Pohl, die die Aussage ihres Mannes bestätigte und weiter untermauerte. Die Amerikaner kamen zu dem Schluss, dass sie sich geirrt hatten: Staschinski hatte nicht gelogen.

Der endgültige Wendepunkt des Verhörs kam am 12. September 1961. Im Verhörraum waren neben Vanhauer der Polizeipräsident und eine Reihe von Sicherheitsbeamten anwesend. In einem Bericht der Anwesenden heißt es, dass »Staschinskis ruhige, sichere und präzise Aussagen zu den Ereignissen passten, die dem Attentat vorausgingen, auch zum Zeitablauf, der Beschreibung der Örtlichkeiten und der Ausführung der Taten. Dies führte zu dem allgemeinen Schluss, dass Staschinski tatsächlich der Mörder von Rebet und Bandera sein könnte.« Die Informationen, die er dann beim Besuch der beiden Tatorte am 22. September lieferte, verliehen seiner Geschichte weitere Glaubwürdigkeit.[3]

Ende September und Anfang Oktober 1961 wurde Staschinski erneut von Beamten des Bundeskriminalamtes (BKA) verhört, die ein für alle Mal zu dem Schluss kamen, dass er die Wahrheit sagte. Um sicherzugehen, brachten sie einen Dolmetscher mit, der Staschinski in seiner Muttersprache befragen konnte. Alle Zweifel, die die deutschen Ermittler an Staschinskis Geschichte gehegt hatten, waren nun ausgeräumt. Der Verdächtige wirkte so aufrichtig und verzweifelt, wie ein Mensch unter solchen Umständen nur sein kann. »Sein Verhalten machte deutlich«, erinnerte sich Inspektor Vanhauer, »dass er alles erzählen wollte, was auf ihm lastete, und dass er es mit allen Einzelheiten in das Protokoll aufnehmen wollte.«

Staschinski muss erleichtert gewesen sein, dass die Ermittler ihm dieses Mal Glauben schenkten. Auf Vanhauers Bitte hin fertigte er eine Karte seines Heimatdorfes an und Zeichnungen von seinem Wohnhaus und seiner Wohnung in Moskau sowie von den Waffen, mit denen er seine beiden Opfer getötet hatte. Aber es fiel ihm nicht leicht. Wahrscheinlich litt er, wie schon in der Vergangenheit, unter Schlaflosigkeit. Vanhauer bemerkte auch Anzeichen von Depression. »An manchen Tagen war er sehr niedergeschlagen, und es war offensichtlich, dass er ernsthaft bereute, die Attentate ausgeführt zu haben.«[4]

Ende September kam die CIA zu der Erkenntnis, dass Staschinski, den die CIA-Offiziere mit dem Decknamen »Aeskewer 1« ansprachen, eine wahre Goldgrube an Informationen war. Die Amerikaner übten Druck auf die westdeutschen Behörden aus, damit diese Staschinskis Aussagen öffentlich machten. Doch die Westdeutschen zögerten.

Nach den Bundestagswahlen vom 17. September 1961 stand Westdeutschland ohne starke Regierung da. Bundeskanzler Konrad Adenauer kämpfte darum, im neuen Parlament eine Koalition zu bilden und an der Macht zu bleiben. Niemand in der Übergangsregierung wollte die Verantwortung für die Veröffentlichung brisanter Informationen übernehmen, die eine weitere Krise in den Beziehungen zur Sowjetunion auslösen konnten. Außerdem war die Bundesanwaltschaft nicht darauf vorbereitet, sich öffentlich zu den Ermittlungen zu äußern, bevor die Anklageschrift fertig war. Die Deutschen boten an, die Geschichte in den Vereinigten Staaten und nicht zu Hause zu veröffentlichen, aber die CIA lehnte ab, da der Fall außerhalb des amerikanischen Territoriums lag.[5]

Staschinski wurde noch bis in den November hinein verhört. »Meine heutige Einstellung zu beiden Taten ist grundlegend anders«, sagte Staschinski zu seinen Verhörern:

> Das erklärt sich aus der Veränderung, die ich seit November 1959 durchgemacht habe. Der Grund für meine Flucht in den Westen liegt in diesem Wandel. Ich wollte mein Gewissen entlasten und weltweit publik machen, wie das ›friedliche Zusammenleben‹ in der Praxis wirklich funktioniert. Ich wollte mich nicht weiter für Mordaufträge missbrauchen lassen. Ich wollte alle, die wie Rebet und Bandera in der Gefahr leben, liquidiert zu werden, warnen, Vorsorge zu treffen. Ich hoffe, dass meine Flucht in den Westen als schuldmindernd empfunden wird, denn ich habe mit meiner Flucht viel auf mich genommen. Das Schicksal meiner Eltern und Verwandten wird sich so ereignen oder ist vielleicht schon eingetreten, wie ich es beschrieben habe. Meine Flucht hat bereits dazu geführt, dass mein Schwiegervater, der noch in der SBZ lebt, von den sowjetischen Behörden sieben Wochen lang in Gewahrsam genommen wurde. Es ist keineswegs sicher, dass er nicht noch schwerwiegenderen Maßnahmen unterworfen wird, wenn mein Fall in seiner Gesamtheit bekannt wird. Meine Frau und ich werden immer in der Furcht leben, dass wir eines Tages von der Vergeltung aus dem Osten eingeholt werden. Abgesehen davon sind wir hier im Westen sicherlich mittellos. Dennoch habe ich mich für den Westen entschieden, weil ich glaube, dass dieser Schritt für die ganze Welt absolut notwendig war.[6]

Bogdan Staschinski kämpfte um sein Leben. Seine Strategie bestand nicht darin, zu verbergen, was er getan hatte, sondern zu erklären, warum er es getan hatte und warum er seine Taten nun bereute. Er war auch bereit, mit seinen Enthüllungen an die Öffentlichkeit zu gehen. Öffentlichkeit war nie Teil von Staschinskis ursprünglichem Plan, und es ist schwer zu sagen, ob diese Idee von ihm selbst kam oder von den Vernehmungsbeamten vorgeschlagen wurde, aber er war bereit, mitzuspielen. Er hatte sich damit abgefunden, dass sowohl seine Familie als auch die von Inge wahrscheinlich Opfer eines solchen öffentlichen Bekanntwerdens werden würden. Für seine Vernehmungsbeamten war dies eine Chance, sowjetische Aktionen auf der internationalen Bühne zu entlarven. Staschinskis Äußerungen begannen internationale Auswirkungen zu haben, ob er es wollte oder nicht.

35
Pressekonferenz

Während die Westdeutschen darüber debattierten, ob sie Staschinskis Aussagen veröffentlichen sollten, beschlossen die Sowjets, ihnen zuvorzukommen und ihre Version zuerst zu erzählen. Am Freitag, dem 13. Oktober 1961, berief Kurt Blecha, der Leiter des Pressedienstes der DDR-Regierung, eine Pressekonferenz in Ost-Berlin ein, um seine Titelgeschichte zu verkünden. »Heute werden wir die kriminellen Machenschaften des Bonner Bundesnachrichtendienstes kennenlernen, der [Kanzleramtsdirektor Hans] Globke unterstellt ist und von [Reinhard] Gehlen, dem ehemaligen General des NS-Geheimdienstes, geleitet wird«, sagte Blecha vor den Journalisten. Er bezeichnete Globke als »Judenmörder«.

Globke war an der Umsetzung der Nürnberger Gesetze beteiligt, durch die den deutschen Juden die Staatsbürgerschaft entzogen worden war, während Gehlen im Nachrichtendienst der Wehrmacht gearbeitet hatte. Blecha deutete nun an, dass Globke und Gehlen – jetzt in prominenten Positionen in der westdeutschen Regierung – ihre kriminellen Aktivitäten noch lange nach Kriegsende fortgesetzt hatten, und er hatte Beweise dafür. »Herr Lippolz«, fuhr Blecha fort und verwies auf einen Mann, den er den Reportern vorstellen wollte, »wird uns anhand konkreter Beispiele mit den Methoden dieser politischen Mörder vertraut machen. Und so werden wir dazu beitragen, dass die deutsche Öffentlichkeit und die ganze Welt von den kriminellen Machenschaften der Bonner ›Ultras‹ und ihrer politischen Methoden erfährt, die sowohl den Mord an einzelnen Menschen als auch den Massenmord einschließen«.[1]

Stefan Lippolz, ein glatzköpfiger, bebrillter Mann Anfang fünfzig, entschuldigte sich zunächst für seine geringen Deutschkenntnisse. Lippolz war 1907 als Sohn einer deutschen Kolonistenfamilie in der Region Wolhynien in der Ukraine geboren worden, die damals zum Russischen Reich gehörte. Als die Sowjetunion 1939 nach der Unterzeichnung des Molotow-Ribbentrop-Pakts Wolhynien übernahm, beanspruchte Lippolz den Status eines *Volksdeutschen* und wurde in das Dritte Reich umgesiedelt. Bald darauf wurde er zur Wehrmacht eingezogen und auf die Nachrichtendienstschule geschickt; nach seinem Abschluss diente er als Dolmetscher für verschiedene militärische Nachrichtendiensteinheiten, darunter eine unter Gehlens Generalkommando. Im Jahr 1945 wurde er kurzzeitig von den Sowjets inhaftiert. Bis 1951 lebte er in der DDR, danach siedelte er über ein Berliner Schlupfloch in den Westen über. In München eröffnete er ein Restaurant und freundete sich mit anderen Ukrainern an, von denen viele der Bandera-Organisation angehörten. Laut CIA-Akten stand er seit 1929 in sowjetischen Diensten und wurde mit einem Vorrat an Gift und dem Auftrag, Bandera zu töten, nach München geschickt. Stattdessen stellte er sich und legte ein Geständnis gegenüber den Offizieren des US Counter Intelligence Corps ab, die ihn 1954 als Doppelagenten an die CIA übergaben. Der KGB rief ihn bald nach Staschinskis Überlaufen in den Osten zurück.[2]

Nun behauptete Lippolz, dass er während seines Aufenthalts in München von einem gewissen Dr. Weber, einem Vertreter von Gehlens BND, mit der Bitte angesprochen worden war, Informationen über Stepan Bandera zu sammeln. Kurz darauf erhielt er den Auftrag, den Emigrantenführer zu töten, indem er ihm ein giftiges Pulver ins Essen mischte. Die Gehlen-Leute wollten Bandera aus dem Weg räumen, weil er sich entschieden hatte, mit dem britischen Geheimdienst zusammenzuarbeiten und nicht mit den Westdeutschen. Lippolz führte den Auftrag nicht aus. Er teilte Dr. Weber mit, dass er keinen ausreichenden Zugang zu Bandera habe und riet ihm, jemanden anzuwerben, der besser geeignet sei.

Lippolz behauptete, dass Dr. Weber einen solchen Mann in seinem Freund Dmytro Myskiw, einem Vertrauten Banderas, gefunden habe. In dem Glauben, dass Gehlens Agenten ihn umbringen wollten, floh Lippolz aus Westdeutschland und kehrte erst Ende Dezember 1959 zurück, um Myskiw zu besuchen. Er fand seinen Freund furchtbar verstört vor: Myskiw erzählte Lippolz, dass er Bandera ermordet hätte, indem er ihm am Tag seines Todes Gift in sein Mittagessen gemischt hätte. Myskiw sagte auch, dass Banderas Sicherheitsleute nach ihm suchten. Lippolz verließ Westdeutschland erneut, diesmal versteckte er sich in Norwegen. Dort erfuhr er von Myskiws unerwartetem Tod im März 1960. »Sie können sich gut vorstellen, welchen Eindruck das auf mich gemacht hat«, sagte Lippolz den Reportern. »Ich war genauso unruhig, deprimiert und eingeschüchtert wie Dmytro Myskiw vor einigen Monaten ... Als ich erkannte, dass es keine andere Möglichkeit gab, den heimlichen Mördern des Geheimdienstes Gehlen zu entkommen, überquerte ich die Grenze zur DDR und stellte mich den Behörden.«

Auf die Erklärung folgte eine Fragerunde, in der Lippolz sein Bestes tat, um seine Aussage mit den Vorwürfen gegen Theodor Oberländer in Verbindung zu bringen, die zuvor von der ostdeutschen und sowjetischen Presse erhoben worden waren. Bandera, so Lippolz, wurde getötet, weil er Bundesminister Oberländer im Weg stand, der fürchtete, dass der ukrainische Anführer im Prozess gegen ihn wegen Oberländers Beteiligung an den Lwiwer Pogromen im Juni und Juli 1941 aussagen würde. Lippolz zufolge hatte Myskiw ihm gegenübergestanden, dass der Gehlen-Agent, der ihm den Auftrag gegeben hatte, Bandera zu töten, Folgendes gesagt habe: »Bandera soll endlich die Klappe halten, denn daran haben auch einige angesehene Leute in der CDU Interesse«, womit er sich eindeutig auf Oberländer bezog. Die Pressekonferenz umfasste auch eine Erklärung eines Vertreters des ostdeutschen Ministeriums für Staatssicherheit (Stasi), der ehemalige Nazis in leitenden Positionen in Gehlens BND angriff und die Verbindungen zwischen Banderas Leuten und Oberländer betonte. Er versprach eine umfassende Untersuchung von Banderas Todesumständen.[3]

Aufgrund der Fülle der ihnen zur Verfügung stehenden Nazi-Archive befanden sich das ostdeutsche Sicherheitsministerium und der KGB in einer einzigartigen Position, um ehemalige Nazis in den westdeutschen Sicherheitsdiensten aufzuspüren und zu entlarven. Sie waren auch dafür bekannt, dass sie ehemalige SS-Männer erpressten, für den sowjetischen Geheimdienst zu arbeiten, wenn sie im Gegenzug ihre Vergangenheit geheim hielten. Die CIA glaubte, dass die Sowjets von einem solchen Ex-Nazi erfahren hatten, dass

Staschinski mit den Westdeutschen sprach. Der Name des ehemaligen SS-Offiziers und nun sowjetischen Spions in den Reihen von Gehlens Dienst war Heinz Felfe. Als ehemaliger SS-Obersturmführer war Felfe 1951 in die Gehlen-Organisation eingetreten und schnell aufgestiegen, bis er schließlich Leiter der Abteilung für Spionageabwehr wurde. Das Fangen sowjetischer Spione war sein Tagesgeschäft und bot die perfekte Tarnung für seine eigenen verdeckten Aktivitäten. Er versorgte den KGB mit großen Mengen an Informationen über BND- und CIA-Agenten im Osten.

Die Informationen, die Felfe über Staschinskis Aussage lieferte, waren eine der letzten Nachrichten, die er an seine KGB-Verantwortlichen schickte. Felfe wurde überwacht, nachdem der CIA-Dreifachagent Michał Goleniewski dazu beigetragen hatte, ihn nach seiner Flucht nach Ostberlin im Januar 1961 als KGB-Spion zu identifizieren. Am 20. Oktober 1961 fingen die Behörden einen Funkspruch aus dem Osten ab, der an Felfe gerichtet war: »Informieren Sie umgehend, ob es ratsam ist, Busch nach der Reaktion zu Lippolz' Pressekonferenz vom 13.10.[1961] zu befragen.« Eine weitere Nachricht zu diesem Thema folgte eine Woche später: »Teilen Sie umgehend mit, ob es ratsam ist, die Aufklärungskampagne fortzusetzen. Ihre Meinung zu der an Busch gestellten Frage vom 20.10.[1961].« Friedrich Busch war ein BND-Offizier, der für die Bemühungen verantwortlich war, der KGB-Täuschungskampagne gegen den BND zu begegnen. Der KGB wollte unbedingt wissen, ob seine Desinformationskampagne funktionierte. Neue Anfragen zu den Auswirkungen der Lippolz-Pressekonferenz wurden am 28. Oktober und erneut am 4. November an Felfe gesandt. Diese letzte Anfrage, die Felfe von einem seiner Komplizen zugeschickt wurde, lieferte die rechtliche Grundlage für die Verhaftung von Felfe am 6. November 1961.[4]

Die Pressekonferenz von Lippolz wurde von der Stasi gesponsert. Doch das öffentliche Spektakel, das den Schaden begrenzen sollte, verfehlte seinen Zweck. Bald stellte sich heraus, dass Dmytro Myskiw, der angeblich den Mord an Bandera gestanden hatte, unmöglich der Mörder sein konnte: Am Tag von Banderas Tod hatte er an einer großen ukrainischen Kirchenveranstaltung in Rom teilgenommen. Die Bandera-Organisation lieferte schnell

Gegenbeweise für dieses Alibi und entkräftete damit die Behauptung des KGB, Bandera sei von einem der Seinen ermordet worden, bevor die Theorie in den westlichen Medien Fuß fassen konnte.[5]

Trotz seines Versprechens auf der Pressekonferenz berichtete das DDR-Sicherheitsministerium nie über das Ergebnis seiner Ermittlungen zu Lippolz' Vorwürfen. Am 10. November 1961 hielt das Ministerium eine weitere Pressekonferenz ab, auf der es Gehlen und den BND des politischen Mordes beschuldigte, aber keine neuen Informationen über Banderas Tötung lieferte. Am 2. April 1962 fand in Ost-Berlin eine weitere Pressekonferenz statt, diesmal mit einem anderen ihrer Agenten, den sie aus München zurückgerufen hatten: Osyp Wergun, einen ehemaligen Agenten des militärischen Geheimdienstes. Wergun behauptete, Staschinski sei kein KGB-Agent, sondern ein loyales Mitglied des ukrainischen Untergrunds, das Bandera auf Befehl der rivalisierenden nationalistischen Fraktion getötet habe. Unmittelbar nach der Pressekonferenz richtete der KGB ein Ersuchen an seine Partnerorganisationen in den Ostblockländern und bat sie, die Konferenzunterlagen über ihre geheimen Kanäle im Westen zu veröffentlichen. Das Ziel war nicht nur, den KGB vom Mord an Bandera zu entlasten, sondern auch einen Keil zwischen die westlichen Geheimdienste zu treiben: Wergun behauptete auch, dass der BND von General Gehlen Agenten unter den ukrainischen Nationalisten rekrutierte, um die Vereinigten Staaten auszuspionieren.[6]

In Kyjiw bereitete sich der KGB auf einen möglichen Gegenschlag der Überreste des nationalistischen Untergrunds als Reaktion auf die Enthüllungen um Staschinski vor. Man rechnete mit der Möglichkeit eines Terroranschlags als Vergeltung für die Ermordung von Bandera. Im November 1961 schickte der Leiter des ukrainischen KGB, Vitali Nikitschenko, ein Memo an die regionalen KGB-Büros, in dem er sie warnte, dass »in der ausländischen Presse und im Rundfunk eine provokative Erfindung verbreitet wird, die besagt, dass der Tod eines der Leiter der ausländischen ukrainischen nationalistischen Zentren, Bandera, angeblich auf Maßnahmen der staatlichen Sicherheitsorgane der Sowjetunion zurückzuführen sei«. Er riet seinen Untergebenen, alles zu dementieren: »Wenn diesbezügliche Berichte von Agenten eingehen, sollte der Mitarbeiter dem Agenten sagen, dass dies eine weitere Provokation sei.«

Im Februar 1962 erhielten die Leiter der regionalen KGB-Zweigstellen in der Ukraine ein neues Memo von ihrem Chef in Kyjiw. Nikitschenko forderte sie auf, wachsam zu sein im Hinblick auf veröffentlichtes Material, das den KGB mit dem Tod Banderas in Verbindung brachte und das aus dem Westen per Post in die Ukraine geschickt wurde. Ironischerweise wurde das Memo, in dem die KGB-Offiziere vor »provokativen Berichten über die Verwicklung des sowjetischen Geheimdienstes in den Tod von Stepan Bandera« gewarnt wurden, von keinem Geringeren als Oberst Daimon, Staschinskis Kontrolloffizier, der sich nun sicher in Kyjiw aufhielt, zur Unterschrift Nikitschenkos vorbereitet. Wie immer war er besonders sorgfältig. Die Worte »Tod von Stepan Bandera« wurden nachträglich von Hand in das Dokument eingefügt – die Schreibkraft sollte das Schlüsselelement des Vermerks, das sie abtippte, nicht kennen.[7]

36
Hohe Politik

Die westdeutsche Antwort auf die sowjetische Desinformationskampagne kam am Freitag, dem 17. November 1961. An diesem Tag teilte die Bundesanwaltschaft mit persönlicher Zustimmung von Bundeskanzler Konrad Adenauer mit, dass sie einen sowjetischen Staatsbürger, Bogdan Staschinski, in Gewahrsam genommen habe, der wegen »Aufrechterhaltung von Kontakten zum Zwecke des Staatsverrats« verhaftet worden sei. Die Behörden teilten mit, dass Staschinski von seiner jungen ostdeutschen Ehefrau zum Überlaufen überredet worden war. Er glaubte, dass er als unerwünschter Zeuge ermordet werden würde, wenn er in Russland bliebe, und sah trotz der Morde, die er begangen hatte, im Überlaufen seine einzige Chance, am Leben zu bleiben.[1]

Als die Erklärung veröffentlicht wurde, befand sich Heinz Felfe, der BND-Offizier und KGB-Agent, der Moskau über die Ergebnisse der Verhöre Staschinskis informiert hatte, bereits in einem westdeutschen Gefängnis. Die westdeutsche Regierungskoalition hatte sich nach den unentschiedenen Wahlen im September endlich gefestigt, und Bundeskanzler Adenauer fühlte sich sicher genug, die Informationen, die Staschinski über den Tod von Bandera preisgegeben hatte, zu veröffentlichen. Unmittelbar vor seiner Abreise nach Washington, wo er mit Präsident Kennedy zusammentreffen wollte, um den Stand der Ost-West-Beziehungen im Schatten der Berliner Mauer zu erörtern, ließ er diese PR-Bombe platzen.[2]

Die Offenlegung von Staschinskis Zeugenaussage aus Bonn enthielt die äußerst heikle Information, dass der KGB-Chef, Alexander Schelepin, ihm persönlich eine Auszeichnung für geleistete Dienste verliehen hatte. Anfang der Woche hatte Schelepin offiziell die KGB-Leitung verlassen, um sein neues Amt als Sekretär des Zentralkomitees der Kommunistischen Partei der Sowjetunion anzutreten. Viele glaubten, dass Chruschtschow ihn zu seinem Nachfolger auserkoren hatte. Schelepins Beförderung warf Fragen auf: War der sowjetische Anführer selbst in die Staschinski-Affäre verwickelt? Deutsche Regierungsbeamte hüteten sich, solche Andeutungen zu machen, aber die ukrainischen Nationalisten in München waren schnell bereit, den Tod ihres Führers dem Mann an der Spitze der sowjetischen Hierarchie in die Schuhe zu schieben.

»Es besteht kein Zweifel daran, dass die Pläne für das verdeckte Attentat dem Vorsitzenden des Ministerrats der UdSSR, Nikita Chruschtschow, dem der KGB-Chef unterstellt ist, bekannt waren und von ihm genehmigt wurden«, heißt es in der von der Bandera-Organisation veröffentlichten Erklärung. Die Verbindung zwischen Schelepin und Chruschtschow wurde von einer Reihe westeuropäischer und britischer Zeitungen aufgegriffen und weiter ausgebaut. Die *Illustrated London News* vermutete, dass die Beförderung Schelepins auf einen wichtigen Posten im Zentralkomitee auf Chruschtschows Kenntnis und Billigung des Attentats hindeutete. In dem laufenden Propagandakrieg hatten die westlichen Medien einen Coup gelandet.[3]

Die Veröffentlichung dieser politisch brisanten Informationen am Vorabend von Adenauers Besuch in Washington war kaum Zufall. Monatelang hatten die westdeutschen Verantwortlichen in Bonn vergeblich versucht, den jungen und unerfahrenen amerikanischen Präsidenten davon zu überzeugen, ihre Sicht der Zukunft der Ost-West-Beziehungen in Europa zu akzeptieren und härter gegen die Sowjets vorzugehen. Sie waren gescheitert. Auch die Staschinski-Enthüllungen stießen in Washington auf taube Ohren. Am 17. November, als Adenauer seine kriegerischen Erklärungen abgab, veröffentlichten die amerikanischen Zeitungen den Text von Kennedys Rede vom Vortag. Unter Bezugnahme auf die sowjetisch-amerikanischen Spannungen über Berlin hatte Kennedy gesagt: »Es ist ein Test für unsere nationale Reife, die Tatsache zu akzeptieren, dass Verhandlungen kein Wettbewerb sind, der über Sieg oder Niederlage entscheidet.«[4]

Die CIA-Agenten in Westdeutschland – dieselben, die Staschinskis Aussage im August 1961 abgelehnt hatten – waren nun begierig darauf, Staschinskis Enthüllungen für Propagandazwecke zu

HOHE POLITIK 255

nutzen, doch ihnen waren die Hände gebunden. In Westdeutschland war es den Deutschen überlassen, was sie mit ihrem unerwarteten Fang anstellten, und in den Vereinigten Staaten war es der CIA untersagt, sich an Aktivitäten zur Beeinflussung der amerikanischen Öffentlichkeit zu beteiligen. Auch in Langley gab es eine Wachablösung. Allen Dulles, der entschiedene antisowjetische Direktor der Central Intelligence Agency, war bereits auf dem Weg nach draußen. Er würde noch vor Ende November zurücktreten, was dazu führte, dass der KGB sich selbst zum Erfolg seiner Anti-CIA-Kampagne gratulierte.[5]

Der erste Hinweis darauf, dass die Veröffentlichung von Staschinskis Zeugenaussage außerhalb der Bundesrepublik Deutschland politische Auswirkungen hatte, kam nicht aus den Vereinigten Staaten, sondern aus Kanada. Anfang Dezember 1961, weniger als drei Wochen nach der Veröffentlichung von Staschinskis Enthüllungen, besuchte der zweiundvierzigjährige Arthur Maloney, ein Mitglied des kanadischen Parlaments und einer der Hauptautoren der kanadischen Bill of Rights, die Generalstaatsanwaltschaft in Karlsruhe – das Zentrum der westdeutschen Rechtsprechung und Sitz des Bundesverfassungsgerichts und des Bundesgerichtshofs. Ein Bundesstaatsanwalt, der Maloney in Karlsruhe traf, bestätigte Medienberichte über Staschinskis Aussage. Die Verzerrungen und Verwirrungen in der Medienberichterstattung seien minimal, sagte er seinem kanadischen Besucher. Staschinski habe Bandera und Rebet tatsächlich auf Anweisung des KGB in Moskau mit einer speziell entwickelten Giftpistole getötet. Die deutschen Behörden bereiteten sich auf einen Prozess vor, der hoffentlich im April 1962 abgehalten werden würde. Sie entschieden noch, ob der Prozess in München oder Karlsruhe stattfinden solle.[6]

Maloneys Besuch in Karlsruhe, über den die kanadischen Printmedien berichteten, entsprach der harten antisowjetischen Haltung des kanadischen Premierministers John Diefenbaker. Im Jahr 1960 drehte Diefenbaker – der Anführer eines Landes, das immer noch an der Erklärung seiner formellen Unabhängigkeit vom Britischen Empire arbeitete, fünf Jahre von der Annahme einer eigenen Flagge und zweiundzwanzig Jahre davon entfernt war, die volle Kontrolle über seine Verfassung zu erlangen – den Spieß gegenüber Nikita Chruschtschow in der Frage der Dekolonisierung um, die die Sowjets gewöhnlich gegen die Westmächte einsetzten, um Freunde in den ehemaligen europäischen Kolonien zu gewinnen. Diefenbaker erklärte, die Sowjetunion sei in Wirklichkeit ein eigenes Kolonialreich, das Millionen von Nicht-Russen, die innerhalb der sowjetischen Grenzen lebten, die Freiheit verweigere. Der Premierminister entwickelte dieses Thema auf einem ethnischen Forum, das auf Initiative von Maloney am 22. November 1961 in Toronto stattfand. Vor 8.000 Teilnehmern, die 29 verschiedene ethnische Gruppen vertraten, erklärte Diefenbaker, dass seit dem Zweiten Weltkrieg 37 Länder mit einer Gesamtbevölkerung von 850 Millionen Menschen die Unabhängigkeit von nichtkommunistischen Staaten erlangt hätten, während die Sowjets weiterhin 96 Millionen Nicht-Russen gefangen hielten, die nie die Möglichkeit erhalten hatten, zu entscheiden, ob sie in der UdSSR bleiben wollten.

Diefenbakers Eintreten für die »gefangenen Nationen« in der UdSSR war für den Anführer der Progressiven Konservativen, einer Mitte-Rechts-Partei, die stolz auf ihre antikommunistischen Überzeugungen war, selbstverständlich. Aber es gab noch einen weiteren Grund, warum Diefenbaker und seine Regierung für die Notlage der Nicht-Russen in der UdSSR empfänglich waren. Die Progressiven Konservativen waren mit starker Unterstützung ukrainischer Kanadier an die Macht gekommen, die besonders in Diefenbakers Machtbasis, den Prärieprovinzen im Westen Kanadas, einflussreich waren. Arthur Maloney war einer der vielen progressiven Konservativen, die mithilfe der ukrainischen Stimmen ins Parlament gewählt worden waren. In seinem Bezirk Parkdale in Toronto befanden sich zwei ukrainische Kirchen und der Sitz mehrerer ukrainischer Organisationen. Außenpolitisch erwarteten die Ukrainer von der kanadischen Regierung, die Forderung nach Freiheit ihres Heimatlandes zu unterstützen. Obwohl sie politisch gespalten waren, betrachteten sie Banderas Ermordung alle als einen Angriff auf ihren lang gehegten Traum von der ukrainischen Unabhängigkeit.[7]

Die Nachrichten über die Staschinski-Enthüllungen erreichten Nordamerika, als die Generalversammlung der Vereinten

HOHE POLITIK 257

Nationen gerade eine dreiwöchige Debatte über den Kolonialismus führte. Am 26. November 1961 hielt der amerikanische Botschafter Adlai E. Stevenson eine Rede vor der Versammlung und prangerte den »chinesisch-sowjetischen« Block als das größte Kolonialreich der Geschichte an. Die Sowjets, erklärte er, beherrschten die nichtrussischen Nationen mit Gewalt. Er zählte die Ukraine zu diesen »gefangenen Nationen«. Zuvor, im Juli 1959, hatte Präsident Dwight Eisenhower – der das Thema der vom Kommunismus versklavten Nationen zu einem wichtigen Bestandteil seiner außenpolitischen Rhetorik gemacht hatte – die erste »Woche der gefangenen Nationen« für die dritte Woche des Monats ausgerufen. Mit den Staschinski-Enthüllungen und einem neuen Präsidenten im Oval Office stand die »Captive Nations«-Initiative wieder im Mittelpunkt des Interesses.

Die Sowjets protestierten vehement gegen die Initiative, und einige von Kennedys Beratern schlugen ihm vor, sich von der umstrittenen Haltung zu distanzieren, mit der de facto der Sturz der kommunistischen Regime in Osteuropa gebilligt wurde, was die Beziehungen zu Moskau erschwerte. Entgegen dem Rat des Vaters der US-Sowjetpolitik, George Kennan, setzte Präsident Kennedy jedoch die Tradition fort, die Eisenhower begründet hatte, und bekräftigte die »Woche der gefangenen Nationen« im Juli. Flüchtlinge aus dem sowjetisch kontrollierten Osteuropa – insbesondere Ukrainer – wachten über Eisenhowers Erbe.

Im Januar 1962 richtete Dr. Lew Dobrianski, Wirtschaftsprofessor in Georgetown, Hauptverfasser der Kongressresolution über gefangene Nationen, Vorsitzender des ukrainischen Kongresskomitees von Amerika und Gründungsvorsitzender des Nationalen Komitees für gefangene Nationen, einen Appell an die US-Senatoren und Kongressabgeordneten, in dem er sie aufforderte, die Befreiungskämpfe aller versklavten Nationen, insbesondere der größten von ihnen, der Ukraine, zu unterstützen. Er erwähnte den Unmut, den Adlai Stevensons UN-Erklärung im kommunistischen Lager ausgelöst hatte, und ging dann zu den Nachrichten aus Deutschland über. »Die jüngste Aussage des Moskauer Agenten Bogdan Staschinski«, schrieb Dobrianski, »dass er auf Moskaus Befehl die patriotischen ukrainischen Anführer im Exil – Dr. Lew

Rebet 1957 und Stepan Bandera 1959 – ermordet hat, ist ein weiterer Beweis für den Terrorismus des Chruschtschow-Regimes und seine Angst vor dem ukrainischen Nationalismus.« Staschinskis Aussage wurde schnell Teil des Diskurses über »gefangene Nationen« in den Vereinigten Staaten.[8]

Appelle an die politischen Anführer waren nur ein Teil der Kampagne der ukrainischen Emigranten, mit der die westliche Welt auf die Gefahr des von Moskau ausgehenden politischen Terrorismus aufmerksam gemacht werden sollte. Die Anführer der Bandera-Organisation begannen am 17. November 1961 mit der Mobilisierung ihrer Anhänger in den ukrainischen Gemeinden in Deutschland und Nordamerika, sobald die westdeutsche Regierung die Äußerungen Staschinskis öffentlich gemacht hatte. In den nächsten Wochen organisierten sie mehr als hundert Demonstrationen, fast achtzig in Westeuropa und Großbritannien und etwa fünfzig in den Vereinigten Staaten und Kanada. Besondere Aufmerksamkeit schenkten die Medien den Demonstrationen vor der sowjetischen Botschaft in London am 25. November 1961 und vor der sowjetischen Vertretung bei den Vereinten Nationen in New York am 2. Dezember. Einhundert New Yorker Polizisten schützten die sowjetische Vertretung vor etwa vierhundert wütenden Demonstranten, die zunächst Karikaturen von Nikita Chruschtschow zeigten und schließlich die Polizeiabsperrung durchbrachen und die sowjetische Flagge verbrannten. Einige Tage später protestierten die Sowjets beim US-Botschafter in Moskau gegen »Hooligans« und »Faschisten«, deren Aktionen die Zukunft der kulturellen Zusammenarbeit zwischen den beiden Ländern gefährdet. In dem offiziellen Protest wurden weder Bandera noch Staschinski erwähnt.[9]

37
Abgeordneter

Während Politiker von Deutschland über Kanada bis zu den Vereinigten Staaten mit den Auswirkungen von Staschinskis Enthüllungen zu kämpfen hatten, unterzog sich der Täter einer psychiatrischen Untersuchung. Professor Joachim Rauch von der Universität Heidelberg beobachtete ihn vom 12. Februar bis zum 5. März 1962 in der Universitätsklinik und kam zu dem Schluss, dass er verhandlungsfähig sei. Die Ermittler und Staatsanwälte machten sich an die Ausarbeitung der Anklageschrift. Nachdem Bundeskanzler Adenauer die wichtigsten Punkte von Staschinskis Aussage öffentlich gemacht hatte, taten die Gerichtsbeamten ihr Bestes, um weitere Veröffentlichungen zu verhindern. Dennoch wurde die Anklageschrift fast unmittelbar nach ihrer Fertigstellung der Presse zugespielt. Ende April erschien das Wesentliche der Anklageschrift in *Christ und Welt*, der auflagenstärksten Wochenzeitung des Landes, was zu Gerüchten führte, dass der Prozess Ende Mai beginnen würde. Doch der Senat des Obersten Gerichtshofs verwies den Fall zurück an die Ermittler und verschob den Verhandlungstermin in den Sommer und dann in den Herbst. Die Verhandlung wurde auf den 8. Oktober 1962 verlegt.[1]

Banderas Anhänger nutzten die Vertagung des Prozesses als Gelegenheit, um Banderas Witwe Jaroslawa bestmöglich zu vertreten. Die Organisation hatte bereits mit dem Sammeln von Geldern begonnen und die Dienste eines Münchner Anwalts, Dr. Hans Neuwirth, in Anspruch genommen, doch sie wollten, dass er von weiteren Anwälten mit Fachkenntnissen in ukrainischen Angelegenheiten und internationalem Recht unterstützt würde. Die Bandera-Leute wandten sich an zwei amerikanische Anwälte. Der erste, Jaroslaw Padoch, ein Jugendfreund von Bandera, der nach dem Zweiten Weltkrieg in die Vereinigten Staaten ausgewandert war, sollte ihr Experte für ukrainische Angelegenheiten sein. Der zweite, Charles J. Kersten, ein Rechtsanwalt aus Milwaukee, Wisconsin, sollte aufgrund seiner Rolle in der US-Regierung politischen Einfluss ausüben. Viele in der Bandera-Organisation hielten es für einen großen politischen Coup, dass Kersten sich bereit erklärt hatte, Banderas Witwe bei dem Prozess zu vertreten.

Charles J. Kersten war in den 1950er-Jahren eine einflussreiche Persönlichkeit in der Washingtoner Politikszene und verbrachte drei Amtszeiten als Kongressabgeordneter. Während seiner Zeit in Washington leitete er den Sonderausschuss zur Untersuchung kommunistischer Aggression (House Select Committee to Investigate Communist Aggression). Außerdem war er Berater von Präsident Dwight Eisenhower in Fragen der psychologischen Kriegsführung. Kersten war nicht nur ein Veteran des Kalten Krieges, sondern auch ein Gründervater des amerikanischen Antikommunismus. Die Wähler von Wisconsin hatten ihn erstmals 1947 in den Kongress gewählt, im selben Jahr, in dem Joseph McCarthy als Vertreter dieses Bundesstaates in den US-Senat gewählt wurde, und im selben Jahr, in dem Präsident Harry Truman den Kongress um Mittel zur Bekämpfung des Kommunismus in Griechenland und der Türkei bat. Die Truman-Doktrin war geboren; der Krieg gegen den Kommunismus im In- und Ausland hatte begonnen.[2]

In Washington war der fünfundvierzigjährige Kersten auch in den Ausschuss für Bildung und Arbeit des Repräsentantenhauses berufen worden. Dort traf er zum ersten Mal auf zwei andere Kongressabgeordnete im ersten Jahr, den vierunddreißigjährigen Richard Nixon aus Kalifornien und den noch nicht dreißigjährigen John F. Kennedy aus Massachusetts. Kersten und Kennedy waren praktizierende Katholiken und machten als Gegner des Kommunismus ohne weiteres gemeinsame Sache. Im Jahr 1948 wurde Kersten zum Vorsitzenden des Unterausschusses des Kongresses ernannt, der die kommunistische Unterwanderung der amerikanischen Gewerkschaften untersuchte. Kennedy war eines der Mitglieder des Ausschusses.[3]

Im selben Jahr begann Nixons Aufstieg zur Macht als Mitglied des Hausausschusses für unamerikanische Umtriebe (House Un-American Activities Committee). Kersten leistete einen wichtigen

ABGEORDNETER 261

Beitrag zu diesem Aufstieg. »Er hat mir das meiste von dem beigebracht, was ich über den Kommunismus weiß«, erinnerte sich Nixon an seine ersten Begegnungen mit Kersten. Kersten machte Nixon mit seinen eigenen Beratern in kommunistischen Angelegenheiten bekannt, den katholischen Geistlichen Monsignore Fulton J. Sheen und Pater John Cronin. Kersten war es auch, der dem schwankenden Nixon riet, seine Anschuldigungen gegen den mutmaßlichen sowjetischen Spion Alger Hiss bei John Foster Dulles vorzubringen, dem zukünftigen Außenminister und aufsteigenden Stern im republikanischen Establishment, unter dessen Schutz Hiss stand. John Foster Dulles und sein jüngerer Bruder Allen, der spätere CIA-Leiter, ließen sich von Nixons Beweisen überzeugen und zogen ihre Unterstützung für Hiss zurück.[4]

Kersten erklärte sich bereit, dem Staschinski-Prozess beizuwohnen, nachdem er von seinen alten Bekannten im Ukrainian Congress Committee of America (UCCA) angesprochen worden war. In den 1950er-Jahren hatte der Vorsitzende des UCCA, Professor Lew Dobrianski, dem Kersten-Ausschuss für kommunistische Aggression als Berater gedient. Er hatte Kersten geholfen, Zeugen zu finden, die bereit waren, über die sowjetische Nationalitätenpolitik auszusagen, und hatte selbst vor dem Ausschuss ausgesagt. Der inzwischen pensionierte Kongressabgeordnete ließ seinen ukrainischen Freund nicht im Stich. Er erklärte sich nicht nur bereit, nach Deutschland zu kommen, um an dem Prozess teilzunehmen, sondern meldete sich auch freiwillig, um möglichst viele seiner ehemaligen Kollegen und Bekannten in Washington zu versammeln und sie von der Bedeutung des Prozesses zu überzeugen, der im fernen Deutschland beginnen sollte.[5]

Am Montag, dem 1. Oktober 1962, machte Kersten auf seinem Weg von Wisconsin nach Deutschland einen Zwischenstopp in Washington. Zuvor hatte er um ein Treffen mit Robert Kennedy, dem Generalstaatsanwalt der USA und jüngeren Bruder des amtierenden Präsidenten gebeten. Leider war der Generalstaatsanwalt zu beschäftigt. Als John F. Kennedy 1960 gegen Richard Nixon für die Präsidentschaft kandidierte, hatte Kersten sich voll und ganz hinter Nixon gestellt. Infolgedessen hatte er nun Schwierigkeiten, selbst mit Kennedys jüngerem Bruder ein Treffen zu bekommen, ganz zu schweigen vom Präsidenten selbst. Kersten musste sich mit einem Treffen mit Bobby Kennedys Assistenten begnügen. Eine Kopie seines Schreibens vom 18. Mai 1962 an Kennedy, in dem er dem Generalstaatsanwalt mitteilte, dass er am Staschinski-Prozess teilnehmen würde, um die Verbindung zwischen Staschinski und hochrangigen sowjetischen Beamten zu beweisen, wurde an das FBI weitergeleitet.[6]

Eine Tür, die Kersten immer offenstand, war die seines ehemaligen jüngeren Kollegen Thomas J. Dodd, der jetzt Senator aus Connecticut war. Im Jahr 1962 war Dodd stellvertretender Vorsitzender des Senatsunterausschusses für innere Sicherheit. Obwohl sie verschiedenen Parteien angehörten (Kersten war Republikaner, Dodd Demokrat), hatten die beiden Politiker viel gemeinsam. Beide waren Katholiken und vertraten die gleiche Art von amerikanischem Patriotismus, zu dem auch die Entschlossenheit gehörte, den Kommunismus im In- und Ausland zu bekämpfen. Dodd hatte sich als amerikanischer Chefsyndikus bei den Nürnberger Prozessen gegen Nazi-Kriegsverbrecher einen Namen gemacht. Er hatte so prominente Nazis wie Wilhelm Keitel und Alfred Rosenberg ins Kreuzverhör genommen, und als der Richter des Obersten Gerichtshofs, Robert H. Jackson, im Oktober 1946 Nürnberg verließ und nach Washington D.C. zurückkehrte, ernannte er Dodd zu seinem Nachfolger als stellvertretenden Chefsyndikus, bis die Prozesse einige Monate später abgeschlossen waren. Dodd wurde 1952 in den Kongress gewählt, wo er unter Kersten im House Select Committee to Investigate Communist Aggression tätig war.[7]

Kersten und Dodd trafen sich als alte Freunde. Später an diesem Tag fasste Kersten in einem für den Senator verfassten Memo seine Gründe für die Reise nach Deutschland wie folgt zusammen: »Mein Ziel wird es sein, so viele Fakten wie möglich über Staschinski und möglicherweise andere herauszufinden, um zu zeigen, dass Staschinski auf direkten Befehl des Kremls gehandelt hat und dass Morde wie die von Staschinski begangenen ein integraler Bestandteil des russischen Kommunismus sind.« Er nannte auch den Hauptgrund, warum er Dodd sehen wollte: »Ich habe das Gefühl, dass es Widerstand von Leuten aus der CIA oder aus anderen unserer Regierungsbehörden geben könnte, denen es nicht recht ist, die Maske der kommunistischen Aktivitäten zu entfernen, um die Öffentlichkeitswirkung dieses Prozesses und Staschinskis Operationen zu sabotieren«, schrieb Kersten. »Alles, was Sie, Tom, über die CIA tun können, um die Bemühungen, diesen Prozess öffentlich bekanntzumachen, zu unterstützen, wird sehr geschätzt.«[8]

Sein Anliegen war durch eine Erfahrung geprägt, die er 1956 gemacht hatte, als er als Anwalt eines in der Schweiz angeklagten Exilrumänen tätig war. Kerstens Angeklagter war einer von vier antikommunistischen Rumänen, die am 14. Februar 1955 die rumänische Botschaft in Bern besetzt hatten, um die Freilassung einer Reihe von politischen Gefangenen zu fordern, die in Rumänien festgehalten wurden. Der »Berner Zwischenfall«, wie die bewaffnete Übernahme der Botschaft in den Medien genannt wurde, hatte nicht nur zu einer Störung des Botschaftsbetriebs, sondern auch zum Tod eines Mitarbeiters geführt. Der Prozess, über den in den europäischen Medien ausführlich berichtet wurde, hatte dazu beigetragen, die Aufmerksamkeit Europas auf die Menschenrechtsverletzungen im kommunistischen Rumänien zu lenken. Nicht so in den Vereinigten Staaten. Kersten erinnerte sich später: »Ich erinnere mich, dass Radio Free Europe es heruntergespielt hat, und ich wusste, dass die Zeitschrift *Life* einen Bericht über den rumänischen Prozess geplant hatte, aber dann gehört, dass sie gekillt worden war, und ich hatte gehofft, dass dies im Fall Staschinski nicht geschehen würde.«[9]

Dieses Mal war die Situation ganz anders. Am 7. September 1962, lange bevor das Datum des Prozesses bekannt wurde, veröffentlichte das Magazin *Life* ein langes Exposé des Leiters seines Washingtoner Büros, John L. Steele, mit dem Titel »Assassin Disarmed by Love: The Case of a Soviet Spy Who Defected to the West« (»Attentäter durch Liebe entwaffnet: Der Fall eines sowjetischen Spions, der in den Westen überlief«). Der Artikel stützte sich höchstwahrscheinlich auf Unterlagen, die die US-Regierung von ihren westdeutschen Partnern erworben hatte. Es war der ausführlichste Bericht über die Staschinski-Geschichte, der damals verfügbar war. Später verwies die CIA-Pressestelle Journalisten, die über das KGB-Attentatsprogramm schrieben, auf Steeles Artikel. Steele, der über umfangreiche Kontakte in Washington verfügte, war in der Lage, die kleinsten Details der von Staschinski begangenen Morde zu schildern. Er stellte Staschinskis politische »Bekehrung« als Folge seiner Liebe zu Inge dar.

Kersten fand Steeles Artikel sehr treffend und empfahl ihn Senator Dodd bei ihrem Treffen am 1. Oktober. Aber er war mit dem *Life*-Artikel nicht ganz zufrieden.»Ich weiß nicht, ob er die meiner Meinung nach sehr wichtige Tatsache, die in dem Prozess bewiesen wurde, ausreichend herausstellte«, erinnerte er sich später, »nämlich dass die sowjetische Regierung, während sie friedliche Koexistenz predigte, gleichzeitig professionelle Killer geschickt ausbildete, um in die freie Welt zu gehen und sorgfältig ausgewählte Personen zu töten, die sie für Feinde ihrer Politik hielt... Einer der wichtigsten Faktoren bei ihren Vorbereitungen war es, zu verhindern, dass diese Morde der sowjetischen Regierung zugeschrieben werden konnten.«[10]

In seinem Memo an Dodd teilte Kersten seinem alten Verbündeten auch mit, dass »Staschinski sich offenbar schuldig bekennen wird und zur Zusammenarbeit bereit ist. Ich glaube, dass auch die deutsche Regierung dem oben genannten Ziel wohlwollend gegenübersteht. Soweit ich weiß, wird der deutsche Staatsanwalt ein Gnadengesuch für Staschinski stellen, wenn er sich auf diese Linie einlässt.« Nach Kerstens Ansicht hatten Staschinski und die westdeutsche Staatsanwaltschaft einen Deal gemacht. Der Prozess würde ein politischer Prozess werden. Er wollte dabei sein. In der Nacht des 1. Oktober 1962, bestiegen Charles Kersten und seine Frau ein Flugzeug nach München.[11]

Teil VI

Prozess

38
Karlsruhe

Der 8. Oktober 1962 war ein weiterer tödlicher Tag in Berlin. Ostdeutsche Grenzsoldaten eröffneten das Feuer auf zwei Flüchtlinge, die versuchten, durch die Spree schwimmend in den Westen zu entkommen. Die beiden schafften es nicht. Als ostdeutsche Kugeln auf der gegenüberliegenden Seite einschlugen, erwiderte die Westberliner Polizei das Feuer. Am selben Tag schickten die britischen, französischen und amerikanischen Vertreter in West-Berlin ein Protestschreiben an die sowjetischen Besatzungsbehörden, weil sie einen britischen Krankenwagen daran gehindert hatten, einen jungen Ostdeutschen zu erreichen, der bei einem Fluchtversuch von Grenzsoldaten angeschossen worden war. Die Sowjets weigerten sich, das Schreiben anzunehmen. Willy Brandt, der sozialdemokratische Bürgermeister von West-Berlin, der gerade von einem Treffen mit Präsident Kennedy in Washington zurückgekehrt war, erklärte auf einer Pressekonferenz: »Wenn Chruschtschow einen Zusammenstoß will, kann er ihn haben.«[1]

In Karlsruhe war der 8. Oktober gleichermaßen von Spannung und Unruhe geprägt. »Ein schöner Herbsttag, wie geschaffen für unbeschwerte Erholung und Beobachtung«, schrieb ein Reporter der *Badischen neuesten Nachrichten*, der einzigen Tageszeitung der Stadt. »Für Späturlauber mag das so gewesen sein, nicht aber für die Karlsruher Sicherheits- und Kriminalpolizei. Seit gestern ist sie in voller Stärke im Umkreis von einem Kilometer um den Bundesgerichtshof vor dem Dritten Strafsenat postiert, wo bekanntlich der ›Prozess der Prozesse‹ begonnen hat – die Verhandlung im Fall Bogdan Staschinski, der beschuldigt wird, zwei Morde begangen zu haben und verräterische Beziehungen zum sowjetischen Geheimdienst zu unterhalten«.[2]

Die Polizeipräsenz rund um den Bundesgerichtshof machte einen öffentlichen Zugang zu dem Gebäude so gut wie unmöglich. Die *London Evening News* berichteten über die Anwesenheit von bis zu sechzig Polizisten in Uniform und Zivil. Ein Reporter der *Badischen Neuesten Nachrichten* gab die Gefühle vieler wieder, die vergeblich versuchten, sich zum Bundesgerichtshof durchzuschlagen: »Polizisten schienen plötzlich vor Passanten, die ihnen verdächtig vorkamen, aus dem Boden zu wachsen; aus den an verschiedenen Stellen geparkten Autos wurden misstrauische Blicke auf jeden gerichtet, der an ihnen vorbeiging, und es würde uns nicht wundern, wenn sich während des gesamten Prozesses in jedem Wohnhaus in der Nähe des Bundesgerichtshofs, zum Beispiel in der Herrenstraße, Beamte des Kriminaldienstes versteckt hätten, um alles zu überwachen, was in der Umgebung vor sich ging.«[3]

Unabhängig davon, ob dies der Fall war oder nicht, konnte man sich leicht eine allgegenwärtige Polizeipräsenz vorstellen. Durchschnittsbürger in ganz Europa hielten plötzlich Ausschau nach Spionen und ausländischen Agenten. An diesem Tag veröffentlichte der *Spiegel*, die führende westdeutsche politische Wochenzeitung, einen Artikel, in dem die mangelnde Kriegsvorbereitung der westdeutschen Armee aufgedeckt wurde. Die Veröffentlichung führte zur Verhaftung des Journalisten, der die Geschichte geschrieben hatte, und des Herausgebers wegen Verstoßes gegen die Sicherheitsgesetze des Landes. Zwei Tage zuvor, am Freitag, dem 6. Oktober, kam *Dr. No* – der erste James-Bond-Film mit Sean Connery in der Hauptrolle – in Großbritannien in die Kinos und spielte in den ersten zwei Wochen mehr als 800.000 Dollar ein. Ironischerweise spielte die Handlung in der Karibik, wo zur Zeit der Filmpremiere sowjetische Ingenieure Atomraketen in Betrieb nahmen, ohne dass die Amerikaner davon wussten – die ersten Sprengköpfe trafen am 4. Oktober auf Kuba ein. Es war leicht, sich hinter jeder Ecke einen Spion oder einen Polizisten in Zivil vorzustellen.[4]

Die Hauptsorge der Karlsruher Polizei, die rund um das Bundesgerichtsgebäude postiert war, galt weniger dem Schutz der deutschen Öffentlichkeit als vielmehr dem Schutz von Bogdan Staschinski, der sowohl der Angeklagte als auch der Kronzeuge war. Sie vermuteten, dass der KGB versuchen würde, ihn zum

Schweigen zu bringen, indem er einen seiner ehemaligen Kollegen mit einer neuartigen Giftpistole oder einer anderen Mordwaffe schickte.

Nur wenige Monate zuvor war Bela Lopusnik, ein ehemaliger Beamter des ungarischen Geheimdienstes, der in den Westen übergelaufen war, unter verdächtigen Umständen in einem Wiener Krankenhaus gestorben. Die westdeutsche Polizei begann, besondere Vorsichtsmaßnahmen in Bezug auf Staschinskis Ernährung zu treffen. Im Karlsruher Gefängnis, wo er vor dem Prozess wartete, wurde das Essen in Anwesenheit eines Polizeibeamten für ihn zubereitet, und zu keinem Zeitpunkt durfte nur ein Wachmann allein seine Zelle betreten – nur zwei gleichzeitig.[5]

Am Tag der Verhandlung wurde die Polizeipräsenz nicht nur um das Gebäude herum, sondern auch im Inneren des Gebäudes, einschließlich des Gerichtssaals, verstärkt. »Das gesamte Gerichtsgebäude wurde unter strenge Kontrolle von Polizisten in Uniform und Zivilpolizisten gestellt«, schrieb ein Reporter. »Jeder, der den Saal betreten will, wird zweimal kontrolliert: Jeder muss einen Personalausweis und einen separaten Ausweis vorlegen, der vom Sekretariat des Gerichts ausgestellt wird.« Die Medien nahmen an, dass die Ausweise nummeriert und den Besuchern bestimmte Plätze zugewiesen wurden, damit die Polizei ihre eigenen Leute an strategischen Positionen im den Saal platzieren konnte.

Nur die Hälfte der verfügbaren Sitze (von den insgesamt sechsundneunzig Stühlen im Saal) wurde den Besuchern zugewiesen; der Rest war für Gerichtsbeamte und Prozessteilnehmer reserviert. Die Bandera-Leute taten ihr Bestes, um ein Monopol für die Gästesitze zu erreichen und diejenigen zu ärgern, die nicht in den Saal kamen. »Deutsche Jurastudenten kämpften offen darum, wenigstens Halbtageskarten für den Saal zu bekommen«, so ein Reporter. Nur wenige von ihnen waren erfolgreich. Der Prozess zog eine nie gekannte öffentliche Aufmerksamkeit auf sich, und der Gerichtssaal konnte einfach nicht alle aufnehmen, die der Verhandlung beiwohnen wollten.[6]

»Das Publikum, das zur Verhandlung erschienen ist, ist sehr unterschiedlich«, schrieb ein Reporter und beschrieb die Atmosphäre im Gerichtssaal. »Männer überwiegen, aber es sind auch mehr als ein Dutzend Frauen anwesend. Wir sehen sogar einen Priester. Die Gespräche finden auf Deutsch, Französisch und Englisch statt. Interessiert sehen wir uns den Saal noch einmal genau an. Die Stirnwand besteht aus großen dreieckigen grauen und gelben Steinplatten. Die dunklen kirschroten Gewänder der fünf Richter spiegeln sich auffällig vor diesem Hintergrund.« Es war ein ziemlich großer, fensterloser Raum mit grünlichen Wänden, Neonlicht und sechs Stuhlreihen für das Publikum rechts vom Eingang. Auf der linken Seite befand sich der Bereich, der für die Teilnehmer des Prozesses reserviert war.[7]

In unmittelbarer Nähe der Journalisten befand sich ein langer Schreibtisch, hinter dem Familienmitglieder der Opfer und ihre Anwälte saßen. Das deutsche Gesetz erlaubt es den Opfern, sich selbst von einem Anwalt vertreten zu lassen, und von dieser Möglichkeit machten sie eifrig Gebrauch. Am dichtesten an der Eingangstür saßen die neunundvierzigjährige Witwe von Lew Rebet, Daria Rebet, und sein zwanzigjähriger Sohn Andrij, der erst sechzehn Jahre alt war, als sein Vater ermordet worden war. Dann folgte Natalia, die zwanzigjährige Tochter von Stepan Bandera. Frau Bandera nahm nicht an der Verhandlung teil. Sie lebte in Toronto, Kanada, zusammen mit Zehntausenden anderer ukrainischer Flüchtlinge, die ein Jahrzehnt zuvor dorthin gezogen waren. Die Familienmitglieder der Opfer wurden von ihren Anwälten begleitet – ein Anwalt für Rebets Familie und drei für Banderas Familie. Charles Kersten saß links von Natalia Bandera, Jaroslaw Padoch rechts von ihr. Der westdeutsche Rechtsanwalt Hans Neuwirth, dem Kersten und Padoch zur Seite stehen sollten, saß neben Padoch.[8]

Die Anwaltskosten für Hans Neuwirth wurden ebenso wie die für Charles Kersten und Jaroslaw Padoch aus Mitteln bezahlt, die die Bandera-Fraktion der Organisation Ukrainischer Nationalisten zur Vorbereitung des Prozesses gesammelt hatte. Die Familie Rebet war auf die begrenzten Mittel angewiesen, die von ihrem eigenen Zweig der Organisation und deren Anhängern gesammelt worden waren. Dementsprechend wurde die Familie Rebet auch nur von einem einzigen Anwalt vertreten, dem Münchner Rechtsanwalt Adolf Miehr. Daria Rebet hatte ihn gefunden, indem sie einfach sein Büro aufsuchte, nicht weit von dem Ort entfernt, an dem ihr Mann im Oktober 1959 getötet worden war. Miehr wusste und verstand wenig von der ukrainischen Emigrantenszene und der internationalen Politik, aber Daria Rebet kannte niemanden, der besser qualifiziert war. Miehr hatte auch niemanden wie Jaroslaw Padoch, der ihm hätte helfen können, die ukrainischen Feinheiten zu verstehen. Lew Rebets enger Kollege Bogdan Kordjuk nahm neben Miehr Platz, aber er war kein Anwalt, hatte keinen offiziellen Status bei der Verhandlung und wurde nie aufgefordert, das Wort zu ergreifen.[9]

Die Familienangehörigen der Opfer, die Journalisten und die Öffentlichkeit warteten gespannt auf das Erscheinen des Angeklagten. Die erste Gelegenheit, den Mann zu sehen, über den sie so viel wussten und den sie so sehr hassten, kam gegen 9:00 Uhr morgens, als er von einem Polizisten in den Gerichtssaal geführt und auf eine Bank links neben dem für die Richter reservierten Hauptpult gesetzt wurde. »Das ist er also«, schrieb ein Korrespondent der banderitischen Zeitung *Der Weg zum Sieg*. »Dieser mittelgroße junge Mann, mit leicht blassem Teint, hochgekämmten Haar, die Lippen geschürzt und mit übertriebener Eleganz gekleidet – dunkle Kleidung, eine dunkelblaue Krawatte – als ob er gerade vom Friseur käme; das ist er – der Mörder des Führers seligen Andenkens; das ist der Degenerierte, der als Personifizierung der Niedertracht in die Geschichte eingehen wird, wie Judas!«

Ein Reporter der *Frankfurter Rundschau*, war einige Tage später in seinem Bericht über Staschinskis Aussehen zurückhaltender. Er stellte fest, dass der Angeklagte etwa 1,70 Meter groß sei und »ein hübsches, intelligentes Gesicht [und] sehr feine Hände« habe. Allen Anwesenden fiel auf, wie blass Staschinski war. Es war schwer zu sagen, ob das daran lag, dass er im letzten Jahr so wenig Zeit im Freien verbracht hatte, oder daran, dass er nervös war. Nachdem er den Raum betreten hatte, wurde Staschinski von seinem Anwalt, Dr. Helmut Seidel, angesprochen. Er hörte zu, nickte anerkennend zu dem, was Seidel ihm mitzuteilen hatte, und schaute dann in die Runde. Er war sichtlich nervös.[10]

Staschinski hatte sich in den schwierigsten Momenten seines Lebens in Moskau und dann bei seiner Flucht nach Berlin immer auf Inges Unterstützung verlassen können, aber jetzt war er auf sich allein gestellt. Aus Sicherheitsgründen war Inges Anwesenheit im Gerichtssaal nicht erlaubt. Nach Angaben der Reporter des Magazins *Stern* war sie untergetaucht, nachdem ihr Mann sich den Amerikanern gestellt hatte. Sie hatte Angst, dass auch sie auf der Todesliste des KGB landen, oder dass sie entführt und in den Osten gebracht werden könnte, nachdem die Stasi ihren Vater verhaftet hatte. Sie lehnte ein Honorar von 20.000 D-Mark ab, das ihr für ihre Geschichte von einer westdeutschen Zeitschrift geboten worden war. Wie die Medien später erfuhren, war sie unter anderem Namen nach Stuttgart gezogen, wo sie als Friseurin arbeitete. Ein Reporter des *Hamburger Abendblatts* machte Inge in einer Wohnung in der Böblinger Straße in Stuttgart ausfindig. Die alarmierte Polizei brachte Inge in der Wohnung eines Polizeibeamten unter, als ihre Tarnung aufgeflogen war. Inge stand auch in engem Kontakt mit Dr. Erwin Fischer von der Generalstaatsanwaltschaft, der auf Spionagefälle spezialisiert war und Heinz Felfe, den bekanntesten KGB-Spion im BND, angeklagt hatte. Trotzdem erschien Inge nicht zum Prozess. Sowohl sie als auch ihre polizeilichen Betreuer befürchteten, dass sie vom KGB aufgespürt und als unerwünschte Zeugin ausgeschaltet werden könnte. Staschinski musste den Prozess allein durchstehen.[11]

39

Loyalität und Verrat

Kurz nach 9:00 Uhr erhoben sich alle Anwesenden im überfüllten Gerichtssaal, als die in karmesinrote Roben gekleideten Richter eintraten. Nach deutschem Recht würden sie, und nicht die Geschworenen, über das Schicksal des Angeklagten entscheiden. Die Richter wurden von einem Mann Anfang fünfzig angeführt, der eine Brille mit nur einem Glas trug. Dr. Heinrich Jagusch, der vorsitzende Richter, hatte sein rechtes Auge als Kommandeur eines Panzerbataillons im Krieg verloren. Jagusch war ein erfahrener Richter, und Spionagefälle waren sein Spezialgebiet. Im Oktober 1959, dem Monat, in dem Bogdan Staschinski sein zweites Opfer ermordet hatte, war Jagusch zum Präsidenten des Dritten Senats des Bundesgerichtshofs ernannt worden, der für Fälle von Spionage und Hochverrat zuständig war. Jagusch war sehr gut darin, kommunistische Spione zu verurteilen. Jeder im Gerichtssaal wusste das, auch Staschinski. Aber die Erklärung, mit der Jagusch die Verhandlung eröffnete, gab Staschinski einen Hoffnungsschimmer, dass dieser Prozess anders sein könnte.[1]

»Bald nach der Erstellung der Anklageschrift in diesem Fall, gegen Ende April 1962, erklärte eine seriöse, auflagenstarke Wochenzeitung den Angeklagten zum Mörder, veröffentlichte ihre Schlussfolgerungen in einem langen Artikel, druckte sein Foto ab und zeigte die in der Anklageschrift bestätigten Taten«, begann Jagusch und bezog sich auf den Artikel, der Anfang des Jahres in *Christ und Welt* erschienen war. Er fuhr fort: »In den letzten Tagen haben zahlreiche Tageszeitungen ähnliche Artikel veröffentlicht, die auch Fotos des Angeklagten abdruckten und ihn zum Mörder oder politischen Attentäter erklärten, noch bevor die gerichtlichen Ermittlungen abgeschlossen sind ... Als Leiter dieses

LOYALITÄT UND VERRAT 273

Gerichtsverfahrens bin ich verpflichtet, den Angeklagten vor unzulässigen öffentlichen Vorverurteilungen zu schützen.«[2]

Dann begann die Verhandlung. Das Publikum hörte zum ersten Mal die Stimme des Angeklagten, als Richter Jagusch Staschinski fragte, ob er Deutsch verstehe und ob er sich wohlfühle. Staschinski bejahte beide Fragen. Er blickte aufmerksam in die Runde der Richter und studierte die Mimik von Jagusch und seinen Kollegen. Jagusch bat den Angeklagten, dem Gericht etwas über sich zu erzählen, und Staschinski begann mit seinem Geburtsort und -datum. »Ich wurde am 4. November 1931 in Borschtschowytschi im Bezirk Lwiw geboren«, begann er. »Zum Zeitpunkt meiner Geburt standen Lwiw und die gesamte Region unter polnischer Herrschaft, so dass ich zu dieser Zeit auch polnischer Staatsbürger war.« Er sprach mit ausdrucksloser, monotoner Stimme, die Hände hinter dem Rücken verschränkt, auf eine Art, die viele im Publikum vermuten ließ, dass es sich um eine einstudierte Aussage handelte.[3]

Auf Aufforderung von Jagusch, der freundlich sprach und es schaffte, eine Atmosphäre relativer Gelassenheit, wenn nicht gar des Vertrauens zu schaffen, erzählte Staschinski dem Gericht, wie er auf einer seiner Heimfahrten im Sommer 1950 von der Bahnpolizei aufgegriffen worden war. Er war damals neunzehn Jahre alt und fuhr, wie so oft, ohne Fahrschein. An diesem Tag wurde er freigelassen, aber einige Tage später stand ein Polizist vor seiner Haustür und bat ihn zu einem Gespräch in die Büros der Bahnpolizei. Dort traf er zum ersten Mal Hauptmann Konstantin Sitnikowski vom Ministerium für Staatssicherheit, einem Vorgänger des KGB. Sitnikowski wollte ihn als Spion für die Geheimpolizei gewinnen.

Staschinskis Geschichte sandte eine Schockwelle durch den Gerichtssaal. Viele Reporter fragten sich, ob die Sowjets tatsächlich solche Methoden zur Anwerbung ihrer Agenten einsetzten. Aber Jagusch, der jahrelang den Vorsitz in zahlreichen Prozessen gegen kommunistische Spione geführt hatte, hatte keine Schwierigkeiten, Staschinskis Geschichte zu glauben. »War das der wahre Grund?«, fragte er Staschinski um dessen Beweggründe zu erforschen. »Ich habe begriffen, dass er bereits über mich, meine Vergangenheit und mein Umfeld Bescheid wusste«, lautete die Antwort. »Andere aus demselben Dorf, die noch weniger wussten als ich, waren schon lange vorher verhaftet worden, und einige waren nach Sibirien geschickt worden, so dass mir klar wurde, dass das, was er über die Absicht, uns zu verhaften und meine Eltern nach Sibirien zu schicken, gesagt hatte, den Tatsachen entsprach, und dass solche Dinge auch passierten. Ich sah auch die Vergeblichkeit des Kampfes des ukrainischen Untergrunds.«

In seiner Aussage zeigte Staschinski keine Verbundenheit mit der Ideologie oder den Zielen der Widerstandsbewegung, die für die ukrainische Unabhängigkeit kämpfte. Er stellte sich selbst als einen Außenseiter dar, der kein Interesse an Politik hatte. Er wusste durch seine Familienmitglieder von der Widerstandsbewegung, und dieses Wissen sowie die direkte Beteiligung seiner Schwestern an der Bewegung wurden genutzt, um ihn zu erpressen.

Staschinskis Aussage deutete eher auf eine Ablehnung der Ideologie und der Methoden der Nationalisten hin. »Nicht weit von unserem Dorf, in einer Entfernung von einem oder anderthalb Kilometern, gab es eine [polnische] Siedlung, die nicht zu unserem Dorf gehörte«, sagte Staschinski. »Eines Nachts hörten wir Schüsse, und wir konnten Flammen aus dieser Richtung sehen. Als wir am Morgen dorthin gingen, sahen wir die Ergebnisse dieser Aktion. Etwa zwanzig bis fünfundzwanzig polnische Gebäude in dieser Siedlung waren verbrannt, und alle Männer waren erschossen worden.« Auf die Frage von Jagusch nach der Ursache der Kämpfe antwortete Staschinski: »Es war ein alter Streit zwischen Polen und Ukrainern ... Denn die Polen sollten aus der Westukraine verschwinden und sich nach Polen absetzen. Die Polen taten das Gleiche als Vergeltungsmaßnahme. Sie umzingelten ukrainische Dörfer und bestraften die ukrainische Bevölkerung auf dieselbe Weise.«[4]

Jagusch kündigte die erste fünfzehnminütige Pause um 10:45 Uhr an, nachdem er Staschinski mit weiteren Fragen zu seiner Haltung gegenüber der Widerstandsbewegung und seinen Motiven für die Zusammenarbeit mit der Geheimpolizei gelöchert hatte. Für die Reporter und Zuschauer, die die Gänge des Gerichtsgebäudes füllten, die Toiletten aufsuchten, sich Zigaretten anzündeten und ihre Meinung über das eben Gehörte austauschten, gab es viel zu verdauen. Konnte man Staschinski trauen? Er hatte auf viele Reporter einen positiven Eindruck gemacht. »Er spricht ausgezeichnetes Deutsch mit slawischem Akzent und hat das Talent, seine Geschichte ohne Übertreibung zu erzählen«, schrieb der Reporter der *Frankfurter Rundschau* einige Tage später. »Er benimmt sich mit vornehmer Höflichkeit. Mit einem Wort, er wirkt wie ein intelligenter, großgewachsener Junge mit wunderbaren Manieren.«[5]

Viele der im Gerichtssaal anwesenden Ukrainer waren anderer Meinung. Zu ihnen gehörte der achtundvierzigjährige Boris Vitoschinski, der lange ein enger Mitarbeiter von Bandera gewesen war und für die Zeitung der Bandera-Organisation, *Shliakh peremohy* (Der Weg zum Sieg), über den Prozess berichtete. Der gelernte Jurist und Journalist war der Organisation während seiner Schulzeit beigetreten und hatte seinen einundzwanzigsten Geburtstag im berüchtigten polnischen Konzentrationslager Bereza Kartuska gefeiert. Den Großteil des Krieges hatte er in Auschwitz verbracht, wo er mit ansehen musste, wie zwei von Banderas Brüdern von polnischen Wachleuten ermordet wurden. Trotz der sozialistischen Tendenzen seiner Jugend stand er Bandera nahe; bei Banderas Beerdigung war er gebeten worden, einen Becher mit ukrainischer Erde vor den Sarg zu tragen. Was Vitoschinski dachte und schrieb, spiegelte die Gedanken, Einstellungen und Gefühle zahlreicher Mitglieder der Bandera-Organisation wider.[6]

»Ich betrachte das Gesicht des Attentäters«, schrieb Boris Vitoschinski in seinem Bericht über den ersten Prozesstag. »Er lächelt oft, fast unmerklich bemüht, einen ›sympathischen Eindruck‹ zu machen. Aber sind wir Ukrainer die einzigen, denen sein Verhalten abstoßend vorkommt?« Auf die Frage, die viele im Saal beschäftigte – war Staschinski ein Verräter an seiner eigenen Familie oder hat er sich selbst geopfert, um sie vor der Verfolgung zu retten – hatte Vitoschinski eine ganz klare Antwort: Er war ein Verräter. »Denn«, so schrieb der ehemalige Häftling von Bereza Kartuska und Auschwitz, »hätten seine Eltern und Schwestern auch nur einen Augenblick lang annehmen können, dass ihr Sohn und Bruder sie unter dem irrsinnigen Vorwand, sie vor den Bolschewiken zu schützen, zu den ersten Opfern seines Verrats machen würde?«

Vitoschinski fand Unterstützung bei einigen nicht-ukrainischen Reportern, die er bei der Verhandlung traf. Eine von ihnen war Dominique Auclères, eine Korrespondentin von *Le Figaro* und Expertin für Russland und Osteuropa. Sie hatte gerade in Paris ein Buch über eine Frau veröffentlicht, die behauptete, Prinzessin Anastasia, die Tochter des letzten russischen Zaren, zu sein. »Staschinski ist ein Poseur! Er benimmt sich, als ob er im Theater wäre; außerdem macht er den Eindruck, als ob er jemand mit einem schwachen Charakter ist«, sagte sie zu Vitoschinski. Bei einer anderen Gelegenheit sagte sie zu ihm: »Ich würde Staschinski keine mildernden Umstände zugestehen. Er ist ein Informant und ein Feigling. Er hat nicht nur Bandera getötet, sondern zuvor sogar seine eigene Familie verraten, die er angeblich schützen wollte.« Vitoschinski zitierte in seinen Reportagen gerne Dominique Auclères.[7]

Nach der Kaffeepause kam das Gericht wieder zusammen, und Bogdan Staschinski wurde gebeten, seinen ersten größeren Auftrag bei der sowjetischen Geheimpolizei zu beschreiben. Anfang 1951, so Staschinski, habe Hauptmann Sitnikowski ihn beauftragt, in die Widerstandsgruppe einzudringen, über die er berichtete. Die Aufgabe bestand darin, Informationen über jemanden zu sammeln, der an der Ermordung des bekannten ukrainischen kommunistischen Schriftstellers Jaroslaw Halan beteiligt war.

Die Zuhörer hörten mit einer Mischung aus Schock und Unglauben zu, als Staschinski sein Eindringen in die Widerstandseinheit beschrieb, die vom Verlobten seiner eigenen Schwester angeführt wurde. Er erzählte dem Gericht, dass Mychailo Stachur, der Mörder von Jaroslaw Halan, den er im Wald aufgespürt und an Sitnikowski verraten hatte, im Kampf getötet und nicht aufgrund der von ihm gelieferten Informationen gefasst wurde. Die Bandera-Leute im Gerichtssaal wussten, dass er gelogen hatte. Seit jenem Sommer waren sie im Besitz von sowjetischen Berichten über den Prozess, in denen Mychailo Stachur an prominenter Stelle als einer der Angeklagten auftauchte – offensichtlich nicht tot.[8]

Gegen Mittag verkündete Heinrich Jagusch in Karlsruhe die Mittagspause. Die Verhandlung sollte um 15:00 Uhr fortgesetzt werden. Die Journalisten eilten zu den Telefonen, um ihre ersten Berichte über den Prozess abzugeben. Zu ihnen gehörte Vitoschinski, dessen Artikel in der banderitischen Zeitung *Shliakh peremohy* am 10. Oktober erschien. Er endete mit der folgenden Erklärung:

»Wir entschuldigen uns für die stark verkürzte Form dieses Berichts, aber die technischen Bedingungen zwingen uns, dieses Material sofort nach München weiterzuleiten, damit unsere Leser wenigstens in verkürzter Form etwas über den ersten Prozesstag erfahren können.« Trotz seiner Entschuldigung erwies sich Vitoschinski als der ausführlichste Chronist des Prozesses. Kein anderer Korrespondent verfügte über so viel Hintergrundwissen und intimes Interesse an dem, was im Gerichtssaal vor sich ging.[9]

Staschinskis Anwalt, Dr. Helmut Seidel, bekam unmittelbar nach der Mittagspause die Gelegenheit, seinen Mandanten zu befragen. Seidel war ein erfahrener Anwalt, und Staschinski hatte Glück, ihn an seiner Seite zu haben. »Staschinski hat einen Verteidiger von der Regierung bekommen, einen guten Anwalt aus Karlsruhe … der kein Mann mit linken Überzeugungen ist«, schrieb Banderas Nachfolger Stepan Lenkawski im Mai 1962 an Jaroslaw Padoch. Seidel fragte Staschinski nach den Motiven, die ihn zur Arbeit für die sowjetische Geheimpolizei bewogen hatten. Staschinski antwortete, er habe den Aufstand für sinnlos und zum Scheitern verurteilt gehalten. Er sagte auch, er sei entsetzt gewesen über die Gräueltaten, die von den Mitgliedern des Untergrunds begangen wurden. »Ich habe bereits von niedergebrannten Häusern in unserem Dorf gesprochen«, sagte Staschinski. »Als ich mit meinen Eltern in diese Siedlung kam, war ich tief erschüttert. Ich konnte es nicht vergessen.«

Seidels nächste Frage bezog sich auf die Bedrohung von Staschinskis Familie. »Galt das Versprechen, Sie und Ihre Eltern nicht zu bestrafen, falls Sie helfen, auch für Ihre Schwester, die Verbindungen zur Widerstandsbewegung unterhielt?«, fragte der Anwalt. Staschinski bejahte die Frage. Er war hilflos gewesen, in eine Situation gebracht, die ihm keine andere Wahl ließ, als sich der Geheimpolizei anzuschließen. Seidel suchte nach mildernden Umständen, um die Richter davon zu überzeugen, dass Staschinski dem KGB unter Zwang und nicht aus freiem Willen beigetreten war. Bei seinen Aussagen im Laufe des Tages folgte Staschinski eindeutig der Strategie seines Anwalts.[10]

Die Anwälte der Familien von Bandera und Rebet verfolgten eine ganz andere Strategie. Sie stellten Staschinskis Motive und seine Geschichte in Frage und versuchten, ihn als Verräter sowohl an seiner Familie als auch an seinem Volk darzustellen. Am ersten Tag der Anhörung hatte nur Dr. Adolf Miehr, der Daria Rebet vertrat, die Möglichkeit, eine Frage zu stellen. Als Staschinski über den Abbruch und die Wiederherstellung der Beziehungen zu seiner Familie aussagte, fragte Miehr, ob er wisse, was mit Iwan Laba geschehen sei, dem Kommandanten der Untergrundeinheit, der mit seiner Schwester ausgegangen war und den er verraten hatte. Staschinski antwortete, er sei im Kampf gefallen. Er wisse nicht genau, wann das geschehen sei, aber er habe es von Familienangehörigen kurz vor seiner Abreise nach Polen und Deutschland im Sommer 1954 erfahren. Das könnte wahr sein. Laba war 1951 von der Geheimpolizei getötet worden. Niemand im Westen wusste damals davon.[11]

Weder Hans Neuwirth noch Charles Kersten oder Jaroslaw Padoch hatten am ersten Verhandlungstag die Möglichkeit, Fragen zu stellen. Unter der Leitung von Jagusch sagte Staschinski den Rest des Nachmittags über seine Zusammenarbeit mit dem sowjetischen Geheimdienst aus. Nach seinem Abschluss an der Kyjiwer Schule wurde er zunächst nach Polen und dann nach Ostdeutschland geschickt, wo er seinen Führungsoffizier Sergej Damon kennenlernte. Auf Damons Anweisung reiste er nach München, um sich mit einem ukrainischen Emigranten zu treffen, den der KGB als Agenten rekrutieren wollte. Er beschrieb, wie er tote Briefkästen gefüllt und amerikanische und westdeutsche Militäreinrichtungen ausspioniert hatte. »Staschinski«, schrieb der stets präsente Vitoschinski, »spricht, als würde er nicht für bekannte und weniger bekannte Morde und andere abscheuliche Verbrechen, die er begangen hat, vor Gericht stehen, sondern als würde er einer interessierten Öffentlichkeit von seinen Heldentaten erzählen. Manchmal lächelt er, wahrscheinlich in dem Glauben, dass er sich durch dieses Verziehen der Lippen, das Zynismus und Lachen suggeriert, und durch seine gedämpfte Stimme als gutherziger und naiv-unschuldiger Typ präsentiert.« Die Nervosität, die während der Vormittagssitzung zu spüren war, schien völlig verschwunden zu sein. »Er antwortet auf Fragen mit einem fast gleichbleibend monotonem

Gleichmut; er regt sich nicht auf; er erhebt seine Stimme nicht«, beschrieb ein anderer Zuhörer Staschinskis Verhalten .[12]

Der erste Verhandlungstag neigte sich seinem Ende zu. Es war hauptsächlich eine Zwei-Mann-Show: Jagusch und Staschinski. Der Erste versuchte, die Fakten zu ermitteln und die Motive zu verstehen, während der Zweite sich bemühte, den Richter davon zu überzeugen, dass er seine Fragen so ehrlich und vollständig wie möglich beantwortete. Am ersten Verhandlungstag schien es, dass Staschinskis Strategie gescheitert war. Während Jagusch den Angeklagten mit größtem Respekt behandelte und ihn fast ausschließlich mit »Herr Staschinski« ansprach, stellte er Staschinskis Beweggründe häufig in Frage. Als Staschinski das Gericht daran erinnerte, wie schockiert er von dem Anblick der niedergebrannten polnischen Häuser gewesen war, sagte der Richter zu ihm: »Sie waren Ende 1943, als Sie zwölf Jahre alt waren, von der verbrannten Siedlung tief betroffen. Ihr Gespräch mit Sitnikowski hatten Sie im Alter von neunzehn Jahren«. Es sah nicht gut aus für Staschinski.[13]

40
Erster Mord

Am Morgen des 9. Oktober, dem zweiten Verhandlungstag, stand Boris Vitoschinski, Reporter der Zeitung *Shliakh peremohy* der Bandera-Organisation, am Eingang des Bundesstrafgerichts, lange bevor das Gebäude für die Öffentlichkeit geöffnet wurde. »Heute Morgen war es wieder klar, sonnig und angenehm kühl, was die müden Gesichter der Journalisten erfrischte, die zweifellos die Nacht damit verbracht hatten, Artikel und Informationen für ihre Zeitungen vorzubereiten«, schrieb er in seinem Bericht über den Prozess. »Die Türen zu dem Gebäude, in dem der Prozess stattfindet, sind immer noch verschlossen, und ein sehr junger Polizeibeamter geht an ihnen vorbei. Und die Zahl derer, die vor den Türen warten, wird immer größer.«[1]

Nach einer gründlichen Überprüfung der Dokumente wurden Journalisten und Besucher schließlich in das Gebäude und anschließend in den Gerichtssaal 232 gelassen. Um 8:45 Uhr wurde Staschinski von der Polizei in den Gerichtssaal gebracht. Fünf Minuten später betrat Heinrich Jagusch in seiner Robe und mit Einglasbrille zusammen mit den übrigen Richtern den Saal. Da alle Anwälte – Dr. Helmut Seidel von Staschinski, Dr. Adolf Miehr von Daria Rebet und Dr. Hans Neuwirth, Charles Kersten und Jaroslaw Padoch von Jaroslawa Bandera – anwesend waren, konnte das Verfahren beginnen. Es war ein Tag, dem Daria Rebet und ihr zwanzigjähriger Sohn Andrij mit besonderer Spannung entgegengesehen hatten: Staschinski sollte über die Ermordung ihres Mannes und Vaters aussagen. Anders als bei Banderas Nachfolgern, die enge Beziehungen zum westdeutschen Geheimdienst und zur Spionageabwehr unterhielten, hatten die Rebets keine Insiderinformationen über den Mörder oder seine Aussage. Wie sich Andrij Rebet später erinnerte, erfuhren sie erst aus der Zeitung, dass Lew Rebet von einem

KGB-Attentäter ermordet worden war. Laut CIA-Akten wurde Daria in den Monaten vor dem Prozess von jemandem verfolgt, von dem ihre Freunde glaubten, er wolle ihr Angst einjagen und möglicherweise einen Herzinfarkt verursachen. Sie hielt dem Druck stand und war nun bereit, sich dem Mörder ihres Mannes zu stellen.[2]

Viele im Saal waren neugierig zu erfahren, warum der KGB beschlossen hatte, Lew Rebet zu töten; er war ein Journalist, von dem man nicht wusste, dass er mit den Geheimdiensten oder deren geheimen Operationen in der Sowjetunion zu tun hatte. Andrij erinnerte sich daran, dass Lew Rebet, nachdem die meisten politischen Verbündeten seines Vaters nach Nordamerika ausgereist waren, ebenfalls Pläne geschmiedet hatte, in die Vereinigten Staaten zu emigrieren. Er hatte sogar begonnen, eine Ausbildung zum Maschinenführer zu machen, und nur die Weigerung seiner Frau, nach Übersee zu gehen, ließ ihn länger in Deutschland bleiben. Die Frage, warum Rebet zwei Jahre früher als Stepan Bandera ermordet wurde, beschäftigte auf perverse Weise auch die Bandera-Anhänger, die jahrelang versucht hatten zu beweisen, dass sie und nicht Rebet und sein Umfeld die wahre Bedrohung für das sowjetische Regime in der Ukraine waren. Darüber hinaus hatten sie lange Zeit behauptet, dass Rebets Widerstand gegen Bandera die Einheit des nationalistischen Lagers untergrub und somit den Sowjets zugutekam. Nach dem Bekanntwerden von Staschinskis Enthüllungen verbreiteten sich in Emigrantenkreisen Gerüchte, dass Rebet lediglich als Zielscheibe ausgewählt worden war, um den Attentäter auf die eigentliche Aufgabe, Banderas Ermordung, vorzubereiten. Nachdem der KGB die Giftpistole an einem Hund ausprobiert hatte, behaupteten die Zyniker, probierte er sie an einem Menschen aus, der zufällig Rebet war.[3]

Bereits im März desselben Jahres hatte Hans Neuwirth in einem Vermerk für den Untersuchungsrichter Fritz von Engelbrechten versucht, die Wahl von Rebet als Staschinskis erstes Ziel zu erklären. Er schrieb, dass die Anführer der Bandera-Fraktion jegliche Andeutungen zurückwiesen, dass Staschinski nur zu Übungszwecken mit dem Mord an Rebet beauftragt worden sei. Sie gingen davon aus, dass die Bolschewiki bei der Berechnung der Folgen ihrer

Taten zu gut und zu nüchtern sind, um das Risiko einzugehen, vorzeitig kompromittiert zu werden, ohne ein greifbares Ziel und einen Nutzen daraus gezogen zu haben«. Doch nachdem die banderitische Führung diese Theorie verworfen hatte, konnte sie sich keine Alternative einfallen lassen. Sie glaubte immer noch, dass Rebets Aufstand gegen Bandera im Interesse des KGB war, war aber ratlos, was das Motiv des KGB betraf. »So«, schrieb Neuwirth, »gibt es kein greifbares Motiv, warum die Bolschewiki Rebet liquidieren wollten. Im Gegenteil, er war für sie wegen seiner oppositionellen Tätigkeit von Nutzen.« Das Memo gelangte schließlich in die Hände von Daria Rebet und ihrem Kreis; es wurde dann veröffentlicht und trug zu der bereits spürbaren Atmosphäre des Misstrauens zwischen den beiden nationalistischen Gruppen bei.[4]

Jagusch zeigte Staschinski zunächst ein Foto des Mannes, den der Angeklagte als Dr. Lew Rebet identifizierte. Jagusch las dann eine kurze Biografie des ukrainischen Führers vor, die Rebets Lebensweg nachzeichnete, von seinem Jurastudium an der Universität Lwiw (damals polnisch Lwow) bis zur Leitung des nationalistischen Untergrunds nach Banderas Verhaftung 1934, von seiner Beteiligung an der 1941 gegen den Willen der Deutschen ausgerufenen Regierung der unabhängigen Ukraine bis zu seiner Inhaftierung in Auschwitz, seinem Bruch mit Bandera und seiner Rolle als Herausgeber der Zeitung, die zu einer Plattform für die demokratische Opposition im nationalistischen Lager wurde. Nach Abschluss der Biografie stellte Jagusch Staschinski eine offene Frage: »Was können Sie über Rebet sagen?«

Was er über Rebet wusste, erklärte Staschinski, stammte fast ausschließlich von seinem Führungsoffizier Sergej Damon. Wie andere KGB-Offiziere in Karlshorst sprach Damon von Rebet als Ideologen und Zeitungsredakteur. Der KGB argumentierte, dass nationalistische Zeitungen wie die von Rebet antisowjetische Propaganda verbreiteten und Emigranten daran hinderten, in ihr Heimatland zurückzukehren. Staschinski hatte jedoch nie eine von Rebets Schriften gelesen; er hatte Damon beim Wort genommen.[5]

Am Vortag, als Staschinski über seinen Kontakt mit Iwan Bysaga, dem KGB-Agenten, der Rebet am nächsten stand, ausgesagt hatte, hatte Jagusch sich besonders bemüht, herauszufinden, was

Staschinski selbst über die frühen Pläne zur Entführung von Lew Rebet gedacht hatte. »Stimmt es, dass Sie diese Ziele und die Methode der Entführung so gesehen haben, wie Sergej [Damon] sie Ihnen präsentiert hat?«, fragte Jagusch. Staschinski bestätigte, dass dies tatsächlich der Fall war. »Ich habe für den KGB gearbeitet und musste die Aufträge ausführen, die mir erteilt wurden«, sagte er dem Richter. Jagusch fuhr fort: »Hielten Sie das für richtig?« Staschinski bejahte die Frage. »Es gibt verschiedene Arten von Menschen«, antwortete Jagusch, »die bereit sind, mit dem KGB zusammenzuarbeiten; manche tun dies sogar gerne. Sie, Herr Staschinski, gehören zu dieser Kategorie.« Staschinski schwieg. Er hatte nichts zu sagen, oder zog es zumindest vor, nichts zu sagen. Die Anwesenden konnten sehen, dass er ratlos war.[6]

Jagusch ging auf die Frage nach der Tatwaffe ein. »Haben Sie dieses Gerät schon einmal gesehen?« fragte Jagusch Staschinski und zeigte ihm ein etwa achtzehn Zentimeter langes Rohr, das einem etwas überdimensionierten Kugelschreiber ähnelte. »In der Kammer herrschte Totenstille«, schrieb Boris Vitoschinski in seinem Bericht. »Alle Augen richteten sich auf Staschinski.« Staschinski erklärte dem Richter ruhig, dass das Rohr anhand einer Zeichnung rekonstruiert worden sei, die er auf Wunsch der Polizei angefertigt hatte. Jagusch fragte, ob es sich um dasselbe Objekt handele wie das, das ihm der Mann aus Moskau gegeben habe. Nachdem er das Rohr untersucht hatte, antwortete Staschinski, dass die Länge genau die gleiche sei, aber die Nachbildung sei schwerer als das Original.

»Er dreht es in seinen Händen, nimmt es auseinander und setzt es wieder zusammen und erklärt, dass der ›Apparat‹ dem echten, mit dem er Menschen tötete, ›im Prinzip‹ sehr ähnlich ist, aber dass die Nachbildung doch etwas anders ist«, schreibt Vitoschinski. Ein Gedanke kam ihm in den Sinn: Was wäre, wenn die Giftpistole, die der Mann aus Moskau nach Karlshorst gebracht hatte, in Serie produziert worden wäre? Wie viele der »Herzanfälle« von Gegnern des Moskauer Regimes waren tatsächlich natürlich? »Niemand kann diese Frage beantworten«, schrieb Vitoschinski. »Vielleicht vermeiden es viele einfach, die Frage zu beantworten, indem sie sich versichern, dass es sich nur um die beiden Attentate handelt, zu denen sich Staschinski bekannt hat.« Staschinski glaubte, dass eine Pistole, die derjenigen ähnelte, mit der er Lew Rebet tötete, zuvor für die Ermordung einer anderen Person verwendet worden war, aber er wusste nicht, wer das Opfer war, und hatte nicht gewagt, danach zu fragen. Als der »Mann aus Moskau« ihm die Pistole überreichte, so Staschinski vor Gericht, hatte er keine Zeit, über irgendetwas nachzudenken: Der Waffenexperte begann sofort, ihn in den Gebrauch der Waffe einzuweisen.[7]

Nach dem Bekanntwerden von Staschinskis Geständnis im Herbst 1961 stellten viele in der ukrainischen Emigration die Hypothese auf, dass das erste Opfer der heimlichen Moskauer Mordserie Danylo Skoropadskij gewesen sei, der gesunde und muntere vierundfünfzigjährige Sohn von Pawlo Skoropadskij, der 1918 die Ukraine regiert hatte. Die Familie Skoropadskij war für die Ukraine im zwanzigsten Jahrhundert nahezu eine eigene Herrscherdynastie. Pawlo Skoropadskij, Nachfahre eines *Hetmans* aus dem achtzehnten Jahrhundert – Herrscher der ukrainischen Kosaken – und hochrangiger Offizier in der kaiserlich-russischen Armee, hatte 1918 den Titel eines Hetmans angenommen und die Ukraine acht Monate lang unter deutscher Vormundschaft regiert – die längste Periode relativer Stabilität in der turbulenten revolutionären Geschichte der Ukraine. Als die Deutschen Ende 1918 abzogen, zwangen die Bolschewiki Hetman Skoropadskij, die Ukraine zu verlassen. Die Zwischenkriegszeit verbrachte er in Deutschland, wo er eine Unabhängigkeitsbewegung leitete, die als Alternative zur radikalen Organisation der ukrainischen Nationalisten diente. Er starb im April 1945 an den Folgen eines Bombenabwurfs durch ein amerikanisches Flugzeug. Das Anliegen des alten Hetmans, einen monarchischen, multiethnischen ukrainischen Staat zu schaffen, wurde weiter verfolgt von seinem Sohn Danylo, der 1948 im Alter von vierundvierzig Jahren die Bewegung übernahm.

Danylo Skoropadskij hatte in London gelebt und war von Zeit zu Zeit nach Deutschland und dann in die Vereinigten Staaten und nach Kanada gereist, um seine Anhänger zu sammeln und eine gemeinsame Front mit den anderen ukrainischen Organisationen zu bilden, einschließlich der Nationalisten, die sich inzwischen in drei Fraktionen gespalten hatten. Wenn Bandera und Rebet »Spalter«

waren, war Skoropadskij ein »Einiger«. Im April 1956, weniger als ein Jahr vor seinem Tod, war Skoropadskij Mitbegründer einer polnisch-ukrainischen Demonstration mit zehntausend Teilnehmern, die gegen den Besuch von Nikita Chruschtschow in Großbritannien protestierte – eine der ersten Auslandsreisen des sowjetischen Führers. Am 22. Februar 1957 ging Skoropadskij in sein Lieblingsrestaurant zum Abendessen. Er fühlte sich krank und ging nach Hause, wo er bald das Bewusstsein verlor. In der Nacht wurde er in ein Krankenhaus gebracht, wo er am nächsten Morgen starb. Die Inschrift auf seinem Grabstein lautete: »Ich baue die Ukraine für alle und mit allen«. Gerüchten zufolge wurde er von einem KGB-Agenten namens »Sergej« umgebracht, der ihn angeblich in den letzten Tagen seines Lebens beschattet hatte.[8]

Am Ende des Tages sagte Staschinski über den Beginn seiner Jagd auf Lew Rebet aus, bei der er die Giftpistole in eine Zeitung eingewickelt hatte. Jagusch bot ihm sowohl die Nachbildung der Pistole als auch eine Zeitung an, um zu demonstrieren, wie er seine Waffe versteckt hatte. »Auf Wunsch des Präsidenten des 250-köpfigen Senats«, schrieb einer der im Gerichtssaal anwesenden ukrainischen Journalisten, »demonstriert Staschinski dem Gericht fast dreißig Minuten lang in aller Ausführlichkeit, wie der ›Apparat‹ eingewickelt werden muss, um nicht den geringsten Verdacht bei einem Passanten zu erregen. Er ist sehr professionell, vielleicht sogar zu professionell mit all den Erklärungen und Demonstrationen ... Das ist der Eindruck von mehr als einem Zuschauer im Raum ... Seine ganze Aufmerksamkeit ist auf die tödliche Waffe gerichtet – er ist wie ein Jäger, der vom bloßen Anblick seines Jagdgewehrs fasziniert ist ... Die Zuhörer lauschten mit angehaltenem Atem seinen ruhigen, kalt-sachlichen Erklärungen.« Im weiteren Verlauf des Tages blieb Staschinski kühl und zeigte, wenn überhaupt, nur wenige Emotionen. Die einzige Ausnahme war vielleicht seine Beschreibung des Moments, als er Rebet tötete. »Als ich an ihm vorbeiging, hob ich plötzlich die Hand«, sagte er seufzend, »und langsam ... na ja, einfach so, drückte ich ab und ging weiter.« Das Blut stieg ihm in die Wangen und brachte Farbe in sein ansonsten blasses Gesicht.[9]

41
Großer Tag

Am Morgen des 10. Oktober 1962 war der Gerichtssaal so voll wie nie zuvor. An diesem Tag sollte der ehemalige KGB-Agent über den Mord an Stepan Bandera aussagen. Es waren mehr Journalisten anwesend als sonst, und einige Prominente waren zum ersten Mal bei dem Prozess zugegen. Unter ihnen war der inzwischen pensionierte Bundesminister Theodor Oberländer. Er war gekommen, um dem Geständnis des Mannes beizuwohnen, der das Verbrechen begangen hatte, dessen er selbst fälschlicherweise beschuldigt worden war. Diese Anschuldigung hatte dazu beigetragen, Oberländers politische Karriere zu beenden. Vielleicht würde der Prozess der Welt beweisen, dass er unschuldig war.

Oberländer war eine beliebte Figur im Gerichtssaal, der voll von osteuropäischen Flüchtlingen war, deren Interessen er in der Regierung vertreten hatte. Boris Vitoschinski, der wie immer lange vor Beginn der Verhandlung in den Gerichtssaal kam, hatte sogar die Gelegenheit, den ehemaligen Minister zu treffen. »Es sind mehr Leute da als an den vergangenen Tagen, der Lärm ist größer«, schrieb Vitoschinski in seiner Reportage für diesen Tag. »Fast jeder, der der Verhandlung zuhört, blättert schnell in der Morgenzeitung, um die Berichte vom Vortag zu lesen.« Wie immer achtete Vitoschinski genau auf das Verhalten des Angeklagten, der sich wie jeden Tag vor der Verhandlung mit seinem Anwalt beriet. »Und die Tatsache, dass Staschinski ihm sehr aufmerksam zuhört und zum Zeichen der Zustimmung immer nickt, zeigt, dass der KGB-Agent sich in der Umgebung des ›korrupten‹ Westens nicht sehr sicher fühlt«, schrieb Vitoschinski unter Bezugnahme auf ein sowjetisches Propaganda-Klischee. »Aber er versucht, sich dieser Umgebung zumindest äußerlich anzupassen – von Zeit zu Zeit streicht er das Haar auf seinem Kopf, rückt seine Krawatte oder seinen Anzug zurecht und wirft einen Blick auf die jungen Mädchen, die im Saal sitzen.«

Neben den jungen Mädchen schenkte Staschinski auch den hochrangigen Mitgliedern der Organisation Ukrainischer Nationalisten besondere Aufmerksamkeit. Unter ihnen befand sich der Mann, von dem Staschinski glaubte, dass er sein nächstes Ziel hätte sein können, der ehemalige Premierminister der kurzlebigen unabhängigen ukrainischen Regierung von 1941, Jaroslaw Stezko, den die Deutschen in Sachsenhausen inhaftiert hatten. Der inzwischen fünfzigjährige Stezko war der Chef des antibolschewistischen Völkerblocks. Am Vortag hatte Staschinski dem Gericht mitgeteilt, dass seine KGB-Kollegen ihn beauftragt hatten, Stezkos Wohnung in München ausfindig zu machen, und dass sie ihn auf diese Weise auf die Spur von Rebet und Bandera gebracht hatten. Für Stezko war dies der erste Prozesstag, an dem er teilnehmen konnte. Er war gerade aus Tokio zurückgekehrt, wo er an einer von der Asian People's Anticommunist League organisierten Konferenz teilgenommen hatte. In seiner Rede auf der Konferenz hatte Stezko den Staschinski-Prozess als jüngsten Beweis für Moskaus Bestreben, die Welt zu kontrollieren, bezeichnet.[1]

Kurz nach 9:00 Uhr betrat Heinrich Jagusch zusammen mit den übrigen Richtern den Saal. Er eröffnete das Verfahren mit einer wohlwollend klingenden Aufforderung: »Erzählen Sie uns, was im Sommer 1958 passiert ist.« Mit Jaguschs Hilfe erzählte Staschinski dem Gericht die Geschichte seiner Reisen nach Rotterdam und München auf der Suche nach Bandera. Als er beschrieb, wie aufgeregt sein Kontrollbeamter Sergej Damon gewesen war, als er Banderas Adresse im Telefonbuch fand, verbarg Jagusch seinen Unglauben nicht.»Das klingt nicht sehr wahrscheinlich«, sagte er zu Staschinski.»Sie hätten das alles wissen können – Telefonnummer, Adresse, Nummernschild.« Staschinski hatte darauf keine Antwort. Trotz seiner angeblich tiefen Durchdringung der ukrainischen nationalistischen Organisationen war der KGB seinen Zielen mindestens einige Jahre hinterher. Im Jahr 1957 hatten Staschinskis KGB-Kontakte ihm die alte Adresse von Rebet gegeben, und dasselbe war mit Bandera passiert.

»Eine Zeitlang erhielt ich keine Aufträge«, so Staschinski weiter. Dann, Ende April 1959, erhielt er den Befehl, nach Moskau zu reisen. Dort traf er in einem Moskauer Hotel einen KGB-»Aristokraten« namens Georgi Awksentjewitsch, der ihm mitteilte, dass die Entscheidung getroffen worden sei, seine Zielperson auf die gleiche Weise wie Rebet zu »liquidieren«. »Hat er sich so geäußert, wie Sie sagten, oder hat er gesagt, welche Agentur diesen Beschluss gefasst hat?«, fragte Jagusch. »Darüber hat er sich nicht klar geäußert«, antwortete Staschinski. »Aus seinen Worten ging hervor, dass die Resolution von der ›obersten Behörde‹ verabschiedet worden war.« Jagusch forschte weiter nach. Bedeutete der Ausdruck, dass der Befehl von der Regierung kam? Staschinski bejahte dies: Er war davon überzeugt, als er später im Jahr den KGB-Chef, Alexander Schelepin, besuchte, um seine Auszeichnung für eine gute Arbeit entgegenzunehmen.

Dies war das erste Mal, dass der Name Schelepin, inzwischen Sekretär des Zentralkomitees der Kommunistischen Partei der Sowjetunion (ZK KPdSU), von Staschinski in seiner Aussage erwähnt wurde, und der erste direkte Hinweis auf hochrangige sowjetische Regierungsvertreter. Eine Reihe von Journalisten erhob sich sofort von ihren Plätzen und begab sich zum Ausgang und dann zu den Telefonen. Sie beeilten sich, über die politisch brisantesten Informationen zu berichten, die der Angeklagte bisher preisgegeben hatte: Staschinski hatte frühere Presseberichte bestätigt, wonach der neue Sekretär des ZK der KPdSU persönlich in das Attentat auf Bandera verwickelt gewesen sei.

Staschinski fuhr mit seiner Aussage gegenüber einem Publikum fort, das von der Dramatik seiner Schilderungen gefesselt war. »Ich sah Bandera in der Garage verschwinden«, sagte Staschinski aus und erinnerte sich an seine erste direkte Begegnung mit Bandera und seinen ersten, gescheiterten Versuch, ihn zu ermorden. »Dann ging ich hinaus [durch den Torbogen eines anderen Gebäudes, in dem er sich versteckt hatte] und nahm unterwegs die Waffe aus meiner Tasche.« Er sprach langsam und steigerte damit die Spannung im Raum. »Ich hielt die Waffe in der rechten Hand und eine Ampulle in der linken, ging los und war überzeugt, dass ich das Attentat jetzt ausführen sollte«, fuhr Staschinski fort. »Als ich direkt vor dem Torbogen stand, dachte ich für einen Moment, dass er jetzt hier stand und irgendetwas am Auto machte, ohne zu wissen, dass ich schon auf dem Weg zu ihm war, dass sein Tod kurz bevorstand, dass er in einem Augenblick nicht mehr am Leben sein würde.«

Diese Worte wurden mit völligem Schweigen quittiert. Blass wie immer, starrte Staschinski auf Jagusch, während alle anderen ihn ansahen. Selbst die Stenografen hatten aufgehört zu tippen. »Ich ging in den Eingangstorbogen«, fuhr Staschinski fort. »Die Garage stand offen, das Auto befand sich in der Garage; er stand auf der linken Seite und machte etwas in der Nähe des Fahrersitzes. Er war gerade aus dem Auto gestiegen ... Ich war schon zwei Schritte in seine Richtung gegangen, aber dann schoss mir ein Gedanke durch den Kopf, und ich sagte mir, dass ich es nicht tun würde. Ich drehte mich um und ging weg.« Man konnte fast einen Seufzer der Erleichterung im Publikum hören. Nur Jagusch schien von der emotionalen Achterbahnfahrt der Geschichte unberührt. »War es eine Stein- oder eine Holzbrücke?«, fragte er, nachdem Staschinski dem Gericht erzählt hatte, dass er die Giftampulle in den Boden geschossen und die Waffe dann von einer Brücke in denselben Bach im Hofgarten hatte fallen lassen, in den er anderthalb Jahre zuvor die Pistole geworfen hatte, mit der er Lew Rebet ermordet hatte, um es sich nicht anders zu überlegen. Staschinski entgegnete, dass es sich diesmal um eine Steinbrücke handelte – gleicher Bach, andere Brücke.

Als Staschinski den Tag der tatsächlichen Tötung von Bandera erreichte, berichtete er, wie er, nachdem er das Auto aus der Zeppelinstraße hatte abfahren sehen, in die Straßenbahn gestiegen war, um zu Banderas Wohnhaus zu fahren. Jagusch verschwendete keine Zeit, um auf diese Ungereimtheit hinzuweisen: »Was haben Sie sich dabei gedacht? Sie hätten sich sagen können: Jetzt ist er weggefahren, das reicht für heute. Stattdessen haben Sie sich gefragt, wo er hinwolle.« Staschinski hatte keine gute Antwort, außer der, dass er nur Befehle befolgt hatte. »Ich musste irgendwelche Schritte unternehmen, die deutlich machten, dass ich versuchte, den Auftrag auszuführen«, erklärte er dem Richter. Als Staschinski zur Beschreibung des eigentlichen Mordes überging, stellte Jagusch eine weitere seiner charakteristisch kurzen Fragen: »Was haben Sie getan?« »Ich begriff, dass ich mich nicht weigern konnte, das Attentat auszuführen«, antwortete Staschinski. »Ich musste es tun!« Die Spannung im Gerichtssaal erreichte einen weiteren Höhepunkt. »Einige Zuhörer lehnten sich nach vorne, um den bevorstehenden Schock abzuwarten«, schrieb Vitoschinski. »Keiner rührt sich, kein Flüstern ist zu hören, kein Husten. Fünf Richter in karmesinroten Roben, mit breiten weißen Jabots und Fliegen, sitzen regungslos da, wie Skulpturen vor dem Hintergrund der Stirnwand, und wenden ihren Blick nicht von Staschinski ab. Und er hält den Kopf gesenkt, spricht unregelmäßig, fast flüsternd, und setzt seine schreckliche Geschichte fort.«

Diesmal habe er sich nicht in den Innenhof getraut, sagte Staschinski den Richtern. Stattdessen ging er zum Eingang des Gebäudes und öffnete die Tür mit dem Schlüssel, den er in Karlshorst erhalten hatte. Dann schloss er die Tür von innen ab und nahm die Treppe ins Erdgeschoss, wo er wartete, bis Bandera den Flur betrat. Einige Minuten später, nachdem er der Entdeckung durch eine Frau, die das Gebäude verließ, entkommen war, sah Staschinski Stepan Bandera vor sich an der Eingangstür stehen und mit seinem Schlüssel kämpfen, den er aus dem Schlüsselloch zu ziehen versuchte. Er trug einige Taschen unter dem Arm. Eine davon war offen, und Staschinski sagte, er habe sehen können, dass sie grüne Tomaten enthielt. »Das war nicht die richtige Situation, um den Mord auszuführen«, sagte Staschinski dem Gericht, das an seinen Lippen hing. »Er hätte die Tür hinter sich geschlossen haben müssen.«

Da hob Bandera, der das Geräusch seiner näherkommenden Schritte hörte, den Kopf und sah Staschinski. »In diesem Moment sah er mich; ich sah ihn an«, sagte Staschinski. Um Zeit zu gewinnen, tat Staschinski so, als würde er seinen Schnürsenkel binden. Doch als er aufstand, war Bandera immer noch mit der Tür beschäftigt. »Dann ging ich weiter«, fuhr Staschinski fort. »Ich wusste nicht, ob ich das Attentat ausführen sollte oder nicht. Ich kam die Treppe herunter und dachte schon, dass ich gleich an ihm vorbeikommen würde, und wahrscheinlich würde nichts dabei herauskommen. Andererseits wusste ich, dass ich es tun musste ... Das war schon der zweite Versuch, und ichdachte, ich sollte ihn nicht verpassen.« Staschinski sagte dem Gericht, er habe seine eigene Stimme wie aus der Ferne gehört. Er fragte Bandera, ob mit dem Schloss etwas nicht in Ordnung sei. Er wusste, dass dies töricht war: Sein Akzent könnte ihn verraten. Bandera antwortete, dass alles in Ordnung sei. Staschinski hielt die Tür mit seiner linken Hand fest. Bandera bekam schließlich seinen Schlüssel aus dem Schloss. Staschinski hielt eine Sekunde lang inne, weil er nicht wusste, was er tun sollte. »Ich stand da und wollte die Tür hinter mir schließen ...«, sagte Staschinski vor Gericht, »Plötzlich hob ich meine Hand und drückte beide Auslöser, drehte mich sofort um, schloss die Tür hinter mir und ging weg.«

Boris Vitoschinski warf einen Blick auf seine Uhr. Es war 11:30 Uhr am 10. Oktober 1962. Die Wahrheit über den Tod seines Freundes und Führers war endlich ans Licht gekommen. Theodor Oberländer, der pensionierte Bundesminister, hatte endlich den Beweis für seine eigene Unschuld. Jaroslaw Stezko, Mann Nr. 3 auf der KGB-Abschussliste, hatte keine Probleme, sich vorzustellen, wie ähnlich seine eigene Ermordung eines Tages aussehen könnte.

Einige Minuten später hatte Hans Neuwirth, der Anwalt der Familie Bandera, die erste Gelegenheit, eine Frage zu stellen: »Was haben Sie gedacht, als Sie Herrn Stepan Bandera töteten?« Staschinski brauchte einige Zeit, um eine Antwort zu geben. Er war sichtlich nervös, als er schließlich sprach: »Ich hatte keinen persönlichen Grund, ihn zu töten. Ich habe nur einen Befehl ausgeführt.« Jagusch vertagte das Gericht für die Mittagspause. Die Anwesenden begaben sich zum Ausgang.[2]

42

Zweifel

Bogdan Staschinskis Geständnis eines Doppelmordes in einem Gerichtssaal voller westdeutscher und ausländischer Journalisten war ebenso verblüffend wie schwer zu glauben. Warum sollte jemand, der zwei Morde begangen hatte, sie so freimütig zugeben? Wurde er manipuliert?

Die sowjetischen und ostdeutschen Medien argumentierten vehement, dass Staschinski ein ergebener Bandera-Anhänger sein müsse, der sich bereit erklärt habe, sich zu opfern, um Moskau für Verbrechen zu belasten, die es nicht begangen habe. Anfang Oktober 1962, noch vor Beginn des Prozesses, veröffentlichten die Sowjets ein Interview mit Mykhailo Davidjak, einem Mitglied der Organisation Ukrainischer Nationalisten, der von Bandera und dem westdeutschen Auslandsgeheimdienst auf eine Spionagemission in die Ukraine geschickt worden war. Davidjak behauptete, Bandera habe sich vor seiner Abreise im Frühjahr 1959 persönlich mit ihm getroffen und ihn gebeten, Informationen über die Familie Staschinski in der Ukraine ausfindig zu machen und zu sammeln. Bandera, so Davidjak, wollte Bogdan Staschinski, ein OUN-Mitglied, das sich derzeit im Westen aufhielt, auf eine geheime Mission in die Ukraine schicken.[1] Fragen zu Staschinski wurden nicht nur im Osten, sondern auch im Westen gestellt. Am Morgen des 10. Oktober gab es noch weit verbreitete Zweifel am Wahrheitsgehalt von Staschinskis Geständnis. Reporter der *Frankfurter Allgemeinen Zeitung*, der *Welt* (Hamburg), der *Deutschen Zeitung* (Köln) und der *Süddeutschen Zeitung* (München) stellten seine Schuld in Frage. Ein Teil der Skepsis der Medien war auf die Art und Weise zurückzuführen, wie der vorsitzende Richter, Heinrich Jagusch, die Befragung durchgeführt hatte. Jagusch, der vor dem Prozess durch Medienberichte beunruhigt war, hatte in seiner Eröffnungsrede die

Unparteilichkeit des Gerichts betont. In den ersten Prozesstagen hatte er sich an diese Aussage gehalten. Jagusch suchte aktiv nach Beweisen, um Staschinskis Aussagen über seine Reisen nach München, seine Treffen mit anderen Agenten und die Einzelheiten der Ermordung von Rebet und Bandera zu widerlegen. Seine Skepsis wurde ansteckend.[2]

Am Ende des zweiten Prozesstages fasste Jagusch für Staschinski zusammen, was dieser bisher über seine Beweggründe für den Mord gesagt hatte. Er bat den Angeklagten, ihn zu korrigieren, falls er sich irren sollte. »Ihre Erziehung von 1950 bis 1957 und Ihre Ansichten waren so, dass Sie, sobald Sie einen Befehl erhielten, diesen im Interesse der Sowjetunion ausführen und keine Rücksicht auf Gefühle der eigenen Angst nehmen, sondern diese überwinden wollten«, schlug der Richter vor. Staschinski war mit seiner Aussage einverstanden. Jagusch fragte, mit welchen Konsequenzen Staschinski gerechnet habe, wenn er sich weigere, der Anordnung Folge zu leisten. Staschinski sagte dem Gericht, dass »die Weigerung, das Attentat auszuführen – aus humanen Erwägungen und aus Gewissensgründen –, für mich die schwerste Strafe bedeuten würde. Da ich wusste, dass das Attentat geplant war, wäre ich von allen isoliert worden, was einem Todesurteil gleichgekommen wäre.«

Jagusch stützte sich bei seiner Zusammenfassung von Staschinskis Argumentation nicht nur auf seine Aussagen vor Gericht, sondern auch auf die Protokolle seiner Vernehmung durch die westdeutschen Ermittler. In seinen Aussagen vor und während des Prozesses hatte Staschinski von Russland und der Sowjetunion als gleichwertig gesprochen. Er schien dieser von Russland geführten Union gegenüber loyal zu sein, nicht gegenüber seiner Heimat Ukraine. Er hatte sich sehr bemüht, seine ukrainische Vergangenheit und Identität hinter sich zu lassen. Hätte er dies nicht getan, wäre es ihm schwergefallen, sich als Patriot zu bezeichnen.

»Ich wurde allmählich von der Rechtmäßigkeit des sowjetischen Regimes überzeugt und gewöhnte mich immer mehr an die Ansicht, dass ich all das zum Wohle des sowjetischen Volkes tat«, sagte Jagusch und zitierte aus Staschinskis Aussage gegenüber den polizeilichen Ermittlern. »Ich war ein überzeugter Kommunist; ich habe alles aus politischer Überzeugung getan ... Ich betrachtete jedermanns Weigerung, [aus dem Westen] in das Heimatland zurückzukehren, als Verrat. Das ergab sich aus meiner kommunistischen Überzeugung. Andererseits hatte ich Mitgefühl mit den Familien der Opfer, aber wenn es um Feinde des russischen Volkes ging, gebot mir meine kommunistische Erziehung, hart zu bleiben.« Auf die Frage des Richters, ob er an Gott glaube, antwortete Staschinski mit einem langen Schweigen. Er erklärte dem Gericht, dass er bis zum Mord an Lew Rebet glaubte, niemandem etwas Böses getan zu haben oder zumindest nicht direkt für den Tod eines anderen verantwortlich zu sein. Er sei in einer religiösen Familie aufgewachsen, aber es falle ihm nicht leicht zu sagen, ob er noch an Gott glaube, nach allem, was ihm widerfahren sei und was er getan habe.

Als die Diskussion über Staschinskis Motive weiterging, stellte Adolf Miehr, der Anwalt der Familie Rebet, die meisten Fragen, während Staschinskis Anwalt Helmut Seidel schwieg. Seidel trug nicht viel zum Verfahren bei – das musste er auch nicht. Es schien, als ob Heinrich Jagusch, der Staschinski am Vortag so hartnäckig verfolgt hatte, seine Arbeit für ihn erledigte, indem er Fragen stellte und Antworten vorschlug, die sich gut mit Seidels Verteidigungslinie deckten: Staschinski hatte schreckliche Morde begangen, aber er hatte dies nach einer Gehirnwäsche durch die sowjetische Propaganda und auf Befehl von oben getan, den er nicht missachten konnte, ohne sein eigenes Leben in Gefahr zu bringen. Konnte Staschinski mit seiner Aussage den Richter davon überzeugen, dass er dem Gericht nichts verheimlichte und wirklich Reue zeigte? Oder war dies der Beweis für die Abmachung, von der Charles Kersten in Washington gehört hatte: Erhielt Staschinski im Gegenzug dafür, dass er die sowjetischen Behörden belastete, eine nachsichtige Behandlung durch das Gericht? Es gab mehr als eine Möglichkeit, das Verfahren zu interpretieren.[3]

Was den Beweis der Schuld Staschinskis an den Morden betraf, so hatte Jagusch außer der Aussage des Angeklagten kaum handfeste Beweise. Keiner der Zeugen sah ihn zum Zeitpunkt der Tötung am Tatort. Crescenzia Huber, die Frau, die an ihm im Flur vorbeigegangen war, bevor er Bandera tötete, konnte ihn vor

Gericht nicht eindeutig identifizieren. Sie sagte sogar, dass der Mann, den sie in der Nähe der Aufzugstür sah, dunkleres Haar hatte als der Angeklagte.

Die übrigen Zeugen, die am fünften Verhandlungstag aussagten, darunter Inspektor Vanhauer vom Bundeskriminalamt und Oberkommissar Adrian Fuchs von der Münchner Kripo, konnten bestätigen, dass Staschinski oder zumindest eine Person, die seine zahlreichen Decknamen benutzte, tatsächlich an den vom Angeklagten angegebenen Tagen nach München und zurück gereist war und in den Hotels übernachtet hatte, in denen er sich angeblich aufgehalten hatte. Das war aber auch alles.

Die drei Giftpistolen, die Staschinski angeblich in den Bach im Münchner Hofgarten geworfen hatte, wurden nie gefunden, obwohl der Bach bei der Suche nach ihnen trockengelegt wurde. Adrian Fuchs erklärte, dass die Stadt den Bach jedes Jahr reinige und die Pistolen wahrscheinlich bereits von den Reinigungskräften entfernt worden seien. Da es keine Mordwaffe und keine Zeugen gab, war Staschinskis Fähigkeit, Fragen so zu beantworten, dass ihm und seiner Geschichte Vertrauen entgegengebracht wurde, entscheidend für seine Verurteilung.[4]

Der ganze Fall wäre in sich zusammengefallen, wenn er jemals seine Geschichte geändert hätte. Das tat er aber nicht. Seine Erzählung fesselte die Fantasie der Zuhörer im überfüllten Gerichtssaal und fand auch außerhalb des Saals viele wohlwollende Zuhörer. Der Reporter der *Frankfurter Allgemeinen Zeitung* schrieb am 18. Oktober 1962: »Dieser Mensch hat Qualitäten, die man nicht oft in solchem Maße und in solcher Kombination findet. Staschinski ist außerordentlich intelligent, reagiert schnell, ist fast unglaublich selbstbewusst, scharfsinnig und scheint fähig, sich einer Sache, die er für gerecht hält, voll und ganz zu widmen.« Die Sympathie für den geständigen Mörder stellte die Bandera-Anhänger vor ein großes Problem. Sie arbeiteten hart daran, den Strafprozess in einen politischen Prozess zu verwandeln und das sowjetische Regime als eines darzustellen, das vor nichts zurückschreckt, um seine Feinde auszuschalten. Nun schien es, als ob einer der Verbrecher – das einzige Gesicht des Kommunismus, das für die westliche

Öffentlichkeit direkt sichtbar war – den Beliebtheitswettbewerb gewinnen würde.[5]

Boris Vitoschinski wiederholte in seinen Artikeln immer wieder, dass die Aussage von Staschinski nicht die Handlung eines Krimis oder eines Films sei. Sie sei eine Anklage gegen den Mörder selbst und seine Herren in Moskau. »Staschinskis Aussage ist, abgesehen von dem Gefühl ständiger Abneigung, das er damit bei sich selbst hervorruft (wir haben nur kritisch denkende Menschen vor Augen), immer außerordentlich interessant und einfach sensationell, wie ein spannender Spionageroman für die vielen, die sich von dem Moskauer Spion haben einnehmen lassen«, schrieb Vitoschinski. »Leider haben wir es nicht mit einem Roman zu tun. Es handelt sich um einen Bericht über die bösen Taten einer Person, die im Auftrag der Verbrecher im Kreml den Weg größter Verbrechen eingeschlagen hat: den Verrat an allem, was eigen und edel ist; den Weg des Mordes, der ständigen Lüge und den im Dienste des Bösen.«[6]

Es war die Aufgabe von Banderas Anwalts, Hans Neuwirth, und des Vertreters der Familie Rebet, Adolf Miehr, die Atmosphäre im Gerichtssaal und den Ton der wohlwollenden Zeitungsberichte zu ändern, indem sie ihn als Verräter, überzeugten Kommunisten und manipulativen KGB-Spion entlarvten. Vor dem Prozess hatten die Bandera-Leute genügend Hintergrundinformationen über die Familie Staschinski zusammengetragen, um zu beweisen, dass sich Staschinski zumindest ideologisch gegen seine eigene Verwandtschaft gewendet hatte. Die Familie Staschinski war tatsächlich in ukrainischen Angelegenheiten aktiv, und Staschinskis Onkel war sogar vom sowjetischen Regime wegen seiner Unterstützung des ukrainischen Untergrunds verhaftet und hingerichtet worden. Neuwirth und Miehr hatten schließlich am fünften Verhandlungstag Gelegenheit, diese Informationen zu nutzen, als beide den Angeklagten ausführlich befragten. Sie taten alles in ihrer Macht Stehende, um ihn als Verräter an seinem Volk darzustellen.[7]

Staschinski erwies sich als schwer zu knackende Nuss. Auf Neuwirths Frage, warum er sich während des gesamten Prozesses als Russe bezeichnet habe, antwortete er, er habe diesen Begriff verwendet, um seine politische Zugehörigkeit zu bezeichnen, nicht seine ethnische Identität. Auf Neuwirths Frage, ob er wisse, dass die Ukraine nach der sowjetischen Verfassung das Recht habe, sich von der Sowjetunion abzuspalten, antwortete Staschinski, dies sei eine juristische Frage, und er sei kein Jurist. Aber log eindeutig, als er jede Kenntnis darüber bestritt, dass sein Onkel, Petro Staschinski, von den Sowjets getötet worden war, und er weigerte sich auf die Frage zu antworten, ob er seine Schwester getötet hätte, wenn der KGB ihm den Befehl dazu gegeben hätte.

»Sie haben das Wort ›Verräter‹ benutzt«, sagte Adolf Miehr und bezog sich dabei auf Staschinskis frühere Aussage, wonach er ursprünglich glaubte, dass ein Überlaufen in den Westen ein Verrat an seinem Heimatland wäre. »Kennen Sie als Ukrainer wenigstens die Tatsache des ukrainischen Befreiungskampfes und der Geschichte, dass sich der Befreiungskampf seit Beginn dieses Jahrhunderts und auch schon früher nicht gegen ein bestimmtes Regime, nicht gegen eine bestimmte politische Ordnung, sondern gegen die Herrschaft einer fremden Nationalität in der Ukraine und gegen jede Besatzung gerichtet hat?« Staschinski wich der Frage aus. »Ich kann diese Frage nicht beantworten«, sagte er dem Gericht. »Sie gehen davon aus, dass ich fast ein Historiker bin, und dass meine Schwester, die gut schreiben konnte, historische Kenntnisse wie ein Geschichtsprofessor hat.« Miehr war nicht überzeugt und fragte, wofür Staschinskis Schwester gekämpft habe. »Sie hat für eine unabhängige Ukraine gekämpft«, kam schließlich die Antwort, die er hören wollte. Weiter kamen die beiden deutschen Juristen nicht, die in den vergangenen Tagen einen Crashkurs über die ukrainische Befreiungsbewegung absolviert hatten, um Staschinski als Landesverräter darzustellen.[8]

Staschinskis eigener Anwalt, Helmut Seidel, zog es vor, sich von Fragen der nationalen Identität, der familiären Loyalität und des persönlichen Verrats so weit wie möglich fernzuhalten. Seine Verteidigungslinie war klar und einfach: Staschinski, wer auch immer er vor und zum Zeitpunkt der Morde gewesen war, hatte sich verändert. Er hatte seine Handlungen überdacht und einen großen moralischen und psychologischen Wandel vollzogen. Dafür gab es keinen besseren Beweis als sein Überlaufen in den Westen und sein Geständnis, das für die Ermittler und nun auch für die Richter das stichhaltigste Beweismaterial darstellte, auf das sie sich stützen konnten. »Warum haben Sie das alles zugegeben, als Sie in den Westen kamen, wo es doch unmöglich gewesen wäre, davon zu erfahren, wenn Sie es nicht zugegeben hätten?«, fragte Seidel. Staschinski gab eine Antwort, die wahrscheinlich vorbereitet war. »Zunächst habe ich nur beschlossen, nie wieder ein Attentat zu verüben«, sagte er vor Gericht. »Mein politischer und ideologischer Wandel vollzog sich während meines Aufenthalts in Moskau. Alles, was ich in Moskau durchlebt habe, hat mich zu dieser Entscheidung veranlasst. Ich habe erkannt, dass es meine Pflicht war, mein Vergehen irgendwie wiedergutzumachen und zu versuchen, die Menschen vor etwas Ähnlichem zu warnen.« Dies war die wichtigste Schlussfolgerung, die Staschinski und sein Anwalt dem Gericht aus den langen Aussagen über sein Treffen mit Alexander Schelepin und seinen Aufenthalt in Moskau nach seiner Heirat vermitteln wollten.[9]

Professor Joachim Rauch, Facharzt für Psychologie an der Universität Heidelberg, der Staschinski im Februar und März 1962 beobachtete, wurde als Zeuge aufgerufen. Er vertrat die Auffassung, dass Staschinski niemand sei, der Geschichten erfinden oder versuchen könne, durch Selbstbeschuldigungen die Aufmerksamkeit auf sich zu lenken. Vielmehr, so der Professor, fehle es Staschinski an einer aktiven Vorstellungskraft. Außerdem war er sehr stark von der Meinung anderer abhängig. »Was die Willenskraft betrifft, so macht Herr Staschinski den Eindruck eines milden Menschen«, sagte Rauch aus. Später erklärte er, was er damit meinte: »Bei aller Intelligenz ist Herr Staschinski ... nicht unabhängig in seinem Denken.« Er habe versucht, Grundsatzfragen selbst zu entscheiden, aber seit er verheiratet war, habe er sich auf das Urteil seiner Frau verlassen: »Die Autorität seiner Frau trat an die Stelle seiner eigenen. Er wäre wahrscheinlich allein nicht in der Lage gewesen, seine Vergangenheit hinter sich zu lassen ... Er neigt dazu, unangenehmen Problemen auszuweichen, sie nicht selbstständig zu lösen, sondern sie zu verdrängen.« Seidel muss begeistert gewesen sein – so hart die Einschätzung auch war, sie machte es leichter für Staschinskis Behauptung, er sei vom KGB einer Gehirnwäsche unterzogen worden.[10]

Die Rolle von Inge Pohl bei seiner moralischen Bekehrung war etwas, das Staschinski in seinem Zeugnis über ihren Aufenthalt in Moskau und ihre Entscheidung, in den Westen zu fliehen, immer wieder erwähnte. Heinrich Jagusch versuchte wie immer, Staschinskis Geschichte zu überprüfen. »Wenn Ihre innere Wandlung so stattgefunden hat, wie Sie sie jetzt beschrieben haben, haben Sie das nicht alles ausführlich mit Ihrer Frau besprochen? Wenn das Herz überlastet ist, muss der Mensch seine Gedanken mit jemandem teilen.« Staschinski stimmte zu. Er erklärte dem Gericht, dass er und Inge die meisten ihrer Gespräche im Freien geführt hatten, aber nicht alle ließen sich auf diese Weise arrangieren, und der KGB hörte wahrscheinlich ihre Gespräche in geschlossenen Räumen ab. Wie immer musste sich das Gericht auf Staschinskis Wort und seine Überzeugungskraft verlassen.[11]

Und seine Überzeugungskraft erwies sich als ziemlich groß. Je weiter der Prozess voranschritt, desto weniger Beobachter zweifelten an seiner Aussage. Am dritten Verhandlungstag beschloss Jagusch, den Spekulationen ein Ende zu setzen, Staschinski sei lediglich eine Marionette, die eine antisowjetische Hysterie schüren solle. »Hat Sie irgendjemand hier in der Bundesrepublik Deutschland zu irgendeinem Zeitpunkt (abgesehen von den Ermittlungsbehörden) beeinflusst, was Sie in diesem Prozess zu diesem oder jenem Punkt sagen sollten?«, fragte Jagusch, kurz nachdem Staschinski seine Aussage über die Tötung von Bandera beendet hatte. »Nein, das ist nie passiert«, antwortete Staschinski. Der Richter fragte weiter nach: »Gab es jemals einen früheren Versuch, Sie aus dem einen oder anderen Grund dazu zu bewegen, uns hier Märchen zu erzählen und sich selbst zu belasten?« »Nein, das ist niemals passiert.«, antwortete Staschinski. »Vielleicht hat das jemand von außerhalb der Bundesrepublik Deutschland getan?«, schlug Jagusch vor. »Nein«, sagte Staschinski. »Sind Sie sicher?«, beharrte der Richter.

»Ja!«, lautete die Antwort.[12]

43

Verfolgung

Der letzte Tag der Gerichtsverhandlung fiel auf den 15. Oktober, auf den Tag genau drei Jahre nach der Ermordung von Stepan Bandera. Seine Anhänger kamen in schwarzen Anzügen und mit schwarzen Krawatten in den Gerichtssaal. An diesem Tag nahmen sie an einer Liturgie zum Gedenken an ihren ermordeten Anführer in der St. Stefanskirche in Karlsruhe teil. Staschinski bemerkte die ungewöhnliche Kleiderordnung im Gerichtssaal, aber es ist nicht klar, ob er die Verbindung zu dem Ereignis drei Jahre zuvor herstellte.[1]

Banderas Anhänger und Trauernde waren an diesem Tag erfreut über die Stellungnahme des Oberstaatsanwalts Dr. Albin Kuhn, eines älteren Herrn mit Glatze und runder Brille, der die Anklage der Regierung gegen Bogdan Staschinski vortrug. Kuhns Rede bedeutete alles andere als eine gute Nachricht für den Angeklagten. Kuhn sagte, Staschinski habe zum Zeitpunkt der Morde gewusst, dass die Giftpistole seine Opfer töten würde. Er definierte Staschinskis Verbrechen als »Mord, und zwar heimtückischen Mord«. Der Staatsanwalt erkannte an, dass Staschinski im Auftrag des KGB gehandelt hatte und ein Instrument in den Händen eines Staates war, der sich auf die Tötung seiner politischen Gegner verlegt hatte, aber er weigerte sich, den KGB als eine militärische Organisation zu behandeln, und erklärte seine Befehle für unrechtmäßig.

Kuhn schloss seinen Vortrag mit der Feststellung: »Das Gesetz sieht vor, dass Mord mit einer absoluten Strafe geahndet wird, und mildernde Umstände, wie sie in der Person des Angeklagten vorliegen, können in diesem Fall nicht berücksichtigt werden.« Er forderte das Gericht auf, Staschinski zu zweimal lebenslänglicher Haft für die von ihm begangenen Morde und zu weiteren drei Jahren für seine Spionagetätigkeit zu verurteilen. Welche Gerüchte über ein Gnadengesuch auch immer der Kongressabgeordnete Charles Kersten vor seiner Abreise zum Prozess in Washington gehört hatte, sie erwiesen sich als falsch. Wie erwartet, hatte Staschinski die sowjetische Führung mit der Organisation politischer Morde im Ausland in Verbindung gebracht, aber der Staatsanwalt zeigte im Gegenzug keine Nachsicht. Die Dinge schienen sich für Staschinski sehr schlecht zu entwickeln.[2]

Als nächster Redner kam Hans Neuwirth zu Wort. Weder Staschinski noch sein Anwalt konnten etwas Gutes von Neuwirth erwarten, dessen Vernehmungsstil in den vorangegangenen Tagen darauf schließen ließ, dass er nicht nur Staschinskis Bekehrungsgeschichte skeptisch gegenüberstand, sondern auch über Einzelheiten der sowjetischen und ukrainischen Politik und Geschichte gut informiert war. Die Mitglieder der Organisation Ukrainischer Nationalisten waren der Meinung, dass Staschinski bei dieser Befragung sein wahres Gesicht gezeigt habe. »Staschinskis unhöfliches Verhalten gegenüber den Anwälten, die ihm Fragen stellten, sein Zaudern und der unhöfliche Ton seiner Antworten lassen ihn in einem ganz anderen Licht erscheinen«, schrieb einer von Banderas Anhängern, der im Gerichtssaal anwesend war. »Erst jetzt zeigt sich, wie er wirklich ist: unterwürfig und gehorsam gegenüber denen, von denen er abhängig ist; verächtlich gegenüber denen, die er nicht fürchtet. Er macht sich sogar über solche Leute lustig. Es stellt sich heraus, dass er im Grunde seines Herzens ein KGB-Agent bleibt, ein ›sowjetischer‹ Mann.«[3]

Der Reporter Boris Vitoschinski behauptete, Staschinski lüge nicht, weil er die Tatsachen verdrehe, sondern weil er einen wichtigen Teil seiner Lebensgeschichte auslasse. Er verwies auf die Beteiligung der Familie Staschinski am nationalistischen Untergrund und auf seine Beweggründe für den Verrat an seinen Schwestern. Andere Reporter fragten sich, ob Staschinski tatsächlich zur Geheimpolizei gegangen war, um seine Familie zu retten. »Es muss andere Motive gegeben haben, die Staschinski absichtlich verschwiegen hat«, schrieb die in Paris erscheinende ukrainische Zeitung *Ukraïns'ke slovo* (Ukrainisches Wort). Die Nationalisten wollten, dass Staschinski mehr über seine Beteiligung an der

Unterdrückung des ukrainischen Untergrunds sagte, bevor er zur Ausbildung nach Kyjiw gerufen wurde. Staschinski weigerte sich und beantwortete Neuwirths Frage, wie oft er an Operationen zur Bekämpfung der Aufständischen teilgenommen habe, damit, dass er dies so oft wie befohlen getan habe. Sie wollten von ihm wissen, wie viele Aufständische er und seine Kameraden getötet hatten und wer sonst noch in der Emigration den KGB-Attentätern zum Opfer gefallen war, aber er wusste es entweder nicht oder weigerte sich, diese Fragen zu beantworten. Sie wollten auch, dass er den heldenhaften Kampf ihrer Freunde im Untergrund beschriebe, aber das wollte er nicht.

Schließlich warfen Banderas Anhänger Fragen zu seinen Motiven für die Flucht in den Westen auf.»Staschinski floh nicht in den Westen, weil er ein ›reuiger‹ Bolschewik war«, schrieb Vitoschinski. »Er hatte ganz andere, egoistische Gründe dafür.« Banderas Leute legten in einem Artikel, den sie nach dem Prozess veröffentlichten, dar, worin sie diese wahren Beweggründe sahen. Darin hieß es, Staschinskis Überlaufen sei »ein völlig logischer Schritt gewesen, nachdem er festgestellt hatte, dass das Misstrauen der Moskauer KGB-Führung gegen ihn und seine Frau offensichtlich von Tag zu Tag wuchs ... Als langjähriger KGB-Agent wusste er, dass diese Institution verdächtiges Personal oder Partner, die zu viel über gemeinsam begangene geheime Verbrechen wissen, nicht lange duldet.« Staschinski flüchtete aus Eigennutz um sein Leben, nicht wegen eines Sinneswandels.[4]

Die Bandera-Anhänger hatten gute Gründe, dem Geständnis eines KGB-Attentäters, der über Nacht zum Medienliebling und zum Symbol für Reue und Offenheit geworden war, skeptisch gegenüberzustehen. Sie hatten allen Grund, seine Behauptung anzuzweifeln, er wisse so wenig über den ukrainischen Befreiungskampf, da Mitglieder seiner Familie dem ukrainischen Untergrund im Heimatdorf angehörten. Er wusste sicherlich, was mit seinem Onkel geschehen war, dessen Leiche in einem Lwiwer Gefängnis gefunden worden war, nachdem die Sowjets die Stadt im Juni 1941 verlassen hatten.

Die Überzeugung, dass Staschinski nicht aus Reue übergelaufen war, sondern um sein eigenes Leben zu retten, wurde von seinen ehemaligen Vorgesetzten beim KGB geteilt. Juri Nossenko, ein KGB-Offizier, der 1964 in den Westen übergelaufen war, erzählte CIA-Vernehmern, dass Staschinski, als er ein Mikrofon in seiner Wohnung entdeckte, Angst bekommen haben müsse, dass der KGB ihn ermorden würde. Das geschah, wie er wusste, ziemlich regelmäßig mit Agenten, die in politisch sensible Operationen während der Stalin-Ära verwickelt waren. Ironischerweise schienen sich Banderas Anhänger und der KGB in einem Punkt einig zu sein: Staschinski war ein Wendehals, dem man nicht trauen konnte.[5]

Hans Neuwirth begann seine abschließende Erklärung damit, dass er nicht im Namen der Banderas, einer klerikalen Familie, die drei ihrer Söhne im Kampf für die Freiheit der Ukraine verloren hatte, Rache nehmen wolle. Aber als Neuwirth Staschinski einen Verräter nannte, der das Vertrauen seiner Schwester missbraucht hatte, um in den ukrainischen Untergrund einzudringen, klang das sehr nach Rache. Staschinski rutschte auf seinem Sitz hin und her, und das Publikum konnte sehen, wie ihm das Blut ins Gesicht stieg – ein seltenes Vorkommnis während des Prozesses. Das war noch nicht das Ende von Neuwirths beleidigenden Vergleichen: Er fuhr damit fort, dass Staschinskis KGB-Meister ihn wie einen Hund dazu abgerichtet hätten, unschuldige Opfer zu töten. Dennoch erkannte Neuwirth, wie schon Kuhn vor ihm, die These der Verteidigung von Staschinskis innerer Wandlung an. »Der Mann war das Produkt einer Erziehungsmethode, wie sie bei der Abrichtung von [Iwan] Pawlows Hunden angewandt wurde, aber dann taucht diese Frau auf«, sagte Neuwirth und bezog sich dabei auf Inge Pohl, »und sie ist es, die, indem sie an sein Gewissen appelliert, letztlich unser [westliches] System rechtfertigt.«

Das war aber auch schon alles, was Neuwirth bereit war, an Sympathie für Staschinski zu zeigen. »Wie auch immer wir diesen Fall betrachten«, fuhr der Anwalt fort, »wir haben keine Möglichkeit, Absolution zu erteilen wie in einem Beichtstuhl. Wir sitzen hier in einem Gerichtssaal. Wie sehr wir auch nach etwas Menschlichem suchen mögen, es bleibt immer der Mord und die Vernichtung zweier Menschen.« Banderas Anhänger im Saal waren nicht sonderlich beeindruckt von Neuwirths rhetorischen Fähigkeiten –

er war nervös und sprach mit sehr leiser Stimme –, aber sie mochten, was er sagte, nicht nur über Staschinski, sondern auch über ihren Kampf um Unabhängigkeit. »Nach den Grundsätzen unserer westlichen Tradition ist ein solcher Kampf heilig«, erklärte Neuwirth. »Und gerade die Ukrainer haben uns in ihrem schwierigen historischen Prozess gezeigt, dass sie bereit sind, dem Ruf dieser Tradition zu folgen.«[6]

Als sich das Gericht gegen Mittag zum Mittagessen zurückzog, waren Staschinskis Aussichten so düster wie nie zuvor im Verlauf des Prozesses. Er hatte das scheinbar Unmögliche geschafft und die Richter und die Öffentlichkeit dazu gebracht, ihn zu mögen. Selbst der Staatsanwalt und die Anwälte des Opfers waren sich einig, dass er Reue gezeigt habe und nicht mehr der Mann sei, der die Morde begangen hatte. Aber nichts davon schien noch eine Rolle zu spielen. Die Staatsanwaltschaft forderte zwei lebenslange Haftstrafen plus drei Jahre. Im Laufe des Tages schien es immer wahrscheinlicher, dass sich ihr Wunsch erfüllen würde.

Eine der denkwürdigsten Reden an diesem Tag hielt die einundzwanzigjährige Tochter von Stepan Bandera, Natalia. Ihre Erklärung war ein Tribut an ihren Vater, der genau drei Jahre zuvor ermordet worden war, woran sie das Gericht erinnerte. Banderas Tod hatte eine blutende Wunde in den Herzen seiner drei Kinder hinterlassen. Als Natalia Bandera das Wort ergriff, herrschte Stille im Gerichtssaal. Selbst die Journalisten hörten auf, in ihren Notizbüchern zu blättern. Sie teilte mit den Anwesenden einige sehr persönliche Erinnerungen an ihren Vater, einen professionellen Verschwörer, dessen wahre Identität nicht einmal seinen Kindern bekannt war. »Ich erinnere mich, dass ich einmal, als ich an einer schweren Mittelohrentzündung erkrankt war, meine Mutter fragte, wer der fremde Herr sei, der an meinem Bett gestanden und meine Wange gestreichelt hatte«, sagte Natalia mit vor Rührung zitternder Stimme. »Ich hatte meinen Vater völlig vergessen.« Sie bezog sich auf die Jahre unmittelbar nach dem Krieg, als Banderas Familie getrennt von ihm in einem Lager für Vertriebene in Mittenwald lebte.[7]

Selbst nachdem die Familie Ende der 1940er-Jahre wieder unter einem Dach vereint war, kannte Natalia lange Zeit weder ihren wahren Namen noch die Identität ihres Vaters. »Im Alter von dreizehn Jahren begann ich, ukrainische Zeitungen zu lesen, und ich las viel über Stepan Bandera«, erinnerte sich Natalia. »Nach und nach begann ich aufgrund meiner Beobachtungen bezüglich der Nachnamen vieler Menschen, die häufig mit meinem Vater zusammen waren, meine eigenen Schlüsse zu ziehen. Einmal ist einem Bekannten ein Fehler unterlaufen, und da war ich mir sicher, dass mein Vater wirklich Stepan Bandera war. Aber schon damals wurde mir klar, dass ich meinen kleinen Bruder und meine kleine Schwester nicht in dieses Geheimnis einweihen durfte, denn es wäre sehr gefährlich gewesen, wenn sie diese Tatsache unschuldig und unwissentlich preisgegeben hätten.«

Natalia Banderas Rede vermittelte den Zuhörern etwas, was in den Zeugenaussagen des Prozesses bis dahin völlig gefehlt hatte – ein Gefühl für die menschliche Tragödie, die durch Staschinskis Handlungen verursacht worden war. Schwarz gekleidet wie die Mitarbeiter ihres Vaters, erinnerte Natalia die Zuhörer an Staschinskis Aussage, dass sein Sachbearbeiter, Sergej Damon, ihm versichert habe, dass Banderas Kinder ihm für das, was er getan hatte, dankbar sein würden, sobald sie erwachsen seien. Natalia sagte, dass dies nur der Fall gewesen wäre, wenn der KGB sie entführt und einem Umerziehungsprogramm unterzogen hätte, wie es bei Jurij Schuchewytsch, dem jugendlichen Sohn des Oberbefehlshabers der Ukrainischen Aufständischen Armee, geschehen war. Für seine Kinder war Bandera die oberste moralische Instanz in ihrem Leben, ein Held, der für Gott und die Ukraine gestorben war. »Er verkörperte dieses edle Ideal«, erklärte Natalia, »und er wird auch weiterhin der Leitstern meines Lebens sein, wie auch des Lebens meiner Geschwister und aller Jugendlichen in der Ukraine.«[8]

Sowohl das Publikum als auch die Jury waren von der Rede sichtlich bewegt. Staschinski wurde noch bleicher als sonst, seine Augen waren niedergeschlagen.

44
Des Teufels Advokaten

Unmittelbar nach der Mittagspause bat Heinrich Jagusch Adolf Miehr, den Anwalt der Familie Rebet, um das Wort. Bis zu diesem Zeitpunkt war er ebenso hart und aggressiv wie Neuwirth bei der Befragung von Staschinski gewesen. Wie Oberstaatsanwalt Albin Kuhn wies Miehr die Behauptung zurück, Staschinski habe seine Morde unter Zwang begangen. Aber auch die Behauptung der Staatsanwaltschaft, Staschinski habe seine Morde auf perfide Art und Weise begangen, überzeugte Miehr nicht. Es ging um die Frage, welche Art von Tötung vorlag. Nach deutschem Recht würden die schwersten Strafen für einen Mord verhängt werden, der als *Meuchelmord* oder heimtückischer Mord eingestuft wird, was erfordert hätte, dass Staschinski wusste, dass seine Opfer wehrlos waren und den Angriff nicht erwartet hätten.»War Rebet wehrlos? War er vertrauensvoll?« fragte Miehr das Gericht und verneinte dann seine eigenen Fragen:»In dem Zustand, in dem Rebet die Treppe hinaufstieg, war er sicherlich nicht wehrlos. Auch der Begriff des Vertrauens ist hier irrelevant.« Miehr argumentierte, dass Rebet bei guter Gesundheit war und durchaus in der Lage gewesen sei, sich gegen einen Angreifer zu schützen. Er führte weiter aus:»Der Begriff des heimtückischen Mordes (*Meuchelmord*), wie er von Nichtfachleuten im Allgemeinen verwendet wird, ist hier ... nicht anwendbar.« In einem überraschenden Schritt untergrub Miehrs Argument ein Schlüsselelement der Argumentation der Staatsanwaltschaft, die davon ausging, dass Staschinski ein wehrloses Opfer tötete, das er überrumpelt hatte, und deshalb im Falle einer Verurteilung die härtesten Strafen erhalten sollte.

Doch damit war Miehrs unerwarteter Angriff auf die Argumente der Staatsanwaltschaft noch nicht zu Ende. Er behauptete auch, dass es angesichts der Art der Indoktrination, die er in der

Sowjetunion erfahren hatte, und seiner kommunistischen Überzeugungen unrealistisch sei, von Staschinski ein Überlaufen in den Westen zu erwarten, als er seine ersten Strafbefehle erhielt. Miehr schloss seine überraschende Rede mit einem Hinweis auf Rebets Witwe Daria, deren Interessen er vertrat – und deren Interessen von denen der anderen Angeklagten abwichen. »Verehrter Senat!«, erklärte Miehr. »Ich muss Ihnen im Namen von Frau Rebet noch einmal versichern, dass sie nicht den geringsten Hass auf Staschinski empfindet, sondern mit ihm sympathisiert, und das zu Recht ... Eine leichte Strafe würde auch genügen, denn Staschinskis Tat bedeutet, dass er an einer Gewissenslast leidet, von der er sich als Verantwortlicher für den Tod zweier Menschen nie befreien kann.«[1]

Was war gerade geschehen? Viele im Gerichtssaal waren fassungslos über Miehrs Rede. Auf wessen Seite stand dieser Anwalt, und warum forderte er Gnade für den Mörder und stellte die rechtliche Grundlage der Argumentation der Staatsanwaltschaft in Frage? Daria Rebet sprach als Nächste und brachte etwas Klarheit in die Angelegenheit. Die neunundvierzigjährige Frau mit dem offenen Gesicht und den schmalen Lippen, die von starkem Willen und Entschlossenheit zeugten, erhob sich von ihrem Platz hinter dem Schreibtisch, an dem auch die Familienangehörigen der Opfer und ihre Anwälte saßen. Dann erklärte sie dem Gericht in ihrem stark akzentbehafteten Deutsch, dass sie eine schriftliche Erklärung verlesen werde, da sie Schwierigkeiten mit der Sprache habe und so präzise wie möglich sein wolle. Andrij Rebet, Darias zwanzigjähriger Sohn, der den Text aus dem Ukrainischen ins Deutsche übersetzt hatte, saß neben ihr, bereit, bei Bedarf zu helfen.

»Zunächst einmal«, so Daria, »muss ich sagen, dass es mir sehr schwerfällt, in diesem Prozess als Nebenklägerin aufzutreten. Denn es stellt sich natürlich die Frage: Wen klage ich an? Und wenn ich diese Frage präzise und wahrheitsgemäß beantworten soll, dann lautet die Antwort: Die Anklage richtet sich gegen die, die Befehl gaben, das russisch-bolschewistische Regime, das sowjetische System, in das die Menschen rücksichtslos und beinahe schicksalshaft hineingezwängt und zu Maschinenbestandteilen werden.« Wie Neuwirth griff auch Daria in erster Linie und vor allem das kommunistische System an. Aber anders als der Anwalt der Familie

Bandera war sie bereit, fast die gesamte Verantwortung von der Person, die den kriminellen Befehl ausgeführt hatte, auf diejenigen zu übertragen, die ihn erlassen hatten. »Ich empfinde keine Böswilligkeit oder Hass gegenüber dem Angeklagten«, erklärte sie. »Das kann ich auch im Namen meines fast erwachsenen Sohnes sagen und bestätigen, genauer gesagt, im Namen meiner beiden Kinder. Aus rein menschlicher Sicht kann man den Angeklagten bemitleiden, und ich lege keinen Wert darauf, dass er hart bestraft wird. Ich betrachte den Fall Staschinski genau als einen Fall, ein Phänomen, das zugleich ein Spiegelbild des tragischen Schicksals unseres Volkes ist. «

Andrij Rebet erinnerte sich später, dass die Worte seiner Mutter im Gerichtssaal mit Unverständnis aufgenommen wurden. Sie machten einen starken Eindruck auf Staschinski, dessen Auftreten sich sichtlich zum Positiven veränderte. Andrij unterstützte die Position seiner Mutter in der Frage der Bestrafung Staschinskis voll und ganz. Für die Rebets sollte es vor allem ein Prozess gegen das sowjetische Regime und seine Methoden zur Unterdrückung der ukrainischen Nationalbewegung sein. Wie aus ihrer Erklärung und späteren Schriften hervorgeht, war Daria bereit, Staschinski nicht als Täter oder Verräter zu sehen, wie ihn Banderas Anhänger sahen, sondern als Opfer des Sowjetregimes. Sie hoffte darauf, dass die öffentliche Aufmerksamkeit, die den Prozess begleitete, den Umgang des Westens mit den ukrainischen Emigranten und ihrer Sache ändern würde und dass die Nachricht vom Prozess die Ukraine erreichen würde, um »verblendeten Menschen einen Grund zu geben, ernsthaft nachzudenken«.[2]

Später am Tag erhielt Staschinski Hilfe aus einer anderen unerwarteten Richtung. Es stellte sich heraus, dass Charles Kersten, der hochkarätige und politisch einflussreiche Anwalt von Jaroslawa Bandera, im Prozessverlauf ebenfalls die Seiten gewechselt hatte. Kersten hatte sich während des gesamten Prozesses in Schweigen gehüllt. Obwohl er offiziell nur als Berater von Hans Neuwirth fungierte, wurde er von vielen als ranghöchste Figur im Dreigestirn der Anwälte der Familie Bandera angesehen. Ein Foto, das in einer Prozesspause aufgenommen wurde, zeigt ihn sehr selbstbewusst, eine Hand in der Hosentasche, zwischen seinen beiden Kollegen: Hans Neuwirth, der sich auf einen Stock stützt, und der zierliche Jaroslaw Padoch, der eine Aktentasche trägt. Es bestand kein Zweifel daran, wer am einflussreichsten war. Die Vereinigten Staaten regierten die Welt, und ihre Unterstützung war für den Fortbestand nicht nur West-Berlins, sondern auch Westdeutschlands selbst unerlässlich. Jeder wusste, dass Kersten nicht irgendein Amerikaner war: Er hatte Verbindungen bis in die höchsten Kreise in Washington.

Kersten sprach in englischer Sprache vor dem Gericht so, als ob er in einem amerikanischen Gerichtssaal spräche, und nutzte dabei seine umfangreichen rednerischen Fähigkeiten. Nach jedem Absatz machte er eine Pause, damit die Dolmetscherin seine Worte ins Deutsche übersetzen konnte. Wie Daria Rebet und ihr Anwalt war auch Kersten nicht dazu da, um Staschinski zu verfolgen. Seine Hauptaufgabe, die er zwei Wochen zuvor in einem Brief an Senator Thomas Dodd formuliert hatte, bestand darin, die Bedrohung aufzuzeigen, die die Sowjetunion für die westliche Welt darstellte, insbesondere die Neigung ihrer Regierung, ihre politischen Gegner zu töten. »Wenn Staschinski nicht übergelaufen wäre«, sagte der ehemalige Kongressabgeordnete mit lauter und deutlicher Stimme, »könnte zum Beispiel ein sturer antisowjetischer UN-Delegierter eines Tages tot in New York aufgefunden werden, Opfer eines ›Herzinfarkts‹, der von diesem Meisterwerk der sowjetischen Wissenschaft verursacht wurde.« Er stellte die Ermordung der beiden Emigrantenführer in den breiteren Kontext der sowjetischen Politik gegenüber der Ukraine und ihrer Befreiungsbewegung. Er verwies auf die große ukrainische Hungersnot von 1932/1933, den Großen Terror der späten 1930er-Jahre und die brutale Niederschlagung des Gulag-Aufstandes in Kengir, Kasachstan, im Jahr 1954, wo gut die Hälfte der Gefangenen Ukrainer waren, viele von ihnen ehemalige Soldaten der Ukrainischen Aufständischen Armee.

Kerstens Rede gab Staschinski neue Hoffnung. »Frau Bandera strebt nicht nach Rache, sondern nach Gerechtigkeit für Staschinski«, erklärte der US-Kongressabgeordnete, »denn sie erkennt an, dass er nicht im Zuge seiner Verbrechen verhaftet wurde, sondern in den Westen geflohen ist und freiwillig die ganze Geschichte der Verbrechen der sowjetischen Regierung und seine Rolle darin erzählt hat.« Kersten war der Ansicht, dass das wahre Ziel des Prozesses darin bestand, die »wahren Verbrecher« auf den höchsten Ebenen der sowjetischen Macht aufzudecken. »Der Ministerrat der Sowjetunion wurde in diesem Fall des Mordes ersten Grades für schuldig befunden«, sagte er dem Gericht. »Dieses Gericht mag nicht in der Lage sein, die Strafe für den wahren Schuldigen zu verhängen. Aber es kann ein historisches Urteil fällen und eine Erklärung abgeben, in der die sowjetische Regierung des Mordes für schuldig befunden wird, ein Urteil, das einen Großteil der Menschheit, der von der russischen kommunistischen Verschwörung betroffen ist, ermutigen wird.« Für Staschinski muss die Sitzung ein Wechselbad der Gefühle gewesen sein, denn auf Kersten folgte direkt Jaroslaw Padoch, der nicht nur die sowjetische Führung in Moskau, sondern auch den Attentäter selbst hart anging.[3]

Doch dann kam das Schlussplädoyer von Staschinskis eigenem Anwalt, Helmut Seidel, und die Waage der Justiz begann sich wieder zu seinen Gunsten zu neigen. Während des gesamten Prozesses hatte Staschinski an seiner Geschichte festgehalten: Er habe den Kampf für die ukrainische Unabhängigkeit für aussichtslos gehalten und sei ein überzeugter Kommunist gewesen, als er seine Verbrechen begangen habe. Erst nach den Morden habe er die Wahrheit erkannt und seine Taten bereut. In seiner abschließenden Erklärung vor dem Gericht bekräftigte Seidel diese Darstellung nur zu gerne. Seidel machte eine beeindruckende Figur und hinterließ einen starken Eindruck auf die Anwesenden. »Er spricht mit sehr ruhiger Stimme, aber selbstbewusst und mit außerordentlicher Beherrschung des Falles«, schrieb einer von Banderas Anhängern in seinem Bericht über den Prozess. »Er nutzt geschickt alle Fehler und unangemessenen Äußerungen der früheren Anwälte aus, um die Schuld seines Mandanten zu schmälern.« Wolodymyr Stachiw, ein enger Mitarbeiter von Daria Rebet, der im Gerichtssaal anwesend war, schrieb, dass »Dr. Helmut Seidels Verteidigungsrede professionell verfasst und brillant vorgetragen war.«[4]

»Ich verteidige Staschinski – einen Menschen, einen Menschen wie Sie oder ich«, sagte Seidel vor Gericht, »einen Bauernsohn, den der Zufall und das Schicksal in eine schwierige Lage gebracht haben: einen Menschen, den ich zunächst als etwas verschlossen und zurückhaltend kennengelernt habe, der aber später eine sanfte und fast glückliche Offenheit und ein phänomenales Gedächtnis zeigte, so dass man einfach entsetzt ist, wenn man den Kontrast zwischen ihm und den Taten sieht, die er verübt hat.« Seidel erklärte diesen Kontrast mit Staschinskis Erziehung, die ihm marxistische Ideologie, sowjetischen Patriotismus und Gehorsam gegenüber Vorgesetzten eingeimpft habe. »Vor diesem Gericht steht ein Mann, der aus einem Land kommt, in dem völlig andere ethische und moralische Vorstellungen herrschen. Ihm wurde gesagt, dass es so etwas wie individuelle Freiheit nicht gibt, dass Freiheit ein williger und bewusster Dienst am Unvermeidlichen ist. Und wer könnte das Unvermeidliche besser festlegen als der Ministerrat der Sowjetunion selbst?«

Seidel sagte dem Gericht, dass er sich nicht mit der Behauptung der Staatsanwaltschaft auseinandersetzen werde, dass Staschinski nicht unter Zwang gehandelt haben könne, da der KGB keine militärische Organisation sei. Seidel war der Meinung, dass die Disziplin beim KGB strenger sei als in der Armee. Dennoch wollte er die Verteidigung seines Mandanten nicht auf das Argument »Befolgung von Befehlen« stützen. Er argumentierte stattdessen, dass Staschinski Rebet in Übereinstimmung mit den ideologischen Dogmen, die ihm der KGB eingeflößt hatte, getötet habe, und dass er Bandera aus Angst ermordet habe, dass er der nächste in der Reihe sein würde, wenn er es nicht täte. Dann formulierte er sein Hauptargument: »Was ich jetzt sage, entspricht meiner tiefen juristischen Überzeugung, dass der Angeklagte nicht derjenige ist, der das Verbrechen begangen hat, sondern nur der Gehilfe des Verbrechers.«

Seidels Rede veränderte die Stimmung im Gerichtssaal. Es schien, als hätte sein Anwalt mit der Darstellung von Staschinski als bloßem Mittäter die perfekte Formel gefunden, um sowohl die Sowjetunion für das zu verurteilen, was sie ihren eigenen Bürgern und ihren Gegnern im Ausland antat, als auch den Attentäter zu bestrafen, dessen Geständnis und Aussage die Welt auf die vom Sowjetregime ausgehende Gefahr aufmerksam gemacht hatte. Daria Rebet erinnerte sich später, dass Hans Neuwirth, der den Stimmungsumschwung unter den Richtern erkannte, eine Erklärung abgab, in der er verkündete, dass er nicht auf einer lebenslangen

Haftstrafe für den Angeklagten bestehe. Der Oberstaatsanwalt Albin Kuhn blieb jedoch bei seinem Standpunkt und bekräftigte, dass er für jeden der beiden vom Angeklagten begangenen Morde eine lebenslange Haftstrafe forderte.

Bogdan Staschinski war der Letzte, der in dem Prozess, der über sein Schicksal entscheiden sollte, das Wort ergriff. »Ich kann nur behaupten«, erklärte Staschinski, blass wie immer, »dass ich bereits alles gesagt habe, was ich sagen konnte und kann. Meine Aussage ist in der Tat gleichzeitig ein Zeichen meiner Reue. Ich bin mir meiner Schuld bewusst, und ich kann das ehrenwerte Gericht nur bitten, sich mehr von Erwägungen der Barmherzigkeit als des Gesetzes leiten zu lassen.« Seine Aussage war in der Tat die einzige Karte, die er vor Gericht ausspielen konnte. Er spielte sie gut. Wenn Charles Kersten Recht hatte und es eine Abmachung zwischen den Behörden und Staschinski gab, dann hielt er sich eindeutig an seinen Teil der Abmachung, indem er das vernichtendste Zeugnis über die sowjetische Praxis der politischen Morde ablegte, das die westliche Welt je erreicht hatte.

Der Prozess war nun beendet. Heinrich Jagusch kündigte an, dass das Urteil am Freitag, dem 19. Oktober 1962, um 9:00 Uhr verkündet werden würde. Staschinski, die Familien seiner Opfer und die Weltöffentlichkeit mussten vier lange Tage warten, um das Urteil zu erfahren.[5]

45
Urteil

Die Journalisten, die sich am Morgen des 19. Oktober versammelt hatten, um das Urteil im Fall Staschinski anzuhören, wussten nicht, was sie erwarten sollten. Am letzten Prozesstag waren sie Zeugen eines »angespannten juristischen Streits« geworden, wie Reginald Peck im *Daily Telegraph* schrieb. Nicht nur, dass Staatsanwaltschaft und Verteidigung die beiden Morde unterschiedlich definierten, auch die Familien der Opfer schienen sich nicht einig zu sein, wer der Haupttäter war, Staschinski oder das sowjetische Regime. Einen Tag zuvor hatte die *Berliner Zeitung* in Ost-Berlin einen langen Artikel veröffentlicht, in dem erneut behauptet wurde, dass Reinhard Gehlen und seine Leute Bandera getötet hätten. Die Zeitung warf Heinrich Jagusch und dem Gericht vor, Anweisungen der westdeutschen Regierung zu befolgen und fehlende Beweise durch antikommunistische Rhetorik zu ersetzen. »Wie auch immer das Urteil ausfallen wird«, so die Zeitung, »eines kann schon jetzt gesagt werden: Das Urteil wird nicht der Wahrheit entsprechen«.[1]

Heinrich Jagusch begann kurz nach 9.00 Uhr mit der Verlesung des Urteils. Es war ein langes Dokument. Der Richter begann mit der Biografie des Angeklagten. Es dauerte einige Minuten, bis er zur Bewertung der Argumente von Staatsanwaltschaft und Verteidigung kam. »Die Strafkammer des Bundesgerichtshofs schließt sich insoweit der Anklageschrift an, als die beiden Taten den Tatbestand des Giftmordes erfüllen«, erklärte Jagusch. Das war ein klarer Sieg für die Staatsanwaltschaft. Doch zum Leidwesen des Bandera-Lagers mochte die Staatsanwaltschaft zwar die Schlacht gewonnen, aber den Krieg verloren haben. »Die Strafkammer«, so Jagusch weiter, »schließt sich der Auffassung der Verteidigung an: In keinem der beiden Fälle beging der Angeklagte einen Mord, obwohl er die Tötungshandlungen allein ausführte, aber nur als Werkzeug und Gehilfe. Täter, also Mörder, sind diejenigen, die dafür verantwortlich sind, die Morde bis ins kleinste Detail geplant und ausgearbeitet haben, was die Auswahl der Opfer, den Ort, den Zeitpunkt und die Art der Tötung betrifft.«

Dies war der Knackpunkt des Prozesses, und Jagusch und die übrigen Richter stellten sich auf die Seite der Verteidigung. Jagusch argumentierte gegen das Plädoyer der Staatsanwaltschaft, wonach »eine Person, die eine Tat ganz allein begeht, ausnahmslos immer als Täter verurteilt werden muss.« Warum? Weil, so Jagusch, solange es »Staaten gibt, die politische Morde planen und befehlen« und solange »sie bestimmte ihrer Untertanen ideologisch ausbilden«, um diese Befehle auszuführen, die Bürger solcher Staaten nicht nach den gleichen Maßstäben beurteilt werden könnten wie die anderer Länder. Jagusch verwies auf das Beispiel Nazideutschlands und die Auswirkungen, die dieser Staat und seine Ideologie auf die normalen Bürger hatten: »Wer sich moralisch gegen solche negativen Kräfte wehrt, steht in der Masse allein da«, sagte der Richter, der diese Zeit miterlebt hatte. »Wer diesen Kräften erliegt, erliegt einer geschickten, übermächtigen, behördlich kontrollierten Massenbeeinflussung; er erliegt nicht den Reizen, die unter die allgemeine Kategorie der Kriminologie fallen.«[2]

Wenn Staschinski tatsächlich nur Beihilfe zum Mord leistete und die eigentlichen Täter in Moskau saßen, was konnte man dann vom Gericht erwarten? Jagusch und die deutsche Justiz konnten gegen Alexander Schelepin wenig ausrichten, von Nikita Chruschtschow ganz zu schweigen. Jagusch sagte: »Da sie hochrangige Ämter auf dem Hoheitsgebiet einer fremden Macht bekleiden, sind sie unseren Bemühungen entzogen, für Gerechtigkeit zu sorgen, obwohl auf Dauer niemand seiner gerechten Strafe entgehen kann.« Staschinski hingegen unterliege der Rechtsprechung des Gerichts. »Das von diesem Gericht ausgesprochene Urteil soll den Angeklagten nicht vernichten«, so Jagusch weiter. »Es soll ihm, soweit es menschlich möglich ist, helfen, zu sühnen. Die Einzelstrafen für die beiden Mordfälle betragen je sechs Jahre Zuchthaus, die Strafe für Hochverrat ein Jahr Zuchthaus. Eine Gesamtstrafe von acht Jahren Zuchthaus, unter Anrechnung der Untersuchungshaft, reicht zur Sühne aus.«[3]

Als Jagusch die Urteilsverlesung beendete, konnten nur wenige Anwesende die Bedeutung des Geschehenen richtig einschätzen. Nur acht Jahre für zwei Morde? Das war zwar teils schockierend, da die Staatsanwaltschaft zwei lebenslange Haftstrafen gefordert hatte. Banderas Anhänger bemühten sich aber, sich nichts anmerken zu lassen, denn sie hatten auch eine Anklage gegen Moskau und internationale Legitimität für ihren Kampf angestrebt – und diese beiden Ziele hatten sie erreicht. Aber sie verloren den Kampf um die Verurteilung Staschinskis als Verräter an der ukrainischen Nation. Daria Rebet und ihr Kreis ukrainischer Emigranten hatten einen anderen Standpunkt eingenommen, indem sie Staschinski eher als Opfer denn als Täter betrachteten, und das Urteil des Gerichts schien ihre Position zu bestätigen.

Viele Bandera-Anhänger und Sympathisanten der Organisation Ukrainischer Nationalisten äußerten sich enttäuscht über das Urteil. Zu ihnen gehörte Jaroslaw Padoch, der Karlsruhe noch vor der Urteilsverkündung verlassen hatte. »Soeben ist die Nachricht von der achtjährigen Haftstrafe für Staschinski eingetroffen«, schrieb Padoch am 19. Oktober aus den Vereinigten Staaten an Stepan Lenkawski, Banderas Nachfolger an der Spitze der OUN, einen Münchner Bekannten. »Obwohl keiner der Staatsanwälte eine harte Strafe für ihn wollte, ist es dennoch schwer, daran zu denken: acht Jahre für zwei Leben. Ein billiger, sehr billiger Preis.« Er fügte hinzu, dass in *Swoboda*, einer führenden ukrainischsprachigen Zeitung in den Vereinigten Staaten, die Nachricht über das Urteil neben einer Geschichte über ein Todesurteil erschien, das von einem sowjetischen Gericht in Lwiw gegen eine Person verhängt wurde, die der Bestechung beschuldigt worden war. »Zwei Systeme, zwei Standards des Humanismus«, schrieb der sichtlich enttäuschte Padoch.

Padoch hatte Mühe, sich einen Reim auf die ungewöhnlich milde Behandlung durch das westdeutsche Gericht zu machen. Er vermutete, dass das Urteil das Ergebnis eines Deals war, den Staschinski nicht, wie von Kersten vermutet, mit der deutschen Staatsanwaltschaft, sondern mit den Amerikanern geschlossen hatte.

»Wahrscheinlich hat er dafür in anderer Währung bezahlt«, schrieb der enttäuschte Padoch am Tag der Veröffentlichung des Urteils an Lenkawski. »Er hat wahrscheinlich viel Zeit mit unseren amerikanischen Ermittlern verbracht«. Diese Vermutung wurde von anderen geteilt. Ein Reporter der United Press International (UPI) beendete seinen Artikel über das Urteil mit der Aussage: »Er wird als zu wertvoll für den alliierten Geheimdienst angesehen, um sich im Zertrümmern von Steinen zu erschöpfen.«[4]

Das Urteil im Staschinski-Prozess erregte in Deutschland sensationelles Aufsehen. Die westdeutschen Medien waren in ihrer Einschätzung gespalten, wie die in den nächsten Tagen erscheinenden Artikel zeigten. »Urteil des Jahres – die Mörder sitzen in Moskau«, schrieb ein Reporter der Hamburger *Bild-Zeitung*. »Milde Strafe – eine Einladung an Mörder«, meinte ein Reporter der *Rheinischen Post*. Ein Reporter der *Badischen Zeitung* schrieb, kein normaler Mensch könne verstehen, wie man einen Mörder wegen bloßer Beihilfe zum Mord verurteilen könne.

Das Urteil berührte eine Reihe hochsensibler Elemente der deutschen politischen Nachkriegsgeschichte und -identität, darunter auch das Nazi-Erbe. Sowohl der Oberstaatsanwalt Albin Kuhn als auch der Vorsitzende Richter Heinrich Jagusch nahmen Bezug auf die jüngste NS-Vergangenheit – Kuhn in seiner Urteilsbegründung am letzten Prozesstag und Jagusch im Text des Urteils. Die beiden Bezüge waren jedoch von ganz unterschiedlicher Natur. Kuhn berief sich auf die NS-Vergangenheit, um darauf hinzuweisen, dass die eigenen Erfahrungen Deutschlands mit dem Totalitarismus die deutschen Gerichte nicht dazu bringen sollten, Verbrechen, die im Namen solcher Staaten begangen wurden, zu verzeihen. »Wir Deutschen haben keinen Grund, andere nur zu kritisieren«, so Kuhn. »Denn wir haben mit unserer eigenen Vergangenheit noch nicht abgeschlossen. Gewalttaten sind aber nicht deshalb weniger schlimm, weil sie von anderen begangen wurden.« Jagusch hingegen argumentierte, dass die Deutschen selbst wüssten, wie schwer es sei, einer konzertierten Gehirnwäsche von Seiten des Staates zu widerstehen. Staschinski sei kein williger oder begeisterter Täter gewesen, kein »Eichmann-Typ, der dem Anführer freudig gehorcht und die Befehle, die er erhält, mit noch größerem

Nachdruck ausführt.« Er behauptete, dass »der Angeklagte zur fraglichen Zeit ein armer Teufel war, der automatisch unter dem Druck von Befehlen handelte und ideologisch irregeleitet und verwirrt war.«[5]

Viele erkannten sofort die Gefahr, die von diesem Präzedenzfall ausging. Ein Reporter der *Frankfurter Rundschau* schrieb: »Es klingt wie Hohn, wenn der Senatspräsident Jagusch in seiner Urteilsbegründung sagt, die Deutschen hätten angeblich ein besonderes Verständnis für solche Leute wie Staschinski – einen Auftragsmörder? ... Sieht er nicht, wie nahe er mit seinem Urteil den Prinzipien einer Regierung kommt, für die Mord kein Verbrechen ist?« Ein Leser der Hamburger *Bild-Zeitung* schrieb an seine Zeitung: »Jetzt müssen alle Urteile in Fällen von Morden auf Hitlers Befehl überprüft werden.«[6]

Seit dem Nürnberger Prozess gegen die NS-Kriegsverbrecher hatten die westdeutschen Gerichte das Argument, die NS-Täter hätten lediglich Befehle befolgt, durchweg zurückgewiesen. Nun vollzog das Bundesstrafgericht und anschließend der Oberste Gerichtshof, der seine Entscheidung bestätigte, eine drastische Kehrtwendung dieser Politik. Beide Gerichte lehnten die Verteidigung »unter Befehlszwang« im Fall Staschinski formell ab, aber das Urteil eröffnete neue Wege für die Verteidigung der NS-Verbrecher, da sie nun behaupten konnten, sie hätten nur Beihilfe zum Mord geleistet, während die Haupttäter, darunter Adolf Hitler, Heinrich Himmler, Hermann Göring und andere Spitzenbeamte des Dritten Reichs, längst tot waren.

Nur wenige bezweifelten, dass das Urteil von einer breiteren politischen Agenda beeinflusst worden war, die direkt mit dem Kalten Krieg zusammenhing. Einige begrüßten dies, andere fanden es bedauerlich. »Das Urteil ist völlig richtig, denn es ist zu hoffen, dass sich dank des Geständnisses dieses Mannes der trübe Blick vieler Menschen im Westen in Bezug auf die Beurteilung der Moskauer Politik gelichtet hat«, schrieb ein Leser der Hamburger *Bild-Zeitung*. Ein anderer war anderer Meinung: »Das ist erschreckend. Sind wir ein Rechtsstaat oder Erfüllungsgehilfen einer Politik der Attentäter?«[7]

Die Frage der Verletzung der westdeutschen Souveränität durch den mächtigen sowjetischen Nachbarn war ein weiteres hochsensibles Thema für die Öffentlichkeit und die politischen Eliten des Landes. Unmittelbar nach der Veröffentlichung des Urteils gab Karl-Günther von Hase, der oberste Sprecher der westdeutschen Regierung, eine Erklärung ab, in der er verkündete: »Es ist eine ungeheuerliche Tatsache, dass eine ausländische Macht es für notwendig erachtet hat, unter völliger Missachtung aller menschlichen Gesetze in diesem Lande ein Schnellurteil zu fällen.« In den Medien wurde die Frage gestellt, ob die Regierung daraufhin konkrete Maßnahmen gegen die Sowjets ergreifen werde. »Und was wird Bonn tun?«, fragte ein Reporter der Karlsruher Zeitung *Badische Neueste Nachrichten*. »Die skrupellose Verletzung der Souveränität unseres Landes ist eine erwiesene Tatsache. Rebet und Bandera wurden in München auf sowjetischen Befehl hin ermordet. Straf- und Völkerrecht wurden mit Füßen getreten. Niemand kann sich vor Moskau in Sicherheit wähnen – kein Staat, kein Mensch.« Doch die Regierung war nicht bereit zu handeln. Der Autor des Artikels in den *Badischen Neuesten Nachrichten* hatte Recht. Kein europäischer Staat, vor allem nicht Westdeutschland, konnte sich sicher fühlen angesichts einer aufstrebenden kommunistischen Supermacht, die bereit war, die Spielregeln zu ändern, um den gleichen Status wie die Amerikaner zu erlangen.[8]

Die deutschen Parlamentarier begannen, eine offizielle Antwort der Regierung zu verlangen. Die erste Anfrage wurde am 7. Dezember 1962 gestellt. Die Regierung wich mit dem Hinweis darauf aus, dass das Oberlandesgericht Karlsruhe sein Urteil noch nicht offiziell verkündet habe. Nach wiederholten Anfragen schickte die Regierung im April 1964 eine offizielle Nachricht an die sowjetische Botschaft in Bonn. Darin heißt es: »Wie der Bundesgerichtshof festgestellt hat, wurden beide ... Verbrechen auf Befehl sowjetischer Stellen begangen. Dies veranlasst die Bundesregierung, die Regierung der Union der Sozialistischen Sowjetrepubliken darauf aufmerksam zu machen, dass solche Handlungen in akutem Widerspruch zu allgemein anerkannten Rechtsgrundsätzen, insbesondere zum Völkerrecht, stehen.« Die Nachricht endete mit den üblichen Zusicherungen des gegenseitigen Respekts: »Das

Ministerium für Auswärtige Angelegenheiten nutzt diese Gelegenheit, um die Botschaft der Union der Sozialistischen Sowjetrepubliken seines großen Respekts zu versichern.« Die sowjetischen Behörden ignorierten die Nachricht, und deutsche Beamte drängten sie nicht zu einer Antwort.[9]

Teil VII

Abgeschlossen

46
Unbeantworteter Brief

Am 7. November 1963, ein Jahr nach dem Prozess, setzte sich Charles Kersten hin und schrieb einen Brief an Präsident John F. Kennedy. Der Präsident, mit dem Kersten nicht nur seinen katholischen Glauben, sondern auch sein antikommunistisches Engagement teilte, war seine letzte Hoffnung, Bogdan Staschinski, der jetzt in Westdeutschland im Gefängnis saß, in die Vereinigten Staaten zu bringen, damit er vor einem Senatsausschuss aussagen konnte, der die sowjetischen Attentate im Ausland untersuchte.

Kersten betrachtete die Aussage von Staschinski als eine Angelegenheit von staatlicher Bedeutung. Er präsentierte die Höhepunkte von Staschinskis Geschichte und stellte fest, dass »Staschinski vor seinem Überlaufen für hochrangige Tötungen in England und den Vereinigten Staaten ausgebildet worden war. Zweifellos gibt es noch andere, die sich in einer solchen Ausbildung befinden«. Er forderte den Präsidenten auf, das Außenministerium zu zwingen, seine Einwände gegen die Aufnahme von Staschinski in die Vereinigten Staaten aufzugeben. »Ich denke, Sie stimmen mit mir überein«, schrieb er, »dass die vollständige Aufdeckung tödlicher subversiver Operationen der beste Weg ist, sie zu verhindern.« Am Ende des Briefes erinnerte Kersten Kennedy an ihre gemeinsame Zeit als antikommunistische Kreuzritter im US-Kongress in den späten 1940er-Jahren. Er erinnerte auch an die Zeit, als »die Aufdeckung kommunistischer Aktivitäten in Milwaukee, Wisconsin, im Jahr 1947 dazu beigetragen hatte, das Ausmaß der Industriespionage in diesem Gebiet zu verringern.« Kersten fügte ein Foto der beiden bei, das sie während ihrer Reise nach Milwaukee zeigt, wo sie Anhörungen über die kommunistische Unterwanderung der Gewerkschaften organisierten.[1]

UNBEANTWORTETER BRIEF 323

Kersten hatte versucht, so viel Publicity wie möglich für den Fall Staschinski zu bekommen. Unmittelbar nach der Verhandlung hatte er eine Erklärung abgegeben, in der es hieß: »Das Urteil des deutschen Obersten Gerichtshofs ist gerecht und ein großer Sieg für die Wahrheit. Es entlarvt die russisch-kommunistische Regierung als den wahren Mörder.« Kersten erklärte, er werde im Namen von Jaroslawa Bandera den Fall gegen Nikita Chruschtschow und die sowjetische Regierung vor den Internationalen Gerichtshof in Den Haag und die Menschenrechtskommission der Vereinten Nationen bringen. Während seines Aufenthalts in Westdeutschland hatte Kersten sogar mit Professor Hermann Mosler, einer renommierten Autorität auf dem Gebiet des Völkerrechts an der Universität Heidelberg, gesprochen, um die Möglichkeit zu erörtern, den Fall vor die Vereinten Nationen zu bringen. Nach seiner Rückkehr in die Vereinigten Staaten beriet Kersten sich mit seinen ukrainischen Freunden und besuchte einige ausländische Vertreter bei den Vereinten Nationen, aber das Projekt kam nie in Gang.[2]

Frisch zurückgekehrt von seinem Besuch in Karlsruhe und enttäuscht von seinen erfolglosen Versuchen, den Fall vor die Vereinten Nationen zu bringen, schloss sich Charles Kersten einer Kampagne an, um Anhörungen zum Fall Staschinski auf dem Capitol Hill abzuhalten. Angeführt wurde die Kampagne von Professor Lew Dobrianski, dem Vorsitzenden des National Captive Nations Committee. Am 19. Februar 1963 schrieb Kersten an seinen alten Verbündeten, Senator Thomas Dodd aus Connecticut, den stellvertretenden Vorsitzenden des Unterausschusses für Innere Sicherheit des US-Senats, und drängte ihn, daran teilzunehmen. »Ich weiß, dass Sie sich darüber im Klaren sind, dass wir von Kuba nicht nur den Abschuss von Raketen fürchten«, schrieb Kersten und bezog sich dabei auf die Kubakrise, die weniger als sechs Monate zurücklag. »Es sind auch die teuflischen subversiven Taktiken, die die Kommunisten überall auf der Welt anwenden, und in diesem Fall die Möglichkeit der schnellen, stillen und unbemerkten Ermordung selbst der höchsten Beamten in den Vereinigten Staaten, die sich den Sowjets widersetzen.« Kersten schrieb einen ähnlichen Brief an das ranghöchste Mitglied des Unterausschusses, Senator Kenneth Keating aus New York. Beide antworteten im März 1963, wobei

Keating die Angelegenheit an Dodd weiterleitete und Dodd sein Interesse an der Idee bekundete.

»Ich stimme mit Ihnen überein, dass wir mit diesem Fall einen Keil in die ganze Angelegenheit der stimulierten und induzierten Selbstmorde treiben könnten, wie sie vom sowjetischen Terrorapparat praktiziert werden«, schrieb Dodd an Kersten. Er versprach, die Angelegenheit mit seinen Kollegen im Ausschuss weiter zu erörtern. Kersten schrieb an seinen alten Freund zurück und ermutigte ihn, die Anhörungen weiter fortzusetzen. Kersten zitierte einen der früheren Berichte aus Dodds Ausschuss, in dem es hieß, dass der Ausschuss nach der Prüfung einer Reihe mutmaßlicher politischer Morde keinen »eindeutigen Beweis dafür finden konnte, dass der Kreml ... in einem dieser Fälle einen Mord begangen und als Selbstmord getarnt hat«. Der Staschinski-Prozess, schrieb Kersten, habe diesen eindeutigen Beweis geliefert.[3]

Lew Dobrianski, der Hauptbefürworter der Anhörungen, war der Meinung, dass Staschinski als Kronzeuge in die Vereinigten Staaten gebracht werden sollte. »Mein Gefühl war«, erinnerte sich Dobrianski später, »dass wir das Ganze dramatisieren sollten. Indem wir Staschinski und zahlreiche andere hierherbrachten, würden wir die Zusammenhänge der von Moskau angeordneten politischen Morde aufzeigen. Insbesondere nachdem der Oberste Gerichtshof in Westdeutschland weniger Staschinski als vielmehr die russische Regierung in Moskau angeklagt hatte, hielten wir dies für notwendig.« Doch das Außenministerium verweigerte seine Zustimmung. Die Beamten beriefen sich auf logistische Schwierigkeiten und Sicherheitsbedenken, aber Dobrianski glaubte, dass ihre mangelnde Unterstützung durch die »ganze Entspannung, die zwischen den Vereinigten Staaten und der UdSSR aufgebaut werden sollte«, bedingt war.[4]

Im Sommer 1963 hatten sich die Beziehungen zwischen der Sowjetunion und den Vereinigten Staaten dramatisch verändert, und zwar zum Besseren. Die Berliner Mauerkrise vom Sommer und Herbst 1961 und die Kubakrise vom Oktober 1962 gehörten der Vergangenheit an. Im Juli 1963 einigten sich amerikanische, britische und sowjetische Unterhändler auf die Bedingungen für einen Vertrag über ein teilweises Verbot von Atomtests – der erste große

UNBEANTWORTETER BRIEF 325

Schritt zur Begrenzung der Atomwaffenarsenale. Im folgenden Monat richteten John F. Kennedy und Nikita Chruschtschow eine Hotline zwischen dem Weißen Haus und dem Kreml ein, um mögliche künftige Krisen zu lösen. Kennedy genehmigte ein Viertelmilliarden-Dollar-Geschäft über den Verkauf von amerikanischem Weizen an die Sowjetunion – eine Maßnahme, die die gravierende sowjetische Nahrungsmittelknappheit lindern sollte. Am 7. Oktober unterzeichnete Kennedy im Beisein seiner Berater und führender Kongressabgeordneter das Abkommen über die Begrenzung von Atomtests. Dies war eine wichtige Wende in seinen Beziehungen zu Chruschtschow und markierte den Höhepunkt der kurzlebigen sowjetisch-amerikanischen Annäherung. Niemand wollte etwas über Staschinski oder politische Morde hören, die auf Befehl desselben Mannes im Kreml verübt wurden, der nun endlich zur Vernunft gekommen zu sein schien, bereit war, amerikanischen Weizen zu kaufen, und versprach, seine Atomwaffen nicht zu testen.[5]

Der Brief, den Kersten an Präsident Kennedy schickte und in dem er ihn aufforderte, die Idee von Senatsanhörungen über sowjetische Attentatsmethoden zu unterstützen, wurde nie beantwortet. Am 22. November 1963, zwei Wochen, nachdem Kersten seinen Brief abgeschickt hatte, wurde der Präsident in Dallas ermordet. Eine Kopie von Kerstens Brief wurde an das FBI weitergeleitet. Das FBI vermutete, dass sich Kerstens Vorhersage bewahrheitete, dass die Sowjets ausgebildete Killer aus Havanna schicken würden, um antikommunistische Anführer in den Vereinigten Staaten zu ermorden. Lee Harvey Oswald passte unheimlich gut in das Bild des von Moskau ausgebildeten und von Havanna gesteuerten Killers, vor dem Kersten gewarnt hatte. Waren Chruschtschow und Alexander Schelepin – der jetzt als Vorsitzender der Kommission für Partei- und Staatskontrolle enorme Macht besaß und bald in das Präsidium der Kommunistischen Partei berufen werden würde – wieder am Werk und befahlen jetzt die Ermordung eines amerikanischen Präsidenten? Diese Vermutung erschreckte viele Amerikaner. Wenn das der Fall war, wie sollte man dann reagieren? Und konnte es etwas anderes sein als ein totaler Atomkrieg?[6]

Das waren Fragen, die vielen amerikanischen Politikern, auch in den obersten Etagen der Regierung, den Schlaf raubten. Trotz Oswalds längerem Aufenthalt in der Sowjetunion, seiner sowjetischen Ehefrau und seiner Verbindungen zu kubanischen Emigranten setzten die Ermittler der Regierung alles daran, die Theorie des einsamen Schützen zu fördern. Für William Hood, der während des Attentats auf Bandera als CIA-Chef in München tätig war, war es ein weiterer hochkarätiger Mord, der in seine Zuständigkeit fiel, aber einer von viel größerer Bedeutung und mit größeren potenziellen Auswirkungen. Hood, der zu Beginn des Jahrzehnts von Deutschland nach Langley versetzt worden war, war einer der wenigen CIA-Offiziere, die ein Telegramm unterzeichneten, in dem die kürzliche Verhaftung Oswalds wegen eines Streits mit Anti-Castro-Emigranten verschwiegen wurde. Wenige Wochen vor dem Kennedy-Attentat hatte er dazu beigetragen, Oswalds Namen von der FBI-Beobachtungsliste zu streichen. Trotzdem behielt Hood seinen Posten und schied erst in den 1970er-Jahren aus der CIA aus. Unabhängig davon, ob die Sowjets in das Attentat verwickelt waren oder nicht – und 1963 konnte das niemand mit Sicherheit sagen –, waren nur wenige Machthaber bereit, gegen die Sowjetunion in den Krieg zu ziehen, selbst wenn es um die Ermordung des Präsidenten ging.[7]

47
Gast aus Washington

Freitag, der 10. April 1964, war ein ungewöhnlicher Tag in Bogdan Staschinskis sonst so eintönigem und ereignislosem Leben hinter Gittern. An diesem Morgen wurde er zum Oberlandesgericht in Karlsruhe überstellt, wo er eineinhalb Jahre zuvor vor Gericht gestanden hatte. Man wollte, dass er einen Prominenten aus Übersee traf. Sein Name war Senator Thomas J. Dodd. Staschinski stand auf der Liste der Personen, die er treffen wollte, zusammen mit dem neuen Bundeskanzler Ludwig Erhard, dessen Vorgänger Konrad Adenauer, dem Generalbundesanwalt Ludwig Martin und dem Vorsitzenden Richter im Staschinski-Prozess, Heinrich Jagusch.

Der Senator behauptete später, dass, wen auch immer er bei dieser Reise traf, sein Hauptziel in erster Linie darin bestand, Herrn Staschinski zu treffen. Das Treffen fand im Beisein eines der Staatsanwälte im Staschinski-Prozess statt, Dr. Oberle, und einer Reihe von US-Beamten – einige von ihnen waren mit dem Senator deshalb aus Washington angereist, andere kamen von der amerikanischen Botschaft in Bonn. Die Reise von Senator Dodd nach Karlsruhe, um Bogdan Staschinski zu besuchen, war von langer Hand vorbereitet worden.[1]

Die Ermordung John F. Kennedys hatte wieder Interesse an einer Anhörung auf dem Capitol Hill geweckt, bei der der Einsatz politischer Attentate durch die Sowjets diskutiert werden sollte. Im Februar 1964 hatte die CIA für die Kommission, die den Mord an Kennedy untersuchte, einen Bericht über den »sowjetischen Einsatz von Attentaten und Entführungen« erstellt, der auch einen Abschnitt über den Fall Staschinski enthielt. Aber das Problem, ihn in die Vereinigten Staaten zu bringen, blieb ungelöst. Ende Januar erfuhr Lew Dobriansky, dass Senator Dodd beschlossen hatte, selbst nach Westdeutschland zu reisen, um Staschinski und die mit seinem Fall befassten westdeutschen Beamten zu befragen, um die Sache voranzubringen.[2]

Auf Dodds deutscher Agenda standen zahlreiche Treffen mit aktiven und pensionierten Spitzenpolitikern der Bundesrepublik Deutschland. Sein Treffen mit Konrad Adenauer fand am Morgen des 8. April statt, dem ersten vollen Tag von Dodds Besuch. Der Bundeskanzler machte keinen Hehl aus seiner Kritik an dem verstorbenen Präsidenten Kennedy und seiner Außenpolitik. Er war der Ansicht, dass Kennedy während der Kuba-Krise gegenüber den Sowjets zu nachgiebig gewesen war. Im Oktober 1962, kurz nach dem Ende des Staschinski-Prozesses, bat er den US-Botschafter in Westdeutschland, Kennedy die Abschriften des Prozesses zur Verfügung zu stellen, um zu zeigen, was die Sowjets vorhatten und wozu sie fähig waren. Jetzt äußerte er Bedenken über den zunehmenden amerikanischen Handel mit der Sowjetunion, insbesondere über Kennedys amerikanischen Getreidedeal mit Chruschtschow. Die Ironie, so Dodd, sei, dass, wenn Kennedy noch am Leben wäre, der Senat das Abkommen wahrscheinlich abgelehnt hätte; der Tod des Präsidenten habe dies zu einer politischen Unmöglichkeit gemacht.[3]

Am nächsten Tag fuhr Dodd nach Karlsruhe, um sich mit Dr. Hubert Schrubbers, dem Leiter des Verfassungsschutzes, zu treffen, der ihn über den Fall Staschinski und die sowjetische Spionage in Westdeutschland informierte. Die Statistiken, die Schrubbers Dodd präsentierte, waren beeindruckend: In den letzten Jahren hatte es in Westdeutschland 222 Entführungsfälle gegeben, die meisten davon in Berlin. In 52 dieser Fälle sei Gewalt angewendet worden, in 7 Fällen seien die Opfer unter Drogen gesetzt worden. Die übrigen wurden durch Täuschung in den Osten gelockt. Die Bedrohung durch die sowjetische Spionage und die Aktivitäten ihrer Agenten war nirgendwo so groß wie in Westdeutschland.

Am 10. April stand das Staschinski-Treffen auf Dodds Terminkalender. Am Vormittag erörterte der Senator den Fall mit Dr. Bruno Heusinger, dem Präsidenten des Bundesstrafgerichts. Sie sprachen auch über den laufenden Prozess gegen die ehemaligen SS-Männer, die am Betrieb von Auschwitz beteiligt waren –

Dodd hatte das Verfahren am Vortag in Köln besucht. Heusinger sagte ihm, dass die beiden Fälle, die der Auschwitz-Verbrecher und der Fall Staschinski, juristisch miteinander verwoben seien. Beide Prozesse, so Dodd, zeigten, »wie ein allmächtiger Staatsapparat den menschlichen Charakter deformieren und versklaven kann«. Nach Dodds Aufzeichnungen zu urteilen, wurde nicht ausdrücklich darüber gesprochen, ob die Angeklagten im Auschwitz-Prozess so wie Staschinski behandelt werden würden – eher als Mitwisser denn als Täter –, aber Heusingers Äußerungen legten nahe, dass dies eine Möglichkeit war. Das Urteil im Staschinski-Prozess hatte einen Präzedenzfall geschaffen, der sich nun auf die Prozesse gegen NS-Verbrecher vor westdeutschen Gerichten auswirkte. Nach seinem Treffen mit Heusinger suchte Dodd den Hauptautor des Staschinski-Urteils auf, Heinrich Jagusch. Sie sprachen über Staschinski, seine Verbrechen und seine Zukunft. Dodd fühlte sich nun bereit, den Mann zu treffen, von dem er so viel gehört hatte.

Das Treffen begann kurz nach 14:00 Uhr. Der Senator begrüßte den ehemaligen KGB-Attentäter und sagte ihm, er habe »einen wichtigen Dienst geleistet, indem er die Wahrheit sagte«. Dann begann Dodd mit seinen Fragen. Der Senator wollte wissen, was Staschinski ihm über andere Attentate sagen könne, auch über solche, bei denen es sich offenbar um Selbstmorde handelte – ein Thema, mit dem sich Dodds Ausschuss seit einiger Zeit befasst hatte. Ein solcher Fall war der des sowjetischen Geheimagenten Walter Kriwitzki, der 1937 in den Westen übergelaufen war und das Buch *Ich war in Stalins Dienst* geschrieben hatte, in dem er die sowjetischen Methoden der Spionage und Ermordung im Ausland aufdeckte. Im Februar 1941 wurde Kriwitzki in einem Washingtoner Hotel in einer Blutlache liegend aufgefunden, angeblich ein Selbstmord.

Ein weiterer Fall war der von Paul Bang-Jensen, einem jungen dänischen Diplomaten, der sich weigerte, den Vereinten Nationen eine Liste der Teilnehmer an der ungarischen Revolution von 1956 zu übergeben, weil er glaubte, dass sie an die Sowjets weitergegeben werden würde. Er wurde im November 1959 in Queens, New York, tot aufgefunden. Wie schon bei Kriwitzki wurde auch bei

Bang-Jensen ein Abschiedsbrief gefunden, in dem er Gründe für seinen Selbstmord angab.[5]

Staschinski versuchte, so hilfreich zu sein, wie er konnte. Dodd erinnerte sich später, dass Staschinski ihm »detailliert beschrieb, wie er Bandera ermordete ... und wie er ihn Tag für Tag verfolgte, seine Gewohnheiten kennenlernte, ihn auf der Treppe des Wohnhauses traf«. Staschinski hatte kein Wissen aus erster Hand über andere vom KGB verübte Morde, aber er kannte die Kultur der Institutionen, für die er arbeitete, gut und konnte fundierte Vermutungen anstellen.

Dazu sagte er: »In der Sowjetunion war es selbstverständlich, dass man in anderen Ländern mit bestimmten Arten von politischen Feinden so umgeht.«

Staschinski erzählte Dodd auch, dass er »definitiv den Eindruck hatte, als Teil eines weltweiten Apparates zu fungieren.« Er wusste, dass er auf Anweisung von ganz oben in der sowjetischen Hierarchie gehandelt hatte. Er wusste auch, dass die Attentate weitergehen würden, nachdem die öffentliche Empörung über Banderas Ermordung abgeklungen war. »Er sagte«, heißt es in Dodds Reisetagebuch, »dass er fest davon überzeugt gewesen sei, dass er in einem der großen englischsprachigen Länder mit der gleichen Art von Arbeiten betraut zu werden.« Senator Dodd war besonders beeindruckt von der Nachbildung der Giftpistole, die Staschinski bei Banderas Ermordung benutzt hatte. Nach dem Treffen, das fast zwei Stunden dauerte, ging Dodd zu Jaroslaw Stezko, der Nummer 3 auf Staschinskis Abschussliste.[6]

Dodd verließ Westdeutschland, wie er sich später erinnerte, mit einem viel besseren Verständnis für die Funktionsweise des KGB-Apparats. Im März 1965 führte der Unterausschuss für innere Sicherheit des US-Senats schließlich seine Anhörungen durch und konzentrierte sich dabei insbesondere auf den Fall Staschinski. Der Bericht des Unterausschusses erschien im Druck unter dem Titel *Murder International, Inc: Murder and Kidnapping as an Instrument of Soviet Policy* (*Mord und Entführung als Instrument der sowjetischen Politik*). Der Haupttitel lehnte sich an den Namen an, den die amerikanische Presse den Auftragskillern der Mafia in den 1930er- und 1940er-Jahren gegeben hatte – »Murder, Inc.«. In der von Senator

Dodd verfassten Einleitung hieß es, dass der Staschinski-Prozess, obwohl er »in der westlichen Presse nur sporadische Aufmerksamkeit erregt« habe, es verdiene, »zu den großen Prozessen der Geschichte gezählt zu werden«. Dodd erläuterte seine Bedeutung wie folgt: »Die in dem Prozess vorgelegten Beweise haben zum ersten Mal vor einem Gericht bewiesen, dass die Sowjets Mord als Instrument der internationalen Politik einsetzen und dass der internationale Mordapparat der Sowjetregierung trotz der so genannten ›Liberalisierung‹, die seit Stalins Tod stattgefunden haben soll, weiterhin mit voller Kraft arbeitet.«[7]

48
Judex

Als Dodd am 10. April 1964 Karlsruhe verließ, wurde Staschinski in seine Gefängniszelle zurückgebracht. Gerüchten zufolge verbüßte er seine Strafe im Gefängnis von Landsberg, etwa vierzig Kilometer von München entfernt. Zu diesem Zeitpunkt hatte er noch mehr als fünf Jahre Haft vor sich. Sein Anwalt Helmut Seidel hatte ein Gnadengesuch gestellt, aber es war ungewiss, ob dies bewilligt werden würde.

Auch außerhalb der Gefängnismauern gab es weitere schlechte Nachrichten. Am 23. Juni 1964 reichte Inge, offenbar traumatisiert von der Tortur, die Scheidung ein. Wir wissen nicht, wie Staschinski auf diese Nachricht reagierte. Aber es ist leicht, sich Inges Beweggründe vorzustellen. Sie fürchtete um ihr Leben und hatte sich nach Angaben des *Stern*-Reporters Gerd Heidemann in psychiatrische Behandlung begeben. Heidemann interviewte Inge Anfang November 1962, kurz nach dem Staschinski-Prozess. Das Gespräch wurde von Erwin Fischer von der Bundesanwaltschaft arrangiert, der Inge versicherte, dass sie Heidemann vertrauen und ihm alles erzählen könne. Leider wusste sie nicht, dass Heidemann seit 1953 unter dem Decknamen »Gerhardt« für die Stasi gearbeitet hatte. Er kam 1985 ins Gefängnis, weil er gefälschte Tagebücher verkaufte, die angeblich von Hitler stammten, während er noch auf der Liste der aktiven Stasi-Agenten stand. Heidemann behauptete später, er sei ein Doppelagent gewesen – eine Behauptung, die Inge wenig Trost gespendet hätte.[1]

Bogdan Staschinski war im Gefängnis relativ sicher, aber was würde nach seiner Entlassung geschehen? Wo könnte er einen sicheren Hafen vor seinen ehemaligen KGB-Kollegen finden? Während seines Treffens mit Senator Dodd sagte Heinrich Jagusch dem amerikanischen Besucher, dass »Staschinskis Aussage sehr hilfreich gewesen sei, aber wenn er entlassen würde, wäre Deutschland für ihn ein sehr unsicheres Pflaster«. Jagusch hoffte, dass »Vorkehrungen für ihn in einem sichereren Land getroffen werden könnten«. Jagusch war ein wichtiger Verbündeter, aber er sollte bald aus dem Amt gedrängt werden und Staschinski weitgehend schutzlos zurücklassen.[2]

Die politischen Probleme von Dr. Jagusch begannen bald nach der Verlesung des Urteils im Staschinski-Prozess. In einer Propagandakampagne im Osten wurde er beschuldigt, ein überzeugter Nazi zu sein. Dann veröffentlichte derselbe *Stern*-Reporter, Gerd Heidemann, Fotos, auf denen das Gesicht eines der Ermittler in dem von Jagusch behandelten Fall zu sehen war, und enthüllte die Tatsache, dass der Richter vertrauliches Material an den Journalisten weitergegeben hatte. Einige Monate nach Dodds Besuch in Karlsruhe spitzte sich die Lage weiter zu. Im September 1964 verstieß Jagusch gegen den gerichtlichen Ethikkodex, als er im *Spiegel*, der führenden politischen Wochenzeitung Westdeutschlands, einen Artikel veröffentlichte, der die Freilassung eines mutmaßlichen ostdeutschen Spions aus einem Bundesgefängnis enthüllte, angeblich im Austausch für die Freilassung einer Reihe politischer Gefangener in der DDR. Der Artikel, der die Regierungspolitik und die Haltung von Jaguschs Vorgesetzten zu diesem Thema in Frage stellte, war nicht unterzeichnet. Ein weiterer Artikel von Jagusch erschien Anfang November 1964 in der gleichen Zeitschrift. Darin stellte er das Vorgehen der Generalstaatsanwaltschaft in Frage, die die Verhaftung eines *Spiegel*-Journalisten unter dem Vorwurf der Spionage gebilligt hatte. Dieser Artikel war mit dem Pseudonym »Judex« unterzeichnet – in Anlehnung an einen beliebten französischen Film über einen geheimnisvollen Rächer. Beide Artikel waren umstritten und erregten großes Aufsehen. Die Jagd nach dem Autor begann, und bald zeigte eine der Münchner Zeitungen mit dem Finger auf Jagusch.[3]

Als er von Bruno Heusinger, dem Präsidenten des Bundesgerichtshofs, darauf angesprochen wurde, leugnete Jagusch den Vorwurf. Doch bald danach gab er zu, »Judex« zu sein. Seine Karriere am Obersten Gerichtshof war damit so gut wie beendet. Er hatte fast alle beleidigt – die Befürworter einer Verbesserung der

Beziehungen zum Osten, indem er sich gegen die Freilassung eines kommunistischen Spions aussprach, und die Hardliner, indem er die unrechtmäßige Verhaftung eines Journalisten wegen Spionage in Frage stellte. Vor allem aber hatte er seine Vorgesetzten und seine eigenen Kollegen belogen. Seit dem Staschinski-Prozess wurden gegen Jagusch – wahrscheinlich mit Unterstützung und Ermutigung aus dem Osten – Anschuldigungen erhoben, er habe sich an der Nazifizierung der deutschen Gewerkschaften unter Hitler beteiligt. Jagusch hatte den Vorwurf bestritten, und seine Vorgesetzten und Kollegen am Obersten Gerichtshof hatten ihn unterstützt. Nach der Veröffentlichung seiner Spiegel-Artikel verlor er ihre Unterstützung.[4]

Im Januar 1965 wurde Jagusch unter dem Vorwurf suspendiert, er habe über seine Mitgliedschaft in der NSDAP gelogen. Einen Monat später wurde er aus gesundheitlichen Gründen in den Ruhestand versetzt. Frei von der Richterbank erfand er sich als Autorität im deutschen Verkehrsrecht neu, aber sein politisches Vermächtnis blieb das Urteil, das er im Fall Staschinski gefällt hatte. Das Urteil hatte unmittelbare Auswirkungen auf Dutzende von Prozessen gegen ehemalige Nazifunktionäre, einschließlich des Auschwitz-Prozesses, der im Herbst 1965 abgeschlossen wurde. In Anlehnung an den Staschinski-Prozess wurden die Angeklagten nicht als Haupttäter, sondern als Mittäter der Morde verurteilt. Robert Mulka, der Adjutant des Lagerkommandanten, wurde zu vierzehn Jahren Haft verurteilt, weit entfernt von dem Todesurteil, das ein Warschauer Gericht 1947 gegen den Lagerkommandanten und Mulkas Vorgesetzten Rudolf Höss verhängt hatte. Der deutsche Bundestag brauchte sieben Jahre, um das Strafgesetzbuch zu ändern und die durch das Staschinski-Urteil entstandene Lücke zu schließen. Da das neue Strafgesetzbuch erst Mitte der 1970er-Jahre in Kraft trat, konnten sich einige angeklagte NS-Verbrecher vor deutschen Gerichten auf die »Staschinski-Verteidigung« berufen. Im Jahr 1973 wurde Ludwig Hahn, ein ehemaliger Kommandeur der deutschen Geheimpolizei (SD) in Warschau, der die Liquidierung des Warschauer Ghettos überwacht und an der Niederschlagung des Warschauer Aufstands von 1944 teilgenommen hatte, zu zwölf Jahren Haft verurteilt. Die westdeutsche Presse verknüpfte diese Milde direkt mit dem Präzedenzfall Staschinski.[5]

Ohne Jagusch gab es an der Spitze der deutschen Justiz eine Person weniger, die sich um Staschinskis Sicherheit nach Verbüßung seiner Strafe sorgte. Es ist nicht bekannt, ob sich Senator Dodd jemals auf Jaguschs Aufforderung hin bemüht hat, einen sicheren Hafen für Staschinski zu finden. Aber Dodds Tage als mächtiger Senator mit Einfluss auf das Weltgeschehen – und Staschinskis Zukunft – waren gezählt.[6]

Im Juni 1966 veranstaltete der Sonderausschuss des US-Senats für Verhaltensregeln Anhörungen zu Dodds Reise. Seine politischen Gegner behaupteten, dass der eigentliche Zweck gewesen sei, Julius Klein zu helfen, einem pensionierten Brigadegeneral der US-Armee, der für westdeutsche Unternehmen in den Vereinigten Staaten Öffentlichkeitsarbeit betrieb. Klein war kritisiert worden, weil er Unternehmen förderte, die zuvor vom Naziregime und dessen Verbrechen profitiert hatten. Als Reaktion darauf hatten andere westdeutsche Unternehmen ihn nicht mehr als Vertreter ihrer Öffentlichkeitsarbeit eingestellt. Dodds Ankläger behaupteten nun, er sei nicht in erster Linie nach Deutschland gereist, um Staschinski zu besuchen, sondern um für General Klein Lobbyarbeit zu betreiben und ihm dabei zu helfen, einen Teil seiner verlorenen Geschäfte zurückzugewinnen. Die Anschuldigungen wurden nie bewiesen, aber Dodd wurde 1967 vom Senat wegen der Verwendung von Wahlkampfgeldern für eigene Zwecke getadelt. Die Untersuchung erfolgte im Rahmen von Dodds teilweise erfolgreichen Versuchen, die Schusswaffenindustrie zu regulieren, und war das Ergebnis der Bemühungen von deren Lobbyisten.

Der Mann, der sich bei Staschinski dafür bedankt hatte, dass er die Wahrheit gesagt hatte, blieb bis 1971 im Amt, verlor aber schon vorher seine ganze Macht und sein Ansehen. Die sowjetischen Medien feierten den Sturz des Senators. Viele in der sowjetischen Regierung betrachteten ihn als einen der schlimmsten Feinde, die die Sowjetunion je hatte.[7]

49

Verschwunden

Die Hamburger Zeitschrift *Stern* war die erste, die die Nachricht verbreitete. »Er wurde von Agenten des US-Geheimdienstes CIA abgeholt«, schrieb der Reporter des Magazins, »und sofort in einem Militärflugzeug in die Vereinigten Staaten gebracht«. Er bezog sich damit auf Bogdan Staschinskis Entlassung aus dem Gefängnis. Der *Stern*-Reporter sprach auch das Schicksal von Inge an. Sie hatte sich im Juni 1964 von Bogdan scheiden lassen, war aber nach Angaben des Bundesanwaltes Erwin Fischer, der ihr über die Jahre hinweg beigestanden hatte, gut versorgt und wieder glücklich. War sie verheiratet, und wenn ja, mit wem? Darüber konnte man nur spekulieren.

Die *Stern*-Story erschien Mitte Februar 1969 und wurde sofort von der Associated Press aufgegriffen und an Zeitungen in aller Welt weitergeleitet. Der KGB nahm die *Stern*-Veröffentlichung besonders zur Kenntnis. Ende März berichtete der KGB-Chef in der Ukraine seinem Chef in der Kommunistischen Partei über die Geschichte. Auch innerhalb der CIA nahmen Beamte den *Stern*-Bericht zur Kenntnis, und eine Kopie davon landete in den Akten der Behörde, die sich mit der Ermordung von Präsident Kennedy befassen. Die einzige offizielle Stelle, die sich öffentlich zu dieser Nachricht äußerte, war das westdeutsche Justizministerium. Am 18. Februar 1969 erklärte ein Sprecher des Ministeriums, der damals achtunddreißigjährige Staschinski sei freigelassen worden und habe zu seinem eigenen Schutz das Land verlassen dürfen. Der Sprecher wollte nicht genau sagen, wohin Staschinski gegangen war. Er sagte jedoch, dass die Ausreise schon zwei Jahre zuvor stattgefunden habe. Der ehemalige KGB-Attentäter war nach Verbüßung von nur zwei Dritteln seiner Strafe entlassen worden.[1]

Dies war die erste öffentliche Meldung über Staschinski seit März 1965, als die Medien berichtet hatten, dass der westdeutsche Bundespräsident Heinrich Lübke ein Gnadengesuch von Staschinskis Anwalt abgelehnt habe. Nun schrieb der *Stern*-Reporter, dass Staschinski nach seiner Entlassung in der Silvesternacht 1966 von CIA-Agenten abgeholt worden war. Dem Bericht zufolge hielten ihn die Amerikaner für einen sehr wertvollen Agenten. Der *Stern*-Artikel diente als Ausgangspunkt für zahlreiche Spekulationen über das Schicksal des Spions, der sich nach seiner vorzeitigen Entlassung aus dem Gefängnis in Luft aufgelöst hatte. Einige meinten, er sei wahrscheinlich für immer in die Vereinigten Staaten überstellt worden. Aber jeder, der Staschinskis Spur aufnehmen wollte, lag mindestens zwei Jahre hinter ihm zurück.[2]

Während sich die Welt fragte, ob die CIA Staschinski beherbergte, diskutierten die CIA-Experten immer noch darüber, ob sie dem ehemaligen sowjetischen Agenten trauen konnten. Vielleicht war er nach allem, was geschehen war, immer noch Teil eines ausgeklügelten KGB-Plans, um die westliche Sicherheit zu untergraben. James Jesus Angleton, der viele Jahre lang (1954–1975) als Leiter der CIA-Gegenspionage tätig war, litt geradezu an Verfolgungswahn wegen der möglichen Unterwanderung der CIA durch den KGB – er hielt jeden KGB-Überläufer für einen Spitzel. Erst nach Angletons Rücktritt an Heiligabend 1975 warf die Agency einen neuen Blick auf den Fall Staschinski.

Der Bericht, der am 22. April 1976 fertiggestellt wurde, begann mit einer aufschlussreichen Aussage: »Dieses Memorandum wurde verfasst, um festzustellen, ob es genügend Informationen gibt, die die Behauptung des KGB-Agenten Bogdan Nikolajewitsch Staschinski stützen, er habe den ukrainischen Emigrantenführer Stepan Bandera im Oktober 1959 in München ermordet.« Der sechzehnseitige Bericht, in dem alle Informationen, die die CIA zum Fall Staschinski gesammelt hatte, ausgewertet wurden, kam zu dem sorgfältig formulierten Schluss, dass Staschinski höchstwahrscheinlich das getan hatte, was er behauptet hatte getan zu haben. Der einzige ungeklärte Beweis war die Spur von Zyanid in Banderas Magen, einem Element, das Staschinskis Giftpistole nicht hätte hinterlassen sollen. Ansonsten, so der Autor des Berichts, sei

»schwer zu erkennen, was der KGB durch Staschinskis Geständnis gewinnen könnte«.

Der Bericht enthält keinen Hinweis darauf, dass Staschinski tatsächlich jemals in die Vereinigten Staaten gebracht wurde und sich dort einer plastischen Schönheitsoperation unterzog, nach der er allein und frei weiterleben durfte, wie in Journalistenkreisen gemunkelt wurde. Wenn die Reporter des Magazins *Stern*, die die Geschichte von Staschinskis Freilassung verbreiteten, mit ihrer Behauptung richtig lagen, dass die Amerikaner Staschinski abgeholt hatten, dann mussten sie ihn irgendwo anders hin als in die Vereinigten Staaten gebracht haben. Wäre er in die Vereinigten Staaten gebracht und Angleton und seinen Leuten bei der CIA unterstellt worden, hätte Staschinski höchstwahrscheinlich die gleiche Behandlung erfahren wie der KGB-Überläufer Juri Nossenko. Nossenko hatte drei Jahre in Einzelhaft verbracht und wurde mit Drogen gefügig gemacht, damit er die »Wahrheit« sagte; er wurde erst 1967 aus der CIA-Gefangenschaft entlassen und erst 1969 zum echten Überläufer erklärt.

Der Autor des CIA-Berichts von 1976 erklärte, dass Staschinski 1967 nach Verbüßung von zwei Dritteln seiner Strafe entlassen wurde. »Er erhielt von den deutschen Behörden eine Ausbildung als Stahlarbeiter und wurde unter einem anderen Namen in ein anderes Land umgesiedelt«. In dem Bericht wurde das Land nicht genannt. Wo auch immer Staschinski nach seiner Entlassung aus dem westdeutschen Gefängnis hinging, er war offensichtlich untergetaucht.[3]

Der einzige Hinweis, den Staschinski unabsichtlich gab, findet sich in einem Ratschlag an die Nummer 3 auf seiner Münchner Todesliste, Banderas Stellvertreter, Jaroslaw Stezko. »Ich glaube nicht, dass es einen wirklichen Schutz gegen einen vom KGB angeordneten Mord gibt«, schrieb Staschinski aus seiner Gefängniszelle. »Aber die Ausführung solcher Verbrechen könnte sehr viel schwieriger gemacht werden.« Staschinski riet Stezko und anderen möglichen Zielpersonen des KGB, ihren Vor- und Nachnamen und ihren Wohnort mindestens einmal alle drei Jahre zu ändern, und ihr Wohnsitzland so oft wie möglich. In jedem Land sollten sie gebräuchliche Aliasnamen wählen und slawische Namen vermeiden.

Ihre Namen und Adressen sollten nicht in Telefonbüchern und Verzeichnissen erscheinen. Sie sollten einen zweiten Decknamen für ihren Wohnsitz wählen und darin geschult werden, Beschattungen zu erkennen. »Absolute Geheimhaltung muss das erste Gebot sein«, schrieb Staschinski.[4]

50
Kreml-Geist

Nach der überraschenden Ankündigung seiner vorzeitigen Entlassung aus dem Gefängnis im Jahr 1969 verschwand Bogdan Staschinski aus der Presse. Aber seine Verbrechen und mehr noch sein Geständnis beeinflussten noch jahrelang die Politik des Kalten Krieges und das Leben der Menschen, die direkt mit seinem Fall zu tun hatten. Für eine Reihe dieser Personen war dieser Einfluss alles andere als wohltuend.

Im Sommer 1973 tauchte sein Name im Zusammenhang mit einer Untersuchung der US-Regierung über ein angebliches Attentat auf Leonid Breschnew bei einem Besuch in den Vereinigten Staaten auf. Anfang Juni informierte die sowjetische Botschaft in Washington den US-Geheimdienst, dass ihren Quellen zufolge eine Gruppe ukrainischer Nationalisten unter der Leitung von Banderas ehemaligem Mitarbeiter Jaroslaw Stezko ein Attentat auf den sowjetischen Staatschef plante. Bei den Killern handelte es sich angeblich um fanatische junge Ukrainer, die im Vietnamkrieg gekämpft hatten und nun in den Vereinigten Staaten eine Spezialausbildung absolvierten. Sie planten, sich in Uniformen der Polizei oder der US-Armee zu kleiden und Breschnew, der 1964 Chruschtschow abgelöst hatte, anzugreifen. Einer der angeblichen Verschwörer war ein Oberstleutnant der US-Armee namens Nicholas Krawciw.

Der Geheimdienst prüfte die sowjetische Anfrage bei der CIA, die Stezko anhand der Staschinski-Akte identifizierte. Stezko, so teilte die CIA ihren Geheimdienstkontakten mit, stand auf der Abschussliste des KGB. Das FBI nahm sich des Falles sofort an und erkannte bald, dass das Komplott nur ein Hirngespinst der Sowjets war. Stezko, der inzwischen zum Leiter der Bandera-Organisation aufgestiegen war, hatte geplant, in die Vereinigten Staaten zu reisen, was er jedoch nicht tat. Seine angeblichen Komplizen hielten sich entweder ganz aus der Politik heraus oder gehörten einer rivalisierenden Fraktion der Organisation Ukrainischer Nationalisten an, die mit ihm bei keinem Projekt zusammenarbeiten wollte, schon gar nicht bei der Ermordung von Leonid Breschnew.

Einer der mutmaßlichen Verschwörer, Osyp Zinkewitsch, war ein Verleger von regimekritischer Literatur, die aus der Ukraine geschmuggelt wurde. Er glaubte an die Macht des geschriebenen Wortes, nicht an eine abgefeuerte Kugel. Krawciw hatte zweimal in Vietnam gedient und sich 1972, vor dem Jom-Kippur-Krieg, als Geheimdienstoffizier auf seinem Posten in Israel hervorgetan. Wie viele andere Mitglieder der ukrainischen Gemeinschaft in den Vereinigten Staaten, die von den Sowjets auf die Liste gesetzt wurden, wusste Krawciw nichts von einem Komplott zur Ermordung Breschnews. Es wurde deutlich, dass die Sowjets versuchten, die amerikanischen Strafverfolgungsbehörden auf die ukrainischen Organisationen zu hetzen, die planten, gegen Breschnews Besuch in den Vereinigten Staaten zu protestieren. FBI-Quellen berichteten, dass die führende ukrainische Zeitung des Landes, die *Ukrainische Wochenzeitung*, ihre Leser aufforderte, sich aktiv an den Protesten zu beteiligen. Breschnew, so schrieb die Zeitung, würde »mit einem Messer hinter dem Rücken lächeln«.[1]

Die einzigen Waffen, die Leonid Breschnew während seines Besuchs zu Gesicht bekam, waren zwei Pistolen, die ihm sein Lieblings-Hollywood-Schauspieler Chuck Connors überreichte, dessen Western der sowjetische Staatschef bewunderte. Die Proteste fanden in New York und anderen Städten statt, obwohl der KGB alles tat, um sie zu verhindern. Die größte Demonstration fand am Sonntag, dem 17. Juni 1973, vor dem Sitz der Vereinten Nationen in New York statt. Nahezu tausend ukrainische Demonstranten skandierten: »Breschnew, geh nach Hause, lass die USA in Ruhe!«. Einer der mutmaßlichen Teilnehmer an dem Komplott, Askold Lozinski vom Jugendflügel der Bandera-Organisation, wandte sich an die Menge und wies auf die Ironie hin, dass die Regierung des »Landes der Freien« mit der Regierung des »Landes der Unterdrückten« Geschäfte machen wolle. Letztendlich waren es die Demonstrationen der ukrainischen Nationalisten, nicht ihre Kugeln, die die größte

Gefahr für die ins Ausland reisenden sowjetischen Würdenträger darstellten.²

Leonid Breschnew wusste das besser als jeder andere. Im Mai 1975 vollendete er seinen Aufstieg an die Spitze der Sowjetmacht, indem er seinen langjährigen Rivalen, den ehemaligen KGB-Chef Alexander Schelepin, aus dem Politbüro entfernte. Der offizielle Grund für die Absetzung war Schelepins angeschlagenes Image im Ausland, wie die Massendemonstrationen in London gegen seinen Besuch in Großbritannien zeigten. Seit dem Staschinski-Prozess war Schelepin im Westen als Drahtzieher politischer Attentate bekannt.

In den Vereinigten Staaten wurde diese Rolle in dem Bericht des Ausschusses von Senator Thomas Dodd hervorgehoben. »Laut der Aussage von Staschinski«, schrieb Dodd in seiner Einleitung, »stand an der Spitze der Liste der sowjetischen Beamten, die diesen [Mord-]Apparat leiteten, Alexander N. Schelepin, Vorsitzender der Staatssicherheit der UdSSR. Heute ist dieser ehemalige Oberbefehlshaber der ›Abteilung für blutige Angelegenheiten‹ stellvertretender Ministerpräsident des Ministerrats, Mitglied des Präsidiums und Sekretär des Zentralkomitees der Kommunistischen Partei der UdSSR. Seine Betrauung mit diesen hohen Ämtern unter der ›neuen‹ Regierung deutet stark darauf hin, dass Mord weiterhin ein Instrument der sowjetischen Politik sein wird, so wie es seit den Tagen Lenins der Fall war.« In einer Rede vor US-Politikern anlässlich der Woche der gefangenen Nationen im Juli 1965 beschuldigte Jaroslaw Stezko, die Nummer 3 auf Staschinskis Abschussliste, Schelepin, die Ermordung von Präsident Kennedy angeordnet zu haben.³

Jahrelang war Schelepin gezwungen gewesen, Reisen mit offiziellen sowjetischen Delegationen in den Westen zu vermeiden, weil ein westdeutscher Richter im Zusammenhang mit dem Staschinski-Prozess einen Haftbefehl gegen ihn erlassen hatte. Erst als die westdeutsche Regierung den Haftbefehl auf starken sowjetischen Druck hin aufhob, konnte Schelepin, damals Vorsitzender des sowjetischen Gewerkschaftsverbandes, zu offiziellen Besuchen in den Westen reisen. Im Frühjahr 1975 nahm er eine Einladung des Vorsitzenden der britischen Gewerkschaften zu einem Besuch in diesem Land an. Als die Nachricht von diesem Besuch das britische Parlament erreichte, kam es in London zu einem politischen Skandal. Die oppositionellen Tories verlangten von der Regierung, ihm das Einreisevisum zu verweigern, und die regierenden Labour-Parteien erklärten, es sei ein Fehler gewesen, ihn einzuladen. Ein Labour-Abgeordneter erklärte, Schelepin sei der unwillkommenste Gast seit dem prominenten Nazi Rudolf Hess, der 1940 nach Großbritannien geflogen war.

Dennoch beschloss Schelepin, den Besuch nicht abzusagen. Er wollte seine neue Immunität vor Strafverfolgung testen. Er wurde nicht nur von unzufriedenen Parlamentariern, sondern auch von empörten Mitgliedern der ukrainischen Gemeinschaft empfangen. Auf den Straßen Londons protestierten dreitausend Menschen gegen Schelepins Besuch. Der ehemalige KGB-Chef war gezwungen, seinen Besuch abzubrechen und nach Moskau zurückzukehren, nur um kurz darauf aus dem Politbüro entfernt zu werden. Seine politische Karriere war zu Ende.[4]

Schelepin verlor seine Position an der Spitze der sowjetischen Hierarchie nicht, weil seine Kollegen im Politbüro es für falsch hielten, dass der KGB-Chef Attentate im Ausland beaufsichtigt hatte, sondern weil Leonid Breschnew die Proteste im Westen nutzte, um seinen wichtigsten politischen Gegner auszuschalten. Breschnews Verweis auf die öffentliche Meinung im Westen als Grund für die Entlassung Schelepins hinterließ bei der politischen Elite der Sowjetunion einen starken Eindruck. Die Person, die davon am meisten betroffen war, war Juri Andropow, der 1967 von Breschnew auf Schelepins früheren Posten an der Spitze des KGB (als Nachfolger von Wladimir Semitschastny) berufen worden war. Wie Schelepin war Andropow ein Parteiapparatschik, der starke politische Ambitionen hegte. Aus der Schelepin/Staschinski-Affäre zog er eine wichtige Lehre: Wenn er bei der Ermordung von Menschen im Ausland erwischt würde, wären seine Aussichten auf einen Aufstieg an die Spitze der UdSSR dahin.

Unter Andropow stellte der KGB die Ermordung politischer Gegner des Sowjetregimes ein. Andropow tat auch sein Bestes, um den Westen nicht durch harte Verfolgung führender Dissidenten zu verärgern. Die beiden wichtigsten Oppositionellen der 1970er-

Jahre, Alexander Solschenizyn und Andrei Sacharow, wurden nach sowjetischen Maßstäben vom KGB sehr milde behandelt. Der erste wurde in den Westen verbannt, der zweite in eine sowjetische Provinzstadt. Beide wurden nicht zu Gefängnisstrafen verurteilt. Durch sein vorsichtiges Vorgehen wurde Andropow nach Breschnews Tod im November 1982 zum Oberhaupt des sowjetischen Staates.[5]

51
Auf der Flucht

Während die Folgen des öffentlichen Skandals, der durch Staschinskis Überlaufen in den Westen ausgelöst wurde, die politischen Kämpfe innerhalb des sowjetischen Politbüros beeinflussten, hielt der KGB Ausschau nach seinem ehemaligen Mitarbeiter. Im November 1962, einen Monat nach dem Ende des Staschinski-Prozesses, billigte Wladimir Semitschastny, Alexander Schelepins Nachfolger und Wladimir Andropows Vorgänger als KGB-Chef, einen Plan mit »Sondermaßnahmen« gegen »besonders gefährliche Verräter«. Auf dieser Liste stand auch Bogdan Staschinski.

In seinen Memoiren erklärte Semitschastny die Logik hinter diesem und anderen sowjetischen Versuchen, ehemalige KGB-Agenten zu töten, wie folgt:

> Ich selbst, als KGB-Vorsitzender, hatte nie das Recht, einseitige Entscheidungen über die physische Liquidierung von Menschen zu treffen. Die gegenteilige [westliche] Propaganda basierte vor allem auf dem Prinzip der Durchführung sowjetischer Gesetze außerhalb des Mutterlandes, was vor allem für Überläufer aus unseren Reihen galt, deren Namen bekannt waren. Wenn ein Tschekist [KGB-Mann], ein Sowjetbürger oder ein Soldat, der geschworen hatte, dem Vaterland und der bestehenden Ordnung zu dienen, sein Land verriet und in den Westen floh, dann konnte er nach geltendem sowjetischen Recht trotz seiner Abwesenheit vor Gericht gestellt und verurteilt werden. Und wenn er in diesem Verfahren zum Tode verurteilt wurde, konnte danach die Frage nach der Vollstreckung des Urteils gestellt werden.[1]

In dem von Semitschastny im November 1962 unterzeichneten Dokument hieß es: »Da diese Verräter, die wichtige Staatsgeheimnisse an den Gegner weitergegeben und der UdSSR großen politischen Schaden zugefügt haben, in Abwesenheit zum Tode verurteilt worden sind, wird das Urteil im Ausland vollstreckt«.

Die Spionageabwehreinheiten des KGB sollten die Familienmitglieder der Überläufer in der Sowjetunion überwachen, ihre Korrespondenz überprüfen und ihre Wohnungen durchsuchen, in der Hoffnung, dass die Überläufer versuchen würden, Kontakt aufzunehmen. Spionageabwehreinheiten im Ausland sollten Verräter in ihren Aufenthaltsländern aufspüren, damit speziell ausgebildete Killer der Dreizehnten Abteilung, die für aktive Maßnahmen zuständig war, das Urteil vollstrecken konnten. Im Fall von Anatoli Golizyn, einem KGB-Offizier, der im Dezember 1961 in den Westen übergelaufen war, sah der Plan vor, ihn zu ermorden, falls er jemals vor einem Senats- oder Kongressausschuss der USA aussagen sollte.[2]

Staschinskis Verbleib nach seiner Freilassung war nur einem kleinen Kreis westdeutscher Beamter bekannt. Im Jahr 1971 veröffentlichte General Reinhard Gehlen, der inzwischen als Chef des westdeutschen Auslandsgeheimdienstes (BND) in den Ruhestand getreten war, seine Memoiren, in denen er andeutete, dass er wusste, was mit dem ehemaligen KGB-Attentäter geschehen war. Gehlen bestätigte frühere Aussagen westdeutscher Beamter, dass Staschinski nach Verbüßung nur eines Teils seiner Strafe freigelassen worden sei. »Heute lebt der ›Torpedo‹ des KGB als freier Mann irgendwo in der Welt an einem Platz, den er sich an jenem Tag im Sommer 1961 ausgesucht hat, wenige Tage bevor die Mauer über Berlin errichtet wurde«, schrieb Gehlen. Den genauen Ort hat der General nie verraten.[3]

Wenn Staschinski nicht in den Vereinigten Staaten war, wohin war er dann gegangen? Die Antwort wurde unerwartet von einem anderen pensionierten General, Mike Geldenhuys, in einer Reihe von Interviews gegeben, die er Anfang März 1984 einem südafrikanischen Zeitungsreporter gab. Geldenhuys war der sechzigjährige ehemalige Leiter der geheimen Abteilung des südafrikanischen Sicherheitsdienstes, des Bureau for State Security (BOSS), das für seine grobe Spionageabwehrtaktik und Menschenrechtsverletzungen im Umgang mit der Befreiungsbewegung unter der Führung des Afrikanischen Nationalkongresses bekannt war. Im Juni 1983, acht Monate vor der Gewährung der Interviews, war Geldenhuys als Polizeikommissar, dem höchsten Polizeiamt des Landes, in den Ruhestand getreten.

Am 5. März 1984 veröffentlichte die *Cape Times*, die älteste südafrikanische Tageszeitung, die Interviews. Der Artikel begann mit der Biografie von Geldenhuys und einer Beschreibung von Staschinskis Mord an Lew Rebet. Die Tötung von Bandera sollte in der nächsten Ausgabe der Zeitung behandelt werden. In dem Interview behauptete der General im Ruhestand, dass Staschinski aus Deutschland nach Südafrika gekommen sei und dass er, Geldenhuys, damals Oberst und zweiter Befehlshaber bei BOSS, der erste südafrikanische Beamte gewesen sei, der den neuen Siedler verhört habe. Geldenhuys beschrieb einige Aspekte von Staschinskis Leben in Südafrika, weigerte sich aber, anderes preiszugeben. »Staschinskis Dossier ist eines der bestgehüteten Geheimnisse der Welt«, sagte er dem Reporter, »und das ist es zum Teil immer noch, da Staschinskis neue Identität und sein Aufenthaltsort niemals bekannt gegeben werden.« Wenn ein KGB-Attentäterteam immer noch auf der Suche nach Staschinski war, war dies ein wichtiger Hinweis darauf, wo Staschinski sein neues Leben begonnen hatte. Das Problem war, dass die Sowjetunion keine diplomatischen Beziehungen zu Südafrika unterhielt und die Durchführung einer Operation in diesem Land ein logistischer Alptraum gewesen wäre. Außerdem, so Geldenhuys gegenüber der Zeitung, würde niemand mehr in der Lage sein, Staschinski zu erkennen.

Geldenhuys erklärte dem Reporter, dass Staschinski zwar der Todesstrafe in Westdeutschland entgangen sei, sein Leben aber in Gefahr schwebte und seine Entlassung aus dem Gefängnis lange vor dem Ende seiner Haftzeit unter größter Geheimhaltung arrangiert worden sei. »In der Zwischenzeit wurden wir vom westdeutschen Sicherheitsdienst angesprochen und gebeten, diesem Mann Asyl in Südafrika zu gewähren, weil sie überzeugt waren, dass dies das einzige Land sei, in dem er vor KGB-Agenten vergleichsweise sicher wäre«, fuhr der General fort. »Wir haben zugestimmt.« Im ganzen Land gab es nur drei Personen, die von der geheimen Umsiedlung wussten: Geldenhuys, sein Vorgesetzter, der Chef des südafrikanischen Sicherheitsdienstes, Hendrik van den Bergh, und der Premierminister Südafrikas, B. J. Vorster.

Geldenhuys zufolge war Staschinski 1968, also mindestens ein Jahr nach seiner Entlassung aus dem Gefängnis, nach Südafrika gekommen. Die Südafrikaner haben es nicht bereut, der Bitte ihrer westdeutschen Kollegen nachgekommen zu sein. Geldenhuys zufolge konnte Staschinski »unserem Nachrichtendienst eine große Menge an unschätzbaren Informationen über die Struktur und die Operationen des russischen Geheimdienstes liefern«. In Südafrika soll sich Staschinski nicht nur eine neue Identität zugelegt, sondern sich auch einer plastischen Operation unterzogen haben, um sein Aussehen zu verändern. Er bekam auch einen neuen Job und heiratete wieder.

»Wir verschafften ihm einen Job, in dem er sich sehr gut machte«, erzählte Geldenhuys dem Reporter, »und irgendwann lernte er ein Mädchen aus Durban kennen und sie verliebten sich. Als sie auf dem Standesamt irgendwo in der Republik heirateten, bat er mich, sein Trauzeuge zu sein. Wir hatten ein Band der Freundschaft geknüpft, das noch heute besteht, und ich habe gerne zugesagt.« Geldenhuys sagte in dem Interview, dass er in seinem Banktresor ein Bild von sich aufbewahrt, auf dem er mit Staschinski und seiner Frau nach der Hochzeit posiert. Geldenhuys hat nie erwähnt, dass Inge Pohl oder jemand anderes Staschinski nach Südafrika begleitet hat.[4]

Die Associated Press und andere Nachrichtenagenturen griffen die Geschichte über den Aufenthaltsort und das Leben des ehemaligen KGB-Attentäters nach der Haft auf und verbreiteten sie weltweit. Viele, darunter auch Mitglieder der Familien Bandera und Rebet, bezweifelten, dass der Bericht wahr sein könnte. Es gibt aber Gründe zu glauben, dass er es war. Von den beiden Personen, die neben Geldenhuys angeblich Staschinskis Identität in Südafrika kannten, war eine noch am Leben. Der ehemalige Premierminister und damalige Präsident B. J. Vorster war im September 1983 gestorben, aber Hendrik van den Bergh erfreute sich bester Gesundheit, arbeitete auf seiner Hühnerfarm und schrieb seine Memoiren, nachdem er 1980 aus der Regierung gedrängt worden war. Nach Angaben von General Geldenhuys' Biografin Hanlie van Straaten besaß der General im Sommer 2013 in seinem Archiv ein Foto von

Präsident Vorster, van den Bergh und sich selbst. Das Foto war das einzige Objekt in der Akte mit der Bezeichnung »Staschinski«.[5]

Geldenhuys' Geschichte wurde auch durch frühere Medienberichte bestätigt, wonach Inge sich am 23. Juni 1964, weniger als zwei Jahre nach dem Prozess, von Staschinski scheiden ließ und damit offiziell die Beziehung beendete, die die KGB-Welt in ihren Grundfesten erschüttert hatte. Danach war sie völlig von der Bildfläche verschwunden. War ihre Scheidung ein Trick, um den KGB abzuschütteln? Oder verschwand sie, um sich Staschinski nach seiner Entlassung wieder anzuschließen? Nachdem die Nachricht von Staschinskis früher Entlassung der Presse zugespielt worden war, sagte ein Bundesstaatsanwalt dem *Stern*, dass Inge versorgt sei und glücklich lebe. Niemand konnte sagen, ob es Staschinski war, der für sie sorgte, und ob sie mit ihm zusammenlebte. Wir wissen, dass sie mit ziemlicher Sicherheit nicht mehr in die DDR zurückgekehrt ist. Im Jahr 1986 wurde der Grabstein vom Grab ihres Sohnes Peter entfernt. Nach deutschem Recht kann eine Friedhofsfläche fünfundzwanzig Jahre nach der Beisetzung zur Wiederverwendung freigegeben werden, wenn sich niemand mehr um das Grab kümmert.[6]

Staschinski blieb dem Vernehmen nach in Südafrika. Es gab Gerüchte, er sei in den 1970er-Jahren als Berater für die von Südafrika unterstützten Einheiten im Kongo tätig gewesen. War das der Job, den General Geldenhuys laut BOSS für ihn gefunden hatte? Es ist durchaus möglich: 1967, dem Jahr, in dem Staschinski aus dem Gefängnis entlassen wurde, beteiligte sich die südafrikanische Polizei an Aufstandsbekämpfungsmaßnahmen in Rhodesien. Die ersten Spezialkräfte für diese Mission wurden in einer geheimen Polizeibasis in Durban ausgebildet, der Stadt, aus der Staschinskis neue Frau angeblich stammte. Gerhi Strauss, der Zeitungsmann, der Geldenhuys interviewte und die Geschichte über Staschinskis Verbringung nach Südafrika verbreitete, lebte und starb ebenfalls in Durban. Bei alldem könnte es sich natürlich um einen Zufall handeln, aber es könnte auch Staschinskis Leben nach dem Gefängnis zutreffend beschreiben.[7]

Die neue geheime Polizeitruppe musste in der Bekämpfung von Aufständischen geschult werden. Staschinski, der über

Erfahrungen im Kampf gegen die Befreiungsbewegung in der Ukraine verfügte, konnte hilfreiche Ratschläge geben. Wenn es tatsächlich so war, nahm Staschinskis Geschichte ein ironisches und trauriges Ende. Von Inge gerettet, kehrte er zu seinen alten Gewohnheiten zurück, nachdem sie ihn verlassen hatte. Er wäre nicht der erste Attentäter, der ein totalitäres Regime verlässt, um seinen Lebensunterhalt in einem anderen zu verdienen. In den 1950er-Jahren beriet Nikolai Chochlow, ein weiterer KGB-Attentäter, der zum Überläufer wurde, den südvietnamesischen Diktator Ngo Dinh Diem, wie er einen wirksamen Kampf gegen die Partisanenbewegung in seinem Land organisieren könnte. Sowohl Chochlow als auch Staschinski waren in unterschiedlichem Maße Experten auf dem Gebiet der Aufstandsbekämpfung, und während sie im Westen waren, teilten sie starke antisowjetische Überzeugungen. Es war durchaus sinnvoll, sich dem anzuschließen, was von vielen als weltweiter Kampf gegen den Kommunismus gepriesen wurde.[8]

Von den beiden Vermutungen über Staschinskis Aufenthaltsort nach seiner Freilassung – die Vereinigten Staaten und die Südafrikanische Union – scheint letztere plausibler zu sein. Wenn aber die Geschichte von Geldenhuys stimmt, dann taucht sie viele Elemente von Staschinskis Leben und Karriere in ein neues Licht. Die Ausbildung zum Stahlarbeiter, die Staschinski in Westdeutschland erhielt, erwies sich offenbar als nutzlos für ihn. Es ist nicht klar, wo oder wie er das Jahr 1967 verbrachte, aber 1968 arbeitete er für die südafrikanische Geheimpolizei, die ähnliche Taktiken wie der KGB anwandte, um den Befreiungskampf eines anderen unterdrückten Volkes niederzuschlagen. Er verlor auch die Frau, die ihn dazu gebracht hatte, sich aus der Umklammerung des KGB und des sowjetischen Systems zu befreien.

In einem Telefongespräch mit dem Autor am 1. April 2013 bestätigte General Geldenhuys, dass Bogdan Staschinski in den späten 1960er- und 1970er-Jahren tatsächlich in Südafrika war. Er bestätigte seinem Biografen Hanlie van Straaten auch die Echtheit der Interviews, die er 1984 gab. Aber er behauptete, sich an nichts anderes zu erinnern. Das selektive Gedächtnis des Generals mag eine Folge der Zeit und des Alterungsprozesses sein, es könnte aber auch darauf hindeuten, dass er nicht imstande ist, über einen Mann zu sprechen, der noch am Leben ist und sich auf den Schutz seines ehemaligen Chefs verlässt.[9]

52

Heimkehr

»**D**er leicht gebückte Mann mit kahlen Stellen im grauen Haar, der deutlich jünger aussieht als er ist, hat überhaupt keine Ähnlichkeit mit dem Bogdan Staschinski, den ich auf Fotos gesehen habe«, begann die ukrainische freiberufliche Journalistin Natalia Prichodko ihre Beschreibung des Mannes, der sich als Bogdan Staschinski vorstellte. Sie behauptete, den ehemaligen KGB-Attentäter im Sommer 2011 über einen Freund im ukrainischen Sicherheitsdienst kennengelernt zu haben. Dem Freund zufolge wollte Staschinski, der damals auf seinen achtzigsten Geburtstag zuging, die Dinge richtig stellen. Er war bereit, ein Interview zu geben.

In der Wohnung des alten Mannes in der Kyjiwer Innenstadt fand die Journalistin eine Büste von Josef Stalin und ein Porträt von Winston Churchill an der Wand. Der alte Mann war freundlich, bat sie aber, kein Tonbandgerät zu benutzen. Das Interview wurde auf Ukrainisch geführt, und die Journalistin, die hauptsächlich Russisch sprach, bat die Leser zu berücksichtigen, dass nicht alle Besonderheiten von Staschinskis Rede in ihren Notizen angemessen wiedergegeben seien. Das Interview erschien im August 2011 in einer der führenden Kyjiwer Zeitungen, wenige Wochen, bevor die Ukraine ihren zwanzigsten Jahrestag der Unabhängigkeit feierte. Es trug einen verblüffenden Titel: »Bogdan Staschinski: Ich habe meine Pflicht gegenüber der Ukraine erfüllt«.

In dem Interview mit Prichodko wies der Mann, der sich selbst Staschinski nannte, einige Elemente seiner Geschichte, wie sie im Westen bekannt ist, zurück. Er sagte der Journalistin, dass er dem KGB aus Überzeugung beigetreten sei und dass er Bandera und Rebet aus Überzeugung getötet habe. Er habe geglaubt, dass die sowjetische Herrschaft seinem Heimatland Fortschritt und

Wohlstand gebracht hätte. Die auffälligste Enthüllung hatte jedoch nicht mit Staschinskis politischen Überzeugungen zu tun, sondern mit seiner Flucht in den Westen. Es handelte sich um eine spezielle Operation, die von Alexander Schelepin selbst geplant worden war, sagte der alte Mann, und sie hatte sich als erfolgreich erwiesen. Schelepin, der in seiner früheren Laufbahn vor allem mit dem Kommunistischen Jugendverband in Verbindung gebracht worden war, sorgte sich um seinen Ruf bei seinen älteren Kollegen in der sowjetischen Führung. Indem er die Welt wissen ließ, dass er die erfolgreiche Tötung von Bandera angeordnet hatte, wollte Schelepin seinen Kollegen zeigen, wie hart er war. Auf persönlichen Befehl Schelepins sollte sich Staschinski stellen und die ganze Wahrheit über die Morde erzählen. Der Plan sah vor, dass er nach Verbüßung seiner Haftstrafe, die angesichts seines freiwilligen Geständnisses sicherlich nicht allzu lange dauern würde, von einem KGB-Team zurück in die Sowjetunion gebracht werden sollte. Staschinski, ein überzeugter Anhänger der sowjetischen Ideologie, hatte sich bereit erklärt, sich zu opfern.

Alles hatte genau nach Schelepins Plan funktioniert. Erst als die CIA Staschinski nach seiner Entlassung aus dem westdeutschen Gefängnis angeblich in die Vereinigten Staaten überstellte, ging alles schief. »Ich wurde vorzeitig entlassen und nach Washington gebracht«, erzählte Staschinski der jungen Journalistin. »Dort wurde ich verdächtigt, ein doppeltes Spiel zu treiben, und man beschloss, mich für eine gewisse Zeit nach Lateinamerika, nach Panama, zu schicken, unter Überwachung und angeblich, um neue Gewohnheiten zu erlernen. Das habe ich verstanden. Ich war mehr als vorsichtig: Ich wusste, dass sie mich jederzeit liquidieren konnten.« Ein KGB-Team kam 1968 nach Panama, um Staschinski zu retten, und brachte ihn zunächst nach Afrika und dann 1970 zurück in die Sowjetunion.

Was ist mit seinem Privatleben? Er war tatsächlich mit Inge verheiratet, die wie er KGB-Agentin war, und zwar eher aus Überzeugung als aus Notwendigkeit. Sie hatten tatsächlich einen Sohn, den sie im August 1961 beim KGB in Moskau zurückgelassen hatten, als sie nach Ostberlin und dann in den Westen gegangen waren. Die Leiche des in Dallgow begrabenen Kindes wurde vom KGB aus einem Ostberliner Krankenhaus geliefert. Der alte Mann sagte, er habe sich von Inge scheiden lassen, die sich in Ost-Berlin niedergelassen habe. Ihre Geheimdienstkarriere hatte jedoch darunter gelitten, dass die Stasi-Beamten den KGB-Agenten misstrauten. Nach einer schwierigen Kindheit hatte sich ihr Sohn in der Ukraine niedergelassen. Er wurde Professor an der Kyjiwer Universität und stand in Kontakt mit seinem Vater. Staschinski hatte nie versucht, mit seinen Eltern oder Schwestern in Borschtschowytschi bei Lwiw Kontakt aufzunehmen. Sie hatten andere politische Ansichten als er, sagte der alte Mann. Ein Kompromiss war nicht möglich.[1]

Es war eine erstaunliche Geschichte – eine, die von einigen der scharfsinnigsten Ukraine-Beobachter im Westen aufgegriffen und ernst genommen wurde. Taras Kuzio, leitender Mitarbeiter am Center for Transatlantic Relations der Johns Hopkins University, war entsetzt darüber, dass Staschinski angeblich eine Rente in einer unabhängigen Ukraine bezog. »Einer der Meisterkiller des KGB ist diesen Sommer in Kyjiw aufgetaucht«, schrieb Professor Alexander Motyl von der Rutgers University in seinem Blog auf der Website *World Affairs*. Dennoch hatte er Zweifel an der Authentizität des Interviews, die von vielen seiner Leser geteilt wurden. Einer von ihnen stellte die Details von Staschinskis Geschichte, wie sie von Prichodko dargestellt wurde, in Frage. »Sie könnte allen Spekulationen ein Ende setzen, indem sie ein Foto von Staschinski zeigt ... denn es besteht heute absolut KEINE Gefahr für Staschinski, da niemand eine Kugel oder Gas auf dieses alte Relikt verschwenden würde«, schrieb ein aufgeregter Leser des Blogs. Der Kommentator schlug auch vor, dass DNA-Beweise verwendet werden könnten, um die wahre Identität des Mannes festzustellen.[2]

Das Interview warf in der Tat zahlreiche Fragen auf. Allein die Vorstellung, dass Schelepin im Westen Publicity suchte, steht im Widerspruch zu den innenpolitischen Kämpfen des Kremls in den 1950er- und 1960er-Jahren. Der amerikanische Teil der Geschichte erscheint im Lichte der heute bekannten CIA-Dokumente ebenso unbegründet. Das Interview war nur die jüngste Manifestation des wachsenden Interesses an Staschinski und seiner Geschichte im heutigen Russland und der Ukraine.[3]

HEIMKEHR 355

Die Sowjets hatten den geheimen Krieg mit Attentätern und Giftpistolen verloren, den sie in den 1950er- und 1960er-Jahren geführt hatten. Sie waren in der öffentlichen Meinung unterlegen und hatten weder die kurzfristigen noch die langfristigen Ziele erreicht, die mit Banderas Ermordung verbunden waren. Heute sind altgediente KGB-Offiziere die Ersten, die zugeben, dass der Mord die ukrainische nationalistische Bewegung im Westen nicht geschwächt, sondern vielmehr gestärkt hat. Das Verbrechen trug auch nicht dazu bei, die Idee der politischen Unabhängigkeit der Ukraine zu mildern. Im Dezember 1991, zweiunddreißig Jahre nach der Ermordung von Stepan Bandera, erklärte die Ukraine ihre Unabhängigkeit von der Sowjetunion und trug damit zum Zusammenbruch des Sowjetreiches bei. Doch Staschinski und seine Verbrechen wurden weder in Moskau noch in der Ukraine je ganz vergessen. In der öffentlichen Erinnerung waren Bandera und Staschinski für immer miteinander verbunden und erschienen als zwei Antipoden in den politischen und ideologischen Kämpfen, die dem russischen Einmarsch in die Ukraine 2014 vorausgingen.

Der Name Staschinski tauchte in den russischen Zeitungen erstmals im Herbst 2006 im Zusammenhang mit der Vergiftung des ehemaligen KGB-Offiziers und offenen Kritikers von Wladimir Putin, Alexander Litwinenko, durch radioaktives Plutonium auf. Als Reaktion auf westliche Medienberichte, wonach das Attentat von russischen Geheimdienstagenten verübt wurde, gab Sergej Iwanow, der Sprecher des russischen Auslandsgeheimdienstes, eine Erklärung ab, in der es hieß: »Seit 1959, als der ukrainische Nationalist Stepan Bandera eliminiert wurde, haben der sowjetische Geheimdienst und sein Nachfolger, der Auslandsgeheimdienst, keine physische Liquidierung von Personen praktiziert, die Russland geschadet haben«. Nur wenige Beobachter im Westen nahmen diese Aussage für bare Münze. Wenn überhaupt, erinnerte sie die Leser nur an Moskaus lange Tradition, politische Morde als Instrument der Außenpolitik einzusetzen.[4]

In der Ukraine geriet der Name Staschinski erstmals im Herbst 2008 wieder in die Schlagzeilen, als die Stadtverwaltung von Lwiw die Fahrpreise für Straßenbahnen und Busse um satte 33 Prozent für die Allgemeinheit und mehr als 40 Prozent für

Studenten erhöhte. Um der Öffentlichkeit die Preiserhöhung zu »verkaufen«, gab die Stadt fünfzigtausend Exemplare von Flugblättern mit der Aufschrift heraus: »Vaterlandsverrat beginnt mit einer unbezahlten Fahrt.« Staschinski tauchte danach regelmäßig in den Nachrichten auf. Es war die Blütezeit der demokratischen Orangenen Revolution in der Ukraine, die den pro-westlichen Präsidenten Wiktor Juschtschenko an die Macht brachte. Als Juschtschenko 2004 mit Dioxin vergiftet wurde, glaubten viele, es sei das Werk des russischen Geheimdienstes gewesen. In der Ukraine wuchs der Nationalstolz, und zahlreiche nationalistische Gruppen betrachteten Stepan Bandera als ihren Helden. Präsident Juschtschenko zeichnete ihn sogar posthum mit dem Titel »Held der Ukraine« aus.[5]

Als sich das politische Klima in der Ukraine mit der Machtübernahme der von Russland unterstützten Regierung von Wiktor Janukowytsch Anfang 2010 erneut dramatisch veränderte, änderten sich auch die politischen Werte, die Bandera und Staschinski zugeschrieben wurden. Gerade als Bandera von den wiederbelebten nationalistischen Kräften als ukrainischer Nationalheld gefeiert wurde, machten sich die prorussischen Websites daran, den Bandera-Kult zu untergraben, indem sie seinen Mörder Bogdan Staschinski verherrlichten. Natalia Prichodkos Interview mit der Person, die sich Staschinski nennt, trug zu einem allgemeinen Trend bei, Staschinski in einem positiveren Licht darzustellen. »Dieses mysteriöse Interview ... authentisch oder nur ein Scherz, macht deutlich, dass die Ukraine unter Janukowytsch schnell wieder zu den ›Werten‹ des KGB zurückkehrt«, schrieb ein Besucher (in gebrochenem Englisch) des Blogs von Alexander Motyl auf der Website World Affairs. »Außerdem zeigt es den KGB mächtiger, als er in Wirklichkeit war«.[6]

Unter einigen westlichen Veteranen der Spionage aus der Zeit des Kalten Krieges wuchs der Verdacht, dass die russischen Geheimdienste hinter der Kampagne »Wiederbelebung von Staschinski« standen. Im April 2011, einige Monate vor der Veröffentlichung von Prichodkos Interview, erschien im Internet ein angeblich von Bogdan Staschinski selbst verfasster englischsprachiger Blog. Der Autor begann seinen ersten Beitrag mit der folgenden Aussage:

HEIMKEHR 357

»Ich bin stark kommunistisch eingestellt. Ich glaube daran, dass ich meinem Land helfe, eine bessere Sowjetunion zu schaffen. Um dieses Ziel zu erreichen, sammelte ich Informationen, nahm Decknamen an und tötete.« Im selben Monat forderte ein Anführer der Nationalbolschewistischen Partei der Ukraine, einer Randgruppe in der östlichen Stadt Charkiw, die Stadtverwaltung auf, einen Stadtpark nach Staschinski zu benennen.[7]

Im Jahr 2014, mit den Euromaidan-Protesten, der Flucht des vom ukrainischen Parlament abgesetzten Präsidenten Wiktor Janukowytsch nach Russland und der anschließenden Invasion und Annexion der Krim durch die russische Regierung, kehrte Stepan Bandera als Symbol für die Freiheit und Unabhängigkeit seines Heimatlandes erneut in die Ukraine zurück. Banderas Name prangte auf den Bannern der Selbstverteidigungseinheiten, die auf dem Kyjiwer Maidan-Platz kämpften und anschließend in die Ostukraine marschierten, um den dortigen von Russland unterstützten Aufstand zu bekämpfen.[8] Im August 2014, inmitten des russischen Hybridkriegs in der ostukrainischen Region Donbas, schändeten unbekannte Täter Banderas Grabstätte in München und rissen das Kreuz auf seinem Grab um – eine Tat, die sowohl in Deutschland als auch in der Ukraine verurteilt wurde und Erinnerungen an die Schändung jüdischer Friedhöfe in Westdeutschland durch KGB-Schergen weckte. Etwa zur gleichen Zeit wurden auf den Websites der Rebellen im Donbas die alten KGB-Theorien wiederbelebt, wonach Bandera von westdeutschen Agenten ermordet worden sei.[9]

Obwohl sie erneut die Fahne der ukrainischen Unabhängigkeit von Moskau hochhalten, lehnt die große Mehrheit der Ukrainer heute die radikal-nationalistische Ideologie von Bandera sowie seine Strategie und Taktik ab. Inmitten der Ukraine-Krise und der Massenmobilisierung des ukrainischen Patriotismus im Mai 2014 erhielt der Anführer der größten nationalistischen Partei *Swoboda* (Freiheit) nur etwas mehr als ein Prozent der Stimmen, und im Herbst 2014 scheiterte seine Partei an der 5-Prozent-Hürde, die für einen Sitz im Parlament erforderlich ist. Bandera gilt heute als Prophet einer radikal-nationalistischen Minderheit, die in der ersten Hälfte des zwanzigsten Jahrhunderts aufblühte. Die Mehrheit hat sich für die europäischen Werte und eine neue pluralistische

Gesellschaft entschieden. Nur wenige machen sich die Sache des Attentäters oder die sowjetische Strategie der Ermordung ukrainischer Nationalistenführer in den 1950er-Jahren zu eigen.[10]

Zeitungsreporter, die sich in den letzten Jahren in Staschinskis Heimatdorf begeben haben, um Mitglieder seiner Familie zu befragen, trafen niemanden im Dorf an. »Seine Eltern konnten es nicht fassen«, sagte einer der Nachbarn über ihre Reaktion auf die Nachricht, dass Staschinski Stepan Bandera ermordet hatte. »Sie sagten, sie hätten ihr ganzes Leben der Ukraine gewidmet, und ihr Sohn habe ihnen solche Schande bereitet. Maria, seine Schwester, sagte, sie habe ihren Bruder verleugnet. Es wäre besser gewesen, wenn sie nach Sibirien verbannt worden wären: Hätte Gott ihnen die Rückkehr erlaubt, hätten sie keine Angst gehabt, den Menschen ins Gesicht zu sehen. Sein Vater starb bald, seine Schwester Maria war ihr ganzes Leben lang krank. Auch Iryna lebte nicht lange – sie erkrankte an Magenkrebs und starb. Sie kannten nichts als Unglück. Wenigstens sollte man sich nach ihrem Tod mit einem freundlichen Wort an sie erinnern.«[11]

Die Nachbarn glauben, dass Bogdan Staschinski zumindest einmal in sein Heimatdorf zurückkehrte. Einer lokalen Legende zufolge erschienen kurz nach seiner Entlassung aus dem Gefängnis frische Blumen auf den Gräbern von Staschinskis Eltern. Eine andere Legende besagt, dass er immer noch von Zeit zu Zeit in das Dorf kommt, um nach dem Haus seiner Eltern zu sehen, das jetzt einer anderen Familie gehört. Allerdings, so sagen die Dorfbewohner, erkennt ihn niemand mehr – er ist ein Gespenst in seiner Heimat und eine tragische Figur, die von allen Seiten als Verräter angesehen wird, auf deren Seite er jemals stand.[12]

Epilog:
Der Kalte Krieg in neuem Gewand

James Bond betritt das Büro seines Chefs, dessen wahrer Name uns verborgen bleibt – wir kennen ihn nur durch den Anfangsbuchstaben seines Nachnamens, »M« Sie führen ein Gespräch, das anders endet als alle anderen Gespräche, die Bond im Laufe der Jahre mit seinen Chefs, ob männlich oder weiblich, geführt hat. Er greift in seine Jackentasche, holt eine ungewöhnliche Waffe heraus und schießt damit auf seinen Chef, wobei eine giftige Flüssigkeit freigesetzt wird. Erst im letzten Moment drückt »M« auf einen versteckten Knopf an seinem Stuhl. Eine kugelsichere Glasscheibe senkt sich von der Decke und trennt ihn von seinem abtrünnigen Agenten. Der Strom des unter Druck stehenden Giftes trifft auf die Glaswand. Bond selbst verliert das Bewusstsein. »Zyanid«, sagt der Chef des internen Sicherheitsdienstes, der nach der Schießerei in das Büro stürmt. Er befiehlt allen, das Gebäude zu verlassen. Miss Moneypenny, die sich mit der Hand den Mund zuhält, sieht entsetzt zu, wie ihr geliebter Agent aus dem Büro geschleift wird.

Dies ist ein Schlüsselmoment im letzten Bond-Roman von Ian Fleming, *Der Mann mit dem goldenen Colt*. Er wurde zu einem der beliebtesten James-Bond-Filme mit Roger Moore als Agent 007. Der 1964, auf dem Höhepunkt des Kalten Krieges, geschriebene Roman enthält Elemente echter Spionagegeschichten, die damals in den Weltmedien präsent waren. Das Bild von Bond, der von den Sowjets einer Gehirnwäsche unterzogen wird und mit einer Waffe schießt, die flüssiges Zyanid spuckt, stammt direkt aus Zeitungsberichten über den Prozess gegen Bogdan Staschinski. Die Münchner Morde werden in Flemings Roman tatsächlich von Bond und »M« besprochen, unmittelbar bevor Bond versucht, seinen Chef zu töten. »Haben sie zufällig die Ermordung von Horcher und Stutz in München letzten Monat erwähnt?«, fragt »M« und versucht, Bond davon zu überzeugen, dass der KGB alles andere als ein Verfechter des Weltfriedens ist.[1]

Was den Einsatz der Giftpistole betrifft, so war Staschinski erfolgreich, wo Bond versagte. Aber die Staschinski-Saga ist, ungeachtet ihrer populärkulturellen Inkarnationen, ein klassisches Beispiel für das Scheitern von Attentaten als Mittel der internationalen Politik. Obwohl der Attentäter seine Aufgabe erfüllte, verfehlten die Morde selbst ihr Ziel, und als sie öffentlich bekannt wurden, fügten sie den Hintermännern großen Schaden zu.

Das Attentat auf Stepan Bandera, das als Teil der Aufstandsbekämpfung in der Endphase des Partisanenkrieges in den kürzlich von der Sowjetunion eroberten ukrainischen Gebieten geplant war, wurde lange nach der effektiven Unterdrückung dieser Bewegung und der Kontrolle und Manipulation ihrer Verbindungen zu ausländischen Zentren durch die sowjetischen Geheimdienste durchgeführt. Das Attentat wurde auf Drängen und mit enthusiastischer Billigung der politischen Führung der Sowjetunion durchgeführt und führte zu einem Ergebnis, das im Gegensatz zu dem stand, was sich die Initiatoren vorgestellt hatten. Statt Verwirrung in den Reihen der regimefeindlichen Kräfte zu stiften und einen Machtkampf unter den Anführern der militantesten Emigrantenorganisation zu provozieren, verschwand ein nicht mehr beliebter oder gefährlicher Anführer von der Bildfläche, der zum Märtyrer wurde und seinen Anhängern ein Mobilisierungsinstrument an die Hand gab, das ihnen zuvor fehlte.

Staschinskis Flucht in den Westen und seine Bereitschaft, sein Wissen über das sowjetische Attentatsprogramm preiszugeben, haben die Glaubwürdigkeit der sowjetischen Führung schwer beschädigt und dem Image der Sowjetunion im Ausland geschadet. Die Aussage des Attentäters und das darauffolgende Desaster in der Öffentlichkeitsarbeit – Risiken, die mit jedem von der Regierung unterstützten Attentat verbunden sind – waren letztlich das Ergebnis großer Fehler des sowjetischen Sicherheitsapparats in Ost-Berlin und eines Verstoßes gegen die gängige sowjetische Praxis, Geheimdienstmitarbeitern und Agenten die Heirat mit ausländischen Staatsangehörigen zu verbieten. In beiden Fällen war die Einmischung der politischen Führung schuld – ein Zeichen für den

Überschwang und die Hybris im Kreml nach einem erfolgreichen Schlag gegen einen hochrangigen Feind des Regimes.

Dem frisch verheirateten Paar gelang es, den KGB zu überlisten. Inge Pohl, die in Ostdeutschland aufgewachsen war, aber in West-Berlin arbeitete, hatte die kommunistische Ideologie und die sowjetische Lebensweise weder akzeptiert noch gelernt, sie zu tolerieren. Ihre geplante Rekrutierung durch den KGB, falls sie jemals stattgefunden hat, brachte keine greifbaren Ergebnisse. Angesichts der üblichen wirtschaftlichen Nöte in der sowjetischen Hauptstadt hatte sie wenig Mühe, ihren Mann davon zu überzeugen, in den wohlhabenderen Westen überzulaufen. Staschinski, der in einer patriotischen ukrainischen Familie außerhalb des sowjetischen Territoriums geboren und aufgewachsen war, hatte keine starke Bindung an den Sowjetstaat oder seine Ideologie. Er wurde durch Erpressung rekrutiert und gezwungen, seine eigene Familie und seine Landsleute zu bespitzeln. Als Christ erzogen, hatte er auch moralische Bedenken gegen die Morde, zu denen er gezwungen wurde. Die Gefahr, dass der KGB die Pläne des Ehepaars aufdecken könnte, veranlasste sie, ihre Vorbereitungen zu beschleunigen, und der unerwartete Tod ihres Sohnes bot die Gelegenheit, die sie suchten. Staschinski und seine Frau handelten in dem Glauben, dass sie nur durch ein Geständnis und den Schutz westlicher Sicherheitsdienste vor KGB-Attentätern sicher sein konnten.

Einige der scharfsinnigsten Beobachter des Staschinski-Prozesses verglichen den Angeklagten mit der Hauptfigur aus Fjodor Dostojewskis Roman »*Verbrechen und Strafe*«. »Staschinski ist ein ideologischer Raskolnikow«, schrieb der Korrespondent der *Kölnischen Rundschau* in seinem Kommentar zum Prozess und zum Urteilsspruch. Wie Raskolnikow kämpfte auch Staschinski mit schweren moralischen Dilemmata, gestand unter dem Einfluss einer Frau, die er liebte, und wurde schließlich zu der gleichen Strafe verurteilt: acht Jahre. Aber noch auffälligere Parallelen lassen sich zwischen Staschinskis Geschichte und der in Joseph Conrads Roman *Mit den Augen des Westens* finden. Die Hauptfigur dieses Meisterwerks aus dem Jahr 1911, ein junger Mann namens Rasumow, verrät einen Kommilitonen, der ihn nach einem terroristischen Akt um Schutz bittet, an die russische Polizei. Die Polizei rekrutiert Rasumow als

Agenten und schickt ihn in die Schweiz, um einen Kreis russischer Revolutionäre zu infiltrieren. Dort lernt er die Schwester des Mannes kennen, den er verraten hat, und verliebt sich in sie. Da er dem moralischen Druck nicht standhalten kann, legt Rasumow schließlich gegenüber beiden – der Frau, die er liebt, und den Revolutionären, die er ausspionieren sollte – ein Geständnis ab.[2]

Was das KGB-Attentatsprogramm betrifft, so scheint das Raskolnikow/Rasumow-Problem ein Faktor beim Überlaufen zweier sowjetischer Geheimagenten, Nikolai Chochlow und Bogdan Staschinski, zu sein, die beide als loyal und den kommunistischen Idealen verpflichtet galten. Die amerikanischen und westeuropäischen Geheimdienste nutzten die Dostojewski-Krise, die ihre Gegner heimsuchte, nur zu gern aus. Das Problem war, dass die CIA und ihre westeuropäischen Partner allzu oft zu denselben Methoden griffen wie ihre Gegner. »Wir tun unangenehme Dinge, damit die Menschen hier und anderswo nachts sicher in ihren Betten schlafen können«, sagt Control, eine Figur in John le Carrés Roman *Der Spion, der aus der Kälte kam*, als er versucht, einen Untergebenen des britischen Geheimdienstes zu überreden, einen seiner vermeintlichen Gegner zu ermorden.[3]

David Cornwell, der britische Geheimdienstoffizier, der sich das Pseudonym John le Carré gab, wusste, wovon er schrieb. Aber die westlichen Spionageagenturen, die Attentatsprogramme durchführten, erlebten nie die Peinlichkeit, die den sowjetischen Agenturen während des Staschinski-Prozesses widerfuhr. Das lag vor allem daran, dass, anders als in den James-Bond-Romanen und -Filmen suggeriert, solche Tötungen in der Realität weitgehend an »Freiberufler«, oft gewöhnliche Kriminelle, vergeben wurden. Die westlichen Dienste lieferten lediglich die Zielvorgaben und die Planung, die Finanzen und die logistische Unterstützung. Während die Sowjets in der Regel Anführer von Emigrantengruppen verfolgten, die sie als Bürger der UdSSR betrachteten, hielten sich die Amerikaner von ihren eigenen Bürgern fern und nahmen Ausländer ins Visier. Dies war ein wesentlicher Unterschied zwischen den politischen Kulturen der beiden Supermächte des Kalten Krieges. In der Tradition der Zaren glaubten die Sowjets, dass Menschen wie Bandera, die vielleicht nie sowjetische Staatsbürger waren, aber auf dem später von der Sowjetunion erworbenen Territorium geboren wurden, ihre Untertanen und damit legitime Ziele für Attentate waren.[4]

Trotz der offensichtlichen Unterschiede in der Wahl der Ziele und der Methoden, die zur »Eliminierung« ihrer Gegner eingesetzt wurden, griffen sowohl die sowjetischen als auch die amerikanischen Geheimdienste in den 1950er- und 1960er-Jahren auf Attentate zurück, um mit demselben Phänomen fertig zu werden – Aufständen, die durch die Schwächung oder den Zerfall von Imperien ausgelöst wurden. Mit der Ermordung von Bandera und Rebet wollten die Sowjets ihr Imperium vor dem drohenden Zerfall schützen, der trotz aller Bemühungen 1991 eintrat. Die Amerikaner hatten kein eigenes formelles Imperium zu schützen, aber trotz ihrer antikolonialen Rhetorik hatte die US-Regierung ein Interesse daran, andere Imperien in Gebieten am Leben zu erhalten, die Washington als anfällig für kommunistische Subversion betrachtete. Anführer unabhängiger Länder wie Fidel Castro aus Kuba, Patrice Lumumba aus der Demokratischen Republik Kongo, Achmad Sukarno aus Indonesien und Rafael Trujillo aus der Dominikanischen Republik konnten wegen ihrer prosowjetischen Einstellung, ihrer unabhängigen politischen Aktionen oder, wie im Fall von Trujillo, wegen ihrer Politik, die als förderlich für eine kommunistische Revolution angesehen wurde, ins Visier genommen werden.[5]

Im Laufe der Zeit zwangen internationale Skandale, die durch die Aufdeckung von KGB- und CIA-Attentaten verursacht wurden, beide Parteien, ihre Attentatsprogramme einzustellen. Die russischen Behörden behaupteten, dass ihre sowjetischen Vorgänger dies unmittelbar nach Bekanntwerden von Staschinskis Aussage getan hätten. Sie konnten sich jedoch nicht weigern, ihren Waffenbrüdern zu helfen, und so beteiligten sie sich an der Ermordung des Dissidenten Georgi Markow durch den bulgarischen Sicherheitsdienst im September 1978. Markow wurde mit einer schirmförmigen Pistole erschossen, die der KGB zur Verfügung gestellt hatte. In den Vereinigten Staaten beeinflusste die Untersuchung der CIA-Aktivitäten durch einen von Frank Church geleiteten Ausschuss des US-Senats die Entscheidung von Präsident Jimmy Carter, das Attentatsprogramm 1978 offiziell zu beenden.

Das Ende des Kalten Krieges läutete eine neue Ära der internationalen Beziehungen ein. Es brachte den Liberalismus nach Osteuropa, beendete die Apartheid in Südafrika und trug zu einer kurzlebigen israelisch-palästinensischen Aussöhnung im Nahen Osten bei. Aber sie brachte auch ein verwundetes und gedemütigtes Russland hervor, schuf zahlreiche neue unabhängige Nationen, die ihre Beziehungen zu ihren früheren Herren und Nachbarn neu ordnen mussten, und ließ eine Reihe von zuvor eingefrorenen interethnischen und internationalen Konflikten wieder aufleben. Zu Beginn des neuen Jahrtausends griffen ehemalige KGB-Offiziere erneut zu ihren Attentats-Handbüchern aus der Zeit des Kalten Krieges, in der Hoffnung, die Welt nach ihren Vorstellungen umgestalten zu können. Die Russen versuchten, das zu bewahren, was von ihrem Imperium übrig geblieben war, und umgaben sich mit befreundeten (d. h. unterwürfigen) Staaten und Anführern.

Im Februar 2004 verhafteten die Behörden in Katar drei russische Staatsbürger unter dem Vorwurf, den amtierenden Präsidenten der aufständischen Republik Tschetschenien, Selimchan Jandarbijew, ermordet zu haben. Einer der Verhafteten genoss diplomatische Immunität, aber die beiden anderen wurden vor Gericht gestellt und zu lebenslänglichen Haftstrafen für ihre Rolle bei der Ermordung verurteilt, die in der katarischen Hauptstadt Doha stattfand. Im folgenden Jahr wurden sie an Russland ausgeliefert, um die Beziehungen zwischen Russland und Katar zu verbessern. Die russischen Behörden weigerten sich, zuzugeben, dass ihre Agenten nach Katar geschickt worden waren, um das Attentat zu verüben. Ein Sprecher des russischen Geheimdienstes bekräftigte, dass Moskau nach dem Staschinski-Skandal keine Attentate mehr im Ausland verübt habe. Trotz ihrer Beteuerungen hielten die meisten Menschen Jandarbijew für den zweiten tschetschenischen Präsidenten, der von der russischen Regierung getötet wurde. Acht Jahre zuvor war sein Vorgänger, Dschochar Dudajew, in Tschetschenien durch eine von einem russischen Militärflugzeug abgefeuerte Lenkrakete getötet worden.[6]

Im Herbst 2004 berichteten die internationalen Nachrichtenagenturen über den mysteriösen Giftanschlag auf Wiktor Juschtschenko. Juschtschenko war ein pro-westlicher Kandidat bei den ukrainischen Präsidentschaftswahlen. Die in seinem Körper gefundenen Dioxinspuren ließen den Verdacht aufkommen, dass Russland die Quelle des Giftes war und hinter dem Anschlag stecken könnte – nur wenige Länder verfügten über Giftlabore, die ihren Sicherheitsdiensten angegliedert waren, und noch weniger hatten Grund, diese gegen Juschtschenko einzusetzen. Juschtschenko starb nicht, und es kursierten viele Theorien darüber, was passiert sein könnte.

Im November 2006 starb ein weiterer Kremlgegner, der ehemalige KGB-Offizier Alexander Litwinenko, in London, nachdem er mit radioaktivem Polonium vergiftet worden war. Dies war das zweite Mal, dass Moskau eine radioaktive Substanz eingesetzt haben soll, um einen Gegner zu töten. Das erste Ziel im Jahr 1957 war Nikolai Chochlow, der den Versuch überlebt hatte. Im Fall von Chochlow wurde angeblich radioaktives Gift in seinen Kaffee gegeben, im Fall von Litwinenko in seinen Tee. Die britischen Behörden forderten die russische Regierung auf, einen ehemaligen KGB-Offizier auszuliefern, der ihrer Meinung nach an der Ermordung von Litwinenko beteiligt war. Moskau lehnte das Ersuchen ab.[7]

Ein im Januar 2016 veröffentlichter Bericht über den Giftmord an Alexander Litwinenko kam zu dem Schluss, dass er von zwei Agenten des russischen Föderalen Sicherheitsdienstes (FSB) getötet worden war. »Die FSB-Operation zur Ermordung von Herrn Litwinenko wurde wahrscheinlich von Herrn [Nikolai] Patruschew und auch von Präsident Putin gebilligt«, hieß es in dem Bericht, in dem der FSB-Chef und der amtierende russische Präsident als die letztlich für die Ermordung Verantwortlichen genannt wurden. Harte Beweise, die die russische Führung belasten würden, gab es nicht, aber wie im Fall Staschinski wies die Spur der Beweise wieder einmal auf die Spitze der Moskauer Machtpyramide.[8]

Die russischen Geheimdienste sind nicht die einzigen, die die Praxis der politischen Ermordung aus der Zeit des Kalten Krieges wiederbeleben. Nach allem, was man hört, ist die CIA ihren Konkurrenten weit voraus und verlässt sich mehr auf die Beherrschung der Technologie als auf ihre menschlichen Fähigkeiten. Wie im Kalten Krieg haben es die Russen auf diejenigen abgesehen, die sie als ihre eigenen Leute betrachten, während die Amerikaner es vorziehen, »andere« zu töten. Die neuen Möglichkeiten der Predators – unbemannte Luftfahrzeuge oder Drohnen, die Ziele aus der Luft angreifen können – verschaffen der CIA einen klaren Vorteil gegenüber ihren Konkurrenten und versetzen ihre Beamten an die Spitze der sich schnell verändernden Kunst des Tötens.

Das Programm begann 2004 und führte im Laufe von neun Jahren zur Ermordung oder gezielten Tötung von mehr als 3.300 Personen, bei denen es sich um mutmaßliche Al-Qaida-Aktivisten handelte, die sich auf der längsten CIA-Abschussliste aller Zeiten befanden. Das Programm erreichte seinen Höhepunkt im Jahr 2011. Nach Angaben von Experten der in Washington ansässigen New America Foundation gab es allein in diesem Jahr mehr als 120 Drohnenangriffe in den Stammesgebieten im Norden Pakistans, dem Hauptzielgebiet des Drohnenprogramms. Dabei wurden fast 850 Personen getötet. Von diesen waren etwa 50 entweder unschuldig oder ihre Identität und Zugehörigkeit wurde nie festgestellt. Dies ist die bei weitem niedrigste verfügbare Schätzung über die Zahl der unschuldigen Opfer. Einem Bericht zufolge waren nur 35 der 200 Personen, die zwischen Januar 2012 und Februar 2013 im Nordosten Afghanistans durch Drohnen getötet wurden, die beabsichtigten Ziele.[9]

Die Welt hat sich seit dem Kalten Krieg erheblich verändert. Was jedoch weitgehend gleich geblieben ist, ist die Logik, mit der Attentate als legitimes Mittel der Regierungspolitik gerechtfertigt werden. »Ich würde sagen, dass seit dem Krieg unsere Methoden – unsere und die der Gegner – sich stark angeglichen haben«, erklärt Control in Le Carrés *Der Spion, der aus der Kälte kam.* »Ich meine, man kann nicht weniger skrupellos sein als der Gegner, nur weil die ›Politik‹ der eigenen Regierung gutwillig ist, oder?« Die gute Absicht der Politik der Regierung ist nach wie vor das wichtigste moralische Argument für die Fortsetzung von Programmen zur gezielten Tötung. Der Kalte Krieg ist vielleicht vorbei, aber die jüngste Zunahme der Spannungen zwischen Ost und West und die Entstehung neuer Herausforderungen für die bestehende internationale

Ordnung machen die Rückkehr zu den Methoden des Kampfes aus der Zeit des Kalten Krieges für die ehemaligen Rivalen des Kalten Krieges fast unwiderstehlich. In diesem Sinne ist die Geschichte von Staschinski mehr als nur ein Stück Geschichte. Sie ist auch ein Einblick in die Gegenwart und eine Vorwarnung für die Zukunft.

Danksagungen

Ich begann mich für Bogdan Staschinskis Geschichte zu interessieren, nachdem ich Auszüge aus seiner Prozessaussage gelesen hatte, die erstmals 1993 in der Ukraine veröffentlicht wurden, mehr als dreißig Jahre nach dem Prozess. Die Zeugenaussagen, die der früheren und viel umfangreicheren Ausgabe der in München veröffentlichten Prozessunterlagen entnommen wurden, die in der Ukraine nicht erhältlich sind, beeindruckten mich als überraschend offener Bericht über die Verbrechen eines Mannes, der allen Grund zu haben schien, nicht die Wahrheit zu sagen. Sie boten einen einzigartigen Einblick in den Modus Operandi der sowjetischen Geheimdienste und in die Beziehung eines Einzelnen zu dem Staat, der ihn zum Verräter machte.

Die Lektüre von Staschinskis Aussage ließ eine Reihe von Fragen unbeantwortet. Seine Aussagen klangen oft eigennützig und manchmal unwahrscheinlich. Könnte ein einzelner KGB-Agent nicht nur ein, sondern zwei Attentate verübt haben? Und was geschah mit Staschinski nach dem Prozess? Warum wurde er für die Begehung von zwei Morden nur zu acht Jahren verurteilt und zwei Jahre früher entlassen? Wohin ging er nach seiner Inhaftierung? Und wenn seine Aussage Teil eines Deals war, den er mit dem Gericht geschlossen hatte, wie viel davon war dann wahr?

Die Idee, Staschinskis Geschichte anhand der vorhandenen Beweise zu überprüfen, kam mir bei einem Besuch in München. Nach dem Vorbild von Alexander Motyl, der sich auf das Schreiben eines Romans, in dem Staschinski eine Rolle spielt, vorbereitete, indem er die Bewegungen des sowjetischen Agenten vor und nach den beiden Morden, die er dort begangen hatte, nachzeichnete, verfolgte auch ich die Schritte Staschinskis. Auf der Grundlage von Staschinskis Aussagen vor Gericht habe ich eine Karte gezeichnet und bin die Strecken selbst abgegangen. Staschinskis

Behauptungen wurden durch mein Experiment bestätigt. Zumindest in dieser Hinsicht hatte er die Wahrheit gesagt.

Weitere Vergleichsdaten wurden verfügbar, als ich von der Existenz freigegebener CIA-Akten erfuhr, die sich mit den politischen Aktivitäten und der Ermordung von Stepan Bandera sowie den Aktivitäten seiner Anhänger und Rivalen aus den Reihen der ukrainischen Emigration befassen. Die Informationen in den CIA-Akten halfen mir, die von Staschinski während seines Prozesses vorgelegten Beweise zu verifizieren und zu ergänzen. Das Gleiche gilt für Quellen und Zeugenaussagen, die von sowjetischer Seite auftauchten. Wieder einmal stellte sich heraus, dass Staschinski die Wahrheit gesagt hatte – aber nicht die ganze Wahrheit. Es lag an mir, die Lücken in seiner Erzählung zu füllen.

Jedes Thema, das sich mit der Geschichte der Nachrichtendienste befasst, ist schwierig, nicht nur, weil vieles geheim bleibt, sondern auch, weil es zahlreiche Tarngeschichten und bewusste Irreführungsversuche gibt, die sich über Jahrzehnte hinziehen, wie der Fall Staschinski exemplarisch zu zeigen schien. Um die Art von Quellen zu sammeln, die ich sehen wollte, und meinen Weg durch das Labyrinth der Spionagegeschichte des Kalten Krieges zu finden, brauchte ich viel Unterstützung, und ich freue mich, denen zu danken, die mir am meisten geholfen haben.

Mein besonderer Dank geht an meine Freunde und Kollegen Frank Sysyn und Zenon Kohut. Frank lud mich zu zwei der von ihm organisierten Konferenzen in München ein, und Zenon begleitete mich auf Staschinskis Spuren in München vom Karlsplatz, wo Lew Rebet getötet wurde, zur Zeppelinstraße, wo Bandera gearbeitet hatte, und zur Kreittmayrstraße, wo er starb. Sie machten mich auch mit Andrij Rebet bekannt, dem Sohn von Lew Rebet und wahrscheinlich einzigen überlebenden Teilnehmer des Staschinski-Prozesses vom Oktober 1962. Ich bin Andrij Rebet dankbar für das Interview, das er mir bei einem meiner Besuche in München gewährte, und für die Hilfe, die mir seine Frau, Ivanna Rebet, bei den Bibliotheksbeständen der Ukrainischen Freien Universität in München anbot. Der Kanzler der Universität, Dr. Nicolas Szafowal, beriet mich in Bezug auf die Stasi-Archive zum Fall Staschinski und

DANKSAGUNGEN 371

gab mir Informationen über den Lebensweg von Banderas Mitarbeitern nach seiner Ermordung.

Dr. Roman Procyk vom Ukrainian Studies Fund in den Vereinigten Staaten erklärte sich bereit, meine Fragen zum München der Nachkriegszeit an seine Mutter weiterzuleiten, die sich noch gut daran erinnern konnte, wie die ukrainische Gemeinschaft in den späten 1940er- und frühen 1950er-Jahren in dieser Stadt gelebt hatte. Er half mir auch bei der Vermittlung eines Interviews mit Dr. Anatol Kaminski, der Lew und Daria Rebet zum Zeitpunkt der Ermordung von Lew Rebet nahestand.

Mein besonderer Dank gilt auch Andrij Portnow, der mich mit einer seiner besten Studentinnen an der Freien Universität Berlin, Maria Przyborowska, bekannt machte. Ich hätte mir keine bessere Assistentin als Maria wünschen können, die wiederholt nach Dallgow reiste, dem Berliner Vorort, in dem Inge Pohl geboren wurde und von dem aus Bogdan und Inge im August 1961 in den Westen gingen. Maria tat ihr Bestes, um Inges Nachbarn und Verwandte ausfindig zu machen. Leider gab es keine. Aber im Pfarrarchiv konnte Maria das Beerdigungsprotokoll von Peter Pohl und biografische Informationen über seine Mutter finden.

Ein Kollege von mir in Harvard, Emmanuel K. Akyeampong, half mir, Kopien seltener Zeitungen aus der Republik Südafrika zu beschaffen, in die Bogdan Staschinski nach seiner Entlassung aus dem Gefängnis in Westdeutschland emigrierte. Ich danke General Mike Geldenhuys, dem ehemaligen Polizeipräsidenten Südafrikas, für die Gewährung eines Telefoninterviews, und seiner Frau, Annatje Geldenhuys, für die Vermittlung. Die Biografin des Generals, Hanlie van Straaten, hat sich freundlicherweise bereit erklärt, dem General die Materialien, die ich ihm zu lesen geben wollte, und die Fragen, die ich zu diesen Materialien hatte, zu übermitteln.

Ich bin auch Tomas Sniegon von der Universität Lund dankbar, dass er mir die Aufzeichnungen seiner Interviews mit dem ehemaligen KGB-Chef Wladimir Semitschastny zur Verfügung gestellt hat, und Serhij Jekelschik von der Universität Victoria in Kanada, der mich auf die neueste Literatur über Stepan Bandera hingewiesen hat. In Kyjiw halfen mir Andrij Kohut und Maria Panowa, mich in den reichhaltigen Sammlungen des Archivs des Sicherheitsdienstes der Ukraine zurechtzufinden. In Warschau versorgte mich Dr. Marcin Majewski vom Polnischen Institut für Nationales Gedächtnis mit Akten über Staschinski. In den Vereinigten Staaten verschaffte mir Olha Aleksic Zugang zu den Papieren von Mykola Lebed im Harvard Ukrainian Research Institute, und Lew Chaban und Lubow Wolynets waren sehr hilfreich bei der Bearbeitung der Papiere von Jaroslaw Padoch im Ukrainian Museum and Library of Stamford, Connecticut. Professor Leigh McWhite verschaffte mir Zugang zur James O. Eastland-Sammlung in der Universität von Mississippi. In Kanada danke ich Oleh Romanischin von der Zeitung *Ukrainian Echo* und Roman Senkus vom Kanadischen Institut für Ukrainische Studien für ihre Hilfe beim Zugang zu einer Sammlung von Zeitungsausschnitten über die Ermordung von Stepan Bandera.

Mein Freund und langjähriger Lektor Myroslaw Jurkewitsch half mir wieder einmal bei meiner englischen Prosa. Hiroaki Kuromiya und Jim Klingle lasen das Manuskript und gaben ihm ihre begeisterte Zustimmung. Mary Sarotte stellte mir einige wichtige Fragen zu meiner Behandlung von Staschinski als Hauptfigur des Buches, was mir half, seine persönliche Geschichte zu überdenken. Meine wunderbare literarische Agentin, Jill Kneerim, war von der Staschinski-Geschichte fasziniert und gab mir zahlreiche ausgezeichnete Vorschläge, wie ich sie noch ansprechender gestalten könnte. Und ich hatte das große Glück, dass Lara Heimert von Basic Books zustimmte, die Geschichte in die beeindruckende Liste der Spionagegeschichten dieses renommierten Verlags aufzunehmen. Das gab mir die Gelegenheit, wieder mit Lara und dem hervorragenden Team zusammenzuarbeiten, das meine beiden vorherigen Bücher, *Das letzte Imperium* und *Das Tor Europas,* produziert hat. Besonders dankbar bin ich Leah Stecher, Collin Tracy, Kathy Streckfus, Jennifer Thompson und Betsy DeJesu.

Wieder einmal war es meine Frau Olena, die die Inspiration und die treibende Kraft hinter diesem neuen Buchprojekt war. Meine Tochter Olesia half mir bei der Überarbeitung des Manuskripts und machte Vorschläge zur Verbesserung. Ich habe ihre Ratschläge buchstabengetreu befolgt.

Anmerkungen

Die Quellenangaben orientieren sich bei der Transkription am englischen Originaltext, um ein einfacheres Auffinden der Quellen zu gewährleisten.

Prolog

1. Richard Deacon und Nigel West, *Spy! Six Stories of Modern Espionage* (London, 1980), 127; Karl Anders, *Murder to Order* (New York, 1967), 51–54; *Moskovs'ki vbyvtsi Bandery pered sudom*, ed. Danylo Chaikovs'kyi (München, 1965), 194–198.

Kapitel 1: Stalins Ruf

1. Nikita Sergeevich Khrushchev, mit einer Einführung, Kommentaren und Anmerkungen von Edward Crankshaw, übersetzt und herausgegeben von Strobe Talbott, *Khrushchev Remembers* (Boston, 1970), 262; Dmitrii Vedeneev und Sergei Shevchenko, »Priznalsia, zabiraite«, 2000, 14. Februar 2002; Tarik Cyril Amar, *The Paradox of Ukrainian Lemberg: A Borderland City Between Stalinists, Nazis and Nationalists* (Ithaka, NY, 2015), 242–248; Iuliia Kysla, »›Post imeni Iaroslava Halana.‹ Osinnii atentat u L'vovi,« *Ukraïna moderna*, 6. Januar 2014, http://uamoderna.com/blogy/yuliya-kisla/kysla-galan.

2. William Taubman, *Khrushchev: The Man and His Era* (New York, 2004), 179–207.

3. Khrushchev, *Khrushchev Remembers*, 146–147; »Bandera, Stepan« in *Encyclopedia of Nationalism* (San Diego, 2001), 2: 40–41; Mykola Posivnych, *Stepan Bandera* (Charkiw, 2015); Grzegorz Rossoliński-Liebe, *Stepan Bandera: The Life and Afterlife of a Ukrainian Nationalist: Fascism, Genocide and Cult* (Stuttgart, 2014).

4. Khrushchev, *Khrushchev Remembers*, 228; Grzegorz Motyka, *Ukraińska partyzantka, 1942–1960* (Warschau, 2006); Volodymyr Viatrovych, *Druha pol's'koukraïns'ka viina* (Kyjiw, 2012).

5. Paul Robert Magocsi, *A History of Ukraine: The Land and Its Peoples* (Toronto, 2010), 696–700; Jeffrey Burds, »Agentura: Soviet Informants' Networks & the Ukrainian Underground in Galicia, 1944-48«, *East European Politics and Societies* 11 (1997): 89–130; Yuri M. Zhukov, »Examining the Authoritarian Model of Counter-Insurgency: The Soviet Campaign Against the Ukrainian Insurgent Army«, *Small Wars and Insurgencies* 18, Nr. 3 (2007): 439–466.

6. Bohdan R. Bociurkiw, *The Ukrainian Greek Catholic Church and the Soviet State (1939-1950)* (Edmonton, 1996); Vedeneev und Shevchenko, »Priznalsia, zabiraite«; Amar, *The Paradox of Ukrainian Lviv*, 240-242; Kysla, »Post imeni Iaroslava Halana«.
7. Pavel Sudoplatov und Anatoli Sudoplatov, mit Jerrold L. und Leona P. Schecter, *Special Tasks: The Memoirs an Unwanted Witness-A Soviet Spymaster* (New York, 1995), 253 (im Folgenden Sudoplatov, *Special Tasks*).
8. Amar, *The Paradox of Ukrainian Lviv*, 243; Sudoplatov, *Special Tasks*, 254.
9. Khrushchev, *Khrushchev Remembers*, 262-263.

Kapitel 2: Meisterkiller

1. Sudoplatov, *Special Tasks*, 24-38.
2. Myroslav Yurkevich, »Organization of Ukrainian Nationalists«, in *Encyclopedia of Ukraine*, vol. 3 (Toronto, 1993); Roman Wysocki, *Organizacja ukraińskich nacjonalistów w Polsce w latach, 1929-1939: Geneza, struktura, program, ideologia* (Lublin, 2003).
3. Sudoplatov, *Special Tasks*, 249-253, 378; Nikita Petrov, »Shtatnyi gosudarstvennyi ubiitsa (reabilitirovannyi): Dva dnia iz zhizni Pavla Sudoplatova,« *Novaia gazeta*, August 7, 2013; Nikita Petrov, »Master individual'nogo terrora:Portret Eitongona, kollegi Sudoplatova,« *Novaia gazeta*, 26. Februar 2014.
4. Sudoplatov, *Special Tasks*, 255-256; Dmytro Viedienieiev, »Iak zahynuv Shukhevych i shcho mohlo statysia z ioho tilom,« *Istorychna pravda*, 8. August 2011; Olesia Isaiuk, *Roman Shukhevych* (Charkiw, 2015).
5. Aleksandr Pronin, »Likvidatsiia ›Volka‹,« *Stoletie*, 25. März 2014; Andrei Sidorchik, »Palach dlia terrorista: Ubiitsu Bandery nagradili ordenom«, *Argumenty i fakty*, 12. März 2014; Posivnych, *Stepan Bandera*, 216; Sudoplatov, *Special Tasks*, 378.

Kapitel 3: Geheimagent

1. Stashinsky's Trial Transcripts, in *Moskovs'ki vbyvtsi*, 127.
2. Ihor Derev'ianyi, »Rozstrily v'iazniv v chervni-lypni 1941 r. Iak tse bulo,« *Ukraïns'ka pravda*, 24. Juni 2011; Lesia Fediv, »Vin ubyv Banderu,« *Shchodennyi L'viv*, 22. Mai 2008; Ivan Farion, »Iak by mohla, sama ubyla b ubyvtsiu Bandery ...,« *Vysokyi zamok*, 14. Oktober 2015.
3. Stashinsky's Trial Transcripts, in *Moskovs'ki vbyvtsi*, 125-127; Farion, »Iak by mohla, sama ubyla b ubyvtsiu Bandery ...«

ANMERKUNGEN 375

4. Amar, *The Paradox of Ukrainian Lviv*, 245-253; Roman Heneha, »Uchast' l'vivs'koho studentstva v rusi oporu v druhii polovyni 1940-kh-na pochatku 1950-kh,« *Ukraïns'kyi istorychnyi zhurnal*, Nr. 3 (2007): 97-112; Irina Lisnichenko, »Shcherbitskii postoianno tverdil Semichastnomu«, *Fakty*, 19. Januar 2001.
5. Wolodymyr Ovsiichuk, »Pivstolittia tomu ...,« in *Osiahnennia istorii: Zbirnyk na poshanu profesora Mykoly Pavlovycha Koval's'koho z nahody 70-richchia* (Ostrih, 1999), 13-17; Vitalii Iaremchuk, »Students'ki roky M. P. Koval's'koho«, in: ebd., 18-29; Evgenii Chernov, »N. P. Koval'skii: O vremeni i o sebe,« in *Dnipropetrovs'kyi istorykoarkheohrafichnyi zbirnyk*, Bd. 1 (Dnipro, 1997), 11.
6. Stashinsky's Trial Transcripts, in *Moskovs'ki vbyvtsi*, 130-131.
7. Oleksandra Andreiko, »Narys pro istoriiu sela Pykulovychi,« *Forum sela Pykulovychi* http://xn-b1albgfsd8a2b7j.xn-j1amh.
8. Stashinsky's Trial Transcripts, in *Moskovs'ki vbyvtsi*, 135-137; Rossoliński-Liebe, *Stepan Bandera*, 351; Svitlana Voroz, »Ioho vchynkam nemaie vypravdannia,« *Holos narodu*, 23. November 2013; Roman Vasyl'ko, »Zlochyn: Khto hostryv sokyru?«*OUN-UPA*, http://ounupa.org.ua/articles/vasylko.html; Vedeneev und Shevchenko, »Priznalsia, zabiraite«.
9. Ovsiichuk, »Pivstolittia tomu«; Mikhail Kravchenko, »Trezubets v petle«, *Russkoe voskresenie*, www.voskres.ru/army/publicist/kravtshenko.htm.
10. Stashinsky's Trial Transcripts, in *Moskovs'ki vbyvtsi*, 137.

Kapitel 4: Fallschirmspringer

1. Dmytro Viedienieiev und Hennadii Bystrukhin, *Dvobii bez kompromisiv: Protyborstvo spetspidrozdiliv OUN ta radians'kykh syl spetsoperatsii, 1945-1980-ti rr.* (Kyjiw, 2007), 288-303, 392-409.
2. John L. Steele, »Assassin Disarmed by Love: The Case of a Soviet Spy Who Defected to the West«, *Life*, 7. September 1962, 70-77, nachgedruckt in Allen Dulles, Hrsg., *Great True Spy Stories* (New York, 1968), 419-435; hier 421-422; Stashinsky's Trial Transcripts, in *Moskovs'ki vbyvtsi*, 137.
3. Viedienieiev und Bystrukhin, *Dvobii bez kompromisiv*, 290, 392-395; Stephen Dorril, *MI6: Inside the Covert World of Her Majesty's Secret Intelligence Service* (New York, 2000), 223-248; Peter Gross, *Operation Rollback: America's Secret War Behind the Iron Curtain* (New York, 2000), 171; Kevin C. Ruffner, »Cold War Allies: The Origins of CIA's Relationship with Ukrainian Nationalists,« in *Fifty Years of the CIA* (Langley, VA, 1998), 29-30.

4. *Stepan Bandera u dokumentakh radians'kykh orhaniv derzhavnoi bespeky (1939–1959)*, ed. Volodymyr Serhiichuk (Kyjiw, 2009), 3: 69–77, 95–96, 105.

5. Sudoplatov, *Special Tasks*, 257–259; Dmytro Viedienieiev und Iurii Shapoval, »Maltiis'kyi sokil: Abo dolia Myrona Matviieika«, *Dzerkalo tyzhnia*, 11. August 2001; Viedienieiev und Bystrukhin, *Dvobii bez kompromisiv*, 392–399.

6. Stashinsky's Trial Transcripts, in *Moskovs'ki vbyvtsi*, 137–138; Viedienieiev und Bystrukhin, *Dvobii bez kompromisiv*, 300–309; Georgii Sannikov, *Bol'shaia okhota: Rasgrom vooruzhennogo podpol'ia v Zapadnoi Ukraine* (Moskau, 2002), 16–18.

Kapitel 5: Auf den Straßen von München

1. Leonid Shebarshin, *Ruka Moskvy: Zapiski nachal'nika Sovetskoi razvedki* (Moskau, 1996), 150–152.

2. Stashinsky's Trial Transcripts, in *Moskovs'ki vbyvtsi*, 138–141; *Shchit i mech maiora Zoricha*, Fernsehdokumentation, www.youtube.com/watch?v=pm5q_32UluE; Viedienieiev und Bystrukhin, *Dvobii bez kompromisiv*, Foto von Oberst Alexej [Alexei] Daimon nach S. 504; O. Daimon, »Vokupovanomu Kyievi,« *Z arkhiviv VUCHK-HPU-NKVD-KHB: Naukovyi i dokumental'nyi zhurnal* 12, Nr. 1 (2000): 245ff.; Sannikov, *Bol'shaia okhota*, 18.

3. David E. Murphy, Sergei A. Kondrashev, und George Bailey, *Battleground Berlin: CIA vs. KGB in the Cold War* (New Haven, CT, 1997), 256–259; George Blake, *No Other Choice: An Autobiography* (New York, 1991), 166–167.

4. Dmytro Lykhovii und Lesia Shovkun, »Demokrat v OUN i persha zhertva KGB«, *Ukrainska pravda*, 12. Oktober 2011.

5. Stashinsky's Trial Transcripts, in *Moskovs'ki vbyvtsi*, 141–146; Andrii Rebet, »Lev i Dariia Rebet: Moï bat'ky«, Vortrag am 24. Juni 1998 an der Ukrainischen Freien Universität, München, Manuskript, 13.

6. Ivan Bysaha und Vasyl Halasa, *Za velinniam sovisti* (Kyjiw, 1963); Stepan Mudryk-Mechnyk, *OUN v Ukraïni i za kordonom pid provodom S. Bandery (Prychynky do istoriï, spohad)* (Lemberg, 1997), 128–129; *Moskovs'ki vbyvtsi*, 145, 616–617.

7. Stashinsky's Trial Transcripts, in *Moskovs'ki vbyvtsi*, 154–160; Karl Anders, *Murder to Order* (London, 1965), 25–28.

Kapitel 6: Wunderwaffe

1. Stashinsky's Trial Transcripts, in *Moskovs'ki vbyvtsi*, 161–164.
2. Ebd., 164–165.

3. Ebd., 166–167.
4. Ebd., 175–177; Anders, *Murder to Order*, 25–32.
5. Anders, *Murder to Order*, 115; Nikolai Chochlow, *Pravo na sovest'* (Frankfurt, 1957), 113–138; »Shpion, kotoryi byl otravlen KGB, no vyzhil«, *APN Nizhnii Novgorod*, 12. Januar 2006, www.apn-nn.ru/contex_s/26820.html; Boris Volodarsky, *The KGB's Poison Factory: From Lenin to Litvinenko* (Minneapolis, 2010), 184.

Kapitel 7: Grüße aus Moskau

1. Stashinsky's Trial Transcripts, in *Moskovs'ki vbyvtsi*, 170–172; Anders, *Murder to Order*, 35–36.
2. Interview des Autors mit Andrij Rebet, München, 1. Juli 2012.
3. Stashinsky's Trial Transcripts, in *Moskovs'ki vbyvtsi*, 172–174; Anders, *Murder to Order*, 35–37.
4. Ebd., 174, 248–249, 615; Interview des Autors mit Anatol Kaminsky, einem engen Mitarbeiter von Daria Rebet, 27. Juli 2012; Memorandum for the Record, Subject: Meeting with AECASSOWARY 2 [Mykola Lebed] and 29 [Fr. Mykhailo Korschan], 3. April 1962, 1, Aerodynamic: Contact Reports, Bd. 45, NARA, RG 263, E ZZ-19, B 23.
5. Stashinsky's Trial Transcripts, in *Moskovs'ki vbyvtsi*, 174; Anders, *Murder to Order*, 10–11, 38–39, 57; Dmitrii Prokhorov, *Skol'ko stoit prodat' rodinu* (St. Petersburg, 2005), 255.

Kapitel 8: Roter Platz

1. Stashinsky's Trial Transcripts, in *Moskovs'ki vbyvtsi*, 184–185; Anders, *Murder to Order*, 44–45; »Sem' sester Stalina: Ili kak stroilis' pervye sovetskie neboskreby,« *Fact Magazine*, 12. Februar 2011, www.magazinefact.com/articles/72-figures-and-faces/751-qseven-sistersq-of-stalin-or-how-the-first-soviet-skyscrapers-were-built.
2. Stashinsky's Trial Transcripts, in *Moskovs'ki vbyvtsi*, 187.
3. »Ishchenko Georgii Avksentievich,« in Nikita Petrov, *Kto rukovodil organami gosbezopasnosti, 1941–1954: Spravochnik* (Moskau, 2010), 430–431.
4. Stashinsky's Trial Transcripts, in *Moskovs'ki vbyvtsi*, 182–183; *Romantyk shakhiv ta ioho epokha: Stepan Popel'*, comp. Ivan Iaremko (Lemberg, 2009).
5. Interview mit Generalleutnant Vasilii Khristoforov, Leiter der Direktion für Registrierung und Archive des Föderalen Sicherheitsdienstes der Russischen Föderation, in der Fernsehdokumentation *Tainy razvedki: Likvidatsiia Stepana Bandery* (2012).

6. Stepan Bandera, »Nad mohyloiu Ievhena Konoval'tsia,« in Stepan Bandera, *Perspektyvy ukraïns'koï revoliutsiï* (Kyjiw, 1999), 587-591.
7. Stashinsky's Trial Transcripts, in *Moskovs'ki vbyvtsi*, 149-150, 184.
8. Ebd., 186-187; Anders, *Murder to Order*, 45.
9. Stashinsky's Trial Transcripts, in *Moskovs'ki vbyvtsi*, 185-187; Nikolai Chochlow, *Pravo na sovest'* (Frankfurt, 1957).

Kapitel 9: Herr Popel

1. Stashinsky's Trial Transcripts, in *Moskovs'ki vbyvtsi*, 194-198; Rossoliński-Liebe, *Stepan Bandera*, 354; Anders, *Murder to Order*, 51-54; Richard Deacon und Nigel West, *Spy! Six Stories of Modern Espionage* (London, 1980), 127.
2. Stashinsky's Trial Transcripts, in *Moskovski vbyvtsi*, 198-199; Steele, »Assassin Disarmed by Love«, 430.

Kapitel 10: Tot bei Ankunft

1. »Delving Behind the Scenes of the Death of Stefan Bandera«, CIA-Bericht, 14. Juli 1960, Stephen Bandera Name File, Bd. 2, National Archives and Records Administration (NARA), RG 263, E ZZ-18, B 6, 15; »Ivan Kashuba's Comments Regarding Bandera's Last Moments of Life«, CIA, 4. Januar 1960, Attachment D, ebenda, 1; Wiesław Romanowski, *Bandera: Terrorysta z Galicji* (Warschau, 2012), 5-8.
2. *Moskovs'ki vbyvtsi*, 23-24, 33, 42; Romanowski, *Bandera*, 8.
3. » Delving Behind the Scenes«, 11; *Moskovs'ki vbyvtsi*, 24-25.
4. Edward Page Jr, AmConGen, München, ans Department of State, »Mysterious Poisoning of Stepan Bandera, Leader of the Organization of Ukrainian Nationalists (Banderists)«, 26. Oktober 1959, Stephen Bandera Name File, vol. 2, NARA, RG 263, E ZZ-18, B 6; »Delving Behind the Scenes«, 9-10; *Moskovs'ki vbyvtsi*, 39; *Stepan Bandera u dokumentakh*, 3:85-88; Rossoliński-Liebe, *Stepan Bandera*, 350.
5. *Moskovs'ki vbyvtsi*, 465-466; Romanowski, *Bandera*, 9.
6. Stashinsky's Transcripts, in *Moskovs'ki vbyvtsi*, 249; *Münchener Merkur*, 20. Oktober 1959; vgl. *Moskovs'ki vbyvtsi*, 26; Rossoliński-Liebe, *Stepan Bandera*, 349.
7. David Irving, *The Secret Diaries of Hitler's Doctor* (London, 2005), 108, 119, 138, 242-243, 247, 269, 280; Gilbert Shama, »Pilzkrieg: The German Wartime quest for Penicillin«, *Microbiology Today* 30 (August 2003): 120-123; *Moskovs'ki vbyvtsi*, 34-36.

Kapitel 11: Beerdigung

1. *Moskovs'ki vbyvtsi*, 471–475.
2. Ebd., 27, 471–473, 481, 487–488; Memorandum for the Record, 18. November 1959, Subject: Kontakt mit AECASSOWARY 2 [Mykola Lebed] am 22. und 23. Oktober 1959, 1, Aerodynamic: Contact reports, Bd. 44, f. 2, NARA, RG 263, E ZZ-19, B 23.
3. *Stepan Bandera u dokumentakh*, 3: 85–92; Romanowski, *Bandera*, 27.
4. Stepan Mudryk, *U borot'bi proty moskovs'koi ahentury* (München, 1980), chap. 14; Iaroslav Svatko, *Misiia Bandery* (Lemberg, 2003), 57–59; *Moskovs'ki vbyvtsi*, 22, 39; Rossoliński-Liebe, *Stepan Bandera*, 350.
5. Mudryk, *U borot'bi*, chap. 14; Ivan Farion, »Shchob vriatuvaty Banderu, udar avta pryiniav na sebe ...,« *Vysokyi zamok*, 28. Dezember 2008.
6. München [Operationsbasis] an Direktor [CIA], 24. November 1959, IN 11793, Stephen Bandera Name File, Bd. 2, NARA, RG 263, E ZZ-18, B 6; Random Notes, The Role of Ivan Kashuba, 2. Mai 1960, ebd.; »Delving Behind the Scenes«, 17; »Ivan Kashuba's Comments, «, 1.

Kapitel 12: CIA-Telegramm

1. München an Direktor, IN 37607, 15. Oktober 1959, Stephen Bandera Name File, Bd. 2, NARA, RG 263, E ZZ-18, B 6.
2. Sheridan Sansegundo, »William Hood: William Hood: Of Moles and Double Agents,«, *South Hampton Star*, 9. Juni 2005.
3. 3. Charles Hawley, »The US Soldier Who Liberated Munich Remembers Confronting the Nazi Enemy«, *Spiegel International*, 29. April 2005.
4. John Fiehn, »Munich: New Center of Spy Intrigue«, *Chicago's American*, 17. Januar 1960; Marta Dyczok, *The Grand Alliance and Ukrainian Refugees* (New York, 2000), 42–169.
5. Richard Breitman und Norman J. W. Goda, *Hitler's Shadow: Nazi War Criminals, U.S. Intelligence, and the Cold War* (Washington, DC, 2010), 77–80; *Stepan Bandera u dokumentakh*, 3:115–225; Anatol' Kamins'kyi, *Proloh u kholodnii viini proty Moskvy: Prodovzhennia vyzvol'noï borot'by iz-za kordonu* (Hadiach, Ukraine, 2009), 40–58.
6. Breitman und Goda, *Hitler's Shadow*, 80–82, 40–58; Dorril, *MI6*, 231–235.
7. Breitman und Goda, *Hitler's Shadow*, 82–83, 85–88; Kamins'kyi, *Proloh u kholodnii viini proty Moskvy*, 3–39.
8. München an Direktor, IN 37607, 16. Oktober 1959, Stephen Bandera Name File, Bd. 2, NARA, RG 263, E ZZ-18, B 6; München an Direktor,

IN 38209, 18. Oktober 1959, ebenda; München an Direktor, IN 38504, 19. Oktober 1959, ebd.

Kapitel 13: Upswing

1. Direktor an München, Frankfurt, DIR 13898, 20. März 1958, Stephen Bandera Name File, Bd. 2, NARA, RG 263, E ZZ-18, B 6; München an Direktor, IN 49176, 27. März 1958, ebd.
2. München [Generalkonsulat] an Secretary of State, Department of State, 10490, 16. Oktober 1959, Stephen Bandera Name File, vol. 2, NARA, RG 263, E ZZ-18, B 6; Stepan Bandera an Osyp Bandera, 1. November 1955, in Posivnych, *Stepan Bandera*, 191–194; Stepan Bandera an Jaroslaw Padoch, 7. Februar 1959, Jaroslaw Padoch Collection, Nr. 208, Ukrainian Museum and Library, Stamford, Connecticut.
3. Timothy Snyder, *The Reconstruction of Nations: Poland, Ukraine, Lithuania, Belarus, 1569-1999* (New Haven, CT, 2004), 154–178; John-Paul Himka, »Ukrainian Collaboration in the Extermination of the Jews During the Second World War: Sorting Out the Long-Term and Conjectural Factors,« in *The Fate of the European Jews, 1939–1945: Kontinuität oder Kontingenz*, ed. Jonathan Frankel (Oxford, 1997), 170–189; Alex J. Motyl, »Ukrainian Collaboration in the Extermination of the Jews During the Second World War: Sorting Out the Long-Term and Conjectural Factors«, in: *Polin: Studies in Polish Jewry*, ed. Anthony Polonsky und Yohanan Petrovsky-Shtern, Bd. 26 (Oxford, 2014): 275–295.
4. München [Generalkonsulat] an den Außenminister, Department of State, 10490, 16. Oktober 1959, Stephen Bandera Name File, Bd. 2, NARA, RG 263, E ZZ-18, B 6; Page, »Mysterious Poisoning of Stefan Bandera«; Telegram from the Embassy in the Soviet Union to the Department of State, 13. Oktober 1962, *Foreign Relations of the United States* [*FRUS*], 1961-1963, Bd. 5, Nr. 245.
5. CIA-Memorandum, »Meeting with UPHILL Representatives«, 26. Mai 1961, 1, Stephen Bandera Name File, Bd. 2, NARA, RG 263, E ZZ-18, B 6Leiter der Basis, München an den Leiter der S[owjet] R[ussland-Division], 5. Oktober 1959, DOI 70-17, ebd.; München an Direktor, IN 38209, 18. Oktober 1959, ebd.; »Delving Behind the Scenes«, 4; Leiter der Basis, München, an den Leiter der S[owjet] R[ussland-Divison], DOI 70-17, 5. Oktober 1958, Stephen Bandera Name File, vol. 2, NARA, RG 263, E ZZ-18, B 6; »Visit of Bandera to the USA,« Attachment to EGMA 45003, 27. August 1959, ebd. Reinhard Heydenreuter, »Pidhotovka ta zdiisnennia zamakhu na Stepana Banderu 1959 r. v dzerkali miunkhens'kykhs' politsiinykh aktiv,« in *Ukrains'kyi vyzvol'nyi rukh* 11 (Lemberg, 2007): 217.

ANMERKUNGEN 381

6. E. H. Cookridge, *Gehlen: Spy of the Century* (New York, 1972); James H. Critchfield, *Partners at the Creation: The Men Behind Postwar Germany's Defense and Intelligence Establishments* (Annapolis, MD, 2003), 200-218.
7. »Herre, Heinz-Danko (1909-1988), in Jefferson Adams, *Historical Dictionary of German Intelligence* (Lanham, MD, 2009), 183.
8. Critchfield, *Partner bei der Schöpfung*, 96.
9. *Moskovs'ki vbyvtsi*, 22, 36; »Delving Behind the Scenes«, 4-6; Romanowski, *Bandera*, 24.
10. Romanowski, *Bandera*, 22-23; »Delving Behind the Scenes«, 4-6; München an Direktor, IN 38504, 19. Oktober 1959, Stephen Bandera Name File, Bd. 2, NARA, RG 263, E ZZ-18, B 6.

Kapitel 14: Hauptverdächtiger

1. Direktor an München, Frankfurt, DIR 01687, 5. November 1959, Stephen Bandera Name File, Bd. 2, NARA, RG 263, E ZZ-18, B 6.
2. »Research Aid: Cryptonyms and Terms in Declassified CIA Files Nazi War Crimes and Japanese Imperial Government Records Disclosure Acts«, www.archives.gov/iwg/declassified-records/rg-263-cia-records/second-release-lexicon.pdf.
3. Leiter der Basis, München, an den Leiter der S[owjet] R[ussland-Division], 12. November 1959, EGMA 45907, 2, Stephen Bandera Name File, vol. 2, NARA, RG 263, E ZZ-18, B 6; Romanowski, *Bandera*, 32-33.
4. Viedienieiev und Shapoval, »Maltiis'kyi sokil«.
5. Ebd.; Viedienieiev und Bystrukhin, *Dvobii bez kompromisiv*, 392-410; Adam Kaczyński, »Spadochroniarze OUN: Historia desantów z 14 maja 1951 r. «, *Inne Obliczu Historii*, https://ioh.pl/artykuly/pokaz/spadochroniarze-oun-historia-desantw-z--maja --r,1071.
6. »Delving Behind the Scenes «, 11.
7. Ebd., 11-12.
8. Leiter der Basis, München, an den Leiter der S[owjet] R[ussland-Division], 12. November 1959, EGMA 45907, 1, 2; »Delving Behind the Scenes«, 10.
9. Leiter der Basis, München, an den Leiter der S[owjet] R[ussland-Division], 12. November 1959, EGMA 45907, 1, 2; »Delving Behind the Scenes«, 10.

Kapitel 15: Aktive Maßnahmen

1. Stashinsky's Trial Transcripts, in *Moskovs'ki vbyvtsi*, 199; Anders, *Murder to Order*, 57.
2. Murphy, Kondrashev und Bailey, *Battleground Berlin*, 257–58; Anatoli Gus'kov, *Pod grifom pravdy. Ispoved' voennogo kontrrazvedchika. Liudi, fakty, spetsoperatsii* (Moskau, 2004), chap. 10; Eduard Khrutskii, *Teni v pereulke* (Moskau, 2006), 53-55; G. K. Zhukov, *Vospominaniia i razmyshleniia* (Moskau, 2002), 1: 331-33.
3. Murphy et al., *Battleground Berlin*, 264–266; »Soviet Use of Assassination and Kidnapping,« CIA report, 1964, Center for the Study of Intelligence, https://www.cia.gov/library/center-for-the-study-of-intelligence/kent-csi/vol19no3/html/v19i3a01p_0001.htm.
4. Christopher Andrew und Oleg Gordievsky, *KGB: The Inside Story of the Foreign Operations* (New York, 1990), 384–385; Marc Fisher, »E. Germany Ran Antisemitic Campaign in West in 60s,« *Washington Post*, 28. Februar 1993.
5. Murphy et al., *Battleground Berlin*, 325–326; *FRUS*, 1958–1960, Bd. 8, *Berlin Crisis, 1958–59*, Nr. 348.
6. *Moskovs'ki vbyvtsi*, 468; Heydenreuter, »Pidhotovka ta zdiisnennia zamakhu na Stepana Banderu 1959 r.«, 211–220.
7. *Stepan Bandera u dokumentakh*, 3:593, 601; B. Aleksandrov, »Neshchastnyi sluchai ili ubiistvo?« *Komsomol'skaia pravda*, 22. Oktober 1959; B. Aleksandrov, »Sledy vedut k Oberlenderu«, *Komsomol'skaia pravda*, 25. Oktober 1959.
8. *Moskovs'ki vbyvtsi*, 587–589; *Stepan Bandera u dokumentakh*, 3:593, 601; Philipp Ther, »War Versus Peace: Interethnic Relations in Lviv During the First Half of the Twentieth Century«, *Harvard Ukrainian Studies* 24 (2000): 251–284; Volodymyr Viatrovych, »Iak tvoryiasia legenda pro Nakhtigal«, *Dzerkalo tyzhnia*, 16. Februar 2008; Taras Hunczak, »Shukhevych and the Nachtigall Battalion: Sowjetische Erfindungen über die ukrainische Widerstandsbewegung«, *The Day* (Kyjiw, 2009), Nr. 22; John-Paul Himka, »The Lviv Pogrom of 1941: The Germans, Ukrainian Nationalists, and the Carnival Crowd«, *Canadian Slavonic Papers* 53, nos. 2-4 (2011): 209–243; Serhii Riabenko, »Slidamy »Lvivs'koho pohromu« Ivana Dzhona Khymky, *Ukrains'ka pravda*, 20. Februar 2013.
9. Michael Lemke, »Kampagnen gegen Bonn: Die Systemkrise der DDR und die West-Propaganda der SED 1960-1963«, *Vierteljahrshefte für Zeitgeschichte* 41 (1993): 151–174; DEFA-Studio für Wochenschauen und Dokumentationen, Augenzeuge 1959 / W 88 www.defa.de/DesktopDefault.aspx?TabID=412&FilmID=q6UJ9A0040qW; Rossoliński-Liebe, *Stepan Bandera*, 357–359; Tennent H. Bagley, *Spymaster*:

Startling Cold War Revelations of a Soviet KGB Chief (New York, 2013), Kap. 12.

10. Stashinsky's Trial Transcripts, in *Moskovs'ki vbyvtsi*, 225.

Kapitel 16: Große Hoffnungen

1. Stashinsky's Trial Transcripts, in *Moskovs'ki vbyvtsi*, 202.
2. Teodor Gladkov, *Lift v razvedku:* »*Korol' nelegalov*« *Aleksandr Korotkov* (Moskau, 2002); Sudoplatov, *Special Tasks*, 48, 138-139; 241-244.
3. Chochlow, *Pravo na sovest'*, 113-138; »Shpion, kotoryi byl otravlen KGB, no vyzhil,« *APN Nizhnii Novgorod*, 12. Januar 2006, www.apn-nn.ru/contex_s/26820.html.
4. Volodarsky, *The KGB's Poison Factory*, 184.
5. Murphy et al., *Schlachtfeld Berlin*, 264-266.
6. Stashinsky's Trial Transcripts, in *Moskovs'ki vbyvtsi*, 202-203; Anders, *Murder to Order*, 59-60.
7. Stashinsky's Trial Transcripts, in *Moskovs'ki vbyvtsi*, 202-203; Anders, *Murder to Order*, 59-60.
8. Stashinsky's Trial Transcripts, in *Moskovs'ki vbyvtsi*, 188-189.

Kapitel 17: Der Mann an der Spitze

1. Typoskript der Memoiren von Vladimir Semichastny mit seinen persönlichen Korrekturen, im Archiv von Professor Tomas Sniegon, Universität Lund, Schweden, 66. Vgl. Vladimir Semichastny, *Bespokoinoe serdtse* (Moskau, 2002), 193; »Ėkspertnoe zakliuchenie k zasedaniiu Verkhovnogo suda RF, 26. May 26, 1992,« *Memorial*, www.memo.ru/history/exp-kpss/Chapter5.htm; Leonid Mlechin, *Zheleznyi Shurik* (Moskau, 2004), 237.
2. Khrushchev, *Khrushchev Remembers*, 146-147; Posiwnytsch, *Stepan Bandera*, 11- 14; Sudoplatov, *Special Tasks*, 357, 378.
3. Sudoplatov, *Special Tasks*, 249, 252-253, 378.
4. Ebd., 355; Georgii Sannikov, *Bol'shaia okhota: Razgrom vooruzhennogo podpol'ia v Zapadnoi Ukraine* (Moskau, 2002), 19, 342-343; Breitman und Goda, *Hitler's Shadow*, 83.
5. Sannikov, *Bol'shaia okhota: Bor'ba s vooruzhennym podpol'em OUN v Zapadnoi Ukraine* (Moskau, 2008), 249; »Diadei v organakh KGB nemalo, a umeniia nashchupat vraga eshche ne vsegda khvataet,« *Kommersant Vlast'* 994, Nr. 40 (8. Oktober 2012).

6. Filipp Bobkov, »A. N. Schelepin,« *Federal'naia sluzhba bezopasnosti Rossiiskoi Federatsii* www.fsb.ru/fsb/history/author/single.htm!id %3D10317982%2540fsbPublication .html.

7. Leonid Mlechin, *Shelepin* (Moskau, 2009); Christopher Andrew und Oleg Gordievsky, *KGB: Intelligence Operations from Lenin to Gorbachev* (New York, 1990), 463; Herbert Romerstein, »Disinformation as a KGB Weapon in the Cold War«, *Journal of Intelligence History* 1 (Sommer 2001): 54–67.

Kapitel 18: Privatangelegenheiten

1. Anders, *Murder to Order*, 60; Stashinsky's Trial Transcripts, in *Moskovs'ki vbyvtsi*, 204.

2. Aleksandr Sever, *Smert' shpionam! Voennaia kontrrazvedka Smersh v gody Velikoi Otechestvennoi voiny* (Moskau, 2009), 410; A. A. Sokolov, *Anatomiia predatel'stva: »Superkrot« TsRU v KGB. 35 let shpionazha generala Olega Kalugina* (Moskau, 2005), 33; Vitalii Pavlov, *Operatsiia Sneg: Polveka vo vneshnei razvedke KGB* (Moskau, 1996), 116.

3. Stashinsky's Trial Transcripts, in *Moskovs'ki vbyvtsi*, 204; Anders, *Murder to Order*, 61.

4. *Moskovs'ki vbyvtsi*, 620; Anders, *Murder to Order*, 38–39, 60, 114; Steele, »Assassin Disarmed by Love«; Peter-Ferdinand Koch, *Der Fund: Die Skandale des Stern Gerd Heidemann und die Hitler-Tagebücher* (Hamburg, 1990), 107–121; Annemarie Lange, *Führer durch Berlin* (Berlin, 1963), 121; Auszüge aus einem Bericht über ein Treffen mit dem Agenten »Lipski«, Archiv des polnischen Innenministeriums, Instytut Pamięci Narodowej, Warschau, IPN BU 01355/196/J (1074/4/48), 1–2.

5. *Moskovs'ki vbyvtsi*, 620; Anders, *Murder to Order*, 60.

6. Anders, *Murder to Order*, 61.

7. Stashinsky's Trial Transcripts, in *Moskovs'ki vbyvtsi*, 208.

Kapitel 19: Award

1. »Simvoly zovushchie k miru i progressu«, *Prawda*, 7. Dezember 1959, 4; »Vsenarodnyi prazdnik«, *Prawda*, 6. Dezember 1959, 1.

2. Stashinsky's Trial Transcripts, in *Moskovs'ki vbyvtsi*, 204–205; Anders, *Murder to Order*, 62.

3. Stashinsky's Trial Transcripts, in *Moskovs'ki vbyvtsi*, 206; Anders, *Murder to Order*, 62–63.

4. William Hood, *Mole: The True Story of the First Russian Spy to Become an American Counterspy* (Washington, DC, 1993), 68.

ANMERKUNGEN 385

5. Stashinsky's Trial Transcripts, in *Moskovs'ki vbyvtsi*, 208-211, 226; Anders, *Murder to Order*, 63-64.

Kapitel 20: Vorschlag

1. Anders, *Murder to Order*, 64; Murphy et al, *Battleground Berlin*, 488; Tennent H. Bagley, *Spy Wars: Moles, Mysteries, and Deadly Games* (New Haven, CT, 2008), 123-131; »Fabrichnikov, Arkadii Andreevich,« Mezhdunarodnyi ob'edinennyi biograficheskii tsentr, http://wwii-soldat.narod.ru/200/ARTICLES/BIO/fabrichnikov_aa.htm; Sannikov, *Bol'shaia okhota* (2002), 343-344; »Kravchenko Nikolai Nikolaevich«, in Petrov, *Kto rukovodil organami gosbezopasnosti*, 505-506.
2. Stashinsky's Trial Transcripts, in *Moskovs'ki vbyvtsi*, 209-211; Anders, *Murder to Order*, 64.
3. Anders, *Murder to Order*, 64-65; Stashinsky's Trial Transcripts, in *Moskovs'ki vbyvtsi*, 212.
4. Hood, *Maulwurf*, 23.
5. Stashinsky's Trial Transcripts, in *Moskovs'ki vbyvtsi*, 212-213; Anders, *Murder to Order*, 64-65; Rossoliński-Liebe, *Stepan Bandera*, 355.
6. *Moskovs'ki vbyvtsi*, 620; Anders, *Murder to Order*, 38-39, 60, 114; Steele, »Assassin Disarmed by Love«; Peter-Ferdinand Koch, *Der Fund. Die Skandale des Stern Gerd Heidemann und die Hitler-Tagebücher* (Hamburg, 1990), 110-111.
7. Stashinsky's Trial Transcripts, in *Moskovs'ki vbyvtsi*, 210-215; Anders, *Murder to Order*, 65.

Kapitel 21: Einführung der Braut

1. Stashinsky's Trial Transcripts, in *Moskovs'ki vbyvtsi*, 215-216; Anders, *Murder to Order*, 67-68.
2. Koch, *Der Fonds*, 114-116.
3. »Razoruzhenie-put' k uprocheniiu mira, ukrepleniiu druzhby mezhdu narodami: Doklad tovarishcha N. S. Khrushcheva na sessii Verkhovnoho Soveta SSR«, *Prawda*, 15. Januar 1960, 1-2; The Kitchen Debate (Nixon and Khrushchev, 1959), zwei Teile, www.youtube.com/watch?v=z6RLCw1OZFw&feature=relmfu.
4. Stashinsky's Trial Transcripts, in *Moskovs'ki vbyvtsi*, 215-216; Anders, *Murder to Order*, 67-68. Für Abschriften von Gesprächen, die der KGB in den späten 1950er-Jahren in Moskauer Hotels abhörte, siehe Osobyiarkhiv Litvy (KGB Litovskoi SSR), opis 3, delo 8411-3.
5. Stashinsky's Trial Transcripts, in *Moskovs'ki vbyvtsi*, 218-219, 226; Koch, *Der Fund*, 116-117.

6. Anders, *Murder to Order*, 68; Deacon und West, *Spy!*, 126; Koch, *Der Fund*, 116.

Kapitel 22: Monat des Spions

1. Koch, *Der Fund*, 117–118.
2. Stashinsky's Trial Transcripts, in *Moskovs'ki vbyvtsi*, 217–218; *Imena Moskovskikh ulits: Putevoditel'*, ed. K. G. Efremov, 5. Aufl. (Moskau, 1988), 141.
3. Stashinsky's Trial Transcripts, in *Moskovs'ki vbyvtsi*, 217, 227; Koch, *Der Fund*, 117–118; Hood, *Mole*, 176–177.
4. »The Summit Conference of 1960: The Intelligence Officer's View«, *Central Intelligence Agency*, https://www.cia.gov/library/center-for-the-study-of-intelligence/csi-publications/books-and-monogra phs/sherman-kent-and-the-board-of-national-estimates-collected-essays/8summit.html.
5. »The Paris Summit Falls Apart«, UPI, www.upi.com/Audio/Year_ in_Review/Events-of-1960/The-Paris-Summit-Falls-Apart/1229550 9435928-2; David Lawrence, »Infiltration of Communists Still Serious Problem Here«, *Evening Independent*, 16. Juni 1960; Bem Price, »Poor Spies Pose War Threat«, *Victoria Advocate*, 30. Juli 1991, 3A.
6. *Krovavye deianiia Oberlandera: Otchet o press-konferentsii dlia sovetskikh i inostrannykh zhurnalistov, sostoiavsheisia v Moskve 5 aprelia 1960 goda* (Moskau, 1960); Hermann Raschhofer, *Political Assassination: The Legal Background of the Oberländer and Stashinsky Cases* (Tübingen, Deutschland, 1964); Viatrovych, »Iak tvorylasia legenda pro Nakhtigal'«; »Völkerrechtliche Praxis der Bundesrepublik Deutschland im Jahre 1960«, in *Max-Planck-Institut für ausländisches öffentliches Recht und Völkerrecht* (1963): 345–346; *Moskovs'ki vbyvtsi*, 44–46, 592–595.

Kapitel 23: Sich im Kreis drehen

1. *Moskovs'ki vbyvtsi*, 34–35, 592; »Delving Behind the Scenes of the Death of Stefan Bandera«, CIA-Bericht, 14. Juli 1960, Stephen Bandera Name File, Vol. 2, National Archives and Records Administration (NARA), RG 263, E ZZ-18, B 6, »The Visit of the Oberkommissar der deutschen Kriminalpolizei, Adrian Fuchs,« CIA, 2. Mai 1960, Anlage C, ebd.
2. »Matviieiko Miron, shef sluzhby bezpeki OUN, ›Usmikh,' agent angliiskoi razvedki ›Moddi'‹: protokoly doprosov«, *Novosti Ukrainy*, http://noviny.su/smi-00000 745.html; Interview des Autors mit Anatol Kaminsky, 27. Juli 2012.

ANMERKUNGEN 387

3. »Forschungshilfe: Kryptonyme und Begriffe in deklassierten CIA-Akten«.
4. Leiter der Basis, München, an den Leiter der S[owjet] R[ussland-Division], 2. Mai 1960, EGMA 48874, 1; Stephen Bandera Name File, vol. 2, National Archives and Records Administration (NARA), RG 263, E ZZ-18.
5. »Delving Behind the Scenes «, 1–2.
6. Ebd., 3–4.
7. Ebd., 7–18; »The Visit of the Oberkommissar,«, 3.
8. Viedienieiev und Bystrukhin, *Dvobii bez kompromisiv*, 408; Random Notes, »Role of Ivan Kashuba,« May 2, 1960, Stephen Bandera Name File, vol. 2, NARA, RG 263, E ZZ-18, B 6; Leiter der Basis, München, an den Direktor [der Central Intelligence Agency], 29. November 1961, IN 29726, 1–3, Subject Files: AEDOGMA/AEBATH, NARA, RG 263, B 5.

Kapitel 24: Moskauer Wanzen

1. Anders, *Murder to Order*, 69; Stashinsky's Trial Transcripts, in *Moskovs'ki vbyvtsi*, 227.
2. »Narodnoe khoziaistvo SSSR/1960/Sel'skoe khoziaistvo«, www.mysteriouscountry.ru/wiki/index; Robert W. Gibson,» Reporter Returns. Soviet Life: Big Changes Since 1960«, *Los Angeles Times*, 17. April 1986.
3. »Rasstreliannyi gorod«, *Trud*, 2. Juli 2007 www.trud.ru/article/02-06-2007/116699_rasstreljannyj_gorod.html.
4. Steele, »Assassin Disarmed by Love«, 432; Stashinsky's Trial Transcripts, in *Moskovs'ki vbyvtsi*, 227; Anders, *Murder to Order*, 70.
5. Peter Grier, »Cleaning the Bug House«, *Air Force Magazine*, September 2012, www.airforce-magazine.com/MagazineArchive/Pages/2012/September%202012/0912embassy.aspx.
6. Stashinsky's Trial Transcripts, in *Moskovs'ki vbyvtsi*, 217, 229–230; Anders, *Murder to Order*, 70–71; Koch, *Der Fund*, 119.

Kapitel 25: Familie

1. Stashinsky's Trial Transcripts, in *Moskovs'ki vbyvtsi*, 230–231; Anders, *Murder to Order*, 71.
2. Lesia Fediv, »Vin ubyv Banderu«, *Schtschodennyj L'viv*, 22. Mai 2008.
3. »Toi samyi Bohdan«, *Ekspres*, 14. Oktober 2010; Iurii Lukanov, »Try liubovi Stepana Bandery: Stsenarii dokumental'noho teLewiziinoho fil'mu«, 1998, www.oocities.org/yuriylukanov/start_files/dorobok

/dorobok01.htm; Stashinsky's Trial Transcripts, in *Moskovs'ki vbyvtsi*, 143; Ivan Farion, »Iak by mohla, sama ubyla b ubyvtsiu Bandery ...,« *Vysokyi zamok*, 14. Oktober 2015.

4. Iuliia Kohut, »L'viv u stratehichnykh planakh rosiis'koho tsaria«, Travel Lviv: Tury po L'vovu, http://travellviv.com/uk_statti_petro 1.html.

5. Stashinsky's Trial Transcripts, in *Moskovs'ki vbyvtsi*, 231–232; Anders, *Murder to Order*, 71–72; Koch, *Der Fund*, 119.

Kapitel 26: Planänderung

1. »Baryshnikov Vladimir Iakovlevich,« in Petrov, *Kto rukovodil organami gosbezopasnosti*, 182–183; Dmitrii Tarasov, *Bol'shaia igra SMERSha* (Moskau, 2010), 11–13.

2. Stashinsky's Trial Transcripts, in *Moskovs'ki vbyvtsi*, 232–233; Anders, *Murder to Order*, 72; Steele, »Assassin Disarmed by Love«, 433.

3. Stashinsky's Trial Transcripts, in *Moskovs'ki vbyvtsi*, 233; Anders, *Murder to Order*, 73.

Kapitel 27: Neues Jahr

1. Stashinsky's Trial Transcripts, in *Moskovs'ki vbyvtsi*, 210, 226; Anders, *Murder to Order*, 72–73.

2. Stashinsky's Trial Transcripts, in *Moskovs'ki vbyvtsi*, 233; Koch, *Der Fund*, 119.

3. Stashinsky's Trial Transcripts, in *Moskovs'ki vbyvtsi*, 218; siehe Foto der Staschinski-Schwestern auf S. 695.

4. Stashinsky's Trial Transcripts, in *Moskovs'ki vbyvtsi*, 232.

5. Ebd., 234; Steele, »Assassin Disarmed by Love«, 433; Anders, *Murder to Order*, 73.

6. Anders, *Murder to Order*, 73–74.

Kapitel 28: Zurück zur Schule

1. Stashinsky's Trial Transcripts, in *Moskovs'ki vbyvtsi*, 234–235; siehe Fotokopien von Staschinskis offizieller Beurteilung, Reisepass und Studentenausweis im Anschluss an S. 695.

2. Sannikov, *Bol'shaia okhota* (2008), 17.

3. Stashinsky's Trial Transcripts, in *Moskovs'ki vbyvtsi*, 235; Anders, *Murder to Order*, 75–76.

ANMERKUNGEN 389

4. Inges Brief, gezeigt in *Tainy razvedki: Likvidatsiia Stefana Bandery*, Fernsehdokumentation, 2012, http://my.mail.ru/community/russ kiemaloross/tag/%D1%F2%E0%F8%E8%ED%F1%EA%E8%E9.
5. Steele, »Assassin Disarmed by Love«, 434 Inge Pohl's police testimony, in *Moskovs'ki vbyvtsi*, 620-621; Anders, *Murder to Order*, 76; Koch, *Der Fund*, 119; Rossoliński-Liebe, *Stepan Bandera*, 355.

Kapitel 29: Telefonanruf

1. Stashinsky's Trial Transcripts, in *Moskovs'ki vbyvtsi*, 235, Inge Pohl's police testimony, in ebd., 621.
2. Stashinsky's Trial Transcripts, in *Moskovs'ki vbyvtsi*, 235-236; Anders, *Murder to Order*, 89.
3. Stashinsky'sTrial Transcripts, in *Moskovs'ki vbyvtsi*, 236; Anders, *Murder to Order*, 90-91; Aleksandr Bogomolov und Georgii Sannikov, *Bez protokola: Nevydumannye istorii* (Moskau, 2010), 210; Mlechin, *Zheleznyi Shurik*, 240.

Kapitel 30: Berlin

1. »Zadanie Rodiny vypolneno! Raport geroia-kosmonavta Germana Titova tovarishchu N. S. Khrushchevu na Vnukovskom aėrodrome, 9 avgusta 1961 g.«, *Prawda*, 10. August 1961, 1; »Genii i trud naroda tvoriat chudesa: Rech N. S. Chruschtschewa«, *Prawda*, 10. August 1961, 2.
2. »Vystuplenie N. S. Khrushcheva po radio i televideniiu 7 avgusta 1961 g.,« *Prawda*, 8. August 1961, 1-2; John F. Kennedy, »The Berlin Crisis«, 25. Juli 1961, www.presidentialrhetoric.com/historicspeech es/kennedy/berlincrisis.html; Frederick Kempe, *Berlin, 1961: Kennedy, Khrushchev and the Most Dangerous Place on Earth* (New York, 2011), 269-322.
3. Stashinsky's Trial Transcripts, in *Moskovs'ki vbyvtsi*, 236; Anders, *Murder to Order*, 90-91; Koch, *Der Fund*, 119.

Kapitel 31: In letzter Minute

1. *Moskovs'ki vbyvtsi*, 238, 621; Anders, *Murder to Order*, 92-97.
2. Kempe, *Berlin 1961*, 337.
3. *Moskovs'ki vbyvtsi*, 238, 621; Anders, *Murder to Order*, 94, 97; Kempe, *Berlin 1961*, 336; Steele, »Assassin Disarmed by Love«, 434-435.
4. Kempe, *Berlin 1961*, 339-340, 345-346.

5. Stashinsky's Trial Transcripts, in *Moskovs'ki vbyvtsi*, 245; Anders, *Murder to Order*, 94-95; Kempe, *Berlin 1961*, 343-345; Steele, »Assassin Disarmed by Love,« 434- 435; Koch, *Der Fund*, 119-120.

Kapitel 32: Schockwelle

1. Unterlagen des Archivs der Evangelischen Kirchengemeinde Rohrbeck, Dallgow.
2. Sannikov, *Bol'shaia okhota* (2008), 18; Anders, *Murder to Order*, 98.
3. Bogomolov und Sannikov, *Bez protokola*, 248; Sannikov, *Bol'shaia okhota* (2002), 16-18; Aleksandr Sripnik, »17 mgnovenii iz zhizni veterana razvedki Konstantina Bogomazova,« *Ezhenedelnik 2000*, 13. November 2009.
4. *Stepan Bandera u dokumentakh*, 3: 590-593; »Umer neposredstvennyi rukovoditel' operatsii po ubiistvam Stepana Bandery i L'va Rebeta,« *Novosti Ukrainy*, June 25, 2008, http://rus.newsru.ua/ukraine/24jun 2008/sviatohorov.html; Anatolii Tereshchenko, *Komandir razvedgruppy: Za liniei fronta* (Moskau, 2013); Sannikov, *Bol'shaia okhota* (2002), 15-17; Georgii Sannikov, »General Zubatenko,« *Lubianka*, Nr. 8 (2008): 228-235.
5. Sannikow, *Bol'shaia okhota* (2008), 17-18; Aleksandr Skripnik, »Shchit i mech Aleksandra Sviatgorova,« *2000*, Nr. 50 (13.-19. Dezember 2013), www.szru.gov.ua/index_ua/index.html%3Fp=3317.html.
6. Gladkov, *Lift v razvedku*, 571-574; Murphy et al., *Battleground Berlin*, 301-304; Bogomolov und Sannikov, *Bez protokola*, 174.
7. Skripnik, »Shchit i mech Aleksandra Svjatogorova«.
8. Sannikov, *Bol'shaia okhota* (2002), 16-17; Memorandum for the Record, 22. April 1976, Subject: Assassination of Stepan Bandera, 6, Stephen Bandera Name File, Bd. 2, NARA, RG 263, E ZZ-18, 6; Andrew und Gordievsky, *KGB: The Inside Story*, 386; Evgenii Chernykh, »Slukhach Sovetskogo Soiuza,« *Komsomol'skaia pravda*, 20. Dezember 2012.
9. Anders, *Murder to Order*, S. 68; Viedienieiev und Bystrukhin, *Dvobii bez kompromisiv*, 271-274, Foto von Alexej Daimon nach S. 504; »Personal File no. 301: Major Daimon, Aleksei Filimonovich«, Archiv des Sicherheitsdienstes der Ukraine (Kyjiw), Fond 12, Nr. 17587; Zhan Kots'kyi [Ivan Kotovenko], »Buzynovyi dyskurs. Intermetstso.« Maidan. Arkhivy forumiv Maidanu, http://maidanua.org/arch/arch2 004/1083958049.html.
10. Interview von Generalleutnant Vasilii Khristoforov, Leiter der Direktion für Registrierung und Archive des Föderalen Sicherheitsdienstes der Russischen Föderation, in der Fernsehdokumentation *Tainy*

ANMERKUNGEN 391

razvedki: Likvidatsiia Stepana Bandery (2012); Memorandum for the Record, 22. April 1976, Subject: Assassination of Stepan Bandera, 6; Aleksandr Fursenko und Timothy Naftali, »*One Hell of a Gamble*«: *Khrushchev, Castro, Kennedy and the Cuban Missile Crisis, 1958–1964* (London, 1998), 334.

Kapitel 33: Überläufer

1. Joseph J. Trento, *The Secret History of the CIA* (New York, 2005), 185–188; John le Carré, »Introduction«, *The Spy Who Came in from the Cold* (New York, 2012); Kempe, *Berlin, 1961*, 354–358; Murphy et al., *Battleground Berlin*, 378–381.
2. Memorandum für das Protokoll, 22. April 1976, Betreff: Ermordung von Stefan Bandera, 2; Hood, *Mole*, 118.
3. Memorandum für das Protokoll, 22. April 1976, Betreff: Ermordung von Stefan Bandera, 2; Rossoliński-Liebe, *Stepan Bandera*, 351.
4. Murphy et al., *Battleground Berlin*, 343–346; Michał Goleniewski Personalakte, Archiv des polnischen Innenministeriums, Instytut Pamięci Narodowej (Warschau), IPN BU 01911/97/1; Tennent H. Bagley, *Spy Wars: Moles, Mysteries and Deadly Games* (New Haven, CT, 2007), 48–49; Leszek Pawlikowicz, *Tajny front zimnej wojny: Uciekinierzy z polskich służb specjalnych, 1956–1964* (Warszaw, 2004), 217ff.
5. Memorandum für den Chef der S[oviet] R[ussia Division], 24. August 1961, 1–2, Stephen Bandera Name File, Bd. 2, NARA, RG 263, E ZZ-18, B 6.
6. Leiter der Station, Deutschland, an den Leiter der S[owjet] R[ussland-Division], EGOA 15811, 10. Oktober 1961, Aerodynamic: Operations, Bd. 22, f. 1, 1–2, NARA, RG 263, E ZZ-19, B 14; Memorandum for the Record, 22. April 1976, Subject: Assasination of Stepan Bandera, 5; Iurii Lukanov, »Vin nazyvav sebe ›Mykola Sereda, ukraïnets' z Sumshchyny,‹« *Hazeta po-ukraïns'ky*, 18. Dezember 2012; Stashinsky's Trial Transcripts, in *Moskovs'ki vbyvtsi*, 256.
7. Memorandum für das Protokoll, 22. April 1976, Betreff: Ermordung von Stefan Bandera, 9.
8. Ebd., 2; Rossoliński-Liebe, *Stepan Bandera*, 354–355.

Kapitel 34: Prozess

1. Kempe, *Berlin 1961*, 405–407; John F. Kennedy, »Remarks on Signing Peace Corps Bill,« September 22, 1961, John F. Kennedy Presidential Library and Museum, www.jfklibrary.org/Asset-Viewer/Archives/JFKPOF-035-045.aspx.

2. Stashinsky's Trial Transcripts, in *Moskovs'ki vbyvtsi*, 252-254, Fotos nach S. 695; Karl Anders, *Mord auf Befehl* (Tübingen, Deutschland, 1963), Fotos nach S. 32.
3. Stashinsky's Trial Transcripts, in *Moskovs'ki vbyvtsi*, 178, 255; Memorandum for the Record, 22. April 1976, Subject: Ermordung von Stefan Bandera, 2.
4. Julia Lalande, »*Building a Home Abroad*«: *A Comparative Study of Ukrainian Migration, Immigration Policy and Diaspora Formation in Canada and Germany After the Second World War*, Dissertation, Universität Hamburg (Düsseldorf, 2006), 347-352; Stashinsky's Trial Transcripts, in *Moskovs'ki vbyvtsi*, 255-256.
5. Memorandum für das Protokoll, Betreff: Meeting with AECASSOWARY 2 [Mykola Lebed], 19. April 1962, 1, Aerodynamic: Contact Reports, Bd. 44, f. 2, NARA, RG 263, E ZZ-19, B 23; »Geheimdienste: Bart ab«, *Der Spiegel*, 29. November 1961.
6. Anders, *Murder to Order*, 115-116.

Kapitel 35: Pressekonferenz

1. *Who Actually Killed Ukrainian Nationalist Stepan Bandera: The Dirty Affairs of the Gehlen Secret Service* (Toronto: Canadian Slav Committee, 1961), 2-3.
2. Leiter der Abteilung S[owjet] B[lock], Memorandum: Aerodynamische KGB-Operationen gegen ukrainische Emigranten, 12. April 1967. Aerodynamic: Operationen, Bd. 36, NARA, RG 263, E ZZ-19, B 20.
3. *Who Actually Killed Ukrainian Nationalist Stepan Bandera*, 3-13; *Pravda pro te, khto spravdi vbyv Stepana Banderu: Chorni dila helenivs'koï rozvidky* (Toronto: Canadian Slavonic Committee, 1961), 5-22; Rossoliński-Liebe, *Stepan Bandera*, 356.
4. »Spione«, *Der Spiegel*, 27. Juni 1962; Stashinsky's Trial Transcripts, in *Moskovs'ki vbyvtsi*, 265-266; Norman J. W. Goda, »CIA Files Related to Heinz Felfe, SS Officer and KGB Spy,« Government Secrecy eprints, www.fas.org/sgp/eprint/goda.pdf; Murphy et al, *Battleground Berlin*, 435-439; Evgenii Primakov et al., *Ocherki istorii rossiiskoi vneshnei razvedki*, 6 Bde. (Moskau, 2002), 5:127; Chief of Base, Bonn, to Chief, E[astern] E[urope Division], EGMA27257, March 23, 1964, Subject: Protocol of Felfe Trial, 36-37, Heinz Felfe Name File, Bd. 3, f. 2, NARA, RG 263, E ZZ-18, B 16; CIA Report, »KGB Exploitation of Heinz Felfe: Successful KGB Penetration of a Western Intelligence Service,« 120-122, NARA, RG 263, CIA Subject Files, Second Release, Box 1.
5. *Moskovs'ki vbyvtsi*, 50-55.

6. Memorandum für das Protokoll, 22. April 1976, Betreff: Ermordung von Stefan Bandera, 9; *Moskovs'ki vbyvtsi*, 50–55; *Osyp Verhun rozpovidaie* (Kyjiw, 1962); M. Maksymenko, M. Davydiak, and O. Verhun, *Provokatory na Zakhodi prodovzhuiut' diiaty* (Kyjiw, 1963); »Memo from Colleagues in the USSR«, Archiv des polnischen Innenministeriums, Instytut Pamięci Narodowej (Warschau), IPN BU 01355/196/J (1074/4/48), 39.

7. V. Nikitchenko, »Vsem nachal'nikam upravlenii KGB pri SM USSSR«, 27. November 1961, Archiv des Sicherheitsdienstes der Ukraine, Kyjiw, Fond 16, opys 1, Nr. 930, fol. 210; V. Nikitchenko »Vsem nachal'nikam upravlenii KGB pri SM USSSR«, 14. Februar 1962, Archiv des Sicherheitsdienstes der Ukraine, Kyjiw, Fond 16, opys 1, Nr. 932, fols. 37–39.

Kapitel 36: Hohe Politik

1. *Abendpost*, Nr. 268 (18./19. November 1961). Vgl. eine polnische Übersetzung des Abendpost-Artikels im Archiv des polnischen Innenministeriums, Instytut Pamięci Narodowej (Warschau), IPN BU 01355/196/J (1074/4/48), 13–19.

2. »Geheimdienste: Bart ab«; »Germans Hold Russian: Ex-Soviet Agent Reported to Admit Bandera Killing«, *New York Times*, 18. November 1961; »Ex-Red Agent Admits Killing 2 Exile Chiefs«, *Chicago Daily Tribune*, 18. November 1961.

3. *Moskovs'ki vbyvtsi*, 55–57, 62–63; Mlechin, *Zheleznyi Shurik*, Kap. 5.

4. »Präsident Kennedy hält am 16. November 1961 eine wichtige politische Rede an der UW«, HistoryLink, www.historylink.org/index.cfm?DisplayPage=output.cfm&File_Id=968.

5. »Geheimdienste: Bart ab«; John I. Steele, » Assassin Disarmed by Love«.

6. *Moskovs'ki vbyvtsi*, 67–68; Charles H. Pullen, *The Life and Times of Arthur Maloney: The Last of the Tribunes* (La Vergne, TN, 1994).

7. *Moskovs'ki vbyvtsi*, 82–83, 89; Denis Smith, *Rogue Tory: The Life and Legend of John G. Diefenbaker* (Toronto, 1997).

8. »Stevenson Lashes at Russian Colonialism«, *Ukrainian Weekly*, 2. Dezember 1961; *Moskovs'ki vbyvtsi*, 84; Joe Holley, »Lev E. Dobriansky: Professor and Foe of Communism, 89«, *Washington Post*, 6. Februar 2008; Lev E. Dobriansky papers, 8 Boxen, Hoover Institution Archives.

9. *Moskovs'ki vbyvtsi*, 68–72; »Soviet Agent Confesses Killing Bandera and Rebet as ›Enemies of Soviet Regime'«, *Ukrainian Weekly*, 28. November 1961; »Yaroslav S. Stetsko Was Next on the KGB List«,

Ukrainian Weekly, 2. Dezember 1961; »Ukrainians Picket Soviet U.N. Mission in Protest over Murder of Bandera«, *Ukrainian Weekly*, 9. Dezember 1961.

Kapitel 37: Abgeordnete

1. Stashinsky's Trial Transcripts, in *Moskovs'ki vbyvtsi*, 267.
2. *Memorial Addresses for Thomas Joseph Dodd*, 92nd Cong., 2nd sess., 1972 (Washington, DC, 1972); *Report of the Select Committee to Investigate Communist Aggression and the Forced Incorporation of the Baltic States into the U.S.S.R.: Third Interim Report of the Select Committee on Communist Aggression, House of Representatives, EightyThird Congress, Second Session, Under Authority of H. Res. 346 and H. Res. 438* (Washington, DC, 1972).
3. Christopher Matthews, *Kennedy & Nixon: The Rivalry That Shaped Postwar America* (New York, 1997), 52–54.
4. Lisa Phillips, *A Renegade Union: International Organizing and Labor Radicalism* (Champaign, IL, 2013), 105–106; 410–411; Matthews, *Kennedy & Nixon*, 46–50; James Srodes, *Allen Dulles: Master of Spies* (New York, 2000), 410–411; Garry Wills, *Nixon Agonistes: The Crisis of the Self-Made Man* (New York, 2002), 24–28.
5. *Investigation of Senator Thomas J. Dodd: Hearings of the Committee on Standards and Conduct. United States Senate. Eighty-Ninth Congress, Second Session*, June 22, 23, 24 and 27, and July 19, 1966, Teil 1: *Relationship with Julius Klein* (Washington, DC, 1966), 329–330; Jonathan H. L'Hommedieu, »Baltic Exiles and the U.S. Congress: Investigations and Legacies of the House Select Committee, 1953-1955«, *Journal of American Ethnic History* 31, Nr. 2 (Winter 2012): 41ff.; »Congressman Kersten, Friend of Ukrainians, Dies«, *Ukrainian Weekly*, 11. November 1972.
6. Memo für W. C. Sullivan, in Russ Holmes Work File, Release of Certain FBI Documents to the Senate Select Committee, Mary Ferrrell Foundation.
7. *Memorial Addresses for Thomas Joseph Dodd; Report of the Select Committee to Investigate Communist Aggression and the Forced Incorporation of the Baltic States into the U.S.S.R.*
8. *Investigation of Senator Thomas J. Dodd*, 20–21.
9. »The Attack on the Romanian Legation in Berne-February 1955«, *Stancodrescu*, 7. November 2008, http://stancodrescu.over-blog.com/article-25803233.html; *In vestigation of Senator Thomas J. Dodd*, 318.
10. John L. Steele, »Assassin Disarmed by Love«, *Life*, 7. September 1962, 70–72; Memo für W. C. Sullivan, in Russ Holmes Work File, Release of Certain FBI Documents to the Senate Select Committee, Mary

Ferrell Foundation; W. A. Branigan an W. C. Sullivan, 14. Januar 1964, in FBI Warren Commission Liaison File 62-109090, Mary Ferrell Foundation; *Investigation of Senator Thomas J. Dodd*, 321.
11. *Investigation of Senator Thomas J. Dodd*, 21; *Moskovs'ki vbyvtsi*, 345, 603.

Kapitel 38: Karlsruhe

1. »Russians Ignore Protest by Allies – Guards at Wall Exchange Fire«, *New York Times*, 9. Oktober 1962.
2. »Police Guard ›Spy‹ on Poison Deaths Charge«, *Evening News* (London), 8. Oktober 1962; *Moskovs'ki vbyvtsi*, 106.
3. *Moskovs'ki vbyvtsi*, 106–107.
4. *Inside Dr. No Documentary* (DVD) in Dr. No (Ultimate Edition, 2006); David Schoenbaum, *Die Spiegel-Affäre: Ein Abgrund von Landesverrat* (Berlin, 2002); David Manker Abshire, *Triumphs and Tragedies of the Modern Presidency: Seventy-Six Case Studies in Presidential Leadership* (Westport, CT, 2001), 185.
5. Arkadi Vaksberg, *Toxic Politics: The Secret History of the Kremlin's Poison Laboratory-from the Special Cabinet to the Death of Litwinenko* (Santa Barbara, CA, 2011), 203; *Moskovs'ki vbyvtsi*, 107.
6. Volodymyr Stakhiv, »Protses proty B. Stashyns'koho,« in *Pro ukraïns'ku zovnishniu polityku, OUN ta politychni vbyvstva Kremlia* (Hadiach, Ukraine, 2005), 298–299; *Moskovs'ki vbyvtsi*, 107–109.
7. Borys Vitoshyns'kyi, »Vbyvnyk pro svoï zlochyny«, *Shliakh peremohy*, 12. Oktober 1962.
8. Stakhiv, »Protses proty B«, 299–300.
9. *Moskovs'ki vbyvtsi*, Schema des Gerichtssaals mit Sitzordnung im Anschluss an S. 695; Stakhiv, »Protses proty«, 299–300; Interviews des Autors mit Andrij Rebet, München, 1. Juli 2012, und Anatol Kaminsky, 27. Juli 2012.
10. Borys Vitoshyns'kyi, »Pershyi den' protsesu«, *Shliakh peremohy*, 10. Oktober 1962; *Moskovs'ki vbyvtsi*, 115, 120.
11. Deacon und West, *Spy!*, 152; Liubov' Khazan, »Pisatel' i diplomat Sergei German: ›Stepan Bandera pogib ot tsianistogo kaliia …‹« *Bul'var' Gordona*, 19. Februar 2013; Koch, *Der Fund*, 107.

Kapitel 39: Loyalität und Verrat

1. »Heinrich Jagusch, deutscher Jurist; Bundesrichter (1951–1965); Dr. Jur.«, *Munzinger Biographie*, http://195.226.116.135/search/portrait/heinrich+jagusch/0/10106 .html; Arthur J. Olson, »German Receives Five Years as a Spy«, *New York Times*, 31. Januar 1960; Allen W.

Dulles, *The Craft of Intelligence: America's Legendary Spy Master on the Fundamentals of Intelligence Gathering for a Free World* (Guilford, CT, 2006), 108.

2. Stashinsky's Trial Transcripts, in *Moskovs'ki vbyvtsi*, 121-123, Anders, *Murder to Order*, 99-101.
3. Stashinsky's Trial Transcripts, in *Moskovs'ki vbyvtsi*, 124.
4. Ebd., 124-134; Interview von Georgi Sannikow in der Fernsehdokumentation *Tainy razvedki: Likvidatsiia Stepana Bandery* (2012).
5. *Moskovs'ki vbyvtsi*, 115-116.
6. Adriana Ohorchak und Kateryna Shevchenko, *Ukraïns'kyi rodovid* (Lemberg, 2001), 221; *Moskovs'ki vbyvtsi*, 472.
7. Stashinsky's Trial Transcripts, in *Moskovs'ki vbyvtsi*, 134; Dominique Auclères, *Anastasia, qui êtes-vous?* (Paris, 1962).
8. Stepan Lenkavsky an Jaroslaw Padoch, 16. Juli 1962, Archiv Jaroslaw Padoch, Korrespondenz, Nr. 238; Vedeneev und Shevchenko, »Priznalsia, zabiraite«.
9. Vitoshyns'kyi, »»Pershyi den' protsesu«.
10. Stepan Lenkavsky an Jaroslaw Padoch, 17. Mai 1962, Jaroslaw Padoch Archiv, Korrespondenz, Nr. 238; Stashinsky's Trial Transcripts, in *Moskovs'ki vbyvtsi*, 140.
11. Stashinsky's Trial Transcripts, in *Moskovs'ki vbyvtsi*, 144; Oleksandra Andreiko, »Narys pro istoriiu sela Pekulovychi«, http://xn-b1albgf sd8a2b7j.xn-j1amh; Iurii Lukanov, »Try liubovi Stepana Bandery: Stsenarii dokumental'noho televiziinoho fil'mu«, 1998, www.oocitie s.org/yuriylukanov/start_files/dorobok/dorobok01.htm.
12. Vitoshyns'kyi, »Vbyvnyk pro svoï zlochyny«; Stashinsky's Trial Transcripts, in *Moskovs'ki vbyvtsi*, 139-140.
13. Stashinsky's Trial Transcripts, in *Moskovs'ki vbyvtsi*, 140, 146.

Kapitel 40: Erster Mord

1. Borys Vitoshyns'kyi, »Na slidakh svoiei zhertvy: Druhyi den' protsesu proty Stashyns'koho,« *Shliakh peremohy*, 12. Oktober 1962.
2. Interview des Autors mit Andrij Rebet; Memorandum für das Protokoll, Betreff: Meeting with AECASSOWARY 2 [Mykola Lebed] and 29 [Fr. Mykhailo Korschan], 3. April 1962, 1, Aerodynamic: Kontaktberichte, Bd. 45, NARA, RG 263, E ZZ-19, B 23.
3. Andrii Rebet, »Lev i Dariia Rebet: Moï bat'ky«, Vortrag vom 24. Juni 1998 an der Ukrainischen Freien Universität, München, Manuskript im Besitz des Autors, 12-14.

ANMERKUNGEN 397

4. »Tsikavyi dokument«, *Ukraïns'kyi samostiinyk: Spetsiial'nyi vypusk* (München, 1962), 50–56; Interview des Autors mit Andrij Rebet.
5. Stashinsky's Trial Transcripts, in *Moskovs'ki vbyvtsi*, 154.
6. *Moskovs'ki vbyvtsi*, 140, 146.
7. Borys Vitoshyns'kyi, »Cholovik z Moskvy«, *Shliakh peremohy*, 12. Oktober 1962; Stashinsky's Trial Transcripts, in *Moskovs'ki vbyvtsi*, 163.
8. »Tsikavyi document«, 50–56; P. Hai-Nyzhnyk, »Het'manych Danilo Skoropads'kyi (1904–1957): Do istoriï vstanovlennia starshynstva v Het'mans'komu Rodi ta spadkoiemstva v ukraïns'komu monarkhichnomu rukhovi,« *Kyïvs'ka starovyna*, Nr. 4 (2002): 110–125.
9. Stakhiv, »Protses proty«, 311–312; Stashinsky's Trial Transcripts, in *Moskovs'ki vbyvtsi*, 173.

Kapitel 41: Großer Tag

1. Borys Vitoshyns'kyi, »Z nakazu TsK partiï Stashyns'kyi zamorduvav providnyka«, *Shliakh peremohy*, 14. Oktober 1962; *Moskovs'ki vbyvtsi*, 181–182.
2. Borys Vitoshyns'kyi, »Ia pidnis zbroiu i vystrilyv,« *Shliakh peremohy*, Oktober 16, 1962; Borys Vitoshyns'kyi, »Shliakhy kryvavoï kar'iery,« *Shliakh peremohy*, Oktober 21, 1962; Borys Vitoshyns'kyi, »Potvorne oblychchia Moskvy: Pidsumky pershykh dniv sudu proty Stashyns'koho,« *Shliakh peremohy*, Oktober 21, 1962; Stashinsky's Trial Transcripts, in *Moskovs'ki vbyvtsi*, 184–199.

Kapitel 42: Zweifel

1. *Moskovs'ki vbyvtsi*, 95.
2. Stakhiv, »Protses proty B«, 314–315.
3. *Moskovs'ki vbyvtsi*, 174–180.
4. Stashinsky's Trial Transcripts, in *Moskovs'ki vbyvtsi*, 200–201, 251–260.
5. *Shliakh peremohy*, 10. Oktober 1962; *Moskovs'ki vbyvtsi*, 115–116.
6. Vitoshyns'kyi, »Potvorne oblychchia Moskvy«.
7. Stepan Lenkavsky an Jaroslaw Padoch, 16. Juli 1962, Archiv Jaroslaw Padoch, Korrespondenz, Nr. 238.
8. Stashinsky's Trial Transcripts, in *Moskovs'ki vbyvtsi*, 240–244.
9. Ebd., 239–240.
10. Ebd., 267–270.
11. Ebd., 228.

12. Ebd., 199–200.

Kapitel 43: Strafverfolgung

1. Stashinsky's Trial Transcripts, in *Moskovs'ki vbyvtsi*, 271; »Bohosluzhennia v Karlsruhe«, *Shliakh peremohy*, 16. Oktober 1962.
2. »Legal Arguments by Chief Public Prosecutor Dr. Kuhn«, in *The Shelepin File: Planned and Executed Murders of Ukrainian Political Leaders* (London, 1975), 33–42; Stashinsky's Trial Transcripts, in *Moskovs'ki vbyvtsi*, 281–291; *Investigation of Senator Thomas J. Dodd*, 21.
3. *Moskovs'ki vbyvtsi*, 240.
4. Petro Kizko, »Stashyns'kyi-uosoblennia shpyhuns'koï systemy«, *Shliakh peremohy*, 21. Oktober 1962; Vitoshyns'kyi, »Potvorne oblychchia Mosky«; *Moskovs'ki vbyvtsi*, 403–404; »Chomu Stashyns'kyi utik na Zakhid i pryznavsia do zlochyniv?« in *Moskovs'ki vbyvtsi*, 617–620.
5. Memorandum für das Protokoll, 22. April 1976, Betreff: Ermordung von Stefan Bandera, 6.
6. Stashinsky's Trial Transcripts, in *Moskovs'ki vbyvtsi*, 291–297.
7. Stepan Bandera, »Lesia Bandera (1947–2011): ›Tatu, Ty ie symvolom dlia tsiloï kraïny …«, *Ukraïns'ka pravda*, 29. August 2011.
8. »Rede von Fräulein Natalia Bandera«, in *The Shelepin File*, 53–56; Stashinsky's Trial Transcripts, in *Moskovs'ki vbyvtsi*, 305–307, 382–383.

Kapitel 44: Des Teufels Advokaten

1. Stashinsky's Trial Transcripts, in *Moskovs'ki vbyvtsi*, 297–303.
2. Ebd., 297–303; »Slovo pani mgr. Dariï Rebet«, *Ukraïns'kyi samostiinyk* (Sonderausgabe, 1962): 28–29; Interview des Autors mit Andrij Rebet.
3. »Mr. Kersten's Plea at Stashinsky's Trial,« in *The Schelepin File*, 15–20; Stashinsky'sTrial Transcripts, in *Moskovs'ki vbyvtsi*, 308–316; *Investigation of Senator Thomas J. Dodd*, 324; Legal Arguments by Attorney Dr. J. Padoch,« in *The Schelepin File*, 50–53.
4. Stashinsky's Trial Transcripts, in *Moskovs'ki vbyvtsi*, 316; Stakhiv, »Protses proty B«, 342.
5. Stashinsky's Trial Transcripts, in *Moskovs'ki vbyvtsi*, 316–326; Stakhiv, »Protses proty B«, 342; Dariia Rebet, »Vyna, diisnist' i dotsil'nist',« in *Ukraïns'kyi samostiinyk* (Sonderausgabe, 1962): 29–32; Dariia Rebet, *Na perekhrestiakh vyzvol'nykh zmahan'* (Hadiach, Ukraine, 2003), 57–60.

Kapitel 45: Urteil

1. *Daily Telegraph*, 16. Oktober 1962; *Berliner Zeitung*, 18. Oktober 1962; *Moskovs'ki vbyvtsi*, 359, 434–436.
2. »Sentence and Oral Opinion of the Court«, *The Shelepin File*, 21–33.
3. Ebd.
4. *Moskovs'ki vbyvtsi*, 343–344; Jaroslaw Padoch an Stepan Lenkavsky, 19. Oktober 1962, Jaroslaw Padoch Archive, Correspondence, Nr. 238; »The Soviet Killer's Orders Were: Liquidate Them! «, *Detroit News*, 3. Dezember 1962.
5. »Legal Arguments by Chief Public Prosecutor Dr. Kuhn«, 37; » Sentence and Oral Opinion of the Court, «, 32.
6. *Moskovs'ki vbyvtsi*, 343.
7. Ebd., 393–394.
8. Ebd., 361, 367–369; *Investigation of Senator Thomas J. Dodd*, 334.
9. *Moskovs'ki vbyvtsi*, 346–352, 622.

Kapitel 46: Unbeantworteter Brief

1. *Investigation of Senator Thomas J. Dodd*, 23–24, 314–315.
2. Jaroslaw Padoch an Stepan Lenkavsky, 19. Oktober 1962, Jaroslaw Padoch Archiv, Korrespondenz, Nr. 238; Stashinsky's Trial Transcripts, in *Moskovs'ki vbyvtsi*, 297, 341–342, 368; »2 Yanks Will Charge Nikita with Murder«, *Daily News*, 17. Oktober 1962; *Investigation of Senator Thomas J. Dodd*, 325; Philip Agee, *Inside the Company: CIA-Tagebuch* (New York, 1975), 611.
3. *Investigation of Senator Thomas J. Dodd*, 314–318, 325.
4. Ebd., 336–337, 350.
5. Melvyn P. Leffler, *For the Soul of Mankind: The United States, the Soviet Union and the Cold War* (New York, 2007), 182–192; Jonathan Haslam, *Russia's Cold War: From the October Revolution to the Fall of the Wall* (New Haven, CT, 2011), 210–213.
6. Memo für W. C. Sullivan, in Russ Holmes Work File, Release of Certain FBI Documents to the Senate Select Committee, Mary Ferrrell Foundation; *Investigation of Senator Thomas J. Dodd*, 338–341.
7. »William J. Hood Dies; CIA Man Who Signed Off on Unusual‹ Oswald-Cable«, 15. Februar 2013, JFKFacts, http://jfkfacts.org/tag/william-j-hood.

Kapitel 47: Gast aus Washington

1. *Investigation of Senator Thomas J. Dodd*, 365.
2. »Soviet Use of Assassination and Kidnapping«, CIA-Bericht.
3. *Investigation of Senator Thomas J. Dodd*, 25-26; »Memorandum of Conversation, Federal Republic of Germany Chancellor Konrad Adenauer and Dean Acheson, Special Envoy of US President Kennedy, Bonn, West Germany, 23 October 1962,« in *The Global Cuban Missile Crisis at 50: New Evidence from Behind the Iron, Bamboo, and Sugarcane Curtains, and Beyond*, eds. James J. Hershberg und Christian F. Ostermann, Bd. 2, Cold War International History Project Bulletin 17/18 (Washington, DC, 2012), 624-625.
4. *Investigation of Senator Thomas J. Dodd*, 25-26, 353-365.
5. Ebd., 365-367; *Der Fall Bang-Jensen: Report to the Subcommittee to Investigate the Administration of the Internal Security Act and Other Internal Security Laws of the Committee on the Judiciary, United States Senate*, 87th Cong., 1st sess. (Washington, DC, 1961); Memorandum, Senator Dodd an Jay Sourwine, Re: Stashynsky Hearings, 23. September 1963, Ordner 12-53b. Aktenreihe 4: 4: Legislative Subseries 10: Internal Security Subcommittee, James O. Eastland Collection, Archives and Special Collections, J. D. Williams Library, University of Mississippi
6. *Investigation of Senator Thomas J. Dodd*, 365-367, 387, 479.
7. *Murder International, Inc: Murder and Kidnapping as an Instrument of Soviet Policy*, United States Congress, Senate Committee on the Judiciary, Subcommittee to Investigate the Administration of the Internal Security Act and Other Internal Security Laws (Washington, DC, 1965); *Investigation of Senator Thomas J. Dodd*, 480; »Stashynsky, Bogdan N.«, Ordner 12-53a und 12-53b.

Kapitel 48: Judex

1. Deacon und West, *Spy!*, 152; Koch, *Der Fund*, 109, 120; »Hitler Diaries: Agent war ›kommunistischer Spion‹,« BBC News, 29. Juli 2002, http://news.bbc.co.uk/2/hi/europe/2159037.stm.
2. Interview des Autors mit Andrij Rebet; *Investigation of Senator Thomas J. Dodd*, 365.
3. John Gimbel, »The ›Spiegel Affair‹ in Perspective«, *Midwest Journal of Political Science* 9, Nr. 3 (August 1965): 282-297, insb. 292; [Heinrich Jagusch], »Handeln mit Verrätern? « *Der Spiegel*, 9. September 1964; Koch, *Der Fund*, 120; Judex, »Droht ein neuer Ossietzky-Fall?« *Der Spiegel*, 4. November 1964; Gerhard Ziegle, »Rätsel um Heinrich Jagusch: Warum log der Senatspräsident seinem Vorgesetzten ins Gesicht?« *Die Zeit*, 20. November 1964.

4. Hans Joachim Faller, »Heinrich Jagusch«, in: *Juristen im Portrait: Verlag und Autoren in 4 Jahrzehnten* (München, 1988), 431–437.
5. Ziegle, »Rätsel um Heinrich Jagusch«; J. C., »Ex-Nazi-Richter«, *AJR Information* 20, Nr. 2 (April 1965): 2; Hermann Raschhofer, *Political Assasination: The Legal Background of the Oberländer and Stashinsky Cases* (Tübingen, 1964); »Urteil: Ludwig Hahn«, *Der Spiegel*, Nr. 24 (1973); » Closing Argument [of] Professor
6. Dr. Cornelius Nestler in the Criminal Proceeding Against John Demjanjuk (Presented before the Munich District Court on April 13, 2011)«, www.nebenklage-sobibor.de/wp-content/uploads/2011/04/SKMBT_C203110509153301.pdf; Martin Rath, »Lehrbuchfall Staschynskij: Als extralegale Hinrichtungen einmal vor Gericht kamen,« Legal Tri bune Online, 8. Mai 2011, www.lto.de/recht/feuille ton/f/lehrbuchfall-staschynskij-als-extralegale-hinrichtungen-einm al-vor-gericht-kamen.
7. *Investigation of Senator Thomas J. Dodd*, 362, 365, 292–293, 479; Erich Schmidt-Eenboom, »Empfänglich für Geheimes: Die (west)deutschen Nachrichtendienste im Äther,« in Klaus Beyrer, *Verschlüsselte Kommunikation. Geheime Dienste-Geheime Nachrichten*, Umschau (Heidelberg, 1999), www.desert-info.ch/download/pdf/PDF -Forum/Kreipe.pdf; E. W. Kenworthy, »Helms Says Dodd Conferred with CIA Before Europe Trip,« *New York Times*, 27. Juli 1966, 19.
8. Jonathan S. Wiesen, *Germany's PR Man: Julius Klein and the Making of Transatlantic Memory* (New York, 2007); *Investigation of Senator Thomas J. Dodd*, 577-578; »Dodd, Thomas,« in *American National Biography* (New York, 2000); »Antikommunism ego vera,« »Zachem Dodd zanimaetsia politikoi?« und »Porok ne nakazan,« *Literaturnaia gazeta*, 9. April 1968, 15.

Kapitel 49: Verschwunden

1. Khazan, »Pisatel' i diplomat Sergei German; »CIA II, Assassin 280, « Harold Weisberg-Archiv, Digitale Sammlung, http://jfk.hood.edu/Collection/White%20Materials/White%20Assassination%20Clippings%20Folders/Security%20Folders/Security-CIA-II/CIA%20II%20140.pdf.
2. »Deep Mystery Shrouds Whereabouts of Stashinsky«, *Ukrainian Weekly*, 15. März 1969; *The Ukrainian Bulletin*, Ukrainian Congress Committee of America, Bd. 17–19, 28.
3. Memorandum für das Protokoll. 22. April 1976, Betreff: Ermordung von Stefan Bandera, 6; Tom Mangold, *Cold Warrior-James Jesus Angleton: The CIA's Master Spy Hunter* (New York, 1992); »Nosenko, Yurii Ivanovich,« in Richard C. S. Trahair und Robert L. Miller,

Encyclopedia of Cold War Espionage, Spies, and Secret Operations (New York, 2012), 261-263; Hendrik van Bergh, »Mord in München«, *Das Ostpreußenblatt*, 27. Oktober 1979.

4. »The Preparation of the Murder of Yaroslav Stetsko,«, in *The Shelepin File*, 60-61.

Kapitel 50: Kreml-Geist

1. Stetsko CIA File, Nr. 100-107; Susan Rich, »Nicholas Krawciw,« *International TNDM Newsletter* (Dupuy Institute), 28, www.dupuyinstitute.org/pdf/v2n4.pdf.
2. Bruce Lambert, »Chuck Connors, Actor, 71, Dies; Starred as Television's ›Rifleman‹,« *New York Times*, 11. November 1992; »The Rifleman Meets Leonid Ilyich Brezhnev,« www.riflemanconnors.com/leonid_brezhnev.htm; Ihor Dlaboha, »N.Y. Ukrainians Demonstrate Against Brezhnev's Visit to U.S.,« *Ukrainian Weekly*, June 23, 1973.
3. *Investigation of Senator Thomas J. Dodd*, 480; Willard Edwards, »Shelepin's Role in Murder Told«, *Chicago Tribune*, 7. Januar 1966.
4. Robert Merry, »The KGB's Ex-chief Had Britons Seething«, *Chicago Tribune*, März 15, 1975; »Stunde der Rache: Generalsekretär Breschnew ist ein Mann los, der sich an seine Stelle setzen wollte. Politbüro-Mitglied Alexander Schelepin«, *Der Spiegel*, 21. April 1975.
5. Leonid Mlechin, *KGB: Predsedateli organov gosbezopasnosti. Rassekrechennye sluzhby* (Moskau, 2006), Kap. 12 und 14.

Kapitel 51: Auf der Flucht

1. Typoskript der Memoiren von Wladimir Semitschastny, im Archiv von Tomas Sniegon, 66. Vgl. die gekürzte und zensierte russische Fassung in Semichastny, *Bespokoinoe serdtse*, 193.
2. Christopher Andrew und Vasili Mitrokhin, *The Sword and the Shield: The Mitrokhin Archive and the Secret History of the KGB* (New York, 1999), 367.
3. Reinhard Gehlen, *Der Dienst. Erinnerungen, 1942-1971* (Mainz, Deutschland, 1971); Reinhard Gehlen, *The Service* (Cleveland, OH, 1972), 241.
4. Gerhi Strauss, »Ex-KGB-Assassine Now Lives in SA«, »Stashinsky's First Perfect Murder as a KGB Agent«; »The Farm Boy Who Became Police Chief«, alle in *Cape Times*, 5. März 1984, 11.
5. Associated Press, »Ex-KGB Agent Living in S. Africa«, 5. März 1984; »KGB Man Given Asylum«, *Times of India*, 6. März 1984; »Assassin of Rebet, Bandera Living in South Africa«, *Ukrainian Weekly*, 18. März 1984; »Kolyshnii ahent KGB B. Stashyns'kyi znaishov prytulok u

PAR«, *Swoboda*, 14. März 1984; Hanlie van Straatens E-Mail-Nachrichten vom 12. und 16. Juli 2013 an den Autor über ihre Gespräche mit Geldenhuys.
6. Deacon und West, *Spy!*, 152; Khazan, »Pisatel' i diplomat Sergei German«; Aufzeichnungen des Archivs der Evangelischen Kirchengemeinde Rohrbeck, Dallgow.
7. »South African Police: Special Task Force. History«, www.sapstf.org /History.aspx; Rechtlicher Hinweis Nr. 30811, *Grüner Anzeiger*, 29. Februar 2008.
8. Anatoli Lemysh, »My mnogo utrachivaem ot togo, chto boimsia vser'ez kopnut' nashu istoriiu«, *Den'*, 24. Oktober 1998; Vladislav Krasnov, *Soviet Defectors: Der KGB Wanted List* (Stanford, CA, 1986), 30; Bericht und Notizen über den sowjetischen Einsatz der Parapsychologie, in Nikolai Chochlow papers, Box 1, 3, Hoover Institution Archives.
9. Aufzeichnung des Gesprächs des Autors mit General Geldenhuys vom 1. April 2013 im Archiv des Autors; E-Mail-Nachrichten von Hanlie van Straaten vom 12. und 16. Juli 2013 an den Autor über ihre Gespräche mit Geldenhuys.

Kapitel 52: Heimkehr

1. Natalia Prykhod'ko, »Bohdan Stashyns'kyi: Ia vykonav svii obov'iazok pered Ukraïnoiu«, *Livyi bereh*, 8. August 2011.
2. Taras Kuzio, »Émigré Strategies Face Soviet and Ukrainian Realities«, *Kyiv Post*, 17. November 2011, www.kyivpost.com/opinion/ op-ed/emigre-strategies-face-soviet-and-ukrainian-realit-117131.ht ml; Alexander J. Motyl, »A KGB Assassin Speaks,« Ukraine's Orange Blues, *World Affairs*, 18. November 2011, www.worldaffairsjou rnal.org/blog/alexander-j-motyl/kgb-assassin-speaks.
3. Iurii Andrukhovych, »Chuvyrla u chudovys'ko,« *Khreshchatyk*, March 12, 2008; Serhii Herman, *Inge: Roman* (Kyjiw, 2012); Roman Babenko, »Z koho Serhii Herman napysav vbyvtsiu Bandery Stashyns'koho«, *Bukvoïd*, 5. Dezember 2012; »Love Is Stronger Than KGB«, *Fresh Production*, 26. Juli 2012, http://freshproduction.com/ de/lyubov-silnee-kgb; »Gruzinskii rezhisser snimet film ob ubiitse Bandery s kinozvezdami Gollivuda,« *Zerkalo nedeli*, 7. Dezember 2012.
4. »SVR otritsaet prichastnost' k otravleniiu Litvinenko,« News RU, 21. November 2008, www.newsru.com/russia/20nov2006/svr.html.
5. »U L'vovi bezbiletnykh pasazhyriv porivniuiut' z ubyvtseiu Bandery«, *Komentari*, 28. November 2008; »Yushchenko and the

Poison Theory«, BBC News, 11. Dezember 2004, http://news.bbc.co.uk/2/hi/health/4041321.stm; David Marples, »Stepan Bandera: The Resurrection of a Ukrainian National Hero«, *Europe-Asia Studies* 58, Nr. 4 (Juni 2006): 555-566; Alex J. Motyl, *Ukraine, Europe and Bandera*, Cicero Foundation, Great Debate Paper Nr. 10/05 (März 2010); Andre Liebich und Oksana Myshlovska, »Bandera Memorialization and Commemoration,« *Nationalities Papers* 42 (2014): 750–770.

6. Motyl, »KGB-Attentäter spricht«.

7. Nikolai Kuznetsov, »Natsional-bol'sheviki Khar'kova prizvali pereimenovat' Molodezhnyi park«, *Gorodskoi dozor*, 26. April 2011; Bogdan Stashinsky blog, http://assassinstashynsky.blogspot.com/2011/04/log-5-public-confession.html; Interview des Autors mit Anatol Kaminsky.

8. Anthony Faiola, »A Ghost of World War II History Haunts Ukraine's Standoff with Russia«, *Washington Post*, 25. März 2013; Andreas Umland, »Stepan Bandera, das Faschismuskonzept, das ›Weimarer Russland‹ und die antiukrainische Propa gandakampagne des Kremls«, Voices of Ukraine, 12. Mai 2014, http://maidantranslations.com/20 14/05/12/stepan-bandera-das-faschismuskonzept-das-weimarer-ru ssland-und-die-antiukrainische-propagandakampagne-des-kremls.

9. Andrew Wilson, *Ukraine Crisis: What It Means for the West* (New Haven, CT, 2014); »Nazi-Kollaborateur und ukrainischer Held«, *Die Welt*, 18. August 2014; Stepan Petrenko, »V chuzhom piru pohmel'e, ili kto i zachem ubil Banderu?« *Zaria Novorossii*, 14. Oktober 2014, http://novorossy.ru/articles/news_post/v-chuzhom-piru-pohmel e-ili-kto-i-zachem-ubil-banderu.

10. Cnaan Liphshiz, »For Ukrainian Jews, Far-Right's Electoral Defeat Is the Proof That Putin Lied«, Jewish Telegraphic Agency, 2. Juni 2014, www.jta.org/2014/06/02/news-opinion/world/for-ukrainian-jews-far-rights-electoral-defeat-is-proof-that-putin-lied; »Chomu Svoboda ne proishla v parlament?« OSP-UA, 29. Oktober 2014, http://osp-ua.info/politicas/42990-chomu-partija-svoboda-ne-pro yshla-v-parlament.html.

11. Lesia Fediv, »Vin ubyv Banderu«, *Schtschodennyj L'viv*, 22. Mai 2008.

12. Ebd.; Mariia Hoiduchyk, »Toi samyi Bohdan: Maty Stashyns'koho, diznavshys', shcho syn vbyv Banderu, zbozhevolila,« *Ekspres*, 14. Oktober 2010, http://e2.expres.ua /article/1245.

ANMERKUNGEN 405

Epilog: Der Kalte Krieg in neuem Gewand

1. Ian Fleming, *The Man with the Golden Gun* (New York, 1965), 15-18.
2. *Moskovs'ki vbyvtsi*, 389-392; Fyodor Dostoyevsky, *Crime and Punishment* (New York, 2011 [1866]); Joseph Conrad, *Under Western Eyes* (Mineola, NY, 2003 [1911]).
3. John le Carré, *The Spy Who Came in from the Cold: A George Smiley Novel* (New York, 2012), 15.
4. Andrew und Mitrokhin, *The Sword and the Shield*, 355-358; Archie Brown, *The Rise and Fall of Communism* (New York, 2009), 206-207, 644-645.
5. Athan G. Theoharis, Hrsg., mit Richard Immerman, Loch Johnson, Kathryn Olmsted und John Prados, *The Central Intelligence Agency: Security Under Scrutiny* (Westport, CT, 2006), 169-172; Tim Weiner, »CIA Plotted Killing of 58 in Guatemala«, *New York Times*, 28. Mai 1997.
6. »Russia Behind Chechen Murder«, BBC News, 30. Juni 2004, http://news.bbc .co.uk/2/hi/middle_east/3852697.stm; »Russian Foreign Intelligence Service Denies Its Participation in the Death of Yandarbiyev«, NewsInfo, 13. Februar 2004, www.newsinfo.ru/?a=radio&s a=view_new&id=49407.
7. Boris Volodarsky, *The KGB's Poison Factory: From Lenin to Litvinenko* (Minneapolis, 2010), 62-116, 137-181, 189-253.
8. »Vollständiger Bericht über die Litwinenko-Untersuchung«, *New York Times*, 21. Januar 2016.
9. »Drone Wars Pakistan: Analysis,« New America, http://securityda ta.newamerica.net/drones/pakistan-analysis.html; Daniel Byman, »Why Drones Work: A Case for Washington's Weapon of Choice«, *Foreign Affairs* (Juli-August 2013): 32-43; Audrey Kurth Cronin, »Why Drones Fail: When Tactics Drive Strategy«, *Foreign Affairs* (Juli-August 2013): 44-54; Marina Fang, »Nearly 90 Percent of People Killed in Recent Drone Strikes Were Not the Target«, *Huffington Post*, 15. Oktober 2016, www.huffingtonpost.com/entry/civilian-deaths-drone-strikes_us_561fafe2e4b028dd7ea6c4ff.

Index

Abwehr (militärischer Geheimdienst der Nazis) 27, 28, 29, 32

Adenauer, Konrad 113, 245, 253, 254, 259, 327, 328, 400

Aeskewer 1. *Siehe* Staschinski, Bogdan 244

Agabekow, Grigori 154

Agajanz, Iwan 125

Alexandrow, Juri 208, 210, 211, 212, 213, 214, 215, 219, 220, 221, 227, 232

Alexej Alexejewitsch. *Siehe* Krochin, Alexej 143

Amerika 51, 257
 FBI 111, 262, 325, 326, 340, 341, 394, 399

Andropow, Juri 343

Angleton, James Jesus 337, 338, 401

Antikommunismus 260

Atombombe 45

Atomwaffen 325

Attentate 11, 13, 97, 136, 138, 139, 144, 162, 172, 244, 283, 322, 327, 329, 330, 342, 343, 363, 364, 366, 369
 Attentat auf Bandera 80, 288, 360
 Attentat auf Halan 40

Auclères, Dominique 276, 396

Auschwitz 22, 38, 275, 282, 328, 334

Auschwitz-Verbrecher 329

Autopsie 31, 73, 92, 93, 95, 108, 116, 134
 von Bandera 92

Awksentjewitsch, Georgi. *Siehe* Ischtschenko, Georgi 76, 77, 288

Awramenko. *Siehe* Fabrischnikow, Arkadi Andrejewitsch 143

Bandera, Jaroslawa 87, 280, 308, 323

Bandera, Natalia 269, 304, 305, 398

Bandera, Stepan (Stefan Popel) 21, 24, 26, 27, 30, 33, 45, 46, 50, 55, 78, 79, 80, 86, 87, 89, 90, 93, 94, 95, 96, 97, 98, 100, 101, 102, 105, 106, 110, 113, 115, 116, 118, 119, 122, 134, 137, 173, 177, 193, 194, 238, 248, 252, 258, 269, 281, 286, 290, 291, 304, 305, 337, 355, 356, 357, 358, 371, 373, 374, 375, 376, 378, 379, 380, 382, 383, 385, 389, 390, 391, 392, 395, 398, 404
 Ermordung von 242, 300, 355, 370, 372

Banderiten 21, 23, 138, 178, 179

Bang-Jensen, Paul 329, 400

Barischnikow, Wladimir Jakowlewitsch 196, 197, 198, 199, 200

Benjamin, Hilde 147

Beria, Lawrenti 52, 138

Berlin 6, 11, 25, 53, 54, 55, 59, 64, 73, 80, 86, 124, 126, 132, 135, 155, 156, 157, 158, 159, 160, 167, 169, 173, 188, 192, 198, 199, 200, 201, 203, 204, 206, 210, 211, 212, 213, 214, 215, 216, 217, 218, 219, 223, 224, 225, 226, 230, 231, 232, 233, 234, 236, 237, 241, 254, 266, 270, 328, 346, 371, 376, 382, 383, 384, 385, 389, 390, 391, 392, 395

Berliner Mauer 54, 236, 241, 253, 324

BfV. *Siehe* Bundesamt für Verfassungsschutz (BfV) 243

BKA. *Siehe* Bundeskriminalamt 243, 244, 295

Blake, George 54, 376

Blecha, Kurt 247

BND. *Siehe* Westdeutscher Bundesnachrichtendienst 113, 114, 115, 116, 128, 175, 176, 243, 248, 249, 250, 251, 253, 271, 346

Böblinger Straße (Stuttgart) 271

Bomben 43

Borschtschowytschi 34, 38, 191, 193, 194, 206, 273, 354

BOSS. *Siehe* Büro für Staatssicherheit 346, 347, 349

Brandt, Willy 266

Breschnew, Leonid 11, 340, 341, 342, 343, 402

Budeit, Hans Joachim. *Siehe* Staschinski, Bogdan 80

Bulganin, Nikolai 139

Bundesamt für Verfassungsschutz, Westdeutschland (BfV.) 243

Bundesgerichtshof, Westdeutschland 266, 267, 318

Bundeskriminalamt, West-Deutschland (BKA) 243, 244, 295

Busch, Friedrich 250

Bysaga, Iwan (Nadijtschin) 55, 56, 57, 60, 64, 282

Café Warschau (Berlin) 86

Castro, Fidel 235, 326, 363, 391

Central Intelligence Agency (CIA) 5, 12, 13, 47, 56, 103, 105, 106, 107, 110, 112, 113, 114, 115, 116, 117, 118, 119, 122, 123, 126, 133, 154, 156, 158, 171, 172, 173, 175, 176, 177, 180, 204, 209, 231, 236, 237, 238, 239, 240, 243, 244, 245, 248, 249, 250, 254, 261, 262, 263, 281, 303, 326, 327, 336, 337, 338, 340, 353, 354, 362, 363, 365, 366, 370, 375, 376, 378, 379, 380, 381, 382, 386, 387, 391, 392, 399, 400, 401, 402, 405

Karl XII. (König) 193

Checkpoint Charlie 11, 241

China, kommunistisch 26, 45

Chochlow, Nikolai 65, 133, 134, 350, 362, 365, 377, 378, 383, 403

Christlich Demokratische Union (CDU) 249

Chruschtschow Schelepin und 254

Chruschtschow, Nikita 11, 20, 21, 22, 23, 24, 25, 26, 27, 31, 33, 37, 51, 74, 76, 81, 137, 138, 139, 140, 141, 142, 150, 152, 165, 166, 172, 185, 216, 217, 218, 233, 235, 254, 256, 258, 266, 285, 314, 323, 325, 328, 340
Church, Frank 363, 374
CIC. *Siehe* Army Counterintelligence Corps, US 105
Clay, Lucius 241
Connery, Sean 267
Connors, Chuck 341, 402
Conrad, Joseph 405
Cornwell, David. *Siehe* le Carré, John Counter Intelligence Corps, US 11, 236, 362
Critchfield, James H. 114, 381
Cronin, John 261, 405
Crooswijk-Friedhof (Rotterdam) 78
Dachauer Straße (München) 58, 59, 68
Daimon, Alexej, *Siehe auch* Damon, Sergej 234, 252, 376, 390
Dallgow 145, 158, 161, 215, 218, 219, 221, 223, 224, 230, 353, 371, 390, 403
Damon, Sergej Alexandrowitsch 53, 55, 56, 57, 61, 63, 64, 65, 66, 73, 74, 76, 77, 78, 79, 80, 82, 83, 86, 124, 129, 132, 135, 136, 144, 146, 148, 149, 158, 159, 163, 234, 278, 282, 283, 287, 305
Das Grüne Blatt 98
Davidjak, Mykhailo 292

Der Mann mit dem goldenen Colt (Fleming) 12, 359
Der Spion, der aus der Kälte kam (le Carré) 11, 362, 366
Desinformation 125, 142
Deutsches Museum (Deutsches Museum für Meisterwerke der Naturwissenschaften und Technologie) 15
Die verzauberte Desna (Dowschenko) 69
Diefenbaker, John 255, 256, 393
Dimmer, John 236
Dobrianski, Lew 257, 261, 323, 324, 327
Dodd, Thomas J 262, 264, 309, 323, 324, 327, 328, 329, 330, 332, 335, 342, 394, 395, 398, 399, 400, 401, 402
Kersten und 262
Doppelagenten 100, 103, 126, 248
Dostojewski, Fjodor 362
Dowschenko, Alexander 69
Dr. No (Film) 267, 395
Dräger, Siegfried. *Siehe* Staschinski, Bogdan 57, 60, 67, 72, 73
Drohnen 366
Dudajew, Dschochar 364
Dulles, Allen 12, 103, 255, 375, 394
Dulles, John Foster 261
Dzierżyński, Feliks 151
Eisenhower, Dwight 150, 172, 257, 260
Erhard, Ludwig 327
Erzgießereistraße (München) 85

Essen, Deutschland 48, 56, 57, 115, 116, 225, 248, 268
Fabrischnikow, Arkadij Andrejewitsch (Awramenko) 143, 156, 163, 165, 167, 169, 171
Falkensee 224
Fallada, Hans 160
Federal Bureau of Investigation, US (FBI) 111, 262, 325, 326, 340, 341, 394, 399
Felfe, Heinz 250, 253, 271, 392
Fischer, Erwin 271, 332, 336
Fischer, Waldemar 72
Fleming, Ian 359, 405
Flüchtlinge 104, 106, 127, 257, 266, 269
Flughafen Tempelhof (Berlin) 54, 57, 67, 73
Föderaler Sicherheitsdienst, Russland (FSB) 365
Franco, Francisco 100
Frankfurt 65, 73, 85, 104, 133, 237, 238, 239, 377, 378, 380, 381
Friedenskorps, USA 242
Friedrichstadt-Palast 144
FSB. *Siehe* Föderaler Sicherheitsdienst 365
Fuchs, Adrian 92, 175, 242, 295, 386
Gagarin, Juri 216
Gamse, Chaya 88
Gehlen, Reinhard 113, 114, 116, 128, 177, 181, 247, 248, 249, 250, 251, 313, 346, 381, 392, 402
Gehlen-Organisation 113, 177, 250

Geldenhuys, Mike (Oberst X) 346, 347, 348, 349, 350, 371, 403
Gerhardt. *Siehe* Heidemann, Gerd 332
Gestapo 22, 38, 186
Gesundbrunnen 148, 225
Gibson, Robert W. 184, 185, 387
Giftpistole 11, 12, 63, 65, 67, 71, 72, 82, 84, 255, 268, 281, 283, 285, 300, 330, 337, 360
Gegengift 63, 71
Globke, Hans 247
Goebbels, Joseph 160
Goleniewski, Michał 238, 250, 391
Golizyn, Anatoli 346
Gontscharow, Wadim 233
Graver, William 236
Gromyko, Andrei 126
Großbritannien 31, 94, 105, 258, 267, 285, 342, 343
Großmarkthalle 91, 122
Habsburger Reich 193
Hahn, Ludwig 334, 401
Halan, Jaroslaw 20, 23, 24, 33, 40, 276
Ermordung von 21, 36
Hauptbahnhof (München) 15, 72, 120
Heidemann, Gerd (Gerhardt) 332, 333, 384, 385
Heigel, Anton 93
Herre, Heinz Danko (Herdahl) 113, 114, 115, 116, 381
Herter, Christian A. 126, 173
Hess, Rudolf 92, 343
Heusinger, Bruno 328, 333

Hiss, Alger 261
Hitler, Adolf 22, 95, 317, 332, 334, 378, 379, 383, 384, 385, 400
Hoffmann, Heinz 226
Hofgarten 71, 83, 289, 295
Holocaust 23, 111, 193
Hood, William 103, 108, 110, 112, 114, 115, 116, 154, 158, 171, 172, 237, 326, 379, 384, 385, 386, 391, 399
Höss, Rudolf 334
Hotel Grünwald 57, 59
Hotel Leningrad (Moskau) 143
Hotel Ukraine (Moskau) 76, 143, 163, 164
Hotel Wiesbaden (München) 85
Huber, Crescenzia 294
Hungersnot 21, 77, 309
Husiak, Daria 32
Inge. *Siehe* Staschinski, Inge Pohl 144, 145, 146, 147, 148, 149, 152, 153, 154, 155, 157, 158, 159, 160, 161, 163, 164, 165, 166, 167, 168, 169, 170, 171, 172, 186, 187, 188, 189, 190, 191, 193, 194, 195, 196, 197, 198, 199, 200, 201, 202, 203, 204, 205, 207, 208, 209, 210, 211, 212, 213, 214, 215, 218, 219, 221, 222, 223, 224, 225, 226, 227, 230, 231, 233, 234, 237, 239, 240, 243, 246, 264, 271, 299, 303, 332, 336, 348, 349, 350, 353, 361, 371, 389, 403
Isar (Fluss) 15, 91
Ischtschenko, Georgi (Georgi Awksentjewitsch) 77, 78, 81, 82, 151, 156, 166

Iwanow, Sergej 355
Jackson, Robert H. 262
Jagusch, Heinrich (272, 273, 274, 276, 278, 279, 280, 282, 283, 285, 287, 288, 289, 291, 292, 293, 294, 299, 306, 312, 313, 314, 315, 316, 317, 327, 329, 332, 333, 334, 335, 395, 400, 401
Jandarbijew, Selimchan 364
Janukowytsch, Wiktor 356, 357
Jeschow, Nikolai 27
Joschi. *Siehe* Staschinski, Bogdan 146, 157, 226
Juden 111, 193, 247
Juschtschenko, Wiktor 356, 365
Kalter Krieg
Politik des 340
Kanada 94, 105, 110, 112, 185, 255, 258, 259, 269, 284, 371
Canaris, Wilhelm 186
Diefenbaker, Premierminister von 255, 256, 393
gefangene Nationen 257
Karlshorst (Berlin) 53, 54, 56, 58, 60, 61, 63, 65, 67, 70, 71, 73, 74, 80, 83, 84, 124, 125, 126, 127, 132, 133, 134, 135, 143, 144, 149, 155, 156, 159, 169, 196, 197, 210, 211, 214, 215, 218, 220, 221, 231, 232, 234, 282, 283, 290
Karlsruhe, Deutschland 7, 13, 255, 266, 276, 277, 300, 315, 318, 323, 327, 328, 332, 333, 395, 398
Kaschuba, Iwan 99, 101, 176, 179, 180
Katschor, Bronislaw. *Siehe* Staschinski, Bogdan 52

Keating, Kenneth 323
Kennan, George 257
Kennedy, John F. 217, 218, 241, 253, 254, 257, 260, 261, 266, 322, 325, 326, 327, 328, 336, 342, 389, 391, 393, 394, 400
Ermordung von 12
Kersten und 260
Kennedy, Robert 261
Kersten, Charles J. 260, 261, 262, 263, 264, 269, 278, 280, 294, 301, 308, 309, 310, 312, 315, 322, 323, 324, 325, 394, 398
KGB 5, 11, 12, 13, 19, 30, 37, 43, 51, 53, 55, 56, 57, 58, 59, 60, 61, 64, 65, 67, 68, 73, 74, 76, 77, 78, 80, 81, 82, 83, 86, 100, 108, 114, 119, 120, 121, 122, 124, 125, 126, 130, 132, 133, 134, 136, 137, 139, 140, 141, 142, 143, 144, 146, 147, 148, 149, 150, 151, 152, 153, 154, 155, 156, 157, 158, 159, 161, 163, 164, 166, 167, 169, 170, 171, 172, 174, 176, 177, 178, 184, 185, 186, 187, 188, 190, 191, 194, 195, 196, 197, 198, 199, 200, 201, 202, 203, 204, 206, 207, 208, 209, 210, 211, 212, 213, 214, 215, 218, 219, 221, 223, 224, 225, 226, 230, 231, 232, 233, 234, 235, 238, 248, 249, 250, 251, 252, 253, 254, 255, 263, 267, 271, 273, 277, 278, 281, 282, 285, 286, 287, 288, 291, 296, 297, 298, 299, 300, 301, 302, 303, 305, 311, 329, 330, 332, 336, 337, 338, 340, 341, 342, 343, 345, 346, 347, 348, 349, 350, 352, 353, 354, 355, 356, 357, 360, 361, 362, 363, 364, 365, 369, 371, 376, 377, 382, 383, 384, 385, 390, 392, 393, 402, 403, 404, 405
Kiritschenko, Alexei 140, 141
Klein, Julius 335, 394, 401
Kolonialismus 257
Kommunismus 153, 184, 242, 257, 260, 261, 262, 295, 350
Antikommunismus 260
Komsomol (Bund der jungen Kommunisten) 25, 37, 128, 382, 390
Konowalez, Jehwen 27, 28, 29, 30, 78, 79, 125, 138
Ermordung von 64
Kordjuk, Bogdan 270
Koroljow, Sergej 170
Korotkow, Alexander 124, 126, 132, 133, 134, 135, 136, 143, 144, 148, 152, 155, 196, 197, 207, 214, 232
Kowalski, Mykola 37
Krawciw, Nicholas 340, 341, 402
Krawtschenko, Nikolai Nikolajewitsch 156, 157, 211
Kreittmayrstraße (München) 16, 80, 82, 87, 242, 243, 370
Kriminalpolizei. *Siehe* Kripo München 92, 243, 266, 386
Kriwitzki, Walter 329
Krochin, Alexej (Alexej Alexejewitsch, Ognew) 143, 144, 149, 151, 152, 153, 155, 172, 232, 233
Krylow, Alexander Antonowitsch. *Siehe* Staschinski, Bogdan 135, 163, 213, 237

Krylowa, Inga Fedorovna. *Siehe* Staschinski, Inge Pohl 163
Kuba 267, 323, 328, 363
Kuhn, Albin 300, 303, 306, 312, 316, 398, 399
Kuk, Wasyl (Lemish) 46, 47, 48, 139, 140
Kuprijenko, Igor 44, 49
Kuzio, Taras 354, 403
Laba, Iwan (Karmeljuk) 38, 40, 41, 192, 278
Laves, Wolfgang 92, 94, 95, 96, 175
le Carré, John (David Cornwell) 11, 236, 362, 391, 405
Lebed, Mykola 107, 108, 110, 117, 118, 121, 176, 177, 179, 372, 377, 379, 392, 396
Lebensraum 22
Lehmann, Josef. *Siehe* Staschinski, Bogdan 11, 52, 55, 67, 73, 146, 149, 159, 202, 213, 224, 237
Lehmann, Peter. *Siehe* Staschinski, Peter 230
Lenkawski, Stepan 277, 315, 316
Lippolz, Stefan 247, 248, 249, 250, 251
Litwinenko, Aleksandr 355, 365, 395, 405
Lodge, Henry Cabot 187
Lopusnik, Bela 268
Lozinski, Askold 341
Lübke, Heinrich 337
Ludwigsbrücke (München) 15, 16, 84
Lukaschewitsch, Ilarij 36, 40
Lwiw (Lwow/Lemberg) 20, 24, 25, 27, 32, 34, 35, 36, 37, 40, 43, 44, 52, 78, 81, 118, 119, 120, 127, 128, 129, 139, 173, 178, 191, 192, 193, 206, 273, 282, 315, 354, 355, 373, 376, 377, 379, 380, 396
Maidan-Platz (Kyjiw) 357
Mairanowski, Grigori 30, 31
Maisky. *Siehe* Matwijeko, Myron 45
Mak (Matwijeko), Eugenia 91, 118, 122, 179
Malenkow, Georgi 21
Maloney, Arthur 255, 256, 393
Mao Zedong 26
Marienstraße (Berlin) 73, 82
Markow, Georgi 363
Martin, Ludwig 327, 401
Massmannplatz (München) 16
Matjakewitsch, Zenon 37
Matwijeko, Myron (Maisky, Moody, Smiley) 45, 47, 99, 108, 118, 119, 122, 176, 177, 179
Maximilian I. (Kurfürst) 71
Melnyk, Andrij 30, 78, 140
MGB. *Siehe* Ministerium für Staatssicherheit 43, 44, 47, 48, 49, 50
MI6 (britischer Militärgeheimdienst) 45, 47, 106, 107, 375, 379
Michailowna, Elvira 196
Midthun, Kermit S. 111
Miehr, Adolf 269, 278, 280, 294, 296, 297, 306, 307
Ministerium für Staatssicherheit (MGB) 43, 157, 273
Mit den Augen des Westens (Conrad) 361

Molotow-Ribbentrop-Pakt 20, 22, 138, 248
Moore, Roger 359
Moskau 5, 6, 20, 21, 24, 26, 27, 30, 31, 32, 33, 48, 51, 52, 61, 62, 63, 64, 65, 67, 69, 72, 76, 81, 82, 83, 100, 120, 121, 122, 124, 125, 126, 128, 131, 133, 134, 135, 136, 137, 138, 139, 140, 143, 144, 147, 148, 149, 150, 151, 152, 155, 156, 157, 159, 161, 162, 163, 164, 165, 166, 167, 169, 171, 172, 174, 175, 184, 185, 186, 187, 188, 191, 192, 193, 194, 197, 199, 201, 202, 203, 204, 205, 208, 209, 210, 211, 212, 213, 215, 216, 218, 219, 232, 233, 234, 235, 239, 244, 253, 255, 257, 258, 270, 283, 288, 292, 296, 298, 299, 310, 314, 315, 316, 318, 324, 325, 343, 353, 355, 357, 364, 365, 376, 377, 382, 383, 384, 386, 388, 389, 390, 392, 402
Inge in 191, 210
Mosler, Hermann 323
Motyl, Alexander 354, 356, 369, 380, 403, 404
Mudryk, Stepan 99, 100, 101, 376, 379
Mulka, Robert 334
München 5, 11, 24, 49, 51, 55, 56, 57, 58, 59, 60, 61, 67, 68, 73, 80, 81, 82, 83, 93, 94, 97, 98, 100, 101, 103, 104, 105, 110, 112, 114, 115, 116, 117, 118, 121, 122, 134, 142, 144, 148, 154, 156, 175, 176, 177, 179, 180, 226, 230, 241, 242, 243, 248, 251, 254, 255, 264, 277, 278, 287, 292, 295, 318, 326, 332, 337, 357, 359, 369, 370, 371, 373, 376, 377, 378, 379, 380, 381, 387, 395, 396, 397, 401, 402
Münchner Kripo (Kriminalpolizei) 92, 94, 122, 175, 242, 295
Myskiw, Dmytro 248, 249, 250
Nachtigall-Bataillon 127, 128, 129
Neuwirth, Hans 259, 269, 278, 280, 281, 291, 296, 301, 303, 306, 307, 308, 311
New America Foundation 366
Ngo Dinh Diem 350
Nikitschenko, Vitali 251, 252
Ninowski, Wasyl 90, 91, 99, 101
Nixon, Richard 165, 260, 261, 385, 394
NKWD (WeTscheKa, MGB, KGB) 42, 77, 111, 138, 139, 156
Nordamerika, *Siehe auch* Amerika 112, 125, 256, 258, 281
Norden, Albert 129, 224, 226, 366
Nossenko, Juri 303, 338
Nowotscherkassk 185
Nürnberger Gesetze 247
Nürnberger Prozesse 24, 120, 262
Oberländer, Theodor 127, 128, 142, 173, 177, 178, 249, 286, 291, 386, 401
Oberle, Dr. 327
Ognew. *Siehe* Krochin, Alexej 143

INDEX 415

Oleg. *Siehe* Staschinski, Bogdan 39, 382, 384
Staschinski, Bogdan (Aeskewer 1; Budeit, Hans Joachim; Dräger, Siegfried; Joschi; Katschor, Bronislaw; Krylow, Aleksandr Antonowitsch; Lehmann, Josef 11, 12, 13, 17, 34, 35, 38, 39, 40, 41, 43, 44, 45, 48, 50, 51, 52, 53, 54, 55, 56, 57, 58, 59, 60, 61, 62, 63, 64, 65, 66, 67, 68, 69, 70, 71, 73, 74, 76, 78, 79, 80, 81, 82, 83, 84, 85, 107, 124, 129, 132, 134, 135, 136, 137, 143, 144, 145, 146, 147, 148, 149, 150, 151, 152, 153, 154, 155, 156, 157, 158, 159, 161, 162, 163, 164, 165, 166, 167, 168, 169, 170, 171, 172, 175, 181, 186, 187, 188, 189, 190, 191, 192, 193, 194, 195, 196, 197, 198, 199, 200, 201, 202, 203, 204, 205, 206, 207, 208, 209, 210, 211, 212, 213, 214, 215, 216, 218, 219, 221, 222, 223, 224, 225, 226, 230, 231, 232, 233, 234, 235, 237, 238, 239, 240, 242, 243, 244, 245, 250, 251, 253, 254, 255, 256, 257, 258, 261, 262, 263, 264, 266, 267, 270, 272, 273, 274, 275, 276, 277, 278, 279, 280, 281, 282, 283, 284, 285, 286, 287, 288, 289, 290, 291, 292, 293, 294, 295, 296, 297, 298, 299, 300, 301, 302, 303, 305, 306, 307, 308, 309, 310, 311, 312, 313, 314, 315, 316, 317, 322, 323, 324, 325, 327, 328, 329, 330, 332, 333, 334, 335, 336, 337, 338, 340, 342, 343, 345, 346, 347, 348, 349, 350, 352, 353, 354, 355, 356, 358, 359, 360, 361, 362, 364, 365, 367, 369, 370, 371, 372, 388

Orden des Roten Banners der Tapferkeit 135, 137, 232
Organisation der ukrainischen Nationalisten (OUN) 21, 22, 27, 34, 35, 78, 79, 107, 116, 121, 140, 176, 177, 284, 292, 315, 375, 376, 381, 383, 386, 395
Ost-Berlin 53, 54, 55, 56, 57, 64, 73, 82, 100, 124, 129, 135, 144, 145, 148, 166, 167, 198, 202, 203, 205, 207, 208, 218, 219, 224, 226, 236, 247, 251, 313, 354, 360
  Karlshorst in 53, 54, 56, 58, 60, 61, 63, 65, 67, 70, 71, 73, 74, 80, 83, 84, 124, 125, 126, 127, 132, 133, 134, 135, 143, 144, 149, 155, 156, 159, 169, 196, 197, 210, 211, 214, 215, 218, 220, 221, 231, 232, 234, 282, 283, 290
Ostblock 67
Österreich 23, 55, 193, 237
Padoch, Jaroslaw 259, 269, 277, 278, 280, 309, 310, 315, 372, 380, 396, 397, 398, 399
Panama 353
Partei der UdSSR 137, 342
Patruschew, Nikolai 365
Peck, Reginald 313
Peter I. (Zar) 193
Petrowski, Grigori 28
Philby, Kim 47, 48
Pius XII. (Papst) 24
Pohl, Fritz 146, 160, 230

Polen 20, 22, 23, 35, 47, 52, 53, 55, 104, 107, 111, 146, 147, 151, 190, 191, 193, 234, 274, 278

Politbüro (Moskau) *Siehe auch* Präsidium des Zentralkomitees der Kommunistischen 342, 343, 402

Popel, Stepan, *siehe* Bandera, Stepan 5, 78, 80, 82, 86, 87, 89, 93, 95, 99, 110, 175, 377, 378

Potsdamer Konferenz 52

Powers, Francis Gary 172

Präsidium des Obersten Sowjets der UdSSR 135

Prawda 150, 216, 384, 385, 389

Prichodko, Natalia 352, 354

Putin, Wladimir 355, 365, 404

Radisson Royal Hotel (ehemaliges Hotel Ukraina, Moskau) 76

Rauch, Joachim 259, 298

Rebet, Andrij 280, 307, 308, 370, 377, 395, 396, 397, 398, 400

Rebet, Daria 72, 269, 278, 280, 282, 307, 309, 310, 311, 315, 371, 377

Rebet, Lew 56, 57, 58, 60, 64, 69, 70, 72, 73, 83, 107, 134, 135, 144, 194, 197, 238, 242, 258, 269, 270, 280, 281, 282, 283, 284, 285, 289, 294, 347, 370
  Ermordung von 126, 293, 371
  Tod von 126

Reinhardt, Max 144

Religion

Ukrainische (griechische) katholische Kirche, *Siehe auch* Juden 24, 58

Rewenko, Major 33

Romscha, Theodor (Bischof) 31

Rote Armee 22, 25, 43, 138

Roter Platz (Moskau) 5, 76, 377

Rudenko, Roman 120

Rumänien 46, 104, 263

Sacharow, Andrej 344

Sacharowski, Alexander 74

Sannikow, Georgi 230, 231, 232, 236, 390, 396

Sawtschenko, Sergej 32

Schade, Frau 203, 209

Schelepin, Aleksandr 11, 141, 142, 151, 152, 154, 155, 156, 185, 196, 201, 202, 203, 204, 207, 208, 212, 232, 253, 254, 288, 298, 314, 325, 342, 343, 353, 354, 384, 398, 402

Schmidt, Hermann 92, 93, 94, 401

Schorubalka, Iwan 120

Schrubbers, Hubert 328

Schuchewytsch, Jurij 305

Schuchewytsch, Roman 32, 46

Schumski, Alexander 30, 31

Seidel, Helmut 270, 277, 280, 294, 297, 298, 310, 311, 332

Semitschastny, Wladimir 37, 212, 343, 345, 371, 402

Serow, Iwan 78, 141, 232

Sheen, Fulton J. 261

Sibirien 23, 35, 38, 39, 274, 358

Sinowjew, Alexander 171

Sitnikowski, Konstantin 36, 38, 39, 40, 41, 273, 276, 279

Skoropadskij, Danylo 284
Smiley. *Siehe* Matwijeko, Myron 45, 405
Solschenizyn, Alexander 344
Sonderausschuss des Repräsentantenhauses zur Untersuchung von Kommunistische Aggression
  Aufstandsbekämpfung in 360
Sowjetische Armee
  Abteilung Sowjetrussland, CIA 238
Spann, Wolfgang 73, 92, 94
Sputnik 150, 165, 170, 185
Stachiw, Wolodymyr 310
Stachur, Mychailo (Stefan) 40, 41, 276
Stalin, Joseph 21, 22, 24, 26, 27, 28, 29, 30, 51, 64, 69, 76, 77, 103, 138, 141, 151, 193, 303, 352
Staschinski, Inge Pohl (Inga Fedorovna Krylowa) 11, 12, 13, 17, 34, 35, 38, 39, 40, 41, 43, 44, 45, 48, 50, 51, 52, 53, 54, 55, 56, 57, 58, 59, 60, 61, 62, 63, 64, 65, 66, 67, 68, 69, 70, 71, 73, 74, 76, 78, 79, 80, 81, 82, 83, 84, 85, 107, 124, 129, 132, 134, 135, 136, 137, 143, 144, 145, 146, 147, 148, 149, 150, 151, 152, 153, 154, 155, 156, 157, 158, 159, 161, 162, 163, 164, 165, 166, 167, 168, 169, 170, 171, 172, 175, 181, 186, 187, 188, 189, 190, 191, 192, 193, 194, 195, 196, 197, 198, 199, 200, 201, 202, 203, 204, 205, 206, 207, 208, 209, 210, 211, 212, 213, 214, 215, 216, 218, 219, 221, 222, 223, 224, 225, 226, 230, 231, 232, 233, 234, 235, 237, 238, 239, 240, 242, 243, 244, 245, 250, 251, 253, 254, 255, 256, 257, 258, 261, 262, 263, 264, 266, 267, 270, 272, 273, 274, 275, 276, 277, 278, 279, 280, 281, 282, 283, 284, 285, 286, 287, 288, 289, 290, 291, 292, 293, 294, 295, 296, 297, 298, 299, 300, 301, 302, 303, 305, 306, 307, 308, 309, 310, 311, 312, 313, 314, 315, 316, 317, 322, 323, 324, 325, 327, 328, 329, 330, 332, 333, 334, 335, 336, 337, 338, 340, 342, 343, 345, 346, 347, 348, 349, 350, 352, 353, 354, 355, 356, 358, 359, 360, 361, 362, 364, 365, 367, 369, 370, 371, 372, 388
  Fabrischnikow und 157
Staschinski, Maria 36
Staschinski, Petro 34, 297
Stasi. *Siehe* Ministerium für Staatssicherheit der DDR 157, 159, 249, 250, 271, 332, 354, 370
Steele, John L. 263, 375, 378, 384, 385, 387, 388, 389, 390, 393, 394
Stefan. *Siehe* Stakhur, Mykhailo 40, 80, 86, 89, 93, 99, 103, 110, 175, 247, 378, 380, 386, 391, 392, 393, 398, 401
Stevenson, Adlai E. 257, 393
Stezko, Jaroslaw 287, 291, 330, 338, 340, 342
Stranek, Frau 73
Strauss, Gerhi 349, 402
Strokach, Timofei 139, 140

Sudoplatow, Pawel 27, 28, 29, 30, 31, 32, 33, 48, 50, 52, 78, 125, 132, 138, 139
Swjatogorow, Alexander 231, 232, 233, 236
Swoboda (Freiheit), politische Partei, Ukraine 315, 357, 403
Titow, German 216
Truman, Harry 260
Truman-Doktrin 260
U-2 172, 173, 174, 187
UCCA. *Siehe* Ukrainischer Kongressausschuss von Amerika 261
Ukraine 11, 20, 21, 22, 25, 26, 27, 28, 30, 32, 45, 46, 49, 50, 51, 53, 55, 56, 76, 79, 97, 98, 99, 106, 107, 108, 111, 113, 118, 119, 121, 137, 139, 140, 141, 156, 164, 177, 194, 201, 206, 247, 252, 257, 281, 282, 284, 285, 292, 293, 297, 303, 305, 308, 309, 336, 341, 350, 352, 354, 355, 356, 357, 358, 369, 372, 373, 374, 376, 379, 380, 383, 390, 393, 395, 398, 403, 404
Unabhängigkeit von 256, 355, 357
Ukrainer 20, 21, 27, 52, 77, 98, 111, 121, 159, 193, 231, 234, 256, 257, 275, 297, 304, 309, 340, 357
Ukrainische (griechisch) katholische Kirche 24, 58
Ukrainische Aufständische Armee 23
Ukrainischer Kongressausschuss von Amerika (UCCA) 261
Ukrainischer Nationalismus
Freiheitskämpfer 95, 97
Geschichte der Ukraine 284
Ulbricht, Walter 218, 224, 236
US Army Counterintelligence Corps (CIC) 105
US-Geheimdienst (Secret Service) 106, 336, 340
US-Kongress 110, 217, 242, 309, 322
US-Senat 12, 257, 260, 323, 330, 335, 364
van den Bergh, Hendrik 347, 348
van Straaten, Hanlie 348, 350, 371, 403
Vanhauer, Inspektor 243, 244, 295
Verbrechen und Strafe / Schuld und Sühne (Dostojewski) 361
Vereinigung der Verfolgten des Naziregimes 128
Villwok, Grete 226, 230
Villwok, Heinz 226, 230
Vitoschinski, Boris 275, 276, 278, 280, 283, 286, 290, 291, 296, 301, 302
Volksdeutscher (ethnischer Deutscher) 146
von Engelbrechten, Fritz 281
von Hase, Karl-Günther 318
Vorster, B. J. 347, 348
Waldfriedhof 102
Warren-Kommission 12
Warschau 157, 159, 164, 169, 190, 198, 334, 372, 373, 378, 384, 391, 393
Warschauer Aufstand 334

Warschauer Pakt 217
Weber, Dr. 248
Wergun, Osyp 251
West-Berlin 54, 57, 67, 78, 85, 104, 145, 147, 158, 161, 186, 202, 217, 219, 222, 223, 225, 226, 230, 231, 233, 236, 237, 238, 241, 266, 309, 361
Westdeutschland 11, 51, 54, 55, 67, 68, 85, 124, 125, 134, 135, 142, 157, 161, 174, 178, 198, 200, 202, 223, 231, 237, 241, 245, 248, 254, 318, 322, 323, 324, 328, 330, 347, 350, 357, 371

Westukraine 21, 22, 23, 25, 27, 37, 80, 99, 104, 138, 139, 191, 274
Winklmann, Magdalena 88, 89
Wolf, Markus 232
Wolff, Karl 103
Woroschilow, Kliment 137, 151, 235
Wutschetitsch, Jewgeni 150
Zander, Friedrich 170
Zeitschrift *Life* 12, 263, 264, 373, 375, 378, 387, 393, 394
Zeppelinstraße (München) 15, 16, 80, 82, 84, 89, 90, 91, 118, 289, 370
Zinkewitsch, Osyp 341

UKRAINIAN VOICES

Collected by Andreas Umland

1   *Mychailo Wynnyckyj*
    Ukraine's Maidan, Russia's War
    A Chronicle and Analysis of the Revolution of Dignity
    With a foreword by Serhii Plokhy
    ISBN 978-3-8382-1327-9

2   *Olexander Hryb*
    Understanding Contemporary Ukrainian and Russian Nationalism
    The Post-Soviet Cossack Revival and Ukraine's National Security
    With a foreword by Vitali Vitaliev
    ISBN 978-3-8382-1377-4

3   *Marko Bojcun*
    Towards a Political Economy of Ukraine
    Selected Essays 1990–2015
    With a foreword by John-Paul Himka
    ISBN 978-3-8382-1368-2

4   *Volodymyr Yermolenko (ed.)*
    Ukraine in Histories and Stories
    Essays by Ukrainian Intellectuals
    With a preface by Peter Pomerantsev
    ISBN 978-3-8382-1456-6

5   *Mykola Riabchuk*
    At the Fence of Metternich's Garden
    Essays on Europe, Ukraine, and Europeanization
    ISBN 978-3-8382-1484-9

6   *Marta Dyczok*
    Ukraine Calling
    A Kaleidoscope from Hromadske Radio 2016–2019
    With a foreword by Andriy Kulykov
    ISBN 978-3-8382-1472-6

7   *Olexander Scherba*
    Ukraine vs. Darkness
    Undiplomatic Thoughts
    With a foreword by Adrian Karatnycky
    ISBN 978-3-8382-1501-3

8   *Olesya Yaremchuk*
    Our Others
    Stories of Ukrainian Diversity
    With a foreword by Ostap Slyvynsky
    Translated from the Ukrainian by Zenia Tompkins and Hanna Leliv
    ISBN 978-3-8382-1475-7

9   *Nataliya Gumenyuk*
    Die verlorene Insel
    Geschichten von der besetzten Krim
    Mit einem Vorwort von Alice Bota
    Aus dem Ukrainischen übersetzt von Johann Zajaczkowski
    ISBN 978-3-8382-1499-3

10 *Olena Stiazhkina*
    Zero Point Ukraine
    Four Essays on World War II
    Translated from the Ukrainian by Svitlana Kulinska
    ISBN 978-3-8382-1550-1

11 *Oleksii Sinchenko, Dmytro Stus, Leonid Finberg
    (compilers)*
    Ukrainian Dissidents
    An Anthology of Texts
    ISBN 978-3-8382-1551-8

12 *John-Paul Himka*
    Ukrainian Nationalists and the Holocaust
    OUN and UPA's Participation in the Destruction of Ukrainian
    Jewry, 1941–1944
    ISBN 978-3-8382-1548-8

13 *Andrey Demartino*
    False Mirrors
    The Weaponization of Social Media in Russia's Operation to
    Annex Crimea
    With a foreword by Oleksiy Danilov
    ISBN 978-3-8382-1533-4

14 *Svitlana Biedarieva (ed.)*
    Contemporary Ukrainian and Baltic Art
    Political and Social Perspectives, 1991–2021
    ISBN 978-3-8382-1526-6

15 *Olesya Khromeychuk*
    A Loss
    The Story of a Dead Soldier Told by His Sister
    With a foreword by Andrey Kurkov
    ISBN 978-3-8382-1570-9

16 *Marieluise Beck (Hg.)*
    Ukraine verstehen
    Auf den Spuren von Terror und Gewalt
    Mit einem Vorwort von Dmytro Kuleba
    ISBN 978-3-8382-1653-9

17 *Stanislav Aseyev*
    Heller Weg
    Geschichte eines Konzentrationslagers im Donbass 2017–2019
    Aus dem Russischen übersetzt von
    Martina Steis und Charis Haska
    ISBN 978-3-8382-1620-1

18 *Mykola Davydiuk*
    Wie funktioniert Putins Propaganda?
    Anmerkungen zum Informationskrieg des Kremls
    Aus dem Ukrainischen übersetzt von Christian Weise
    ISBN 978-3-8382-1628-7

19 *Olesya Yaremchuk*
    Unsere Anderen
    Geschichten ukrainischer Vielfalt
    Aus dem Ukrainischen übersetzt von Christian Weise
    ISBN 978-3-8382-1635-5

20 *Oleksandr Mykhed*
    „Dein Blut wird die Kohle tränken"
    Über die Ostukraine
    Aus dem Ukrainischen übersetzt von Simon Muschick
    und Dario Planert
    ISBN 978-3-8382-1648-5

21 *Vakhtang Kipiani (Hg.)*
    Der Zweite Weltkrieg in der Ukraine
    Geschichte und Lebensgeschichten
    Aus dem Ukrainischen übersetzt von Margarita Grinko
    ISBN 978-3-8382-1622-5

22 *Vakhtang Kipiani (Ed.)*
    World War II, Uncontrived and Unredacted
    Testimonies from Ukraine
    Translated from the Ukrainian by Zenia Tompkins and Daisy Gibbons
    ISBN 978-3-8382-1621-8

23 *Dmytro Stus*
    Vasyl Stus
    Life in Creativity
    Translated from the Ukrainian by Ludmila Bachurina
    ISBN 978-3-8382-1631-7

24 *Vitalii Ogiienko (Ed.)*
    The Holodomor and the Origins of the Soviet Man
    Reading the Testimony of Anastasia Lysyvets
    With forewords by Natalka Bilotserkivets and Serhy Yekelchyk
    Translated from the Ukrainian by Alla Parkhomenko and
    Alexander J. Motyl
    ISBN 978-3-8382-1616-4

25 *Vladislav Davidzon*
    Jewish-Ukrainian Relations and the Birth of a Political
    Nation
    Selected Writings 2013-2021
    With a foreword by Bernard-Henri Lévy
    ISBN 978-3-8382-1509-9

26 *Serhy Yekelchyk*
    Writing the Nation
    The Ukrainian Historical Profession in Independent Ukraine and
    the Diaspora
    ISBN 978-3-8382-1695-9

27 *Ildi Eperjesi, Oleksandr Kachura*
    Shreds of War
    Fates from the Donbas Frontline 2014-2019
    With a foreword by Olexiy Haran
    ISBN 978-3-8382-1680-5

28 Oleksandr Melnyk
    World War II as an Identity Project
    Historicism, Legitimacy Contests, and the (Re-)Construction of
    Political Communities in Ukraine, 1939–1946
    With a foreword by David R. Marples
    ISBN 978-3-8382-1704-8

29 Olesya Khromeychuk
    Ein Verlust
    Die Geschichte eines gefallenen ukrainischen Soldaten,
    erzählt von seiner Schwester
    Mit einem Vorwort von Andrej Kurkow
    Aus dem Englischen übersetzt von Lily Sophie
    ISBN 978-3-8382-1770-3

30 Tamara Martsenyuk, Tetiana Kostiuchenko (eds.)
    Russia's War in Ukraine During 2022
    Personal Experiences of Ukrainian Scholars
    ISBN 978-3-8382-1757-4

31 Ildikó Eperjesi, Oleksandr Kachura
    Shreds of War. Vol. 2
    Fates from Crimea 2015–2022
    With an interview of Oleh Sentsov
    ISBN 978-3-8382-1780-2

32 Yuriy Lukanov
    The Press
    How Russia Destroyed Media Freedom in Crimea
    With a foreword by Taras Kuzio
    ISBN 978-3-8382-1784-0

33 Megan Buskey
    Ukraine Is Not Dead Yet
    A Family Story of Exile and Return
    ISBN 978-3-8382-1691-1

34 Vira Ageyeva
    Behind the Scenes of the Empire
    Essays on Cultural Relationships between Ukraine and Russia
    With a foreword by Oksana Zabuzhko
    ISBN 978-3-8382-1748-2

35 *Marieluise Beck (Ed.)*
    Understanding Ukraine
    Tracing the Roots of Terror and Violence
    With a foreword by Dmytro Kuleba
    ISBN 978-3-8382-1773-4

36 *Olesya Khromeychuk*
    A Loss
    The Story of a Dead Soldier Told by His Sister, 2nd edn.
    With a foreword by Philippe Sands
    With a preface by Andrii Kurkov
    ISBN 978-3-8382-1870-0

37 *Taras Kuzio, Stefan Jajecznyk-Kelman*
    Fascism and Genocide
    Russia's War Against Ukrainians
    ISBN 978-3-8382-1791-8

38 *Alina Nychyk*
    Ukraine Vis-à-Vis Russia and the EU
    Misperceptions of Foreign Challenges in Times of War, 2014–2015
    With a foreword by Paul D'Anieri
    ISBN 978-3-8382-1767-3

39 *Sasha Dovzhyk (Ed.)*
    Ukraine Lab
    Global Security, Environment, and Disinformation Through the Prism of Ukraine
    With a foreword by Rory Finnin
    ISBN 978-3-8382-1805-2

40 *Serhiy Kvit*
    Media, History, and Education
    Three Ways to Ukrainian Independence
    With a preface by Diane Francis
    ISBN 978-3-8382-1807-6

41 *Anna Romandash*
    Women of Ukraine
    Reportages from the War and Beyond
    ISBN 978-3-8382-1819-9

42 *Dominika Rank*
    Matzewe in meinem Garten
    Abenteuer eines jüdischen Heritage-Touristen in der Ukraine
    ISBN 978-3-8382-1810-6

| 43 | *Myroslaw Marynowytsch*
Das Universum hinter dem Stacheldraht
Memoiren eines sowjet-ukrainischen Dissidenten
Mit einem Vorwort von Timothy Snyder und einem Nachwort von Max Hartmann
ISBN 978-3-8382-1806-9 |

| 44 | *Konstantin Sigow*
Für Deine und meine Freiheit
Europäische Revolutions- und Kriegserfahrungen im heutigen Kyjiw
Mit einem Vorwort von Karl Schlögel
Herausgegeben von Regula M. Zwahlen
ISBN 978-3-8382-1755-0 |

| 45 | *Kateryna Pylypchuk*
The War that Changed Us
Ukrainian Novellas, Poems, and Essays from 2022
With a foreword by Victor Yushchenko
Paperback ISBN 978-3-8382-1859-5
Hardcover ISBN 978-3-8382-1860-1 |

| 46 | *Kyrylo Tkachenko*
Rechte Tür Links
Radikale Linke in Deutschland, die Revolution und der Krieg in der Ukraine, 2013-2018
ISBN 978-3-8382-1711-6 |

| 47 | *Alexander Strashny*
The Ukrainian Mentality
An Ethno-Psychological, Historical and Comparative Exploration
With a foreword by Antonina Lovochkina
Translated from the Ukrainian by Michael M. Naydan and Olha Tytarenko
ISBN 978-3-8382-1886-1 |

| 48 | *Alona Shestopalova*
From Screens to Battlefields
Tracing the Construction of Enemies on Russian Television
ISBN 978-3-8382-1884-7 |

| 49 | *Iaroslav Petik*
Politics and Society in the Ukrainian People's Republic (1917–1921) and Contemporary Ukraine (2013–2022)
A Comparative Analysis
With a foreword by Mykola Doroshko
ISBN 978-3-8382-1817-5 |

50 *Serhii Plokhy*
   Der Mann mit der Giftpistole
   Eine Spionageschichte aus dem Kalten Krieg
   ISBN 978-3-8382-1789-5

51 *Vakhtang Kipiani*
   Ukrainische Dissidenten unter der Sowjetmacht
   Im Kampf um Wahrheit und Freiheit
   Aus dem Ukrainischen übersetzt von Christian Weise
   ISBN 978-3-8382-1890-8

52 *Dmytro Shestakov*
   When Businesses Test Hypotheses
   A Four-Step Approach to Risk Management for Innovative Startups
   With a foreword by Anthony J. Tether
   ISBN 978-3-8382-1883-0

53 *Larissa Babij*
   A Kind of Refugee
   The Story of an American Who Refused to Leave Ukraine
   With a foreword by Vladislav Davidzon
   ISBN 978-3-8382-1898-4

54 *Julia Davis*
   In Their Own Words
   How Russian Propagandists Reveal Putin's Intentions
   With a foreword by Timothy Snyder
   ISBN 978-3-8382-1909-7

55 *Sonya Atlantova, Oleksandr Klymenko*
   Icons on Ammo Boxes
   Painting Life on the Remnants of Russia's War in Donbas, 2014-21
   Translated from the Ukrainian by Anastasya Knyazhytska
   ISBN 978-3-8382-1892-2

56 *Leonid Ushkalov*
   Catching an Elusive Bird
   The Life of Hryhorii Skovoroda
   Translated from the Ukrainian by Natalia Komarova
   ISBN 978-3-8382-1894-6

57 *Vakhtang Kipiani*
   Ein Land weiblichen Geschlechts
   Ukrainische Frauenschicksale im 20. und 21. Jahrhundert
   Aus dem Ukrainischen übersetzt von Christian Weise
   ISBN 978-3-8382-1891-5

58 *Petro Rychlo*
    „Zerrissne Saiten einer überlauten Harfe ..."
    Deutschjüdische Dichter der Bukowina
    ISBN 978-3-8382-1893-9

59 *Volodymyr Paniotto*
    Sociology in Jokes
    An Entertaining Introduction
    ISBN 978-3-8382-1857-1

60 *Josef Wallmannsberger (Ed.)*
    Executing Renaissances
    The Poetological Nation of Ukraine
    ISBN 978-3-8382-1741-3

61 *Pavlo Kazarin*
    The Wild West of Eastern Europe
    ISBN 978-3-8382-1842-7

62 *Ernest Gyidel*
    Ukrainian Public Nationalism in the General Government
    The Case of Krakivski Visti, 1940–1944
    With a foreword by David R. Marples
    ISBN 978-3-8382-1865-6

63 *Olexander Hryb*
    Understanding Contemporary Russian Militarism
    From Revolutionary to New Generation Warfare
    With a foreword by Mark Laity
    ISBN 978-3-8382-1927-1

64 *Orysia Hrudka, Bohdan Ben*
    Dark Days, Determined People
    Stories from Ukraine under Siege
    With a foreword by Myroslav Marynovych
    ISBN 978-3-8382-1958-5

65 *Oleksandr Pankieiev (Ed.)*
    Narratives of the Russo-Ukrainian War
    A Look Within and Without
    With a foreword by Natalia Khanenko-Friesen
    ISBN 978-3-8382-1964-6

66   *Roman Sohn, Ariana Gic (eds.)*
     Unrecognized War
     The Fight for Truth about Russia's War on Ukraine
     With a foreword by Viktor Yushchenko
     ISBN 978-3-8382-1947-9

67   *Paul Robert Magocsi*
     Ukraina Redux
     Schon wieder die Ukraine ...
     ISBN 978-3-8382-1942-4

Book series "Ukrainian Voices"

Coordinator
Andreas Umland, National University of Kyiv-Mohyla Academy

Editorial Board
Lesia Bidochko, National University of Kyiv-Mohyla Academy
Svitlana Biedarieva, George Washington University, DC, USA
Ivan Gomza, Kyiv School of Economics, Ukraine
Natalie Jaresko, Aspen Institute, Kyiv/Washington
Olena Lennon, University of New Haven, West Haven, USA
Kateryna Yushchenko, First Lady of Ukraine 2005-2010, Kyiv
Oleksandr Zabirko, University of Regensburg, Germany

Advisory Board
Iuliia Bentia, National Academy of Arts of Ukraine, Kyiv
Natalya Belitser, Pylyp Orlyk Institute for Democracy, Kyiv
Oleksandra Bienert, Humboldt University of Berlin, Germany
Sergiy Bilenky, Canadian Institute of Ukrainian Studies, Toronto
Tymofii Brik, Kyiv School of Economics, Ukraine
Olga Brusylovska, Mechnikov National University, Odesa
Mariana Budjeryn, Harvard University, Cambridge, USA
Volodymyr Bugrov, Shevchenko National University, Kyiv
Olga Burlyuk, University of Amsterdam, The Netherlands
Yevhen Bystrytsky, NAS Institute of Philosophy, Kyiv
Andrii Danylenko, Pace University, New York, USA
Vladislav Davidzon, Atlantic Council, Washington/Paris
Mykola Davydiuk, Think Tank "Polityka," Kyiv
Andrii Demartino, National Security and Defense Council, Kyiv
Vadym Denisenko, Ukrainian Institute for the Future, Kyiv
Oleksandr Donii, Center for Political Values Studies, Kyiv
Volodymyr Dubovyk, Mechnikov National University, Odesa
Volodymyr Dubrovskiy, CASE Ukraine, Kyiv
Diana Dutsyk, National University of Kyiv-Mohyla Academy
Marta Dyczok, Western University, Ontario, Canada
Yevhen Fedchenko, National University of Kyiv-Mohyla Academy
Sofiya Filonenko, State Pedagogical University of Berdyansk
Oleksandr Fisun, Karazin National University, Kharkiv
Oksana Forostyna, Webjournal "Ukraina Moderna," Kyiv
Roman Goncharenko, Broadcaster "Deutsche Welle," Bonn
George Grabowicz, Harvard University, Cambridge, USA
Gelinada Grinchenko, Karazin National University, Kharkiv
Kateryna Härtel, Federal Union of European Nationalities, Brussels
Nataliia Hendel, University of Geneva, Switzerland
Anton Herashchenko, Kyiv School of Public Administration
John-Paul Himka, University of Alberta, Edmonton
Ola Hnatiuk, National University of Kyiv-Mohyla Academy
Oleksandr Holubov, Broadcaster "Deutsche Welle," Bonn
Yaroslav Hrytsak, Ukrainian Catholic University, Lviv
Oleksandra Humenna, National University of Kyiv-Mohyla Academy
Tamara Hundorova, NAS Institute of Literature, Kyiv
Oksana Huss, University of Bologna, Italy
Oleksandra Iwaniuk, University of Warsaw, Poland
Mykola Kapitonenko, Shevchenko National University, Kyiv
Georgiy Kasianov, Marie Curie-Skłodowska University, Lublin
Vakhtang Kebuladze, Shevchenko National University, Kyiv
Natalia Khanenko-Friesen, University of Alberta, Edmonton
Victoria Khiterer, Millersville University of Pennsylvania, USA
Oksana Kis, NAS Institute of Ethnology, Lviv
Pavlo Klimkin, Center for National Resilience and Development, Kyiv
Oleksandra Kolomiiets, Center for Economic Strategy, Kyiv

Sergiy Korsunsky, Kobe Gakuin University, Japan
Nadiia Koval, Kyiv School of Economics, Ukraine
Volodymyr Kravchenko, University of Alberta, Edmonton
Oleksiy Kresin, NAS Koretskiy Institute of State and Law, Kyiv
Anatoliy Kruglashov, Fedkovych National University, Chernivtsi
Andrey Kurkov, PEN Ukraine, Kyiv
Ostap Kushnir, Lazarski University, Warsaw
Taras Kuzio, National University of Kyiv-Mohyla Academy
Serhii Kvit, National University of Kyiv-Mohyla Academy
Yuliya Ladygina, The Pennsylvania State University, USA
Yevhen Mahda, Institute of World Policy, Kyiv
Victoria Malko, California State University, Fresno, USA
Yulia Marushevska, Security and Defense Center (SAND), Kyiv
Myroslav Marynovych, Ukrainian Catholic University, Lviv
Oleksandra Matviichuk, Center for Civil Liberties, Kyiv
Mykhailo Minakov, Kennan Institute, Washington, USA
Anton Moiseienko, The Australian National University, Canberra
Alexander Motyl, Rutgers University-Newark, USA
Vlad Mykhnenko, University of Oxford, United Kingdom
Vitalii Ogiienko, Ukrainian Institute of National Remembrance, Kyiv
Olga Onuch, University of Manchester, United Kingdom
Olesya Ostrovska, Museum "Mystetskyi Arsenal," Kyiv
Anna Osypchuk, National University of Kyiv-Mohyla Academy
Oleksandr Pankieiev, University of Alberta, Edmonton
Oleksiy Panych, Publishing House "Dukh i Litera," Kyiv
Valerii Pekar, Kyiv-Mohyla Business School, Ukraine
Yohanan Petrovsky-Shtern, Northwestern University, Chicago
Serhii Plokhy, Harvard University, Cambridge, USA
Andrii Portnov, Viadrina University, Frankfurt-Oder, Germany
Maryna Rabinovych, Kyiv School of Economics, Ukraine
Valentyna Romanova, Institute of Developing Economies, Tokyo
Natalya Ryabinska, Collegium Civitas, Warsaw, Poland

Darya Tsymbalyk, University of Oxford, United Kingdom
Vsevolod Samokhvalov, University of Liege, Belgium
Orest Semotiuk, Franko National University, Lviv
Viktoriya Sereda, NAS Institute of Ethnology, Lviv
Anton Shekhovtsov, University of Vienna, Austria
Andriy Shevchenko, Media Center Ukraine, Kyiv
Oxana Shevel, Tufts University, Medford, USA
Pavlo Shopin, National Pedagogical Dragomanov University, Kyiv
Karina Shyrokykh, Stockholm University, Sweden
Nadja Simon, freelance interpreter, Cologne, Germany
Olena Snigova, NAS Institute for Economics and Forecasting, Kyiv
Ilona Solohub, Analytical Platform "VoxUkraine," Kyiv
Iryna Solonenko, LibMod - Center for Liberal Modernity, Berlin
Galyna Solovei, National University of Kyiv-Mohyla Academy
Sergiy Stelmakh, NAS Institute of World History, Kyiv
Olena Stiazhkina, NAS Institute of the History of Ukraine, Kyiv
Dmitri Stratievski, Osteuropa Zentrum (OEZB), Berlin
Dmytro Stus, National Taras Shevchenko Museum, Kyiv
Frank Sysyn, University of Toronto, Canada
Olha Tokariuk, Center for European Policy Analysis, Washington
Olena Tregub, Independent Anti-Corruption Commission, Kyiv
Hlib Vyshlinsky, Centre for Economic Strategy, Kyiv
Mychailo Wynnyckyj, National University of Kyiv-Mohyla Academy
Yelyzaveta Yasko, NGO "Yellow Blue Strategy," Kyiv
Serhy Yekelchyk, University of Victoria, Canada
Victor Yushchenko, President of Ukraine 2005-2010, Kyiv
Oleksandr Zaitsev, Ukrainian Catholic University, Lviv
Kateryna Zarembo, National University of Kyiv-Mohyla Academy
Yaroslav Zhalilo, National Institute for Strategic Studies, Kyiv
Sergei Zhuk, Ball State University at Muncie, USA
Alina Zubkovych, Nordic Ukraine Forum, Stockholm
Liudmyla Zubrytska, National University of Kyiv-Mohyla Academy

Friends of the Series

Ana Maria Abulescu, University of Bucharest, Romania
Łukasz Adamski, Centrum Mieroszewskiego, Warsaw
Marieluise Beck, LibMod—Center for Liberal Modernity, Berlin
Marc Berensen, King's College London, United Kingdom
Johannes Bohnen, BOHNEN Public Affairs, Berlin
Karsten Brüggemann, University of Tallinn, Estonia
Ulf Brunnbauer, Leibniz Institute (IOS), Regensburg
Martin Dietze, German-Ukrainian Culture Society, Hamburg
Gergana Dimova, Florida State University, Tallahassee/London
Caroline von Gall, Goethe University, Frankfurt-Main
Zaur Gasimov, Rhenish Friedrich Wilhelm University, Bonn
Armand Gosu, University of Bucharest, Romania
Thomas Grant, University of Cambridge, United Kingdom
Gustav Gressel, European Council on Foreign Relations, Berlin
Rebecca Harms, European Centre for Press & Media Freedom, Leipzig
André Härtel, Stiftung Wissenschaft und Politik, Berlin/Brussels
Marcel Van Herpen, The Cicero Foundation, Maastricht
Richard Herzinger, freelance analyst, Berlin
Mieste Hotopp-Riecke, ICATAT, Magdeburg
Nico Lange, Munich Security Conference, Berlin
Martin Malek, freelance analyst, Vienna
Ingo Mannteufel, Broadcaster "Deutsche Welle," Bonn
Carlo Masala, Bundeswehr University, Munich
Wolfgang Mueller, University of Vienna, Austria
Dietmar Neutatz, Albert Ludwigs University, Freiburg
Torsten Oppelland, Friedrich Schiller University, Jena
Niccolò Pianciola, University of Padua, Italy
Gerald Praschl, German-Ukrainian Forum (DUF), Berlin
Felix Riefer, Think Tank Ideenagentur-Ost, Düsseldorf
Stefan Rohdewald, University of Leipzig, Germany
Sebastian Schäffer, Institute for the Danube Region (IDM), Vienna
Felix Schimansky-Geier, Friedrich Schiller University, Jena
Ulrich Schneckener, University of Osnabrück, Germany
Winfried Schneider-Deters, freelance analyst, Heidelberg/Kyiv
Gerhard Simon, University of Cologne, Germany
Kai Struve, Martin Luther University, Halle/Wittenberg
David Stulik, European Values Center for Security Policy, Prague
Andrzej Szeptycki, University of Warsaw, Poland
Philipp Ther, University of Vienna, Austria
Stefan Troebst, University of Leipzig, Germany

[Please send address requests for changes, corrections, and additions to this list to andreas.umland@stanforalumni.org.]

ibidem.eu